JUGENDLITERATUR

Formen, Inhalte, pädagogische Bedeutung

Von

Karl Ernst Maier

10., überarbeitete und erweiterte Auflage

1993

VERLAG JULIUS KLINKHARDT · BAD HEILBRUNN/OBB.

Die Deutsche Bibliothek – CIP-Einheitsaufnahme

Maier, Karl Ernst:
Jugendliteratur : Formen, Inhalte, pädagogische Bedeutung /
von Karl Ernst Maier. – 10., überarb. und erw. Aufl. – Bad
Heilbrunn/Obb. : Klinkhardt, 1993
  ISBN 3-7815-0750-5

1993. 7. KI © by Julius Klinkhardt
Druck und Bindung: Pustet, Regensburg
Printed in Germany 1993
ISBN 3-7815-0750-5

VORWORT ZUR ZEHNTEN AUFLAGE

Der Aufbau des Buches in zwei Hauptteilen blieb unverändert. Der erste Teil beschäftigt sich in neun Kapiteln mit den Gattungen, d. h. mit den wichtigsten Arten, Gruppen und Textsorten der Kinder- und Jugendliteratur. Der zweite Teil geht von grundlegenden Aspekten der Kinder- und Jugendliteratur aus, zeigt und beschreibt in vier Kapiteln die bedeutenden Probleme und setzt sich mit ihnen auseinander. Jeder der beiden Hauptteile kann unabhängig voneinander gelesen werden. Das gleiche gilt weitgehend für die einzelnen Kapitel.

Durchsicht und Überarbeitung des Buches brachten eine Reihe inhaltlicher Ergänzungen und im ersten Teil eine im Vergleich zur vorhergehenden Auflage größere Anzahl von kurzen, in den Text eingearbeiteten Titelbeschreibungen und -besprechungen. Darüber hinaus sind nach den einzelnen Teilabschnitten neue Beispielbücher alphabetisch bzw. altersgemäß geordnet zu finden. In der Regel sind nur solche Titel der Primärliteratur aufgeführt, die auf Grund letzter Verlagsprospekte und Bibliographien zum Zeitpunkt der Manuskriptbearbeitung lieferbar waren. Der kritische Betrachter möge aber bedenken, wie schnell sich der Markt verändert und mancher Titel schon nach kurzer Frist vergriffen ist. Ich bin zuversichtlich, daß der Interessent wichtige Titel, die nicht mehr lieferbar sind, in Kinderbibliotheken finden wird oder daß sie nach kurzer Zeit als Neuauflage wieder erscheinen werden.

»Jugendliteratur« will auch in dieser Ausgabe mehr sein als ein knapper Abriß, der Wichtiges nur anschneidet und zum schnellen Auswendiglernen Gelegenheit gibt. Das Buch bietet sich als Hilfsmittel zum nachdenklichen Kennenlernen und – zusammen mit der Lektüre einzelner Kinder- und Jugendbuchtitel – zum Erwerb einer eigenständigen Meinung an. Zu diesem Zweck war es meine Absicht, neben der Darstellung von Fakten auch Schwerpunkte der Diskussion und gelegentlich auch gegensätzliche Positionen aufzuzeigen. Daß ich dabei eigene Überlegungen und Urteile miteinbrachte, ist selbstverständlich.

Jedem Kapitel ist eine alphabetische Liste einschlägiger Sekundärliteratur angefügt. Natürlich kann es sich bei den insgesamt sehr vielen Titeln keineswegs um eine »Pflichtlektüre« handeln, sondern nur um ein Angebot für jene, die sich ausführlicher informieren oder mit einem Thema gründlicher befassen wollen. Die umfangreichen Titellisten zur theoretischen Literatur im Rahmen der einzelnen Kapitel machen eine zusätzliche Übernahme im Register am Schluß des Buches überflüssig. So beschränkt sich dieses auf Autoren, Illustratoren und Herausgeber von Primärliteratur (Kinder- und Jugendliteratur und Belletristik).

Ich würde mich freuen, wenn »Jugendliteratur«, für dessen Betreuung über viele Jahre ich dem Hause Klinkhardt herzlich danke, auch in dieser Neuauflage Interesse und Zustimmung von Lehrenden und Lernenden, von Freunden und Liebhabern der Kinder- und Jugendliteratur finden würde.

Regensburg, im Frühjahr 1993   Karl Ernst Maier

INHALT

Einleitung

Dieses Buch stellt sich die Aufgabe, in den Gesamtkomplex der Kinder- und Jugendliteratur einzuführen und durch eine übersichtliche Systematisierung mit den verschiedenen Gegenstands- und Problembereichen bekannt zu machen. Es will den am Kinder- und Jugendbuch Interessierten helfen, sich eine umfangreiche Informations-, Lern- und Studienbasis zu verschaffen.

1. Der im Titel des Buches verwendete Begriff »*Jugendliteratur*« ist, dem herkömmlichen Sprachgebrauch folgend, als Sammelname zu verstehen, der sich sowohl auf Literatur für Kinder als auch auf Literatur für Jugendliche bezieht. Es handelt sich dabei um Schriften, die in der weitaus überwiegenden Zahl von eigenen Verlagen oder Verlagsabteilungen hergestellt und dem jungen Leserpublikum als Freizeit- und Privatlektüre angeboten werden. Zur Jugendliteratur zählt aber auch, was vom jungen Leser als Lektüre gewählt wird, ohne daß sie schon von der Produktion her speziell für ihn gekennzeichnet ist. Es ist hierbei vor allem an Bücher aus der älteren und neuen »Erwachsenenliteratur« zu denken, die von der jungen Leserschaft aufgegriffen und zu »ihrer« Literatur gemacht worden sind und gemacht werden.

Jugendliteratur als spezifisches, eigens für die junge Generation gedachtes Schrifttum existiert als Schul- und Lernbuch vermutlich, seitdem es institutionalisierten Unterricht gibt. Als »Freizeit-« und »Privatlektüre« wurde sie – von einigen früheren Ansätzen abgesehen – bekanntlich in der Aufklärungszeit ins Leben gerufen. Die Frage nach den Gründen für die Entstehung von Jugendliteratur wird mit unterschiedlichen Hinweisen beantwortet. Heute heben sich aus den vielen Erklärungsversuchen zwei Deutungen hervor. Sie stehen beide mit der Kindheitstheorie in Zusammenhang.

Bis in die Gegenwart ist die Auffassung dominierend, daß die Entstehung von Kinder- und Jugendliteratur Hand in Hand ging mit der »Entdeckung der Kindheit«, d. h. mit der bewußten Hinwendung zu einem Lebensalter, dessen Verhaltensweisen, Denken und Fühlen man verstehen, berücksichtigen und achten wollte. Das Bewußtsein, daß es das Kind in seiner Besonderheit anzuerkennen und zu unterstützen gelte, war im Prinzip seit der Aufklärung vorhanden, erlebte jedoch erst seit Beginn des 20. Jahrhunderts eine entschiedene Ausformung: Kinder- und Jugendliteratur ist ein Produkt dieser Bewegung und genau so wie diese von grundsätzlich positiv-humanitärer Absicht getragen.

Mit der Umkehrung der positiven Bewertung des Vorgangs, den man »Entdeckung der Kindheit« nennt, ergibt sich eine andere Einschätzung zu Entstehung und Zweck der Kinder- und Jugendliteratur. Entdeckung von Kindheit bedeute Eingriff der Erwachsenengeneration zum Zwecke von Neuformierung des Kinderlebens, heiße

Bedingungen schaffen und Anforderungen stellen, die nicht mehr den berechtigten Belangen der jungen Generation entsprächen. Ihr Ziel sei »Domestizierung«, d. h. An- und Einpassung in die Erwachsenenwelt. Ausgehend von dieser Auffassung dient die eigens geschaffene Kinder- und Jugendliteratur kinder- und jugendfremden Zwecken: Sie fördert nicht Eigenart, Besonderheit und damit das Wohl des Kindes, sondern ist ein Instrument frühzeitiger Einordnung bzw. Unterordnung.

Zwei gegensätzliche Deutungen: Jugendliteratur als Beförderung und Unterstützung einer Kindheitsauffassung, die dem Kinderleben zugutekommt und eine positive Entwicklung hervorbringt (entsprechend etwa der sozialgeschichtlichen Darstellung von Lloyd de Mause).[1] Und: Jugendliteratur als ein Instrument, das eine Kindheit schaffen hilft, die eine Entwicklung begünstigt, die nicht das Wohl des Kindes, sondern seine Einfügung und Verzweckung im Auge hat; insgesamt eine Verschlechterung des Kinderlebens (entsprechend etwa der Entwicklungsdarstellung von Philippe Ariès).[2] Beide Auffassungen sind wahr und falsch zugleich. Sie sind wahr, weil sie auf Intentionen verweisen, die tatsächlich existierten und Wirkungen hervorbrachten. Sie sind falsch, wenn sie für sich in Anspruch nehmen, die alleingültige und zutreffende Erklärung für das Phänomen Jugendliteratur zu sein.

2. Im ersten Teil des Buches werden *Gattungen der Jugendliteratur* vorgestellt und von verschiedenen Aspekten aus erörtert.

Der Begriff »Gattung« ist nicht im traditionell-literaturwissenschaftlichen Sinne zu verstehen, wonach die »Naturformen der Dichtung«, nämlich Lyrik, Epik und Dramatik als Gattungen gemeint sind. Mit Gattung sollen hier Arten, Gruppen, Sorten, Genres der Jugendliteratur bezeichnet werden, die sich durch ihren Inhalt, ihre Wirkabsicht oder Form voneinander abheben lassen.

Die gewählte Einteilung folgt jugendbuchtheoretischer Gepflogenheit und hält sich, ebenso wie diese, an kein einheitliches Unterscheidungsprinzip. So ist für die Gattungsbezeichnung einmal das formal-literarische Prinzip (Bilderbuch, Kindergedicht, Comic), ein anderes Mal das alters- und geschlechtsbezogene Prinzip (Kindergeschichte, Mädchenbuch, Jugendbuch) oder das inhaltliche Prinzip (Märchen, Abenteuerbuch, Sachbuch) maßgeblich. Diese Vermischung der Prinzipien ist vom Standpunkt einer exakten Systematik unbefriedigend, vom Standpunkt der praktischen Brauchbarkeit jedoch gerechtfertigt, weil sie auf geläufige Bezeichnungen zurückgreift und – in Ermangelung eines besseren Einteilungssystems – noch immer die günstigste Möglichkeit bietet, wichtige jugendliterarische Erscheinungen zwanglos unterzubringen. Überschneidungen müssen in Kauf genommen werden (und

---

[1] L. de Mause (Hrsg.): Hört ihr die Kinder weinen. Eine psychogenetische Geschichte der Kindheit. Frankfurt a. M. 1977.
[2] Ph. Ariès: Eine Entdeckung der Kindheit. München 1978.

wären auch bei Anwendung anderer Gliederungsschemata unvermeidlich). So könnte manches Bilderbuch durchaus beim Märchen, manches erzählende Sachbuch als Kindergeschichte und manches Abenteuerbuch als problemorientiertes Jugendbuch aufgeführt werden. Diese oder jene als Untergruppe aufgeführte Textart könnte als eigene »Gattung« herausgestellt, die getrennt aufgeführten phantastischen Erzählungen (phantastische Bilderbuchgeschichte, phantastische Kindererzählung, phantastisches Abenteuer) zusammengefaßt werden. Aber welche neuen Probleme würden sich dann einstellen?

Die gewählte Gattungseinteilung will eine Hilfskonstruktion sein, um das Ganze in seinen wichtigsten Teilen überschaubar, greifbar und diskutierbar zu machen.

3. Der zweite Teil erörtert *jugendliterarische Themen unter theoretischen Gesichtspunkten*. Er beginnt mit einem historischen Abriß, der aber nicht den Zweck verfolgt, geschichtliche Abläufe und Fakten ausführlich und im Detail darzustellen, sondern Entwicklungsgegebenheiten aufzeigt, die Einblick in einige wichtige Problemzusammenhänge ermöglichen. In den folgenden Kapiteln wird Jugendliteratur von drei Aspekten aus betrachtet. Der literarische Aspekt möchte nicht nur Jugendliteratur als Literatur genauer fixieren, sondern auch ihre Bedeutung für die literarische Erziehung einschließlich didaktischer Möglichkeiten aufzeigen. Der pädagogisch-funktionale Aspekt befaßt sich mit den Auswirkungen des Lesens, wobei die Einflußnahme vor allem unter dem Gesichtspunkt der Beziehung des Lesers zur objektiven Außenseite (Zugang zur Welt) und der Beziehung des Lesers zu sich selbst (Weg zum Ich) erörtert wird. Im Abschnitt zum leserkundlichen Aspekt werden neben der theoretischen Auseinandersetzung mit der Frage der gegenseitigen Anpassung von Leser und Lektüre (Kindgemäßheit, Adaption) die wichtigsten Arbeitsgebiete der Jungleserforschung mit älteren und jüngeren Ergebnissen dargestellt. – Der soziologische oder gesellschaftsorientierte Standpunkt wird nicht in einem eigenen Abschnitt abgehandelt. Er berührt jeden der drei genannten Aspekte sowie alle Buchgattungen und wird an entsprechender Stelle immer wieder einbezogen.

4. Das Buch enthält zahlreiche *Literaturangaben*. Jedem Kapitel der beiden Hauptteile des Buches ist eine alphabetisch geordnete Liste einschlägiger *Sekundärliteratur* beigegeben. Sie will dem Leser, der sich weiter zu informieren oder sein Wissen zu vertiefen sucht, als Anregung dienen.

Eine große Zahl von *Primärliteratur*, d. h. von Kinder- und Jugendbüchern gibt Einblick in die Fülle und Mannigfaltigkeit der Titel zu den einzelnen Gattungen. Die Titel sind am Ende eines größeren Abschnitts zusammengefaßt, auf eine Reihe von ihnen wird schon im Text beschreibend verwiesen.

ERSTER TEIL

Das Bilderbuch

A. Merkmale des Bilderbuches

1. Das erste, einfache Merkmal des Bilderbuches ergibt sich aus der Feststellung, daß nicht das Wort, sondern *das Bild* die dominierende Stelle einnimmt. Was mitzuteilen ist, geschieht vorwiegend oder ausschließlich durch Bilder. Oft stehen auch Bild und Text gleichbedeutend nebeneinander.

Das *textfreie Bilderbuch*, in dem nur die bildliche Darstellung Verwendung findet, ist formal gesehen die »reine« Form des Bilderbuches. Es beschränkt sich ausschließlich auf das Bild; sei es, um dem noch leseunkundigen Kinderpublikum entgegenzukommen oder auch, um seine Sprache und Phantasie herauszufordern, sei es, um durch den Verzicht auf das gedruckte Wort die Aussagekraft des Bildes zur vollen Wirkung kommen zu lassen.

Im Bilderbuch *mit Textbeigaben* bleibt das Bild erstrangig, das gedruckte Wort ist nur beigeordnetes Hilfsmittel. Bild und Wort stehen zueinander in einem Verhältnis, das dem im illustrierten Buch gerade entgegengesetzt ist: nicht die Abbildung, sondern der Text »illustriert«. Die gedruckte Sprache übernimmt eine Hilfsfunktion. Sie besteht darin, das Dargestellte zu benennen oder zu ergänzen, die Atmosphäre des Bildes zu unterstreichen oder den abgebildeten Geschehenszusammenhang zu verdeutlichen. In jedem Falle will aber der Text beitragen, dem Kinde zu helfen, die visuelle Bildersprache in gesprochene Sprache umzusetzen. Es wird zum Nachsprechen, zum selbstschöpferischen freien Sprechen und Erzählen angeregt.

In vielen Bilderbüchern nimmt der Text eine Rolle ein, die mehr ist als die einer bloßen Beigabe und Ergänzung. *Abbildung und Text* stehen *gleichbedeutend* nebeneinander und machen miteinander das originale Werk aus. Den Bildern ist ein kongenialer Text beigefügt oder umgekehrt, eines kann nicht auf das andere verzichten, und beides ist zu einer Einheit verschmolzen. Bild und Sprache wirken zusammen am gleichen Gegenstand, um so »in der Verschwisterung beider Künste einen höheren Grad der Vollendung«[1] zu erlangen.

Wie weit die »Verschwisterung« jeweils gelungen ist, ist weniger eine Frage des gleichmäßigen quantitativen Anteils von Sprache und Bild als eine Frage der inneren Identität. Dabei kommt es nicht darauf an, daß eine möglichst vollständige inhaltlich-stoffliche Übereinstimmung erzielt wird, sondern daß Bild und Text mit den ihnen zu Gebote stehenden unterschiedlichen Aussagemitteln verschiedene Seiten ein- und

---

[1] H. Wolgast 1906.

desselben Gehalts darstellen und zu einem integrativen Ganzen zusammenfügen. Die innere Identität von Sprache und Abbildung ist nicht an ein bestimmtes Aufbauschema gebunden. In den meisten Bilderbüchern stehen Text und Bild parallel nebeneinander, das heißt: beide verweilen beim gleichen Gegenstand, bei der gleichen Situation, oder schreiten gemeinsam im Handlungsablauf voran. Daneben ist aber auch ein »alternierendes Voranschreiten« möglich, »bei dem Text und Bild einander gewissermaßen ablösen«[2] und nacheinander – jeweils auf ihre Weise – neue Inhalte aufzeigen. Die Identität von Bild und Sprache wird begünstigt, wenn beides von *einem* Autor stammt. Wir finden sie bei den klassischen Bilder-Versgeschichten von Wilhelm Busch, bei Heinrich Hoffmanns »Struwwelpeter«, aber auch bei zahlreichen modernen Bilderbüchern wie »Wo die wilden Kerle wohnen« (erzählt und gezeichnet von Maurice Sendak), den Text-Bild-Geschichten von Janosch und anderen.

2. Ein zweites Merkmal des Bilderbuches ergibt sich aus seinem *Leserkreis*.
Es wendet sich vor allem an den unliterarischen »Leser«. Vor der Erfindung des Buchdruckes war das gesamte schrift- und leseunkundige Volk sein Publikum; heute ist das Kind zwischen zwei und acht Jahren sein adäquater Partner. Das Bilderbuch ist *Kinderbuch*.
Das besagt, daß dem Erwachsenen eine besondere Aufgabe bei der Begegnung von Kind und Bilderbuch zukommt. Die unterstützend-helfende Gegenwart der Mutter, der großen Schwester, der Erzieherin in Vorschule und Kindergarten ist unerläßlich. Der Text muß in der Regel vorgelesen, die Bilder müssen, wenn erforderlich, behutsam erläutert werden. Das Kind braucht einen Partner, der auch bereit ist zuzuhören, wenn es über die Bilder sich ausspricht, wenn es erzählen will, der bereit ist, immer wieder geduldig anzuschauen, was das Kind ihm zeigen will. Dieses Dabeisein der Großen ist wichtig für die Entfaltung der geistigen Regsamkeit und der Fähigkeit des Kindes, als Bilderbuchbetrachter voranzukommen. Im Vorschulbereich und in der Grundschule zeigt sich der Unterschied zwischen den Kindern, die zu Hause solche Hilfe erfahren und denen, die sie entbehren, sehr deutlich. In ein und derselben Lebensaltersgruppe finden wir neben Kindern, die bereit und fähig sind, relativ anspruchsvolle Bilder und Bilderbuchgeschichten aufzunehmen, auch andere, die für das Bilderbuch nur wenig Interesse zeigen oder als Bilderbuch-»Leser« um einige Stufen zurückgeblieben sind.
Wenn der adäquate Leserkreis des Bilderbuches die Kinder sind, dann ergibt sich daraus die Notwendigkeit, daß Interessen und Fähigkeiten des Kindes und Struktur und Inhalt des Bilderbuches übereinstimmen. Diese Forderung bedarf einer näheren Erläuterung:
Zunächst ist daran zu erinnern, daß unser Wissen um kindgemäße Formen und Stoffe auf recht unsicherem Boden steht. Man hat vom Alterstypus und vom sozialkulturellen Gruppentypus her das Wissen zu ergänzen versucht. Die wertvollen

---

[2] A. C. Baumgärtner 1968, S. 71.

Erkenntnisse, die dabei gewonnen worden sind, können aber doch nicht darüber hinwegtäuschen, daß genaue und zutreffende Einblicke nur am jeweiligen individuellen Einzelfall möglich sind. Sicher gibt es Themenkreise, von denen wir auf Grund wiederholter Erfahrung sagen können, sie seien für das Kind ansprechend und reizvoll. Es wäre aber verfehlt, solches Wissen zu dogmatischen Regeln zu machen. So richtig es beispielsweise ist, daß Stoffe aus der räumlichen Nahwelt des Kindes als Bilderbuchinhalte besonders geeignet sind, ebenso sicher ist, daß nicht alles, was um das Kind herum sinnlich gegeben ist, besondere Aufmerksamkeit findet. Viele Erscheinungen der objektiven Umwelt bleiben – um mit Uexküll zu sprechen – bloße »Umgebung«, ohne zur Ranghöhe subjektiver »Umwelt« aufzurücken. Andererseits kann aber manche räumlich und zeitlich weit abgelegene Erscheinung in der Vorstellung selbst kleiner Buben und Mädchen schon erstaunlich gegenwärtig sein und zeitweise sogar zum bevorzugten Interesse der Allgemeinheit werden (wie etwa die Vorzeit- und Dinosaurierbegeisterung der frühen neunziger Jahre).

Man braucht daher in der Auswahl von Kinderbuchinhalten nicht kleinlich zu verfahren und schon gar nicht zu glauben, durch eine Schablone altersgemäßer und soziologisch bedingter Interessenkreise die letzte passende Antwort zu erhalten. Der Fülle der möglichen Interessen und Fähigkeiten auf seiten der Kinder muß eine inhaltliche und formale Reichhaltigkeit auf seiten der Bilderbücher entsprechen.

Selbst wenn es uns möglich wäre, die psychische Eigenwelt des Kindes genau zu erfassen (was im individuellen Einzelfall im gewissen Umfang denkbar ist), darf keineswegs die Forderung nach Übereinstimmung zwischen Kind und Buch im Sinne einer möglichst reinen Kongruenz und totalen Anpassung verstanden werden. Die kindliche Eigenwelt hat nicht statischen, sondern dynamischen Charakter und ist einem beständigen Wandlungs- und Erweiterungsprozeß unterworfen. Das kindadäquate Bilderbuch hat dem Entwicklungsgeschehen gerecht zu werden.

Darum sollte man verschiedene Kategorien von Bilderbüchern auswählen, unterschiedliche Formen und Inhalte anbieten und immer wieder auch das Kind spielerisch herausfordern, sich mit dem noch weniger Geläufigem und Bekanntem abzugeben.

Die Einbeziehung des antizipatorischen (vorwegnehmenden) Moments in unsere Überlegungen macht ebenso wie die individuelle Verschiedenheit des Lesers ein ängstliches Festhalten an eng umrissenen Inhalten und Strukturen überflüssig. Nur ist natürlich diese Empfehlung nicht als Freibrief für alles und jeden zu verstehen, nicht als Ermutigung zur Sorglosigkeit, die jede prüfende Überlegung vom Aspekt des Kindes aus für unnötig erachtet. Eine weit verbreitete Richtung der vergangenen Kinderpädagogik hat in ihrem Bemühen, »Überforderungen« fernzuhalten, das Feld innerhalb dieser Grenzen nur minimal ausgeschritten; eine moderne Richtung der Kinderpädagogik ist in ihrem Bemühen, »Unterforderungen« zu vermeiden, in der Gefahr, die Grenzen des Kindes überhaupt nicht mehr zu sehen und zu respektieren.[3]

---

[3] Vgl. meine Ausführungen zum Prinzip der Kindgemäßheit, S. 305 ff.

B. Formen und Themenkreise des Bilderbuches

1. Das Elementarbilderbuch

Die Fähigkeit des Bilderkennens und Bildverstehens wird in der Regel zum erstenmal im Laufe des zweiten Lebensjahres festgestellt. Es sind die vertrauten Tatsachen der nächsten Umwelt, die nun vom Kinde auf bildlichen Darstellungen erkannt und gerne betrachtet werden. Kennzeichnend für diese Frühstufe ist, daß noch keine komplexen Bildinhalte erfaßt werden. Welches Bildmaterial auch immer dem Kind in die Hand kommt (Illustrierte, Prospekte, Bücher), es greift Einzelheiten heraus, die es mit seinen geläufigen Vorstellungen verbinden kann, läßt andere abgebildete Fakten unbeachtet und erkennt nicht den Gesamtzusammenhang oder die spezielle Aussageabsicht der Darstellung.

Das Elementarbilderbuch will dem frühesten Bildbetrachten entgegenkommen. Es bringt Einzelerscheinungen, die im naiven Weltbild der Kleinen elementare Bedeutung haben. Wir finden Dinge des täglichen Umgangs (Spielzeug und Gebrauchsgegenstände), Einrichtungen aus Haus und Hof, Bäume und Blumen, aber auch technische Erscheinungen des modernen Lebens (Auto, Zug, Flugzeug). Das Kind freut sich, dies alles im Buch wiederzufinden und hundertmal ungestört betrachten zu dürfen. Vor allem gilt das für die Abbildung von Menschen und Tieren. Ihnen gehört das bevorzugte Interesse. Sie tauchen bezeichnenderweise ja auch als Lieblingsobjekte der ersten Zeichenversuche auf. – Nun heißt das keineswegs, daß das Kleinkind auf dieser frühen Stufe des Bildbetrachtens nicht auch Interesse an Abbildungen habe, die vieles zeigen. Es greift zu den Bildern auf Werbeprospekten, es guckt auf die Mattscheibe und schaut sich Illustrationen an, die mehr als nur einen Gegenstand darstellen. Nur – es pickt sich, ohne Zusammenhänge zu erkennen der Reihe nach bekannte und auffallende Einzelheiten heraus und versucht, sie zu benennen.

Anschauen, Ansprechen und manuelles Hantieren (Zeigen, Abtasten, Greifen, Werfen) stellen in dieser Phase des Bildersehens eine Einheit dar. Das Kind benützt Bild, Heft oder Buch, um experimentierend dessen Umgangsqualitäten zu erproben. Dem ausgeprägten motorischen Bedürfnis, der Lust am spielerischen Manipulieren, sollte das erste Bilderbuch durch möglichst robuste Ausstattung (»unzerreißbarer«, kompakt gebundener Karton), gelegentlich auch durch Berücksichtigung besonderer funktioneller Möglichkeiten (Leporellos, Aufstellbilder, Kombinationsbilder) entgegenkommen.[4]

Elementarbilderbücher (zum Anschauen und Spielen):

Vom 2./3. Lj. an: S. Ball: Zwei Bärchen sind allein zu Hause (Sellier) – N. Bantock: Alles was fliegt (Südwest) – J. Blackman: Versteckbilderbücher (Loewe) – D. Bruna: Boris Bär

---

[4] Vgl. H. Krahé 1974, H. Schaufelberger 1983, D. Grünewald 1992.

(Bitter) u. Forts. – E. Carle: 1, 2, 3, ein Zug zum Zoo (Gerstenberg) – L. Cousins: Mausi geht ins Bett (Sauerländer) u. Forts. – R. Heuninck: Durchs ganze Jahr (Urachhaus) – H. Heyduck-Huth: Für Paulinchen (Ravensburger) – E. Hill: Fleckis Spielzeugkiste (Esslinger) u. Forts. – Janosch: Schlafe, lieber Hampelmann (Parabel) – P. Mangold: Lang oder kurz (Pestalozzi) u. Forts. – G. Vanetti: Rollende Räder (Boje) – U. Zander: Bauhaus Suahuab (Patmos)

Vom 4. Lj. an: S. Ball: Krogufant (ars edition) – W. Blecher: Das Schwokodil (Meisinger) – S. Brülhart Guten Tag. Gute Nacht (Meisinger) – E. Carle: Großes Tierbilderbuch (Gerstenberg) – R. Crowther: Geisterbahn und Zuckerwatte (Carlsen) – F. Endersby: Der Junge und das Pferd (Urachhaus) – Ch. Lesch: Christof und die Tiere (Freis Geistesleben) – J. v. Leeuwen: Ist es nicht laut, dann ist es ... (Herold) – N. Messenger: Annabellas Haus (Lentz)

2. Das Szenenbilderbuch

Schon frühzeitig kann das Kind parallel zum Elementarbilderbuch auch Bücher, die mehr als nur einzelne Dinge und Lebewesen zeigen, in ihrem ganzen Inhalt erfassen und die Einzelheiten in Zusammenhang bringen. Es ist dabei, sich im umfassenden Bilderschauen zu üben und im Bild ein Stückchen Welt ganzheitlich zu umgreifen. Gleichzeitig wird es fähig, die Bilder prozessual zu erleben, d. h. die statische Abbildung in ein Geschehen, in eine Handlung umzuwandeln. Die Szenenbilderbücher kommen dem Kind entgegen, indem sie Bewegung in die Darstellung bringen bzw. von Bild zu Bild eine Handlungsfolge aufzeigen.

Daß die Inhalte kindernah, die zahlreichen Details leicht voneinander abhebbar, die übergeordneten einheitsstiftenden Momente dem sinnlich wahrnehmbaren Leben entsprechen sollen, versteht sich eigentlich von selbst. Der Spielplatz, der Kaufhof, die Straße, der Bauernhof, die Küche der Mutter, der Wald, der Zoo usw. sind Einheiten, die vom Kind ohne Schwierigkeiten erfaßt werden.[5]

Szenenbilderbücher:[5a]

Vom 3. Lj an: A.. Baker: Wo ist die Maus? (Lentz) – H. Baumann / Dietzsch-Capelle: Wie Tierkinder spielen (Thienemann) – A. Brouillard: Flum, Flo und Pascha (Middelhauve) – J. Burningham: Was ist dir lieber ... (Sauerländer) – E. Carle: Das Geheimnis der acht Zeichen (Gerstenberg) – L. Fromm: Ich ging einmal nach Butzlabee (Ellermann) – W. de

---

[5] Vorläufer des Szenenbilderbuches ist der Orbis pictus von Comenius (1658). Seine Bilder stellen im allgemeinen nur solche Gegebenheiten nebeneinander, die auch für das Kind sinnfällig zusammengehören.

[5a] Wenn bei der Angabe der Urheberschaft des Bilderbuches zwei Namen angeführt werden, handelt es sich um den Illustrator und um den Textautor. Die Reihenfolge wechselt. Sie richtet sich nach der Angabe des Verlags.

Haën: Wohin fährst du? Kleine Autogeschichten (Ravensburger) – H. Heyduck-Huth: Ein Käfer in der Wiese (Ravensburger) – L. Lionni: Ein gutes Jahr (Middelhauve) – Majewska / Dunbar: Zehn kleine Mäuse (Boje) – A. Mitgutsch: Rundherum in meiner Stadt (Ravensburger) – A. Mitgutsch: Komm mit ans Wasser (Ravensburger) – S. Müller-Firgau: Benjamins Bilderbuch (Herder) – Ch. Ridell: Immer Ärger mit den Elefanten (Betz) – E. Scherbarth: Mein großes Bilderbuch (Ravensburger) – J. Sengler: Meine kleine Stadt (Parabel) – H. Türk: Philipp & Die Schmetterlinge (Neugebauer) u. Forts.

3. Die Bilderbuchgeschichte

Schon die Szenenbilderbücher regen das Kind zum Erzählen an. Es verwandelt den statischen Charakter des Bildgehalts in dynamisches Geschehen, und wir erkennen, wie die Fähigkeit mehr und mehr zunimmt, Menschen, Tiere und Dinge in einen Handlungsablauf zu setzen, sie im wirkenden Mit- und Gegeneinander zu sehen.

In den Bilderbüchern mit Geschichten tauchen nun auch deutlich verschiedene inhaltliche Erzähltypen auf.

So findet man
– die Bilderbuchgeschichte mit Märchen, Sagen, Fabeln und Legenden (3.1),
– die phantastische Bilderbuchgeschichte (3.2),
– die wirklichkeitsnahe Bilderbuchgeschichte mit irrealen Elementen (3.3),
– die realistische Bilderbuchgeschichte (3.4).
Daß eine solche Aufgliederung nicht unproblematisch ist und daß viele Überschneidungen keine scharfe Grenzziehung zulassen, gilt für die Bilderbuchgeschichte ebenso wie für die Kindergeschichte.

3.1 Die Bilderbuchgeschichte mit Märchen, Sagen, Fabeln und Legenden

Das *Märchenbilderbuch* greift einen Erzähltypus auf, der als Prototyp der Phantasiegeschichte gilt.

Soweit es sich um volkstümliche Kinder-, Tier- und Scherzmärchen handelt, sind sie nicht selten dem Kind vom mündlichen Erzählen her schon bekannt. Wenn sie ihm nun wieder über das Bilderbuch begegnen, macht es sich das Geschehen erneut lebendig und »liest« an Hand der Bilder mit. Aus diesem Grund, aber auch dann wenn das Märchen noch unbekannt ist, sollten sich die Bilder grundsätzlich an den originalen Inhalt anlehnen, dabei aber doch so viel Spielraum lassen, daß die Vorstellungen des Kindes nicht eingeengt werden. Es gehört zur literarischen Eigenart des Volksmärchens, Details von Milieu und Personen nur sparsam zu geben, über manche Einzelheit der Handlung mit wenigen Worten hinwegzugehen, Gefühlsregungen und Stimmungslagen nur anzudeuten.

Natürlich kommt der Illustrator nicht umhin, mehr als der Erzähler Konkretes zu zeigen und detailliert vorzuführen. Er kann aber leicht des Guten zu viel tun, wenn er versucht, das Numinose und Geheimnisvolle realistisch auszumalen und das Angedeutete bis ins einzelne zu schildern. Das aber heißt keineswegs, daß dem Illustrator die Möglichkeit genommen wäre, sich als »Erzähler« mit einzuschalten, durch die Anwendung seiner Gestaltungsmittel einzelne Motive besonders herauszuarbeiten, Hintergründiges und Atmosphäre durch das Bild manifester zu machen, vielleicht auch ursprüngliche Bedeutungsinhalte erneut hervorzuheben. Freilich darf dabei die innere Logik der Geschichte nicht verlorengehen und der dem Märchen als Phantasiegeschichte eigener Art anhaftende Typuscharakter nicht zerstört werden.

Jens Thiele schreibt zur neuen »Froschkönig«-Illustration von Binette Schroeder, ihr Märchenbilderbuch sei deshalb so beachtlich, »weil es die zentralen Aussagen des Märchens nicht herunterspielt, weil die Illustratorin genau das Gegenteil anstrebt: verlorengegangene Bedeutungen einzelner Figuren, Motive und Inhalte im ›Froschkönig‹ wieder auflebenzulassen, das Märchen in einem wirklichen Sinne zu *interpretieren* . . .«[6]

Märchenbilderbücher mit altem Erzählgut:

Vom 3./4. Lj. an: J. Brett: Der schneeweiße Handschuh (ukrain.) (Boje) – Fechner/Meissel: Großer Geist und kleiner Kreuzschnabel (afrik.) (St. Gabriel) – Grimm/Bernadette: Die Wichtelmänner (Nord-Süd) – Grimm/Grillis: Die Bremer Stadtmusikanten (Urachhaus) – Grimm/Höcker: Frau Holle (Neugebauer) – Grimm/Hoffmann: Der Wolf und die sieben Geißlein (Sauerländer) – Grimm/Hoffman: Dornröschen (Sauerländer) – Grimm/Hoffmann: Hans im Glück (Sauerländer) – Grimm/Mikosch: Das singende, springende Löweneckerchen (Freies Geistesleben) – Grimm/Reidel: Märchen (Betz) – Grimm/Sacher: Der süße Brei (Altberliner) – Grimm/Sopko: Die Sterntaler (Nord-Süd) – Grimm/Tharlet: Tischlein deck dich (Neugebauer) – Grimm/Bernadette: Rotkäppchen (Nord-Süd)

Vom 5./6. Lj. an: Grimm/Ash: Rapunzel (Urachhaus) – Grimm/Becker: Hänsel und Gretel (Altberliner) – Grimm/Flückiger: Allerleirauh (Atlantis) – Grimm/Fromm: Der goldene Vogel (Ellermann) – Grimm/Ginesta: Die goldene Gans (Herold) – Grimm/Rubin: Der gestiefelte Kater u. a. (Neuer Finken) – Grimm/P. Schmidt: Jorinde und Joringel (Middelhauve) – Grimm/B. Schroeder: Der Froschkönig oder der eiserne Heinrich (Nord-Süd) – Grimm/Zwerger: Die sieben Raben (Neugebauer) – Esterl/Spirin: Der Hecht hat's gesagt (russ.) (Esslinger) – Perrault/Eidrigevicius: Der gestiefelte Kater (Nord-Süd) – Perrault/Le Cain: Cinderella (Peters)

Märchenbilderbücher nach Kunstmärchen und neueren Stoffen:

Vom 3./4. Lj. an: Andersen/Bogdanovic: Das häßliche Entlein (Meisinger) – Andersen/Duntze: Die Prinzessin auf der Erbse (Nord-Süd) – Andersen/Zwerger: Däumelieschen

---

[6] J. Thiele 1991, S. 100; vgl. zur Problematik Bild und Märchen auch W. Psaar/M. Klein 1980, S. 163–178; dazu H. A. Halbey 1989.

(Neugebauer) – Asbjørnsen/Moe/S. Otto: Die Geschichte vom dicken fetten Pfannkuchen (Oetinger) – E. T. A. Hoffmann/Zwerger: Nußknacker (Neugebauer) – E. Kreidolf: Blumenmärchen (ars edition) – Prokofjew/Haacken: Peter und der Wolf (Kinderbuch Berlin u. Parabel) – Storm/Wenz-Viëtor: Der kleine Häwelmann (Lappan)
Vom 5./6. Lj. an: Andersen/Rubin: Das Feuerzeug (Kinderbuch Berlin) – Andersen/Zwerger: Der Schweinehirt (Neugebauer) – Hauff/Hechelmann: Zwerg Nase (Nord-Süd) – Janosch: Der Wettlauf zwischen Hase und Igel (neu erzählt) (Dressler) – Kordon/Sacré: Der Kleine, der Riese und der Großriese (bohem) – A. Lobato: Die Zauberkugel (bohem) – T. Ross: Frau Geiß und ihre sieben Kinder (neu erzählt) (Altberliner) – J. Steiner: Aufstand der Tiere oder Die neuen Stadtmusikanten (Sauerländer) – Ungerer/Hazen: Der Zauberlehrling (Diogenes) – Volkmann-Leander/Eichenauer: Pechvogel und Glückskind (Urachhaus)

Auch *Sagen*, eine spezifische Gruppe von Phantasietexten, tauchen gelegentlich als Bilderbuchgeschichten auf. In der Regel ist eine konkrete Wirklichkeit, meistens in Form von örtlichen und landschaftlichen Gegebenheiten oder historischen Personen und Ereignissen, der erzählerische Ausgangspunkt irrealer Vorgänge, in denen außerwirkliche Figuren wie Riesen, Kobolde, unheimliche Gestalten, gute und böse Geister, aber auch bedrohliches Getier wie Lindwürmer ins Leben der Menschen treten. Die Unterscheidung zwischen Märchen und Sage ist zwar literaturtheoretisch ausformuliert, im praktischen Lektüregebrauch nicht immer (und auch nicht notwendigerweise) klar zu vollziehen.[7] Bilderbuchgeschichten mit Sagenstoffen kommen – Einfachheit, Kürze und leichte Durchschaubarkeit vorausgesetzt – schon im Vorschulalter an. Die meisten werden jedoch erst im Grundschulalter Interesse und Verständnis finden.

Bilderbücher nach Sagenstoffen:

Amberg/Heuninck: Stan Bolovan zähmt den Drachen (rumän.) (Freies Geistesleben) – M. Asare: Die Kinder des Baumes (namibisch) (Lamuv) – Bartos-Höppner/Hölle: Rübezahl (Betz) – Betke/Blecher: Jens und der Klabautermann (Neuer Finken) – Kopisch/Grüger: Heinzelmännchen (Peters) – Kreye/Bogacki: Der Riese von der kleinen Insel (Nord-Süd) – F. Moodie: Das Einhorn und das Meer (bohem) – Preußler/Holzing: Die Glocke von grünem Erz (Thienemann) – Preußler/Smetana: Pumphutt und die Bettelkinder (Thienemann) – Trezise/Roughsey: Der Riese Turramulli (Lamuv)

Bilderbücher mit Fabeln:

H. Baumann/Laimgruber: Der Löwe und die Maus (Gerstenberg) – H. Baumann/E. Voigt: Reineke Fuchs (Betz) – Bolliger/Čapek: An einem schönen Sommertag (nach Äsop) (bohem) – R. Hürlimann: Stadtmaus und Feldmaus (Atlantis) – La Fontaine/Hülsmann: Der Rabe u. a. (Meisinger) – Pausewang/Steineke: Das Sonnenfest (nach

---

[7] Siehe meine Hinweise zur Sage auf S. 108 und S. 138.

klass. Fabeln) (Middelhauve) – U. Scheffler: Der schlaue Fuchs Rinaldo (Nord-Süd) – Weymann / P. Bauer: Das seltsame Leben der Königin Rosalia (Kinderbuch Berlin)

Auch die *Legende* geht eine Verbindung zwischen historischer Wirklichkeit und phantasievoller Erfindung ein. Erzähler und Illustrator nehmen die ohnehin wunderbare Realität von Heiligengestalten zum Anlaß, sie durch Ausschmückung und Ergänzung noch eindrucksvoller und glanzvoller zu machen.

Zu Bilderbuchgeschichten geformte *Bibelinhalte* wollen die Erzieher in ihrer Absicht unterstützen, schon Kleinkindern religiöse Themen nahezubringen. Am erfolgreichsten sind Bilderbücher, die auf Ereignisse aus dem Glaubensleben oder der Bibel zurückgreifen, mit denen die Kinder durch jährlich wiederkehrende Festtage eng verbunden sind; Geschichten von und um Weihnachten nehmen den ersten Platz ein. Inhalte aus dem Alten Testament sind in der Regel erst Schulkindern geläufig. Bilderbücher, die auf diesen Bereich eingehen, brauchen daher bei jüngeren Kindern eine inhaltliche Hin- und Einführung.

Legenden und biblische Erzählungen als Bilderbücher:

Vom 3./4. Lj. an: Bolliger/Zavřel: Das Hirtenlied (bohem) – J. Čapek: Ein Kind ist geboren (bohem) – Iguchi / Köhnlein: Lieber Micha (Micha begegnet Jesus) (Wittig) – M. Kasuya: Der allerkleinste Tannenbaum (Wittig) – E. Tharlet: Simon & Die Heilige Nacht (Neugebauer) – Wilkoń / Mayer-Skumanz: Der kleine Hirte und der große Räuber (Patmos)

Vom 5./6. Lj. an: Bernadette: Varenka (russ. Legende) (Nord-Süd) – Ende / B. Schroeder: Die Vollmondlegende (dtv junior) – Fährmann / Fuchshuber: Franz und das Rotkehlchen (Echter) – Fussenegger / Fuchshuber: Jona (Betz) – Hasler / Bolliger-Savelli: Elisabeth von Thüringen (Patmos) – R. Schindler: Martinus teilt den Mantel (Kaufmann) – Jooß / Holzing: Christophorus (Herder) – M. Kasuya: Martin der Schuster (nach Tolstoi) (Wittig) – J. Ray: Noahs Arche (Herder) – R. Schindler / Schaade: Sankt Nikolaus (Kaufmann) – B. Wildsmith: Die Reise nach Bethlehem (bohem)

Vom 7./8. Lj. an: Bolliger / Lemoine: Das Buch der Schöpfung (Herder) – G. Degler-Rummel: Mose führt sein Volk aus Ägypten (Wittig) - Kasuya / Bloch: Der große Turm (zu Babel) (Wittig) – Lindholm / Roggenkamp: Die wundersame Wanderschaft (Petrus) (Urachhaus) – R. Schindler / E. Schmid: ... und Sara lacht (Kaufmann)

3.2 *Die phantastische Bilderbuchgeschichte*

In der phantastischen Bilderbuchgeschichte kommen die Autoren dem noch unbekümmerten Fabulieren des Kindes entgegen. Während das Märchen die realen und irrealen Gegebenheiten ohne Hervorhebung der Grenzlinien gleichsam wie *eine* Dimension darstellt, läßt die phantastische Geschichte nach literaturwissenschaftlicher Kennzeichnung keinen Zweifel an der Existenz zweier Handlungsebenen aufkommen.

Wie steht der kindliche Rezipient im Bilderbuchalter solchen Text-Bild-Erzählungen gegenüber? Wolfgang Meißner hat recht, wenn er in seiner Arbeit über Phantastik in der Kinder- und Jugendliteratur[8] darauf verweist, daß Kleinkinder zunächst alle Phantasiegeschichten wie ein Märchen, d. h. in umfassender Eindimensionalität erleben und daß ein gewisser Entwicklungsgang erst durchschritten werden muß, der in die Lage versetzt, sich von dem rein egozentrischen Weltbild zu lösen. Nur so wird es möglich, Wahrnehmung und Illusion, Reales und Irreales voneinander abzuheben, und nur so wird es auch möglich, phantastische Geschichten als solche zu erkennen und zu rezipieren. Nun braucht man freilich nicht anzunehmen, daß – gerade bei Kindern der Gegenwart – die Entwicklung so langsam verlaufe, daß das Vorschulkind (und erst recht das Schulkind der Anfangsstufe) nicht auch schon fähig sei, über seine magisch-»ganzheitliche« Betrachtungsweise als Literaturrezipient hinaus Wirkliches und Unwirkliches, wenn die Erzählstruktur es vorgibt, zu unterscheiden. Und selbst wenn es nicht so ist, sollte man nicht auf den literarisch begründbaren Terminus »phantastisch« verzichten. Der fachkundige Erwachsene spricht ja auch von »Sage« und »Märchen«, ohne daß er sich gewiß ist, ob die Kinder, denen er Sagen und Märchen erzählt, diese literarisch zu unterscheiden vermögen.

Zur genaueren Kennzeichnung der *phantastischen* Bilderbuchgeschichte kann man sich in etwa der gleichen Kriterien bedienen, wie sie beim phantastischen Kinderbuch zur Anwendung kommen.[9] Es findet sich unschwer eine Reihe von Bilderbüchern, die diesen Kriterien entsprechen.

So stoßen wir auf Bild-Text-Geschichten, in denen – das markanteste Kennzeichen der phantastischen Erzählung – neben der dem Kinde geläufigen Realität eine andere Welt deutlich hervortritt; so etwa wenn das Kind in der Geschichte auf wunderliche Weise in eine Dimension außerhalb unserer Wirklichkeit wie in *»Polarexpreß«* von Chris Van Allsburg (Ravensburger) gerät: ein kleiner Junge kommt nach einer wunderbar-zauberhaften Zugreise ins gigantische Eisland des Weihnachtsmannes. Andere Geschichten erzählen von rätselhaften Wesen einer numinosen Welt, die sich bei uns herumtreiben wie *»Die Moffels«* von Ute Krause (Diogenes): nachts umherschwirren und tagsüber unter Dächern und in Kaminen verschwinden. Phantastisch sind auch Bilderbuchgeschichten zu nennen, in denen unbelebte Dinge lebendig werden wie in Raymond Briggs' *»Mein Schneemann«* (Bertelsmann): das eiskalte Gebilde fängt auf einmal zu laufen an und begleitet den Jungen hinaus in eine verzauberte Welt. In anderen Geschichten wachsen den Bilderbuchkindern Kräfte zu, die es ermöglichen, sonderbare irreale Figuren herzuzaubern wie in *»Hanno malt sich einen Drachen«* von I. Korschunow / M. Rahn (dtv junior): der in den Sand gekritzelte Drache wird lebendig, und Hanno ist nicht mehr allein. Ähnlich läuft die Bild-Text-Geschichte von Gabriele Kernke *»Boris und die Bauklotzburg«* (Dioge-

---

[8] W. Meißner 1989, S. 74 ff.
[9] Siehe meine Ausführungen auf S. 138.

nes) ab: das kleine Männchen, das Boris aus einer Seifenblase befreit, holt ihm eine Welt aufregender Ereignisse herbei.

Weitere phantastische Bilderbuchgeschichten:

Vom 4. Lj. an: Auer/Klages: Bimbo und sein Vogel (Beltz & Gelberg) – L. Baeten: Die neugierige kleine Hexe (Oetinger) – Janosch: Ach lieber Schneemann (Parabel) – Paul/ Bush: Willy, der Zauberfisch (Parabel) – Lindgren/Wiberg: Tomte Tummetott (Oetinger) – McAllister/Jenkin-Pearce: Nesta, die kleine Hexe (Boje) – Merz/Döring: Fabian und der Zauberdrache (Herder)
Vom 5./6. Lj. an: Alberti/Wolfsgruber: Die kleine Marionette (bohem) – Barrie/Kincaid: Peter Pan (Boje) – Barthelme/Thomé: Mathilde und die Feuerwehr, die nicht ganz so war, wie sie sein sollte (Middelhauve) – A. Browne: Alles wird anders (Lappan) – Carroll/ Mühlhoff: Alice im Wunderland (Parabel) – A. Fuchshuber: Der vergessene Garten (Thienemann) – Gukova/Thabet: Nach eurer Pfeife tanz' ich nicht! (Esslinger) – Oram/ Kitamura: Ich will'n Dino! (Bertelsmann) – I. Rydén: Jennys Traumreise (Neuer Finken) – Y. Saaliste: Die verzauberte Zeit (Parabel, ab 7/8) – M. Sendak: Wo die wilden Kerle wohnen (Diogenes) – P. Simmonds: Schokoladenhochzeit (Diogenes) – Ch. Van Allsburg: Das Wrack der Zephir (Ravensburger, ab 7/8)

3.3 Die wirklichkeitsnahe Bilderbuchgeschichte mit irrealen Elementen

In diesem Abschnitt ist von Bild-Text-Geschichten die Rede, deren Handlung sich in Verhältnissen der möglichen und sinnlich erfaßbaren Welt abspielt, aber doch auch irreale Elemente enthält. Das Irreale steht bedeutungsmäßig nicht im Vordergrund, der Autor bedient sich seiner oft als Mittel zur besseren und eindrucksvolleren Darstellung wirklichkeitsgerechter Erscheinungen oder nicht selten auch als eine Möglichkeit, durch Abweichungen von der Normalität eine komisch-heitere Wirkung zu erzielen. Geschichten dieser Art sollen deshalb, wenn schon nicht als realistische, so doch als wirklichkeitsnahe Bilderbücher bezeichnet werden.

Um sie in die Gruppe der phantastischen Bilderbücher einreihen zu können, ist der Anteil des Unwirklichen nicht groß und gewichtig genug; sie rundweg als realistisch zu bezeichnen, ist nicht möglich, da Realistik nicht als durchgehendes literarisches Prinzip Anwendung findet.

Unter den wirklichkeitsnahen Bilderbuchgeschichten findet man Handlungsabläufe, die zwar kurios-unglaubliche Vorgänge zeigen wie etwa »Schorschi schrumpft« von F. P. Heide/E. Gorey (Diogenes) oder »Bruno und das Telefon« von A. Bröger/ G. Kalow (Thienemann), im wesentlichen aber realitätsbezogen bleiben. Wenn Bruno durch die Telefonleitung rutscht, um das Fräulein auf Platz 25 zu besuchen, so ist das eine kleine witzige Zugabe. Von einer »anderen« Wirklichkeitsebene kann nicht die Rede sein. Auch nicht in Schorschis Geschichte, die sich ganz und gar im alltäglichen Bereich von Familie und Schule abspielt. Sie ist außerdem als parabelhafter Hinweis auf die Wirklichkeit manches Eltern-Kind-Verhältnisses zu verstehen, wo kindliche Probleme nicht wahrgenommen werden wollen.

> Mit Schorschi geschah etwas sehr Seltsames. Als erstes merkte er, daß er nicht mehr zu dem Bord in seinem Wandschrank hinauflangen konnte . . . Dann merkte er, daß ihm seine Sachen alle zu groß wurden.
>
> »Meine Hosen werden alle länger oder irgendwas«, sagte Schorschi zu seiner Mutter. »Ich trete immerzu drauf, wenn ich gehe.«
>
> »Das ist ja schlimm, Kind«, sagte seine Mutter und sah in den Backofen. »Hoffentlich geht der Kuchen auch auf«, sagte sie . . . Bei Frau Bangemann sind die Kuchen immer schön locker. Sie gehen immer auf.«

Eindeutig als Träume deklarierte Vorgänge sind ebenfalls bei den wirklichkeitsnahen Geschichten einzustufen, wenngleich Grenzfälle, die eine literarische Einordnung erschweren, nicht ausgeschlossen sind; vor allem dann, wenn aus dem Text nicht klar hervorgeht, ob sich z. B. der Niklas die aufregenden Abenteuer nur in der Phantasie ausmalt oder ob das Spielzeugpferd tatsächlich lebendig wird und mit dem Buben davongaloppiert (J. Richardson / I. Deucher »*Niklas und das Schaukelpferd*« bei Boje).

Auch die in dieser Titelgruppe zahlenmäßig weit überwiegenden Bilderbücher mit Tieren sind wirklichkeitsnah, selbst wenn Irreales durch Anthropomorphisierung zum Ausdruck kommt, d. h. durch Darstellung der Tierfiguren als menschenähnliche sprechende, denkende und handelnde Wesen. Die Natur des Tieres wird zwar verändert und übersteigert, das Geschehen wechselt aber nicht von der Ebene der erfahrbaren Wirklichkeit in eine Ebene des Phantastisch-Unwirklichen.

Für den Leser und Betrachter wird das irreale Element geradezu ein Mittel der Annäherung an die Tierwirklichkeit. So tragen die Anthropomorphisierungen neben der Stiftung von gefühlsmäßigen Nahbeziehungen dazu bei, einen Zugang zur Psyche und Eigenart des Tieres herzustellen; so z. B. I. Korschunow / R. Michl »*Der Findefuchs*« (Thienemann und dtv junior): die behutsame Vermenschlichung in dieser Geschichte läßt Kinder auf anrührende Weise erfahren, wie eine Tiermutter ihr Leben riskiert, um ein Junges, selbst wenn es nicht ihr eigenes ist, zu retten. Oder in »*Der Junge und der Fisch*« von Max Velthuijs (Nord-Süd), wo der Junge den Fisch wie einen Freund für immer um sich haben möchte, dann aber doch den Heimwehkranken in sein Element zurückgibt.

Viele vermenschlichenden Tierbücher sind (ohne Fabeln im klassischen Sinne zu sein) Beispielgeschichten, die dem kindlichen Betrachter ein Spiegelbild eigenen Verhaltens und Treibens, eigener Nöte und Freuden vor Augen halten und ihm so helfen, mit sich und anderen zurechtzukommen. In »*Ganz allein in der Wüste*« von Michelle Daufresne (Wittig) läuft ein kleines Kamel aus Lust an der Abwechslung einfach weg, muß aber dann erfahren, wie schwer das Alleinsein ist. Und in Leo Lionnis Bilderbuch »*Sechs Krähen*« (Middelhauve) sagt die Eule zu den streitenden Krähen, es sei nie zu spät, Frieden zu schließen.

Andere Bild-Text-Geschichten nützen die Vermenschlichung von Tieren, um einen komischen, drolligen und in jedem Fall heiteren Effekt hervorzurufen. So sehr Kinder ihre Tiere ernst nehmen, so gern sind sie doch auch bereit, ihren Spaß an ihnen zu haben, so z. B. am Durcheinander und Mißgeschick der Schweine anläßlich ihrer Hochzeitsfeier, die die Kinder als ein Riesengaudium erleben (Helme Heine »Na warte, sagte Schwarte«, Middelhauve).

Weitere wirklichkeitsnahe Bilderbuchgeschichten mit irrealen Elementen:

Vom 3./4. Lj. an: H. de Beer: Kleiner Eisbär wohin fährst du? (Nord-Süd) – G. Bergström: Milla mitten in der Nacht (Oetinger) – J. Burningham: Aldo (Sauerländer) - Carle/ Christen: Die kleine Maus sucht einen Freund (Gerstenberg) – Fatio/Duvoisin: Mein Freund, der Glückliche Löwe (Herder) – Fromm/Kreusch-Jacob: 10 kleine Musikanten (Ellermann) – Janosch: Emil und seine Bande (Diogenes) – Korschunow/Michl: Wuschl- bär (Oetinger) – Krüss/Stich: Henriette Bimmelbahn (Boje u. dtv junior) – Kuratomi/ Kakimoto: Meisterbär wird Postbote (Meisinger) – E. Moser: Winzig der Elefant (Beltz & Gelberg) – Poppel/Boge-Erli: Scheint der Mond hell auf das Dach (Ellermann) – M. u. R. Rettich: Der kleine Bär (Oetinger) – R. Schindler/Jucker: Das silberne Licht (bohem) – Wilkoń/Moers: Hugo der Babylöwe (Nord-Süd)

Vom 5./6. Lj. an: H. Baumann/Hafermaas: Der große Elefant und der kleine (Neuer Finken) – V. Baránková: Das verlorene Kätzchen (bohem) – Blake/A. Scheffler: He Duda (Beltz & Gelberg) – Bröger/Kalow: Guten Tag, lieber Wal (Thienemann) – Cratzius/Kunstreich: Lauf weiter, kleiner Wumbo (Herder) – Hasler/Wilkoń: Die Pipistrellis (Fledermausfami- lie) (bohem) – H. Heine: Die Perle (Middelhauve) – Janosch: Oh, wie schön ist Panama (Beltz & Gelberg) – Janosch: Bärenzirkus Zampano (Parabel) – O. Könnecke: Doktor Dodos Weltreise (Oetinger) –Krüss/Wiegandt: Henriette Bimmelbahn, Auto, Flugzeug, Bus und Kahn (Boje) – Petraškevics/Askenazy: Der Schlittschuhkarpfen (Middelhauve) – M. Reidel: Froschkönig Kunibert (Neuer Finken) – W. Steig: Doktor de Soto geht nach Afrika (Gerstenberg) – Waddell/Benson: Rosamund, die Starke (Lappan) – J. u. P. Wilkoń: Leopanther. (Patmos) – R. Zimnik: Der Bär auf dem Motorrad (Diogenes)

3.4 Die realistische Bilderbuchgeschichte

Sie bedient sich keiner irreal-phantastischen Elemente und bleibt im Rahmen der tatsächlichen und möglichen Wirklichkeit.

Wirklichkeit – das ist im Falle der realistischen Bilderbuchgeschichte vor allem die Welt des Kindes, etwa im Alter von drei bis acht Jahren. Stoff und Handlung ergeben sich aus den kindlichen Erlebnis- und Beziehungskreisen im engeren und weiteren sozialen Umfeld. Dazu gehören Familie, Verwandtschaft, nahestehende Erwachsene, besonders aber auch gleichaltrige Freunde und Spielkameraden.

Neben dem sozialen Umfeld als Stoff- und Handlungsrahmen spielen auch andere Bereiche, vor allem die Beziehung des Kindes zu Natur mit Tier und Pflanzen eine bedeutende Rolle.[10] Zahlenmäßig treten jedoch diesbezügliche Titel im Vergleich zum phantastischen und wirklichkeitsnahen Bilderbuch mit irrealen Elementen etwas zurück. Man hat den Eindruck, daß die Bilderbuchautoren, wenn sie schon Geschichten erzählen, gerne ihre Phantasie spielen lassen, die Realitätsgrenzen überschreiten und ins Imaginäre hinüberwechseln, womit sie der Vorliebe des jüngeren Kindes aller Erfahrung nach entgegenkommen.

Realistische Bilderbuchgeschichten:

Vom 3./4. Lj. an: J. Bauer/Boie: Juli, der Finder (Beltz & Gelberg) – H. Baumann/Dietzsch-Capelle: Wie Tierkinder spielen (Thienemann) – K. Baumann/Bernard: Piro und die Feuerwehr (Nord-Süd) – E. Dietl: Der tapfere Theo (Thienemann) – Kirchberg/Haberlander: Geh nie mit einem Fremden mit (Ellermann) – Janosch. Ich bin ein großer Zottelbär (Parabel) – Lenzen/Hanck: Onkel Tobis Landpartie (Bertelsmann) – Lindgren/Berg: Michel aus Lönneberga (Oetinger) – Maar/Knorr: Anne macht alles nach (Oetinger) – Puebla/Zatón: Die Katze vom Dach (Peters) – E. Schmid: Mach's gut kleiner Wolf (Nord-Süd) – Tharlet/H. Ray: Ein Regenschirm für Onkel Gustav (Neuer Finken) – Widerberg/Lindström: Als das kleine Mädchen verlorenging (Oetinger) – Zink-Pingel/Matthis: Die Geschichte vom kleinen Dachs (Herder)

Vom 5./6. Lj. an: K. Baumann/McKee: Joachim der Straßenkehrer (Nord-Süd) – Boie/Brix-Henker: Der kleine Pirat (Oetinger) – S. Brülhart: Joggeli oder Marco hat einen Vogel (Sellier) – Carter, Paul: Billy, der Seeräuber (Parabel) – I. Gantschev: Der Fremde und die Leute von Kuschkundalewo (Nord-Süd) – Krüss/Rost: Jeder hat den Flohmarkt gern (Boje) – O. u. L. Landström: Nisse beim Friseur (Oetinger) – Louis/Haupt: Die Möwe Fridolin (Atlantis) – Mebs/Buchholz: Die Sara, die zum Circus will (Sauerländer) – Peterson/Wikland: Wie Erik und Lena ein Zuhause fanden (Oetinger) – I. Sawai: Mein roter Stiefel (Wittig) – Sundvall/Eriksson: Wie Mimi einen Großvater bekam (Oetinger) – Taniuchi/Kirsch: Ein Sommerregen (Wittig) – Vandenberghe/K. Baumann: Ich und der Sturm (Peters) – B. Wildsmith: Der Kirschbaum blüht wieder (Freies Geistesleben)

Vom 7./8. Lj. an: M. Scharff-Kniemeyer: Und was wird aus uns? (Ravensburger) – Beil/Lovis: Die Wildenten (Pestalozzi) – Blech/Borchers: Und oben schwimmt die Sonne davon (Ellermann) – Bradmann/Ross: Michael (Lentz) – H. Ellermann: Papiervogel flieg (Herder) – Nomura/Diel: Tiziano (Peters) – M. u. R. Rettich: Als die Sturmflut kam (Oetinger) – M. u. R. Rettich: Der Kamelreiter (Oetinger) – I. Sawai: Meine Fahrt ans Meer (Wittig) – Tulloch/Greder: Benny in der Spielzeugkiste (Middelhauve) – W. Wolf/Duroussy: Indianerjunge Kleiner Mond (Nord-Süd)

---

[10] Siehe meine Hinweise auf S. 48 ff. zu Bilderbüchern über Kinderalltag, Natur und Umwelt, Kinderwünsche und -sorgen usw.

4. Das Sachbilderbuch

Im Unterschied zur überwiegenden Zahl der Bilderbuchgeschichten dient das Sachbilderbuch primär der sachadäquaten Vermittlung von Wissen. Es stellt im Grunde genommen die erste Stufe des Kindersachbuches (s. S. 230) dar, unterscheidet sich aber von ihm, indem es inhaltlich auf Kenntnisstand und Erfahrung einer früheren Altersstufe aufbaut und sich formal in Bild und Wort der Wahrnehmungs- und Verstehensfähigkeit der kleinsten Literaturteilnehmer anpaßt. Dennoch ist eine klare Abgrenzung zwischen beiden Sachbuchtypen nicht immer möglich.

Die Idee, Bild und Lernen miteinander zu verbinden, ist alt. Sie geht auf den vom J. A. Comenius nachhaltig vertretenen pädagogischen Grundsatz der Anschauung zurück; sie mache das Lernen im Kindesalter erfolgreicher und gleichzeitig leichter und angenehmer. Sein Orbis pictus, er nennt ihn eine »Bilderschul«, ist der bedeutendste und berühmteste Vorfahre des Sachbilderbuches. Unzählige Anschauungsbücher für Kinder folgten – begünstigt vor allem von der Aufklärungspädagogik – und beherrschten bis in die Mitte des 19. Jahrhunderts das Feld des Bilderbuches.[11] Dann aber wurden andere Momente dominierend: das fabulierende, unterhaltende, künstlerische Bilderbuch setzte sich durch.

Das Interesse der Gegenwart am Sachbilderbuch steht einerseits im Zusammenhang mit der starken Verbreitung des Sachschrifttums überhaupt, andererseits mit dem Wandel der Kindererziehung und der Forderung nach Intensivierung einer früh einsetzenden rationalen und wissensorientierten Bildung.

Die meisten Sachbilderbücher befassen sich mit ihrem jeweiligen Gegenstand vernünftigerweise (im Hinblick auf ihre Leserschaft) nur in knapper und verkürzter Form. Die insgesamt vorkommende Thematik ist jedoch reichhaltig. Der Blick in die Verlagsangebote stößt auf ein buntes Bild von Themen.

Da sind es vor allem wieder die Tiere: Vom Igelkind bis zum Wal, von der Raupe bis zum Pony wird in Bild und Wort berichtet. Auch Wald und Garten, Bach, Froschweiher und Meer sind vertreten. Nach wie vor finden wir Themen zum Landleben (Bauernhof, Ferien auf dem Land), aber ebenso zu modernen städtischen Verhältnissen (Verkehr, Müllentsorgung) und zu Krankenhaus und Arzt. Zur Sachbuchthematik gehören auch Hinweise über den eigenen Körper und Ratschläge, wie

---

[11] Aus dem belehrenden Bilderbuchschrifttum der Aufklärung muß vor allem F. J. Bertuchs »Bilderbuch für Kinder« (1790 ff.) erwähnt werden. Dieses mehrbändige Bilderbuch enthält »eine angenehme Sammlung von Tieren, Früchten, Mineralien, Trachten und allerlei andern unterrichtenden Gegenständen aus dem Reiche der Natur, der Künste und Wissenschaften«, wie es in dem ausführlichen Titel heißt. Es ist »ein großartiges Werk der deutschen Jugendliteratur«, eine sorgfältig ausgewählte Sammlung, die »nicht zuletzt wegen der Bebilderung Beachtung und Würdigung fand« (H. Göbels 1979).

Kleinkinder ihre Fähigkeiten einsetzen und erweitern können (Beschäftigungs-, Spiel- und Liederbücher).

»In liebevoller Sachlichkeit« – so vermelden Prospekte – »vermitteln diese Bücher allererstes Wissen«. Dabei wird die Einkleidung des Wissenswerten in eine Erzählung bevorzugt. Die kindlichen Rezipienten haben es erfahrungsgemäß sehr gerne, wenn Personen wie ihresgleichen in die Geschichten eingewoben sind. Nur verbirgt sich hinter solchen und anderen didaktischen Bemühungen die Gefahr der Routine und der abgenutzten Schablone.

So wird man stutzig, wenn man in Katalogsankündigungen fast hintereinander liest:

»Uschi und Andreas erfahren bei Onkel Florian viel Wissenswertes über ...«

»Ein sehnlicher Wunsch geht in Erfüllung, Gabi und Robert bekommen zwei Entenküken geschenkt, die sie im Garten aufziehen dürfen.«

»Damit Tante Friede in Urlaub fahren kann, nehmen Anna und Jo ihren Wellensittich in Pflege.«

»Zwei Kinder bekommen ein kleines Kaninchen, das Spaß und Aufregung ins Haus bringt.« usw.

Auch bei Sachbüchern sind Phantasie und Originalität des Autors gefordert. Schon kleine Einfälle bringen Abwechslung ins Einerlei. Dann etwa, wenn ein verwilderter Garten, der mitten in Paris liegt, von Kindern wieder hergerichtet wird (Gerda Muller *»Ein Garten für Kinder in der Stadt«*, Ravensburger); oder wenn einmal nicht ein Erwachsener die Kinder belehrt, sondern auf witzige Art die Sache selbst zu Worte kommt wie in Bartos-Höppner *»Unterwegs mit Brummi«* (Neuer Finken): der dicke Lastwagen weiß viel zu erzählen; oder wenn in Bild und Wort von Vorgängen berichtet wird, die in der Nacht geschehen, wenn alles, auch das Mädchen Marie, schon schläft (H. Brandt/C. Naujok *»Katzennächte«*, Atlantis).

Im übrigen ist es durchaus angebracht, hin und wieder statt zu *erzählen* und in Geschichtchen einzukleiden mit einfachen Worten und kindgerechten Erklärungen zu *informieren*, wie das in den meisten Spiel- und Beschäftigungsbüchern ohnehin unumgänglich ist.

Weitere Sachbilderbücher (eine Auswahl aus dem großen Angebot):

Vom 4./5. Lj. an: Adrian/Muller: Piek, das Igelkind (Ravensburger) – B. Bärwinkel: Das Buch vom Bach (Meisinger) – Borgmann/Bofinger: Der Hund schlägt zu (Sprachspiele) (Kinderbuch Berlin) – M. Chinery: Mein erstes Buch der wilden Tiere (Schneider) – Dietl/Andresen: Mein Körper (Ravensburger) – W. de Haën: Bei uns im Garten (Ravensburger) – I. Hansen: Jens und Michel auf dem Bauernhof (Carlsen) – Knister/ P. Maar: Knisters Lach- und Machgedichte (Thienemann) – S. Kalas: Das Gänse-Kinder-Buch (Neugebauer) – Krüss/Damke: Welches Tier hat sieben Meter Halsweh? (Rätsel u. Verse) (Neuer Finken) – Michl/Michels: Am Froschweiher (dtv junior) – Moost/ Th. Müller: Das Rotkehlchennest (Mann) – R. u. M. Rettich: Zehn Finger hab ich (Thienemann) – E. Scherbarth: Beim Arzt (Ravensburger) – H. Schmidt / Merz: Komm mit mir ins Krankenhaus (Herder) – N. u. R. Seidler: Wale, Giganten der Meere (ars edition)

Vom 5./6. Lj. an: G. Fischer / Brinkworth: Wir fahren mit Bus und Fahrrad (Pestalozzi) u. Forts. – L. Rizatti: Ein Jahr mit den Bären im Wald (Pestalozzi) –

C. *Zu Formen und Problemen der Bilderbuchgestaltung*

Man kann nicht vom Bilderbuch sprechen, ohne auf sein eigentliches Element, das Bild selbst, einzugehen. Der Versuch einer solchen Betrachtung wird vor allem zwei Gesichtspunkte ins Auge zu fassen haben. Der eine bezieht sich auf das Bilderbuch als Objekt des künstlerischen Schaffens, auf seine Formen, Stile und Techniken. Der andere Gesichtspunkt wendet sich der Frage zu, wie die jeweiligen bildnerischen Strukturen vom Kind aufgenommen und verstanden werden.

1. *Das Bilderbuch als Objekt künstlerischen Schaffens*

Im Zusammenhang mit den Nachforschungen über Gestaltungsstrukturen, Stile und Techniken ergibt sich die allgemeine Frage nach dem Zusammenhang zwischen Bilderbuchschaffen und herrschenden Kunstströmungen.

Hans Halbey äußert sich zu dieser Frage zurückhaltend. Er kommt für die erste Hälfte des 20. Jahrhunderts zu dem Ergebnis, daß es in der deutschen Bilderbuchproduktion »zwar überzeugende Beweise für den Niederschlag der jeweils herrschenden Kunstströmung auf Bilderbuchkünstler gibt, daß jedoch die Masse der Bilderbücher verhältnismäßig unberührt davon blieb«[12].

In der zweiten Hälfte des 20. Jahrhunderts ist aber – wie *Gunter Otto* bemerkt – »eine zunehmende Modernität zu verzeichnen«; es lassen sich Veränderungen und Schwerpunkte nachweisen, die zwar nicht in direkter Abhängigkeit von bestimmten Künstler- und Kunstströmungen stehen, aber als ein »Allgemeineinfluß der Gegenwartskunst auf die Bilderbuchproduktion« gedeutet werden können.[13]

In einer von Otto betreuten Studienarbeit über 148 Bilderbücher zwischen 1955 und 1965 werden *Strukturtypen* aufgezeigt, die eine Vielfalt von Ausdrucksformen und Techniken erkennen lassen, wie sie auch in verschiedenen Kunstrichtungen Verwendung finden. Von Uniformität und Einförmigkeit konnte schon damals nicht die Rede sein. Die Strukturtypen lauten:[14]

---

[12] H. A. Halbey 1968, S. 27.
[13] G. Otto 1968, S. 52.
[14] ebd., S. 49 ff.

Das *dekorativ-flächige* Arrangement mit fest konturierten, gegeneinander abgegrenzten, klarfarbig angelegten und in sich nicht modulierten Flächen. Ähnliche Bildelemente werden zu einem einfachen Ensemble von Farbwerten und Formfiguren arrangiert. Beispiel: »Das kleine Blau und das kleine Gelb« von Leo Lionni.

Der *malerische Bildzusammenhang* als Gegenbegriff zum Dekorativ-Flächigen mit einer Farb- und Formgebung, die weniger am isolierten Element als vielmehr am Erscheinungszusammenhang von Licht und Raum orientiert ist. Beispiel: »Das Auto hier heißt Ferdinand« von Janosch.

Der *zeichnerische Bildzusammenhang* mit einer Dominanz von Linien als Umriß, Form oder graphische Belebung von Flächen. Im Unterschied zum dekorativ-flächigen Arrangement ist das Bild detailliert graphisch durchgegliedert. Beispiel: »Peter und der Wolf« von Frans Haacken.

Die *Kombination von Fleck und Linie* in vielfältigen Formen: durch Linien, die den Fleck präzisieren, durch ein Ineinander von malerischem Fleck und graphischer Linie. Beispiele: »Der Löwe und die Ratte« von Wildsmith.

Montierte Bilder unter Verwendung verschiedener Montagetechniken (Druck-, Stempel-, Reiß- und Klebeverfahren) bei mannigfachen Kombinationen. Beispiel: »Swimmy« von Leo Lionni.

Eva Schmidt gibt 1964 das Ergebnis einer Untersuchung bekannt. Sie unterscheidet und charakterisiert an Hand von 100 Bilderbüchern formale Gestaltung und Farbgebung, hinsichtlich der *Stile* gebraucht sie Bezeichnungen, die den Zusammenhang von Bilderbuch und Kunstrichtungen deutlich machen. Sie nennt

die *Karikatur* mit Überbetonung der charakteristischen Personen- und Gegenstandsmerkmale bei gleichzeitiger Verzerrung der Proportionen;
den *Neoprimitivismus*, in dem sich Merkmale der Kinderzeichnung mit denen der Karikatur vereinigen;
den *Poetischen Realismus*, der durch gehobene und verdichtete Darstellung der Wirklichkeit diese gefühlsmäßig erleben läßt;
die *Antiquiertheit*, worunter sie jene altmodischen Darstellungen versteht, die den Poetischen Realismus um etwa um 1920 repräsentieren;
den *Expressionismus*, der im Untersuchungsmaterial am seltensten vorkommt und nur als Anlehnung an die expressionistische Stilrichtung bezeichnet werden kann.[15]

Birgit Grenner-Quint veröffentlicht 1983 eine Arbeit, in der sie von zehn Stilen zeitgenössischer Bilderbuchillustration berichtet. Zur Verdeutlichung der Stile ist jeweils ein bekanntes Bilderbuch als Beispiel angefügt:

Abstrakter Stil, z. B. »Das kleine Blau und das kleine Gelb« von Leo Lionni (Oetinger)
Abstrahierter und stilisierter Realismus, z. B. »Das Geheimnis der acht Zeichen« von Eric Carle (Gerstenberg)
Naiver Realismus, z. B. »Rundherum in meiner Stadt« von Ali Mitgutsch (Ravensburger)

---

[15] E. Schmidt 1964, S. 16 ff.

Neoprimitivismus, z. B. »Oh, wie schön ist Panama« von Janosch (Beltz & Gelberg)
Poetischer Realismus, z. B. »Polarexpress« von Chris Van Allsburg (Ravensburger)
Photographischer Realismus, z. B. »Die Kanincheninsel« von Jörg Müller (Ill.)/Jörg Steiner (Sauerländer)
Surrealismus, z. B. »Lupinchen« von Binette Schroeder (Nord-Süd)
Impressionismus, z. B. »Momoko und der Vogel« von Chihiro Iwasaki (Ill.)/Christine Brückner (Peters)
Expressionismus, z. B. »Jorinde und Joringel« von Paula Schmidt (Ill.)/Grimm (Middelhauve)
Karikatur, z. B. »Wir können noch viel zusammen machen« von Friedrich Waechter (Parabel)[16]

M. Monika Niermann entschließt sich bei ihrer Analyse (500 Bilderbücher 1965–1975) für eine Einteilung nach *Bildtechniken*, die sie präzise und differenziert beschreibt. Dies sei notwendig, um die Erzieher in ihrem Bemühen, die Kinder frühzeitig bildnerisch zu aktivieren, zu unterstützen. Es sei ein Ziel der ästhetischen Erziehung, »durch das Betrachten von Bilderbüchern bereits auf der ersten Stufe des Kleinkindalters bildnerische Techniken selbst auszuprobieren und zu erlernen«[17]. Im Unterschied zu G. Ottos Einteilung nach Strukturtypen, die »zu global« sei und »keine präzise Bezeichnung der verschiedenen bildnerischen Mittel in der Herstellung der Bilder« gewährleiste, gliedert Niermann das Bildmaterial nach praktikableren Kriterien:

1. Gemalte Bilder (Farbauftrag durch Farbstifte, Kreide bzw. Pinsel)
2. Gezeichnete Bilder (mit Stiften, Kohle, Kreide, Feder, Pinsel)
3. Gedruckte Bilder (Stempeldruck, Holz- und Linolschnitt, Materialdruck, Monotopie usw.)
4. Schneide- und Reißtechnik (Scherenschnitt, Applikation, Montagen)
5. Fotomechanische Bildtechnik
6. Kombinierte Techniken (sog. »Mischtechnik«)[18]

Alle angeführten Untersuchungen lassen einen vielseitigen Zusammenhang zwischen Bilderbuch und künstlerischen Aussageformen erkennen. Wenn auch der prozentuale Anteil der einzelnen Stilformen und Techniken sehr unterschiedlich ist und konventionelle Darstellung gegenüber »moderner« und »progressiver« das Übergewicht hat, so ist doch eine Kritik fraglich, die den Eindruck einer allgemeinen Vernachlässigung konstruktiver und weiterführender Bildgestaltung erweckt. So äußert sich *Jürgen Thiele* zur Gesamtheit deutscher Bilderbuchproduktion, es gebe »fast unbeschadet künstlerischer und gebrauchsgraphischer Entwicklung ... in der

---

[15] B. Grenner-Quint 1983, zit. nach einer ergänzten Darstellung von P. Oberhuemer/H. Müller 1988, S. 45.
[17] M. M. Niermann 1979, S. 90.
[14] Niermanns ausführlichen Anmerkungen zu den einzelnen Bildtechniken sowie die beachtenswerten didaktischen Hinweise finden sich bei M. M. Niermann 1979, S. 90–94.

BRD seit Jahrzehnten so etwas wie die typisch ›kindgemäße‹ Bilderbuchillustration – sie vermeidet bildnerische Experimente, bevorzugt einfache, überschaubare Bilder und tendiert zur Idylle«[19]. Die bildnerischen Merkmale dieser »fast ausschließlich pädagogisch legitimierten« Illustration seien Einfachheit, Flächigkeit, Stereotypie, Buntfarbigkeit.[20]

Wie sich aber an den Untersuchungsergebnissen zeigt, ist das Bilderbuchangebot durchaus nicht so einförmig und homogen, und man darauf daraus schließen, daß ein, wenn auch kleiner Teil, so beschaffen ist, »daß seine Bilder zu einem Gegenstand visueller Neugier und ästhetischer Anregung« werden, daß sie irritieren, »betroffen machen« und »voller Sprengkraft« (Thiele) sind.

Diese Anforderungen an das Bilderbuch berühren ein didaktisch bedeutendes Anliegen. Daneben darf aber ein anderer Aspekt nicht zurückgedrängt werden, der ebenso wichtig – für das Bilderbuchkind sogar bedeutsamer ist. Thiele selbst erwähnt ihn an anderer Stelle, wenn er einräumt, »daß das einfache, vertraute Bild selbstverständlich seine Berechtigung und Funktion besitzt, für die frühen Lebensjahre allemal«.[21]

Das Bilderlebnis kann und soll – wie das Leseerlebnis – auf zweierlei Weise vor sich gehen. In einem Falle kommt es zum Syntheseerlebnis: das Gezeigte erscheint vertraut, ruft Zustimmung hervor, schafft Bestätigung. Im anderen Fall führt die Kind-Bild-Begegnung zum Kontrasterlebnis: die Darstellung mutet fremd an, steht im Gegensatz zum bisher Gewohnten und Geläufigen, stößt auf Widerspruch oder Zweifel.[22] Es ist verständlich, wenn die letztgenannte, lange vernachlässigte Erlebensweise, vor allem wegen ihres rational-kritischen und weiterführenden Charakters, besonders gefordert wird. Nur dürfen keine neuen Einseitigkeiten geschaffen werden. Beide Erfahrensweisen sind für jede Art der Weltbegegnung wichtig und unverzichtbar – zur Sicherung der Erfolge des bisher Erworbenen und zur Anregung weiterer Vorwärtsentwicklung.

2. Das Kind als Betrachter

Die oben angeschnittenen Fragen des Bilderlebens betreffen bereits das Thema dieses Abschnitts: das Verhältnis von Kind und Bild. Wie kann es zu nachhaltigen Reaktionen und Eindrücken kommen; anders ausgedrückt: Wie sollen Bilderbuchillustrationen sein, damit sie eine Chance haben, vom Kind angenommen und verstanden zu werden?

---

[19] J. Thiele 1988, S. 17.
[20] ebd., S. 18 f.
[21] J. Thiele 1992, S. 85.
[22] Siehe meine Ausführungen zum erlebnishaften Lesen S. 294 ff.

Daß es genau genommen um das jeweilige Kind mit seinen speziellen Vorstellungen und Fähigkeiten geht und nicht »um das Kind an sich«, erschwerte von jeher die Untersuchungen und schuf immer wieder Zweifel an der Richtigkeit der erzielten Ergebnisse. Aber das ist ein Problem, das alle Kinderforschung betrifft.

Im folgenden sollen die Aussagen einiger Untersuchungen skizziert werden, obwohl manche als nicht ausreichend, andere als nicht genug bewiesen eingestuft werden.

Wilhelm Nolte untersuchte 1938 die Einstellung von acht- bis dreizehnjährigen Schulkindern zur Bewertung von Märchenbildern und kam zu dem Ergebnis, daß die Hauptkriterien kindlicher Bildbetrachtung Naturtreue, Klarheit und »Richtigkeit« seien.[23]

> Jüngere wie ältere Kinder bevorzugen Bilder, »die die Welt so wiedergeben, wie sie in Wirklichkeit ist. Naturtreue in Form und Farbe wird von Kindern immer wieder gefordert und bildet einen maßgeblichen Gesichtspunkt für die Wahl ... Verschwommenheit und unklare Konturen stören. Alles muß ›richtig‹ sein, d. h. mit dem Text der Erzählung übereinstimmen.« Das Kind bevorzugt »heiter gestimmte, lichte, freundliche Bilder«.[24]

Rund dreißig Jahre später findet *Gunter Otto* die von Nolte gewonnenen Erkenntnisse im wesentlichen bestätigt. Seine Untersuchung – unter Einbeziehung auch der ersten Schülerjahrgänge – ergibt, daß graphisch feste, prägnante und gegenständlich klare Bildformen bevorzugt werden.[25]

Auch die von *Erich Langhorst* 1967 veröffentlichte Nachuntersuchung der wissenschaftlichen Erhebung Noltes und die Ergänzungsuntersuchung mit Kindern von 6–14 Jahren[26] ergaben weitgehende Übereinstimmung:

> Sie zeigen, »daß keine wesentlichen Vorliebenswandlungen stattgefunden haben« und daß sich auch bei der Vorlage von verschiedenartig modernen Bildern keine Bevorzugung nichtrealistischer Darstellungen gezeigt hat. Der Bildrealismus sei offensichtlich eine Entwicklungserscheinung, die im Lebensalter von 6–14 Jahren immer offener zutage trete.[27]

Die angeführten Untersuchungsergebnisse lassen den Schluß zu, daß der kindliche Betrachter von dem Bedürfnis gelenkt ist, Wirklichkeit zu finden, daß ihm das Bild »in erster Linie Weg zur Welt, Hieroglyphe der Realität«[28] ist. Das kann allerdings nicht so verstanden werden, als ob dem Bild und dem Bilderbuch nicht auch andere

---

[23] W. Nolte 1942.
[24] Zit. nach einer Zusammenfassung W. Hansens in »Die Entwicklung des kindlichen Weltbildes« München 1965 (6. Aufl.), S. 324.
[25] G. Otto 1968, S. 43.
[26] E. Langhorst 1967.
[27] ebd. S. 146.
[28] H. Zbinden 1957, S. 393.

»Funktionen« als die der Wirklichkeitserfassung zukämen (siehe S.40ff.) und ob nicht gleichwertig neben »Weltfindung« die »Selbstfindung«, d. i. klärende Auseinandersetzung mit dem eigenen Ich, zu setzen sei.

Offensichtlich gelten die o. a. Feststellungen auch heute noch. Sie sind jedenfalls in ihren Grundaussagen durch neue Untersuchungen nicht widerlegt und als falsch erklärt (»falsifiziert«) worden. Sie sind lückenhaft und bedürfen beispielsweise einer differenzierten Betrachtung hinsichtlich der Lebensalter.

Dennoch verfügen wir – so *Hermann Hinkel* (1989) – auf Grund bisheriger Forschungsergebnisse über »eine Reihe von Erkenntnissen, die man bei der Produktion von Kinder- und Bilderbüchern berücksichtigen sollte«.[29] Seinen Ausführungen sind Bestätigungen und Ergänzungen zu entnehmen:

H. Hinkel bestätigt, daß Kinder »zunächst verlangen, daß auf dem Bild alle ihnen bekannten Merkmale von Figuren oder Objekten, Landschaften etc. gut zu sehen und zu erkennen sind; d. h. es wird die Abbildung real erfahrbarer Welt erwartet«.[30]

»Das Kind sieht im Bild zunächst ... eine Wiederholung eines Stückes Welt, die es kennt und einordnen möchte.« Für die Altersgruppe bis 7 Jahre wird speziell vermerkt, daß »die Kontur, der klare Umriß und eine markante und spezifische, typische Darstellungsform eine wichtige Rolle« spielen.[31]

Zur Leserschaft der Kinder allgemein heißt es weiter: »Je komplexer und komplizierter eine Bildsprache ist, um so größer ist die Gefahr der Ablehnung.« Dies gilt zum Beispiel »für Bilder, die bestimmten – den Gegenstand verändernden – Kunststilen nahestehen ...«[32]

Allerdings wird vermerkt (von früheren Untersuchungen m. E. nicht ausreichend beachtet), daß 6–10jährige »durchaus in der Lage sind, sich auch mit ungegenständlichen Bildern zu befassen. Sie zeigen dabei hohes Maß im Herausfinden von Bildsystemen und -ordnungen, Farbwirkungen, Ornamenten.« Das geschieht »im Laufe ihrer Schulzeit« und nur dann, »falls es dort erarbeitet wird«.[33]

Aber auch die Gruppe der Kinder im Alter bis zu sieben Jahren ist Darstellungen, die vom Naturalistischen abweichen, nicht verschlossen: »Bei ihnen wird der Wunsch nach naturalistischen und realistischen Darstellungen teilweise überlagert durch eine höhere Akzeptanz gegenüber solchen Bildern, die Proportionen verschieben, Gegenstände bedeutungsperspektivisch vergrößern oder eher flächig abbilden, ornamental gliedern und auch in der Farbgebung von einer naturalistischen Farbgebung abweichen.«[34]

So viel zu Hinkels Ausführungen, die weitgehend die o. a. alten Untersuchungsergebnisse bestätigen, sie aber auch differenzierter betrachten. Von besonderer

---

[29] H. Hinkel 1989, S. 36.
[30] ebd., S. 33.
[31] ebd., S. 34.
[32] ebd., S. 34.
[33] ebd., S. 34.
[34] ebd., S. 33 f.

Bedeutung ist der Hinweis, daß das Bildersehen der Kinder entwicklungs- und förderungsfähig ist.

3. Kinderzeichnung und Bilderbuch

Eine mehr indirekte Möglichkeit, über kindliches Bilderbetrachten und Bilderverstehen Aufschluß zu erhalten, ergibt sich durch die Art, wie Kinder zeichnen. Es bestätigen sich verschiedene, durch unmittelbare Erfahrung erhaltene Aufschlüsse, es zeigen sich Zusammenhänge, wenngleich sehr wohl darauf zu achten ist, daß nur unter Vorbehalt Konsequenzen von dem einen auf das andere zu ziehen sind.

Eine der auffallendsten Parallelen zwischen Bildermalen und Bilderbetrachten ist, daß in beiden Fällen das Kind – neben der unbewußten Absicht, sich selber zu finden – in die Wirklichkeit eindringen und sie besser kennenlernen will. Es will dabei die Dinge so sehen und selber so darstellen, wie sie wirklich sind. Bekanntlich zeichnet das Kind sehr einfach, es gibt die Wirklichkeit »lückenhaft« und »mangelhaft« wieder, so jedenfalls sagt der Außenstehende. Dabei handelt es sich keineswegs in erster Linie um ein Nicht-können, sondern um ein Anders-sehen. Das Kind gibt wieder, was es am darzustellenden Gegenstand für wichtig hält, und es läßt fort, was ihm nicht bedeutsam erscheint. Es ist erstaunlich, wie erfolgreich dabei trotz geringer manueller und technischer Fähigkeiten das Kind ist.[35]

Auf Grund dieses besonderen Sehens der Wirklichkeit ist es gerechtfertigt, auch in der für das Kind gedachten bildnerischen Darstellung der Wirklichkeit, diese konzentriert, d. h. auf ihre wesenstypischen Merkmale vereinfacht wiederzugeben. Tatsächlich gehen ja die Vorlieben des jüngeren Kindes – wie die Untersuchungen zeigen – in diese Richtung. Es zeichnet nicht nur vereinfacht, es bevorzugt auch als Bildbetrachter »einfache« Darstellungen.

Die Kinderzeichnung wurde auch herangezogen, um Einzelfragen, wie die Anwendung oder Vernachlässigung der Perspektive näher zu klären. Hermann Hinkel hat im Zusammenhang mit der kindlichen Bildbetrachtung von der seltsamen »Überlagerung« des Wunsches nach Naturtreue durch wirklichkeitsfremde Proportionsverschiebung gesprochen. Bekanntlich vermißt man auch bei den Kinderzeichnungen bis ins Schulalter hinein die perspektivische Gestaltung.

Soll diese Art des Bildersehens wie der Bildgestaltung des Kindes zu einem Prinzip des künstlerischen Bilderbuchschaffens gemacht werden? Sicherlich nicht! Das Kind lehnt ja Perspektive nicht ab, es versteht sie sogar, wie unschwer zu beobachten ist, und es ist bei entsprechender Anregung schnell in der Lage und bereit, eine wirklich-

---

[35] Natürlich handelt es sich um ein von Kind zu Kind unterschiedliches Können.

38

keitsnahe Raum- und Größeneinteilung (zwischendurch) in seinen Bildern zu berücksichtigen.[36]

Im übrigen ist das in der früheren Kindheit vorherrschende mangelnde Interesse an realistischer Raum- und Tiefenordnung nicht nur als Defizit zu sehen, sondern auch als Positivum einzustufen, als die Möglichkeit nämlich, auch mit künstlerischen Darstellungsweisen, die von der naturalistischen Genauigkeit abweichen, die überformen, stilisieren, typisieren, abstrahieren, den jungen Betrachter erreichen und ansprechen zu können.

Die Frage, welche Funktion der Farbe zukommt, ist ebenfalls auf dem Weg über die Kinderzeichnung aufgegriffen worden. So erkannte man, daß – ähnlich wie beim Bildbetrachten – auch beim Zeichnen das Formprinzip dominiert und Umrißgebung und Formverdeutlichung bei der Anwendung von Farbe einen wichtigen Platz einnehmen. Neuerdings ist aber festzustellen, daß – durch Anregung von Erwachsenen, nicht zuletzt durch Farbfernsehen, Bildreklame usw. – schon bei jüngeren Kindern die Farbstifte zum Ausmalen der Flächen verwendet werden. Somit scheint der Sinn für Farbflächen, der beim Kind als Bildbetrachter schon in jüngeren Jahren konstatiert wird, auch beim Zeichnen und Malen wirksam zu werden.

Für das bildbetrachtende und das bildgestaltende Kind hat die Farbe – von anderen Erklärungsmöglichkeiten abgesehen – eine zweifache Bedeutung. Sie unterstützt das gegenständliche Erfassen, vor allem wenn sie durch kräftige Farbgebung und durch Farbgegensätze die Objekte voneinander abhebt. Die andere Bedeutung der Farbe für das betrachtende und das zeichnende Kind liegt in ihrer emotionalen Wirkung. Farbigkeit fördert eine gefühlsmäßige Beziehung zwischen Kind und Bild, zieht durch helle und freundliche Töne an, ruft durch dunkle und finstere Farben mitunter Regungen der Beklemmung und Angst hervor. Sie ist am positiven oder negativen Angemutetwerden durch den Bildinhalt, am Zustandekommen harmonischer oder kontrastierender Erlebnisse beteiligt. Es ist festzustellen, daß schon Kinder im Kindergartenalter Sinn für die ästhetische Qualität der Farbe zeigen (als Betrachter und als Gestalter). Mit zunehmendem Alter wird auch wahrgenommen, wie durch Farbigkeit Atmosphäre und Stimmungen angedeutet werden können.

Im Vergleich der Funktionen von Farbe und Form kann man pointiert sagen: Die Formdarstellung gibt den wesentlichen Ausschlag für die kindliche Bildbeurteilung nach den Kategorien »richtig« und »falsch«, die Farbgestaltung nach den Kategorien »angenehm« und »unangenehm«, »schön« und »nicht schön«.

Ich komme abschließend noch einmal auf den Vergleich des kindlichen Bilderzeichnens mit dem kindlichen Bildersehen zurück. Trotz deutlicher Parallelen sind

---

[36] Der 4jährige Rafael hat gelegentlich neben den üblichen zweidimensionalen Bildern auch raumgerechte Zeichnungen wie »Pinguine gehen vor dem Haus vorbei« oder »Himalaja mit Schneeleoparden im Hintergrund« angefertigt.

Schlüsse von dem einen auf das andere nur bedingt möglich, weil es sich dabei um Fähigkeiten mit unterschiedlichen Entwicklungsgängen handelt. So wie das Sprachverständnis des Kindes seinem Sprachausdrucksvermögen voraus ist, so steht das kindliche Bildverstehen auf einer fortgeschritteneren Stufe als sein Bildproduzieren.

Aus diesem Grund ist es falsch, wenn Illustratoren annehmen, in der Nachahmung des kindlichen Zeichen- und Malstils den idealen Zugang zum kindlichen Betrachter gefunden zu haben, oder Bilderbuchhersteller die Kinderzeichnung selbst für die angemessene Bilderbuchillustration halten.

Ludwig Hofmann kommt in einer Untersuchung (1968) zu dem Ergebnis, daß zwischen dem Kind als Bildgestalter und dem Kind als Bildbetrachter ein grundsätzlicher Unterschied sei.[37] Hermann Hinkel und andere schließen sich der Auffassung von der weitgehenden Untauglichkeit der Kinderzeichnung für das Bilderbuch an:

>»Das Kind trennt sehr deutlich zwischen den Ansprüchen an die eigene Praxis, d. h. an eigene Zeichnungen, und an die darstellerische Perfektion vorgelegter Bilder. Auch die Tatsache, daß Kinder ihre eigenen Zeichnungen nachweislich assoziativ auffüllen, d. h. sehr viel mehr in ihnen wiederfinden als für andere zu erkennen ist, führt zu Diskrepanzen im Verständnis und läßt dieses Material (für die Bebilderung von Kinderbüchern) ungeeignet erscheinen.«[38]

D. Pädagogisch-funktionale Bedeutung des Bilderbuches[39]

1. Umweltzeigende und umweltklärende Funktion

Der große Reiz, den Bilder auf das Kinderauge ausüben, beruht weitgehend darauf, daß hier die Möglichkeit gegeben ist, die Fülle der täglich und stündlich vorüberziehenden Wirklichkeit anzuhalten. Das Kind nimmt mit dem Bild ein Stückchen Welt wahr, mit dem es nun nach eigenem Ermessen umgehen, es mit seiner Phantasie umspielen und bei dem es kurz oder lang verweilen kann. Die Vorliebe für Bilder geht aber auch darauf zurück, daß der Umgang mit ihnen nur bedingt von der Sprache abhängig ist. Zwar kann und soll die Fähigkeit, sich sprachlich zu artikulieren, im Umgang mit dem Bilderbuch gebraucht und gefördert werden, doch ist nicht das Wort, sondern eben das Bild das primäre Medium.

So werden Bild und Bilderbuch dem Kind zu einer wichtigen Hilfe, die Umwelt

---

[37] L. Hofmann 1968, S. 64.

[38] H. Hinkel 1989, S. 34.

[39] Es liegen zahlreiche Äußerungen zur Bedeutung des Bilderbuches für das Kind und daraus sich ergebende Empfehlungen für die *Beurteilung* des Bilderbuchs vor; u. a. bei W. Scherf 1968, M. D. Beitl 1975, A. C. Baumgärtner 1979, W. Hartmann 1979, M. M. Niermann 1979, O. Dinges 1980/1984/1992, A. Grömminger 1980, B. Scharioth 1984, M. Born 1985, E. Fak 1986, Dehn / Thiele 1987, H. Retter 1989, H. Schaufelberger 1989.

zum geistigen Besitz zu machen. Das wiederholte Betrachten, das verweilende Eindringen, das vielfältige Sich-in-Beziehung-setzen unterstützen das Kennenlernen und Habhaftwerden der Umwelt. Dazu tragen nicht nur die realistischen Bildreihen und wirklichkeitsnahen Bildgeschichten bei, sondern auch jene mit betont phantastischer, verfremdender und karikierender Gestaltung. Ihre mögliche Funktion liegt darin, die Wirklichkeit neu oder schärfer erkennen zu lassen.[40]

Das bildliche Dargestellte ist aber nur Abbild und nicht die Wirklichkeit selbst. Das bedeutet Chance und Gefahr zugleich: Das Bild kann Dinge vor die Sinne stellen, die augenblicklich gar nicht real gegenwärtig sind. Das hat den Vorteil, daß sie aus der Distanz übersichtlicher und klarer betrachtet werden, bringt aber auch die Gefahr, daß sich willkürliche Vorstellungen herausbilden, die dem Wesen der Erscheinung nicht entsprechen. Darauf muß bei Kindern geachtet werden, die frühzeitig als Stubenhocker und Bücherwürmer oder als Dauergäste des Fernsehens ihre Erfahrungen überwiegend aus Bildern und Bildergeschichten beziehen. So notwendig Bilder sind, so darf das Kind nicht von ihnen überrannt werden. Der gesunde Drang des Kindes, sich zu bewegen und zu spielen, ebenso sein Bedürfnis, die Wirklichkeit unmittelbar kennenzulernen bzw. Schauen, Sprechen und Tun miteinander zu verbinden, sind zu pflegen und zu unterstützen.

Die Warnung vor der Bilderflut richtet sich nicht gegen ein vielfältiges, ergänzendes und alternatives Darstellungsangebot. Durch die Verschiedenheit der Bilder nach Form und Inhalt kann einer einseitigen und verfälschten Wirklichkeitsvorstellung vorgebeugt werden. Durch ein unterschiedliches Angebot wird auch schon das »kritische Lesen«, d. h. eine kritische Bildrezeption angebahnt.

2. Geistige Anregung und Übung

Wie sehr Bilderbücher zu geistiger Aktivität und Leistung animieren, kann jeder Erwachsene feststellen, der sich die Zeit nimmt, mit den Kindern Bücher zu betrachten. Margarita D. Beitl berichtet aus ihrer Erzieherpraxis in der Vorschule und stellt fest, wie das Vorschulkind bei der Erschließung des Bildgehalts »mit zunehmendem Interesse logische Folgerungen zieht, phantasievoll die Bildergeschichte weiterspinnt oder umdeutet, sachliche Erläuterungen gibt, sinnvolle Vergleiche anstellt, kritische Anmerkungen bringt u.a.m. Solche geistige Leistung beglückt das Kind ... Die Erfolgsfreude ermuntert das Kind stets zum Weiterforschen, weshalb Kinder am liebsten ein paar Bilderbücher nacheinander anschauen wollen (›Du kannst mir das nächste Mal auch zwei Bilderbücher bringen!‹)«[41]

Die aktive Beschäftigung mit dem Bilderbuch ist für das Kind kein aufgabenbewußtes, zielstrebiges, mühevolles geistiges Tun, sondern eine aus der spontanen

---

[40] Vgl. u. a. H. Künnemann 1974, S. 109.
[41] M. D. Beitl 1975, S. 109.

Freude für Bild und Geschichte sich entfaltende und eine am erfolgreichen Erkennen und Auseinandersetzen sich spielerisch steigernde Aktivität.

Obwohl dem Kind der Umgang mit dem Bilderbuch eine vergnügliche Angelegenheit ist, stellt dennoch das geistige Geschehen, das sich dabei vollzieht, ein erhebliches Maß an Leistung dar. Erkennen, Deuten, Interpretation von Bild und Text sind ja nicht Vorgänge, die das Kind ohnehin beherrscht, sondern die es erlernen, trainieren und in einem fortschreitenden Entwicklungsprozeß differenzieren muß. Schon das bloße Erkennen der in der Abbildung gemeinten Wirklichkeit ist ein komplizierter geistiger Akt, der uns Erwachsenen nur deshalb einfach und selbstverständlich erscheint, weil der Zeitpunkt, in dem wir uns diese Fähigkeit angeeignet haben, außerhalb unseres Erinnerungsvermögens liegt. Wir alle mußten einmal die Barriere überwinden, die zwischen Wirklichkeit und Abbildung steht. Sie ist dadurch gekennzeichnet, daß das abgebildete Ding nun eben doch nicht das Ding selbst ist, sich von ihm in Größe und Dimensionalität unterscheidet, nur mit den Augen und nicht auch mit anderen Sinnen »greifbar« ist. Die Unterschiede zu erkennn, die Identität des einen mit dem anderen herzustellen, heißt erfahren, was das Bild schlechthin ist und leistet. Dieser elementare Erfahrungsprozeß setzt bereits auf der frühesten Stufe des Bildbetrachtens ein, auf ihm bauen sich weitere Erfahrungs- und Lernprozesse auf, die das Bilderleben differenzieren und verschiedene Möglichkeiten bildnerischer Darstellung verständlich machen.

Der Erwachsene muß Hilfe anbieten und Impulse setzen. »Es kann für einen Erwachsenen einerseits überaus einfach sein, mit einem Kind ein Bilderbuch auszukosten, wenn er sich etwas von dem Bilddenken und der plastischen Erlebnisfähigkeit des Kindes bewahrt hat. Andererseits kann das Bilderbuchbetrachten eine recht anspruchsvolle Aufgabe sein, wenn die vielen didaktischen Möglichkeiten, die im Bilderbuch liegen, gesehen und ausgeschöpft werden.«[42] Die institutionalisierte Kindergarten- und Vorschulpädagogik entwickelt für die Verwendung des Bilderbuches in ihrem Bereich ein differenziertes Methodenbewußtsein und konkrete Zielvorstellungen.

Dabei wird es darauf ankommen, Verfahren zu nutzen, die vor allem die schöpferischen und produktiven Kräfte des Kindes ansprechen, die der Spontaneität und der Selbstständigkeit im Denken, Sprechen, Urteilen und Problemelösen einen weiten Spielraum zubilligen, die die Sensibilität (Offenheit für Reizeindrücke und Erfahrungen) steigern – kurz: die der Förderung der menschlichen *Kreativität* dienen. Man beobachtet in der frühen Kindheit »nahezu alle Bedingungen, die zu kreativen Leistungen führen, in ausgeprägter Form, vor allem spontane Aktivität, Ausdrucksverhalten und Sensibilität (Offenheit) für Reizeindrücke«.[43] Diese Verhaltensweisen

---

[42] ebd., S. 115 – Weitere methodische Anregungen z. B. bei A. Grömminger 1980, bei M. Born 1985, bei Oberhuemer / H. Müller 1988.
[43] R. Oerter: Psychologie des Denkens. Donauwörth 1980 (6. Aufl.), S. 383

sollte der Bilderbuchpädagoge aufgreifen, indem er die Kinder zum selbständigen Schauen und Entdecken, zum Assoziieren und Fabulieren, zum originellen Weitergestalten in Sprache und bildnerischem Ausdruck animiert usw. Da sich das Spielverhalten – nach Erkenntnissen der Kreativitätsforschung – in hervorragender Weise zur Aktivierung kreativer Prozesse eignet, ist auch aus diesem Grunde großer Wert darauf zu legen, das Bilderbuchbetrachten im Vorschulalter in ungezwungen spielerischer Weise durchzuführen und keineswegs in eine systematisiert schulische Form zu pressen. Das ohnehin Verständliche und leicht Zugängliche fordert die psychische Aktivität nur wenig heraus, gleiche oder ähnliche Inhalte sprechen das Ausdrucksverhalten nur mäßig an, immer wiederkehrende gleiche Strukturen und Darstellungsweisen stumpfen die Sensibilität eher ab, als daß sie sie verfeinern. Man sollte daher verschiedene Kategorien von Bilderbüchern auswählen und unterschiedliche Formen und Inhalte anbieten.

Es gibt Bilderbücher, die darauf angelegt sind, kreative Leistungen des Kindes zu stimulieren. Es kann sich dabei um darstellerische Experimente handeln wie Leo Lionnis »*Das kleine Blau und das kleine Gelb*« (Oetinger), ein Bilderbuch, in dem farbige Punkte und Flächen erst mit Leben gefüllt werden müssen, oder um Katja Mensings »*Bruno ist brummig*« (Esslinger), dessen ungewöhnlichen Schwarzweiß-Grafiken eine fruchtbare Unterhaltung anregen. »*Was ist dir lieber ...*« von John Burningham (Sauerländer) fordert die Vorstellungsfähigkeit der Betrachter heraus, weil sie sich von Seite zu Seite zwischen recht kuriosen Möglichkeiten entscheiden müssen.

3. *Erzieherische und entwicklungsfördernde Funktion*

Das Bilderbuch kann neben umweltklärender und formalbildender Wirkung auch eine im engeren Sinne erzieherische Funktion erfüllen. Gemeint ist damit der Einfluß auf die Entwicklung des sittlich-moralischen Denkens und Wertens, auf Haltung und Verhaltensweise des Kindes bis hin zum äußeren Benehmen.

Nun unterscheiden sich freilich Bilderbücher hinsichtlich ihrer pädagogischen Intensität und Methode ganz wesentlich, und – das sei vorweg gesagt – viele verfolgen aus gutem Grund überhaupt keine erzieherische Einflußnahme, wollen unterhaltende und »zweckfreie« Literatur sein.

Im traditionellen Bilderbuch kommt dem erzieherischen Moment eine dominierende Rolle zu. Wo die pädagogische Absicht ausdrücklich gegeben ist und offenkundig zutage tritt, spricht man vom *moralischen Bilderbuch*.

Zu den literarischen Vorgängern (meistens unbebildert) zählen die bis ins frühe 16. Jahrhundert zurückreichenden »*Zuchtbüchlein*«. Ihr methodisches Kennzeichen besteht darin, daß sie in direkter Belehrung dem Kind religiöse und sittliche Lehren in gedrängter Form und drastischer Ausdrucksweise einprägen und Anweisungen für das Verhalten in der Schule, auf der Straße, in der Familie geben wollen. Das alles geschieht mit großem Ernst, wenngleich zum Zwecke des leichteren Auswendiglernens die Ermahnungen in Verse gefaßt sind.

Als Beispiel sei die Regensburger »Schulzucht von christlichem Wandel und guten Sitten für die Knaben«[44] mit einigen Versen angeführt:

> Den rechten Glauben thut man mercken
> Auß eines frommen Christen Wercken,
> Gleich wie ein gutes Bäumelein
> thut bringen gute Früchtelein.

Wenn er »auß dem Betthe gehet«, soll der Knabe den Tag mit Gebet beginnen, den Eltern einen guten Tag wünschen, sich waschen und für die Schule herrichten:

> Spuel auß den Mund, wasche die Zän
> mit einem lautern Wasser schön.
> Das Haar kemb fein, die schuch wisch auß,
> Alßdann geh züchtig auß dem Hauß
> In dSchul mit Ehrerbietung fein
> Und Entblössung deß Hauptes dein ...

Die literarischen Wurzeln des moralischen Bilderbuches liegen aber auch im (häufig bebilderten) volkstümlichen Erzähl- und Beispielgut des Mittelalters. Darin begnügt man sich nicht mit bloßen Regeln und Vorschriften, sondern erzählt lebensnahe Exempla, um auf diese Weise die Lehre anschaulich, eindrucksvoll und angenehm faßbar zu machen.

Aufklärung und 19. Jahrhundert haben das erzählte Beispiel in Wort und Bild als besonders geeignetes Mittel der moralischen Belehrung geschätzt.

Das berühmteste und erfolgreichste Bilderbuch mit erzieherischer Absicht ist *»Der Struwwelpeter«* des Frankfurter Arztes Dr. Heinrich Hoffmann (1845). »Das Kind«, so äußert er sich selbst, »lernt einfach nur durch das Auge, und nur das, was es sieht, begreift es. Mit moralischen Vorschriften zumal weiß es gar nichts anzufangen. Die Mahnung: sei reinlich! sei vorsichtig mit dem Feuerzeug und laß es liegen! sei folgsam! – das alles sind leere Worte für das Kind. Aber das Abbild des Schmutzfinken, des brennenden Kleides, des verunglückenden Unvorsichtigen, das Anschauen allein erklärt sich selbst und belehrt.«[45]

---

[44] »Schulzucht« des Regensburger Rechenmeisters Johann Kandler. Vorwort 1572, Ausgabe 1628.
[45] Aus Texte und Dokumente v. A. C. Baumgärtner / H. Pleticha 1985 (Bd. 2), S. 16 f.

Die Kritik am »Struwwelpeter« und an anderen moralischen Beispielbüchern richtet sich nicht gegen den Erziehungsanspruch an sich, den diese Bücher erheben (abgesehen Kritik aus dem »pädagogischen« Lager, das jeglichen absichtlichen Einfluß auf Kinder durch Erwachsene für unnötig und schädlich hält). Die Einwände sind speziellerer Art und wenden sich

gegen die Verwendung negativer Verhaltensmodelle,

gegen die repressive Strafpädagogik,

gegen die autoritär-dogmatische Unbedingtheit seiner ethischen Erziehung.

Man kann den »Struwwelpeter« heute nicht mehr mit der gleichen Selbstverständlichkeit als Haus- und Erziehungsbuch hinnehmen wie das Generationen hindurch geschehen ist. Eine kritische Auseinandersetzung ist notwendig. Sie sollte nicht nur die Hypothesen moderner pädagogischer Theorien, sondern auch die Erfahrung der Erziehungspraxis einbeziehen und vor allem die Individualität des jeweiligen Kindes berücksichtigen. In einer Pädagogik, die in der Synthese zwischen Freiheit und Führung, Eigen- und Fremdbestimmung, natürlicher Selbstregulierung und normativer Begrenzung, individueller Bedürfnisbefriedigung und Kulturleistung ihre vorwiegende Aufgabe sieht, kann der »Struwwelpeter« keine zentrale Position mehr einnehmen, aber doch auf eingeschränkte Weise eine spezifische Funktion in einer ausgewogenen Gesamterziehung erfüllen.

Der »Struwwelpeter« ist schon zu Lebzeiten Heinrich Hoffmanns zu einem ungewöhnlichen Kinderbucherfolg geworden. Die erste Auflage war in einem Monat vergriffen, und weitere Auflagen folgten rasch aufeinander. Wenige Jahre nach seinem Tod wurde bereits die 200. Auflage erreicht. Das Buch wurde in fast alle Schriftsprachen der Welt übersetzt. Darüber hinaus ist das »Struwwelpeter«-Schema von anderen Autoren übernommen, nachgeahmt, auf andere Situationen übertragen und auch parodiert worden.

Gegen die im »Struwwelpeter« vertretene erzieherische Methode und Zielsetzung entstanden »Anti-Struwwelpeter«, einer erschien schon 1914. »Der ›natürliche‹ Mensch, der ehemalige Struwwelpeter, jetzt Freund der Tiere, steht von einem Strahlenkranz umgeben auf einem Sockel. Er verkörpert ein Denkmal dessen, der sich an der Gottesnatur freut.« Die Ideale der Jugendbewegung und der Neuromantik sprechen aus Bild und Versen.[46]

Einen modernen »Anti-Struwwelpeter« (Melzer 1970) brachte die antiautoritäre Bewegung hervor. Friedrich K. Waechter aktualisiert den alten Inhalt, wandelt die Ziele gerade ins Gegenteil:

---

[46] H. Müller in: Doderer/Müller 1975, S. 167. Weitere Beiträge zur »Struwwelpeter«-Diskussion: I. Dyhrenfurth 1967, S. 123 ff. – B. Hürlimann 1968, S. 102 ff. – W. Jahn 1972, S. 78 ff. – H. L. Köster 1972, S. 27 ff. - Ch. Meves 1972, S. 13 ff. – K. Doderer 1975, S. 55 ff. – M Dahrendorf 1979, S. 20 ff. – J. Jahn 1985, S. 21 ff.

> Darum sei nicht fromm und brav
> wie ein angepflocktes Schaf!

und läßt nicht die Kinder, sondern die Erwachsenen Fehler machen.

»*Peter Struwwel*« von P. Stein und C. Lapointe (Sauerländer 1972) trägt ein P auf der Brust, was nicht nur »Peter«, sondern auch Protest heißen soll: Protest gegen die Fehler und Zumutungen der Erwachsenen.

Weder autoritär noch antiautoritär gedacht sind Marlene Reidels »*Moritaten für Kinder*« (Sellier 1970). Im Singsang und Versmaß des Bänkelliedes, in einer naivlapidaren Sprache und mit farbkräftigen, linolschnittartigen Bildern werden größere und kleine, harmlose und folgenschwere Verhaltensfehler des Kindes vorgestellt, aber doch stets in einem Ton, der Erwachsene und Kinder schmunzeln läßt. So wie der Bänkelsänger seinen Zuhörern Geschichten zum Gruseln und zur Unterhaltung, zur Warnung und Lehre vorzeigt, so erzählt Marlene Reidel den (ihren) Kindern, daß alles seine Folgen hat, nach dem Motto: »Wie man's treibt, mein Kind, so geht's!« (W. Busch). Mit dem Schleck-Everl (die drastischste Geschichte), das nie den Teller leer aß, in der Speisekammer aber wahllos von allem naschte, geht das so:

> Und ganz oben standen Flaschen,
> auch von diesen mußt' sie naschen.
> Plötzlich fiel das Everl hin:
> In einer Flasch' war Gift darin.

In den meisten Geschichten transponiert Reidel die negativen Folgen ins Unwirklich-Phantastische und mildert sie dadurch. Das vergeßliche Mariechen wird zum Blümlein Vergißmeinnicht, der griesgrämige Xaver muß fortan als Brummbär im Zirkus tanzen, und die ständig streitenden und raufenden Buben Franz und Jockel werden zu Gockeln verzaubert.

Zwanzig Jahre nach dem »Struwwelpeter« veröffentlichte Wilhelm Busch 1865 seinen »*Max und Moritz*«. Da auch diese Bildgeschichte von Untaten der Kinder und letztlich vom Ende der Boshaftigkeit handelt, ist man versucht, eine Parallele zum »Struwwelpeter« zu ziehen und »Max und Moritz« ebenfalls in die Kategorie moralisch belehrender Bilderbücher einzureihen. Der Grundtenor der »Bubengeschichte in sieben Streichen« ist aber völlig anders.

Wilhelm Busch geht es nicht darum, die Verwerflichkeit der Streiche zu dokumentieren. Das Verhalten von Max und Moritz wird nur ironisch verurteilt (»ach, was muß man oft von bösen Kindern hören oder lesen!«), und hinter den Zeilen steht augenzwinkernd der Autor, als wollte er sagen: So schlimm, meine ich, ist das alles nicht! – Er will nicht pädagogisch wirksame Warnbilder setzen, wenn auch gelegentlich an anderer Stelle der Moralist sich zu erkennen gibt, wie zum Beispiel in den

Versen an einen seiner kleinen Leser, wo er unter Hinweis auf Max und Moritz mahnend sagt:

Aber das bedenke stets:
wie man's treibt, mein Kind, so geht's.

Was Busch zunächst und vor allem beabsichtigt, ist das humoristisch-satirische Konterfei einer Welt, in der sich Übermut, Fixigkeit und Originalität mit Selbstzufriedenheit, Konventionalität, biederem Pflicht- und Ordnungssinn und Bosheit auseinandersetzen, ist die humorvolle, das heißt verstehende und nachsichtige Betrachtung des unvollkommenen Treibens der Menschen, in dem sich guter Wille und böses Trachten auf kuriose Weise begegnen und vermischen.

Das Vergnügen der Kinder an »Max und Moritz« ist überwiegend die lustvolle Reaktion auf das Gelingen der originellen, übermütigen und gewagten Unternehmungen der beiden Buben, die nicht so sehr als Bösewichter und schon gar nicht als erfolgreiche Akteure eines antiautoritären Kinderaufstandes gesehen werden, sondern als übermütige und kraftstrotzende Burschen, denen unerschöpflicher Einfallsreichtum und unermüdliche »Experimentierlust« fast alles gelingen lassen. Die Betrachter genießen das immer wiederkehrende Überlegenheitsverhältnis der beiden und erfreuen sich an der Komik der einzelnen Szenen, die sich dadurch ergibt, daß gewohnte Proportionen und Vorstellungen verdreht und entstellt werden: der biedere und angesehene Schneidermeister strampelt hilflos im Wasser, der achtungswürdige Schulmeister liegt nach dem Pulverdampf lädiert und geschwärzt auf dem Rücken, der gute Onkel Fritz erwehrt sich schlagend und trampelnd der Maikäfer.[47]

Im *Bilderbuch der Gegenwart* ist die Absicht, auf Kinder einzuwirken, sie in ihrem Denken, Urteilen und Verhalten zu beeinflussen, weniger zu erkennen als im älteren Bilderbuchangebot. Wo sie dennoch vorhanden ist, werden die Betrachter und Leser in der Regel nicht direkt angesprochen. Man weiß, daß ein stärkerer Eindruck zurückbleibt, wenn die Geschichte so geschrieben und gezeichnet ist, daß die Kinder sich mit den dargestellten Figuren identifizieren können und daß sie Gelegenheit haben, sich mit ihnen auseinanderzusetzen und versuchen, sich eine Meinung zu bilden.[48]

---

[47] Vgl. zu »Max und Moritz«: H. L. Köster 1972, S. 28 ff. – M. Vogt 1988 – (o. Verf.) Hundertfünfundzwanzig Jahre ... 1990.

[48] Wenn hier von der pädagogisch weniger aufdringlichen Kinderliteratur der Gegenwart die Rede ist, dann sind selbstverständlich nicht die in den frühen sechziger Jahren fast schlagartig aufgetauchten und nach etwa zwei Jahrzehnten nahezu wieder verschwundenen extrem emanzipatorischen und politischen Kinderschriften gemeint. Mit ihnen feierten Indoktrination und Manipulation durch Lektüre fröhliche Urständ.

Wie immer schon ist der *Kinderalltag* ein hervorstechendes und beliebtes Thema.

Auf eine auch von den Bildern her besonders reizvolle Weise schildert Lucy Cousins in *»Mausi geht ins Bett«* oder *»Mausi geht schwimmen«* (Sauerländer) alltägliche Pflichten und Vergnügungen, wobei nicht ein Mädchen, sondern eine als Kind agierende Maus vorspielt, wie das alles akkurat, ordentlich und doch mit viel Spaß geschehen kann.

Daß Kindsein trotz Freizügigkeit und Umsorgung nicht immer nur angenehm ist, daß gelegentlich auch schon im Kleinkindalter Einschränkungen notwendig werden, die das spielerisch-sorglose Leben stören und mit denen die Kinder fertigwerden müssen, das zeigt manches Bilderbuch.

Das Kindergartengehen ist für das Kind – vor allem durch die Trennung von der Familie – manchmal ein Einschnitt. Aber Stine, *»Das Mädchen, das nicht in den Kindergarten gehen wollte«* von S. Widerberg / C. Torudd (Oetinger), hat dann doch bald so gute Erfahrungen gemacht, daß es, als Mama kommt, um es wieder abzuholen, nicht mehr nach Hause mag.

Auf heitere und darum um so tröstlichere Weise erzählt Janosch, daß selbst der kleine Tiger einmal krank wurde und den Doktor brauchte. Aber *»Ich mache dich gesund, sagte der Bär«* (Diogenes). Janosch weiß auch, wie man Kinder, ohne sie in ein belehrendes Gespräch zu verwickeln, dazu bringen kann, über den rechten Umgang mit technischen Dingen und den Straßenverkehr nachzudenken: *»Tiger braucht ein Fahrrad«* (Diogenes).[49]

Schon frühzeitig sollen Kinder zu einer Haltung der Mitverantwortung für *Natur und Umwelt* erzogen werden. Das Bilderbuch kann dabei helfen. Nur sollte nicht versucht werden, Teile der diffizilen Problematik, die von Erwachsenen zu bewältigen ist, bereits an die Kinder im Bilderbuchalter(!) heranzutragen. Reizthemen, die in der Öffentlichkeit sehr problematisch diskutiert werden, sind behutsam zu behandeln, um schon den bloßen Eindruck zu vermeiden, man wolle bereits die Kinder als Bundesgenossen für die eine oder die andere der zankenden Meinungsgruppen gewinnen.

Es gibt beachtenswerte Kinderbücher und Bildmappen, die Sensibilität für Umweltfragen wecken und Informationen als Grundlage für Gespräche geben können. Da einige von ihnen in Katalogen und Empfehlungslisten unter »Bilderbuch« laufen, werden sie nicht selten zu früh eingesetzt, so daß die hinter der äußeren Handlung stehende tiefere Problematik nur fragmentarisch erkannt und verstanden wird.

»Die Kanincheninsel« von J. Müller / Steiner (Sauerländer) ist die Geschichte von dem Kaninchen, das aus der Mastfabrik befreit wird, dann aber freiwillig in seinen gewohnten Käfig zurückkehrt. Die Betroffenheit über das traurige Schicksal des Tieres und die Entrüstung über massenhafte fabrikmäßige Tierhaltung bleiben auch bei Vorschulkindern nicht

---

[49] In der Sparte »Sachbilderbuch« finden sich für Kinder (oder Erwachsene), die lieber ernster und ausführlicher über die kleinen Pflichten des Kindes oder über Kranksein und Gesundwerden oder über Straßenverkehr usw. unterrichtet werden wollen, manche einschlägigen Titel.

aus. Wie aber sollen sie verstehen, warum das Kaninchen wieder in sein Gefängnis zurück-geht? Es bedarf aufwendiger didaktischer Bemühungen, um ihnen das Ursachengeflecht, bestehend aus psychologischen und soziologisch-gesellschaftlichen Momenten plausibel zu machen.[50]

So eindrucksvoll Geschichten, die sich auf Welt und Denken der Erwachsenen beziehen, gelegentlich für Kinder sein können, so sehr sie auch wichtige Wertvorstel-lungen berühren und notwendige Verhaltensbereitschaften anzusprechen vermögen – noch wichtiger sind, gerade für das Feld der Umweltpflege, handlungsorientierte Geschichten die anschaulich zeigen, was *getan* werden kann, welche konkreten Handlungsmöglichkeiten schon für Kinder gegeben sind.

> Bilderbücher dieser Art sind in der Regel nicht anspruchsvoll, sind schlichte Beispielge-schichten wie Wolfgang Metzgers Sachbilderbuch *»Ene mene ... Müll«* (Ravensburger), in dem das Mädchen Anna stolz den anderen Kindern zeigt, warum in ihrer Tonne nur so wenig Abfall ist. Oder *»Knille, knalle, knüll – wohin mit dem Müll?«* von Kohlsaat / Hohenester (Ellermann). Die Butzenhausener Kindergartenkinder legen einen Komposthaufen an und lernen dabei allerhand, z. B. auch, welche Bedeutung der Regenwurm hat.[52]

Wovon immer Bilderbuchgeschichten für das jüngere Kindesalter berichten, der Betrachter nimmt sich – vorausgesetzt Aufmerksamkeit und Interesse werden ge-weckt – selbst in das Geschehen mit hinein; sei es daß es die vorgezeigten Verhältnisse mit den seinen vergleicht, sei es daß er die Figuren von seinem Standpunkt aus betrachtet und beurteilt bzw. sich mit ihnen gleichsetzt.

Bei solch egozentrischer Lesehaltung ist die aufgeworfene Thematik besonders bedeutsam, vor allem wenn sie *kindliche Wünsche, Bedürfnisse und Sorgen* behandelt. Für den Erwachsenen ist nicht immer nachvollziehbar, wie selbst Geschichten, die überhaupt nichts Pädagogisches im Sinn haben und »zweckfrei« sein wollen, auf das Ich des Kindes so intensiv wirken.

> Eindrucksvolles Beispiel für ein Bilderbuch, hinter dessen äußerem Geschehen elementare kindliche Bedürfnisse und Probleme verborgen sind, ist *»Wo die wilden Kerle wohnen«* von Maurice Sendak (Diogenes). Der kleine Max, der wieder einmal »ungezogen« war und ohne Essen zu Bett geschickt wurde, träumt sich in das Land, wo die wilden Kerle wohnen. Dort, bei den tollen Ungeheuern, setzt er sich durch und wird ihr König. Doch dann sehnt er sich wieder nach Hause, zu Vater und Mutter, die ihn liebhaben. Und er wacht in der Geborgen-heit seines Zimmers auf, »wo es Nacht war und das Essen auf ihn wartete, und es war noch warm«.

---

[50] Vgl. Analyse und didaktische Aufbereitung (für 8–10jährige Schüler) von M. Sahr 1987, S. 113–130.
[51] Siehe didaktische Aufbereitung von H. Ossowski in: Stiftung Lesen 5, S. 22 f. – Vgl. auch »Agieren statt lamentieren« v. Geisler / Lange 1991.

Die Betrachter und Zuhörer dieser und ähnlicher Geschichten genießen mit dem Buchhelden Überlegenheit und Erfolg; sie erleben aber auch mit ihm die Gefahr der Fremde und das Glück, einen sicheren Platz zu haben, wo man geborgen ist und zu dem man immer wieder zurückkehren kann. Den mitlesenden Eltern kann die Geschichte Einblick in die primären Motive kindlicher Aggression verschaffen und deutlich machen, daß Trotz und Aufbegehren häufig nur das Ziel verfolgen, Anerkennung vor sich selbst und bei anderen zu erringen. Ähnlich ist auch die berühmte Erzählung »*Peter und der Wolf*« von Sergej Prokofjew zu verstehen (bei Parabel und anderen Verlagen ins Bilderbuch umgesetzt und auch als Musikkassette erhältlich).

Die Beliebtheit vieler älterer und neuer Bilderbuchtitel ist auf diese Möglichkeit des kindlichen Rezipienten zurückzuführen, eigene Anliegen und deren Erfüllung, Sorgen und deren Bewältigung auf die Buchfigur transponieren zu können.

Die kindliche Ichbezogenheit wird allmählich durchbrochen, so daß das Kind nicht mehr ausgeprägt auf sich allein orientiert ist. Eine deutliche Wende hin zum Interesse am anderen und zum altruistischen Verhalten, das zunächst nur mit Einschränkung auch schon als soziales Verhalten bezeichnet werden kann, ist feststellbar. Nach Jean Piaget und Lawrence Kohlberg durchläuft das Kind mehrere Phasen, bis es aus Gründen der Zusammengehörigkeit und der Gerechtigkeit etwas für den anderen tut.[52]

Diese Entwicklung kann unterstützt werden. Geschichten, in denen von anderen, ihrem Verhalten und von der Art ihres Zusammenlebens berichtet wird, können dazu beitragen.

In zahlreichen Variationen berichtet das Bilderbuch vom Zusammenleben – in realistischen Bild-Text-Geschichten, in parabelhaften Erzählungen.

Ein fesselndes Geschehen spielt sich in »*Es klopft bei Wanja in der Nacht*« von T. Michels und R. Michl (Ellermann und dtv junior) ab. In einer stürmischen Winternacht suchen Tiere, die sich sonst gar nicht mögen, Unterschlupf in Wanjas Hütte. Die selbstverständliche Gastfreundschaft gefällt den kleinen Zuhörern. »Der Wanja sagt: ›Komm nur herein / ich heize gleich den Ofen ein.‹« Das friedliche Zusammenleben der Tiere macht Eindruck. Die Kinder sehen's gerne und denken sich: So sollte es eigentlich immer sein!

Das Interesse der jüngeren Kinder gilt vorwiegend den »schönen« Geschichten, d. h. der Darstellung eines freundlichen und heiteren Miteinanders. Turbulenzen sind eingeschlossen, am liebsten solche, bei denen es recht lustig zugeht. Eben darum sind die auch als Bilderbücher erschienenen »*Michel*«-Geschichten oder die Erzählungen aus dem »*Lustigen Bullerbü*« von Astrid Lindgren so beliebt. – Über Nisses Einfälle und Sonderwünsche ist man zunächst erstaunt und verwundert, muß dann aber herzhaft lachen, wenn man ihn mit seiner neuen Frisur daherkommen sieht (Olof u. Lena

---

[52] Kurze Darstellung in K. E. Maier: Grundriß moralischer Erziehung. Bad Heilbrunn 1985, S. 95 ff.

Landström »*Nisse beim Friseur*« und »*Nisses neue Mütze*«, Oetinger). Auch Streitereien mit Kameraden und Geschwistern oder kleine Auseinandersetzungen in der Familie werden hingenommen (so etwas kennt man ja schließlich!), wenn nur zuletzt wieder Übereinstimmung einkehrt oder eine Konfliktminderung in Aussicht steht.

Manches Bilderbuch wendet sich der *harten Lebensrealität* zu und greift schwierige Probleme und Konflikte der Lebensgestaltung auf. Es werden Titel bereitgestellt, die sich mit Themen beschäftigen, die früher im Kinderbuch tabu waren wie Familienzerrüttung, Trennung und Scheidung der Eltern, Tod eines Angehörigen. Von »schönen« und unterhaltenden Geschichten kann nun nicht mehr die Rede sein. Es ist auch nicht so, daß derlei Bücher von den Kindern gern in die Hand genommen würden. Dennoch ist es ratsam, wenn Erzieher gelegentlich einen Titel als Lektüre auswählen.

Weil auch schon Kinder in frühen Lebensjahren einer ernsten, schwierigen, oft traurigen und leidvollen Wirklichkeit begegnen, ist es notwendig, daß Erwachsene mit ihnen darüber sprechen und sie nicht allein lassen. Bilderbücher können dabei eine wertvolle Hilfe sein. Defizite mancher Text-Bild-Geschichten, die beispielsweise vorwiegend zeigen, was Kindern Schlimmes widerfahren kann, müssen freilich ausgeglichen werden. Deutungen und Lösungen, die den Kindern nicht oder nur teilweise einsichtig sind, bedürfen der näheren Klärung.

Je schwerwiegender die Thematik ist, um so mehr ist der Erwachsene gefordert, für »seine« Kinder, deren individuelle Situation und seelische Reaktion er kennt, eine Literaturauswahl zu treffen und ihnen als Berater, Gesprächspartner und Helfer zur Seite zu stehen.

Wie sollte ein Kind mit N. Maar / Ballhaus »*Papa wohnt jetzt in der Heinrichstraße*« (Modus Vivendi) – empfohlen ab 5. Lj. – allein zurechtkommen?

> Bernd wandelt zwischen den streitenden und schließlich geschiedenen Eltern ratlos hin und her.
> Die Trennung wird für Bernd zur Katastrophe, wenn er auch versucht, mit Hilfe der zwei Spielzeugbären wieder Gleichgewicht zu gewinnen. Die Geschichte ist hervorragend erzählt und artifizell gestaltet. Es bleibt aber die Frage, wem die Geschichte dient: dem Kind, das in ähnlichen Verhältnissen lebt und sich bloßgestellt fühlt, oder den anderen, die der Ablauf der Handlung betroffen macht und vielleicht von der Angst erfaßt werden, Papa und Mama könnten sich auch einmal nicht mehr lieben und auseinanderziehen.[53]

Katy hat auch ihre Probleme. Sie will zunächst gar nichts davon wissen, daß ihr geschiedener Papa sich anschickt, eine junge Frau mit Sohn ins Haus zu nehmen. Das Buch »*Mein Papi, nur meiner!*« von McAfee / Browne (Alibaba), das bei allem Ernst der Thematik mit vielen komischen Szenen durchzogen ist, läßt schließlich einen positiven Ausgang erkennen, als nämlich Katy feststellt, daß sie die beiden »Neuen« gut leiden kann.

---

[53] Vgl. auch F.-J. Payrhuber in: Stiftung Lesen 4 (1990), S. 18 f.

Ob schon im Vorschulalter auch Bilderbüchern mit dem Thema »Sterben und Tod« eine sinnvolle Bedeutung zukommt? Auch hier muß nach Situation und Individualität des Kindes jeweils entschieden werden. Untersuchungsergebnisse zeigen, daß erst nach dem 6. Lebensjahr das Interesse an der Begrenzung des menschlichen Lebens beginnt und ab dem 8. Lebensjahr sich realistische Vorstellungen herausbilden.[54]

Die nachfolgend zitierten Bilderbücher lassen letzte Erklärungen offen und geben Eltern und Erziehern in Kindergarten und Grundschule (wenn sie im Hinblick auf ihre Kinder dieses oder jenes Bilderbuch für geeignet halten) die Möglichkeit für ein fortführendes Gespräch.

Das von dem Norwegischen übersetzte »*Abschied von Rune*« von Kaldhol/Øyen (Ellermann) erzählt ohne Pathos und Sentimentalität von der großen Trauer Saras um ihren Freund Rune, der beim Spielen ertrunken ist. Mit Hilfe ihrer Mutter wird ihr Trost zuteil, und sie kommt über den Trennungsschmerz hinweg: »... denn wenn wir an ihn denken, können wir ihn ja in uns sehen.« Ob sich auch die zuhörenden Kinder mit solchen Deutungen zufriedengeben? Es werden jedenfalls keine voreiligen Antworten gegeben. Einem bedächtig geführten Gespräch kommt somit große Bedeutung zu.[55]

»*Die Reise nach Ugri-La-Brek*« von A.-C. und Th. Tidholm (Beltz & Gelberg), eine Übersetzung aus dem Schwedischen, provoziert geradezu ein Gespräch, denn die beiden Kinder – für sich allein gelassen – stehen ratlos dem Tod ihres Opas gegenüber. »Und Mama will nichts sagen. Und Papa weiß von nichts.« Die Kinder begeben sich, halb Phantasie halb Wirklichkeit, auf die Reise, um ihren Opa zu suchen. Und sie finden ihn. »Hinter dem dunklen Fluß, wo die schwarzen Vögel schreien, entdecken sie mitten in weiten und kalten Nichts ›einen schmalen Streifen, wo Himmel und Erde sich treffen und miteinander flüstern.‹« Sie sprechen mit ihm, es geht ihm gut, im kleinsten Häuschen am Fenster sitzend.

Das bildnerisch ausgezeichnete Werk fesselt mit seiner schwermütigen Poesie den Erwachsenen. Im Vertrauen auf »das magische Wissen kindlicher Phantasie« rechnen die Verfasser mit der Anteilnahme und dem Verständnis auch der Kinder. Der Tod, »wie Kinder ihn sich vorstellen«, könnte Ausgangspunkt für ein fruchtbares weiterführendes Gespräch sein.[56]

4. *Literarpädagogische Bedeutung*

Zwischen Bilderbuch und Erwachsenenbuch erstreckt sich eine lange literarische Entwicklung mit vielen individuellen Möglichkeiten. Nicht nur über das Bilderbuch führt der Weg zur Literatur. Es gibt auch andere Zugänge, die sich erst zu einem

---

[54] M. Sahr 1987, S. 135.
[55] »Abschied von Rune« wurde 1988 mit dem Deutschen Jugendliteraturpreis ausgezeichnet.
[56] Zitate a. d. Begründung der Jury. »Die Reise nach Ugri-La-Brek« wurde 1992 mit dem Deutschen Jugendliteraturpreis ausgezeichnet.

späteren Zeitpunkt auftun können. Gewiß ist aber, daß ein kontinuierlicher Entwicklungsgang seinen Ausgang bei den einfachen und kindgemäßen Formen nimmt. Die Literaturpädagogik muß daher bereits hier ansetzen.

Das Bilderbuch ermöglicht literarische Ersterlebnisse, von denen wir Erwachsenen freilich nicht mehr wissen, und über die wir den kleinen Leser nicht befragen können. Sicher aber werden Art und Inhalt dieser Erlebnisse für eine Strecke die Einstellung zum Buch bestimmen.

Das Bilderbuch bereitet frühzeitig die Aufgeschlossenheit für andere Literaturgattungen vor. Was für das Märchen nachgewiesen wurde, das könnte auch für das Bilderbuch zutreffen: Es ist »Ausstrahlungskern« für spätere Lesestoffe, es schafft »Lesebahnen«, es ist ein Sprungbrett zu anderen Gattungen. Das märchenhafte Bilderbuch bereitet den Weg zum Märchenbuch, das wirklichkeitsnahe Bilderbuch zur realistischen Kindergeschichte, die Bildverserzählung zur Poesie, das Textbilderbuch zur illustrierten und unbebilderten Erzählung. So ist es denkbar, daß fundamentale Anfangspunkte für eine Weiterentwicklung gesetzt und exemplarische Ersterfahrungen ermöglicht werden.

Neben der grundsätzlichen literarpädagogischen Bedeutung kommt dem Bilderbuch eine wichtige Aufgabe für die Entwicklung des Sprachverständnisses und der Sprachbefähigung zu. In Familie und Vorschule ergeben sich für das Kind im Umgang mit dem Bilderbuch Möglichkeiten, noch nicht oder nur ungenau benannte Erscheinungen sprachlich zu begreifen und zugänglich zu machen. Das Bild unterstützt das bildhaft-anschauliche Erfassen der Sprache. Der Bilderbuchtext oder das Gespräch zum Bilderbuch kann verschiedene Modifikationen der Sprache als Verständigungsmittel und als Medium der Wirklichkeit aufzeigen.[57]

Sobald das Lesenlernen einsetzt – sei es in Vorschulkursen oder im ersten Schuljahr – nimmt das Bilderbuch mit einfachen Texten neben der Fibel eine wichtige Rolle ein. Die kurzen Textbeigaben ermuntern den Leseanfänger zu freiwilligen Leseversuchen auch außerhalb des Leselehrgangs. Bild und Text lösen einander ab und vermeiden im Wechsel von Anschauen und Lesen eine Überforderung der kindlichen Leistungskraft. Dieser Vorzug allein sollte schon Anlaß genug sein, das Bilderbuch in den ersten Klassen der Grundschule besser zu würdigen. Eine Auswahl guter Bilderbücher gehört in die Bücherei der Unterstufen und sollte die Lücken füllen, die für den Bibliotheksschrank der ersten Schülerjahrgänge immer noch typisch sind.

---

[57] Vgl. hierzu A. C. Baumgärtner 1973, S. 59 ff. – Siehe auch A. Krüger 1974; M. D. Beitl 1975, S. 117 ff.; M. M. Niermann 1979, S. 55 ff.; H. Bosse 1983.

5. Bedeutung für die ästhetische Erziehung

Die herkömmliche Auffassung, Kinder seien für die ästhetische Seite der Erscheinungen blind und taub, ist unrichtig. Schon beim Kleinkind und in der mittleren Kindheit zeigt sich ein Sinn für ästhetische Qualitäten. Obwohl die wissenschaftliche Literatur diesen Tatbestand nicht unerwähnt ließ, hat sich dennoch die gegenteilige Ansicht festgesetzt. Kinder sind Stoffbetrachter, so wird argumentiert, sie zielen auf den Inhalt und äußern sich auch nur zum Inhalt; sie leben in einem »außerästhetischen« oder »vorästhetischen« Bereich.

Alexander Beinlich, der in seinen Beiträgen zur Leserentwicklung die potentiellen ästhetischen Fähigkeiten des Kindes aller Stufen mit Nachdruck betont, auch ihre soziokulturelle Bedingtheit klar erkennt, fordert daher, die verschiedenen ästhetischen Ebenen in der Erziehung zu berücksichtigen.[58]

»Der Drang nach dem ›Schönen‹ ist ebenso zeitlos wie universell. Er findet sich in allen Zeitaltern, *in jedem Lebensalter* (Hervorh. d. Verf.), in jeder Sozialschicht, in allen Kulturen und bei allen ethnischen Gruppen. Die Betonung des Rechts eines jeden Menschen auf Realisierung auch dieser fundamentalen Lebensqualität gehört zu einem vollen Demokratieverständnis.«[59]

Der Beitrag der ästhetischen Erziehung ist allerdings begrenzt und, verglichen mit den soziokulturellen Einflüssen, weniger wirkungsvoll. Diese Einflüsse müssen einbezogen und differenziert bewertet werden. Es ist unsachlich, wenn die Pädagogik zu den Massenmedien in totale Opposition tritt und sie rundweg verurteilt. Ebenso unsinnig ist es, wenn umgekehrt die medialen Erscheinungsformen qualitativ überbewertet und zum Muster und Maßstab erhoben werden.[60]

Was kann der Umgang mit Bild und Bilderbuch für die ästhetische Entwicklung des Kindes leisten?

5.1 Zunächst ist auf das hohe Maß an Bereitschaft der Kinder zu verweisen, den in Buchform begegnenden Bildern mit Aufgeschlossenheit und Interesse gegenüberzutreten. Das, meistens von einem ansprechenden Text (wenn nicht lesend, dann hörend aufgenommen) umgebene Bild kann zu einer ungezwungenen Beschäftigung mit Form und Inhalt mehr beitragen als irgendeine andere vorgezeigte Abbildung, mehr auch als ein zum Zwecke der analytischen Betrachtung präsentiertes künstlerisches Einzelblatt oder Lichtbild.

5.2 Vorhandene und potentielle Fähigkeiten im Umgang mit Bildern, die inhaltlich für Kinder bedeutsam sind, werden angeregt und geweckt. »Kinder beachten und

---

[58] A. Beinlich 1980.
[59] ebd. S. 38.
[60] Vgl. die Ausführungen zur literarischen Erziehung S. 263 f.

bewerten weit mehr als bisher angenommen formale Besonderheiten an Bildern und drücken sie entsprechend ihrer Sprachfähigkeiten aus.«[61] Die Aufmerksamkeit für die Farbgebung läßt nicht nur (wenn auch überwiegend) auf Interesse an wirklichkeitsnaher Kolorierung schließen; Kinder ziehen auch bestimmte Farbtönungen, die »schöner« sind, vor. Das Beachten der Darstellungstechniken kann ebenfalls – wenn auch nur nebenbei und ohne besondere Forcierung – frühzeitig angeregt werden. Dazu tragen vor allem die Erfahrungen bei, die das Kind bei den eigenen Zeichen- und Malversuchen erworben hat.

5.3 Man sollte die veränderten Sehgewohnheiten der heutigen Kinder nicht unbeachtet lassen. Sie sammeln »frühzeitig eine Fülle ästhetischer Erfahrungen im (von den Erwachsenen meist nicht recht wahrgenommen) Umgang und Gebrauch der großen und kleinen Medien«, so daß »ihre Wahrnehmung an der heterogenen Bildästhetik der Massenmedien trainiert wird.«[62] Die neuen Sehgewohnheiten sind einzubeziehen, sei es daß sie gefördert oder daß sie notwendigerweise verfeinert und korrigiert werden.

5.4 Zur weiteren Entwicklung ästhetischer Fähigkeiten wie Sinn für Anordnung der Bildelemente, Wahrnehmung von maßvoll oder verkürzt Angedeutetem, Bereitschaft zum verweilenden und ins Bildganze eindringenden Betrachten, mit zunehmendem Kindesalter das Erkennen von Aussagen, die hinter der Oberfläche des Dargestellten verborgen sind wie Symbolhaftigkeit, Stimmungen usw. kann beigetragen werden, indem auch Bilder mit neuen und ungewöhnlichen Strukturen angeboten werden. Man geht bis an die Grenze des bisher Möglichen bei der Entschlüsselung des Bildmaterials heran. Gelegentlich sollte man auch durch Überschreitung dieser Grenze neue Betrachtungsweisen herausfordern und frühzeitigen Verfestigungen entgegenwirken.

5.5 Natürlich ist der Umgang des Kindes mit dem Bilderbuch nicht zum Anlaß zu nehmen, die Fähigkeit, sich über ästhetische Erlebnisse sprachlich auszudrücken, einzuüben. Was nicht heißt, daß Kinder sich nicht im Rahmen ihrer Ausdrucksmöglichkeiten über ästhetische Eindrücke und Empfindungen äußern könnten.

5.6 Das Verhältnis des Kindes zur Ästhetik des Bildes ist von verschiedenen Verfasssern vor allem an Hand des Kinderzeichnens erörtert worden. Die Aussagen sind uneinheitlich. Einerseits wird angenommen, Kinder zwischen 4 und 6 Jahren produzierten schöne Bilder, ohne die Merkmale der »Schönheit« zu kennen

---

[61] H. Hinkel 1989, S. 35
     Beinahe 50% aller Sechs- und Siebenjährigen gingen auf formbezogene Fragen ein.
[62] J. Thiele 1988, S. 17.

(M. Schuster); andererseits wird die Meinung vertreten, die Schönheit der Kinderzeichnung sei durchaus auf ästhetische Absicht zurückzuführen (Kellog).[63] Richtig ist, daß ein verstandesmäßiges Erkennen des Ästhetischen erst langsam im Rahmen der kognitiven Entwicklung möglich wird.

E. Literatur zu Bilderbuch

Arz, H. v.: Kinderzeichnungen und Zeichnungen für Kinder im Bilderbuch. In: Fischer/Stach (Hrsg.): Aspekte der Vermittlung von Jugendliteratur. Essen 1980, S. 70–79

Baumgärtner, A. C.: Erzählung und Abbild. In: Baumgärtner, A. C. (Hrsg.): Aspekte der gemalten Welt. Weinheim 1968, S. 65–81

Baumgärtner, A. C.: Perspektiven der Jugendlektüre. Weinheim 1973 (2. Aufl.)

Baumgärtner, A. C.: Beurteilungsmöglichkeiten von Bilderbüchern. In: Der Kindergarten. Bd. III, Freiburg 1979 (3. Aufl.), S. 319–330

Baumgärtner, A. C./Pleticha, H. (Hrsg.): ABC und Abenteuer. Texte und Dokumente. Bd. 2, München 1985

Baumgärtner, A. C./Schmidt, M. (Hrsg.): Text und Illustration im Kinder- und Jugendbuch. Würzburg 1991

Beinlich, A.: »Lesealter«? Die literarische Entwicklung der Kinder und Jugendlichen. In: Maier, K. E. (Hrsg.): Kind und Jugendlicher als Leser. Bad Heilbrunn 1980, S. 13–85

Beitl, M. D.: Das Bild erleben im frühen Kindesalter. In: Jugendliteratur 1962/8., S. 339–363

Beitl, M. D.: Die Bedeutung des Bilderbuches in der vorschulischen Erziehung. In: Maier, K. E. (Hrsg.): Jugendliteratur in einer veränderten Welt. (1. Jahrbuch des Arbeitskreises für Jugendliteratur) Bad Heilbrunn 1975 (2. Aufl.), S. 105–120

Berger, B.: Bilderbücher – ein Weg zum Lesen. In: Unsere Jugend 1990/1., S. 11–16

Berger, M.: Geschlechtsspezifisches Rollenangebot in Bilderbüchern. In: Inform. d. Arbeitskreises f. Jugendlit. 1982/1., S. 22–36

Berger, M.: Umweltzerstörung und Umweltschutz – thematisiert im Bilderbuch. In: Inform. d. Arbeitskreises f. Jugendlit. 1983/1., S. 34–46

Berger, M.: Das Kaufhausbilderbuch. Fragmente zu einem vernachlässigten Genre der Kinder- und Jugendliteratur. In: Inform. d. Arbeitskreises f. Jugendlit. 1986/1., S. 25–45

Bettelheim, B.: Warum lieben kleine Kinder Bilderbücher so sehr? In: jugendbuchmagazin 1986/2., S. 81–84

Bilderbuch (Heftthema). In: Fundevogel 1991/5., S. 12–23

Born, M.: Bilderbücher – gemalte und verdichtete Welt. In: Sahr/Born 1985, S. 64–90

Bosse, H.: Anmerkungen zur Sprache in Bilderbuchgeschichten. In: Beiträge zur Kinder- und Jugendliteratur 1983, S. 37–44

Budeus-Budde, R.: Aspekte des modernen Bilderbuchs. In: Neue Bücherei 1988/2., S. 121–128

Bürger-Ellermann, H.: Schonraum Kindheit? Die soziale Realität von Kindern im Spiegel gegenwärtiger Bilderbuchproduktionen. In: Thiele, J. (Hrsg.) 1987, S. 19–56

Dahrendorf, M.: Der Ideologietransport in der klassischen Kinderliteratur. In: Gorschenek/Rucktäschel (Hrsg.): Kinder- und Jugendliteratur. München 1979, S. 20–48

---

[63] Siehe M. Schuster 1987, S. 205.

Dehn, H./Thiele, J.: Bilder entdecken – Anregungen zur Beurteilung von Illustrationen. In: Thiele, J. (Hrsg.) 1987, S. 142–164

Dinges, O.: Fragen über Fragen um das Bilderbuch – und eine Spielregel dazu ... In: Fischer/Stach (Hrsg.): Aspekte der Vermittlung von Jugendliteratur. Essen 1980, S. 63–69

Dinges, O.: Kinder am Rand der Gruppe – Außenseiter im Bilderbuch. In: Inform. d. Arbeitskreises f. Jugendlit. 1982/Beiheft, S. 68–92

Dinges, O.: Fragestellungen zu einer umfassenden ästhetischen und didaktischen Analyse des Bilderbuches. In: Arbeitskreis für Jugendliteratur (Hrsg.): Der Dt. Jugendliteraturpreis 1956–1983. München 1984, S. 125–131

Dinges, O. (Red.): Das Bilderbuch. Eine Auswahl von Bilderbüchern aus aller Welt. München (Arbeitskreis für Jugendliteratur) 1988 a

Dinges, O.: Das Bilderbuch und seine Leser. In: Evang. Buchberater 1988 b/1., S. 1 ff.

Dinges, O.: Sterben und Tod im Bilderbuch. In: Kath. Öffentl. Bücherei 1990/3., S. 1–12

Dinges, O.: Raster zur Beschreibung eines Bilderbuches. In: Scharioth, B. (Hrsg.) 1992

Doderer, K.: Klassische Kinder- und Jugendbücher. Weinheim 1975 (3. Aufl.)

Doderer, K./Müller, H. (Hrsg.): Das Bilderbuch. Geschichte und Entwicklung des Bilderbuchs in Deutschland von den Anfängen bis zur Gegenwart. Weinheim/Basel 1975 (2. Aufl.)

Dück-von Essen, A.: »Man kann ja ruhig zugeben, daß man Angst hat.« Kinderängste und ihre Darstellung im Bilderbuch. In: Thiele, J. (Hrsg.) 1987, S. 107–141

Dyhrenfurth, I.: Geschichte des deutschen Jugendbuches. Zürich/Freiburg 1967 (3. Aufl.)

Ewert, O. M.: Die gemalte Welt als Entwicklungsanstoß. In: Baumgärtner, A. C. (Hrsg.) 1968, S. 82–87

Fak, E.: Zugang zum Bild. Überlegungen und Kriterien. In: 1000 und 1 Buch 1986/3., S. 12–21

Gärtner, H.: Von der Welt der Bilder zum »Bild der Welt«. In: Die Neue Bücherei 1978/1., S. 1–6

Geisler, H./Lange, F.: Agieren statt lamentieren. In: Eselsohr 1991/3., S. 12–13

Giehrl, H.: Überlegungen zur Theorie des Sachbilderbuches. In: Inform. d. Arbeitskreises f. Jugendlit. 1984/3., S. 34–46

Göbels, H.: Kinderfreunde – Bilderfreunde. Nachwort zu F. J. Bertuchs »Bilderbuch für Kinder« (Blibioph. TB) bei Harenberg, Dortmund 1979, S. 167–185

Göbels, H. (Hrsg.): Zauberformel ABC. (Blibioph. TB) bei Harenberg, Dortmund 1988

Grenner-Quint, B.: Die moderne Bilderbuchillustration. In: Buch und Bibliothek 1983/2., S. 148–157

Grömminger, A.: Bilderbücher in Kindergarten und Grundschule. Freiburg i. Br. 1980 (3. Aufl.)

Grünewald, D.: »Mediale« Bildsprache im Bilderbuch. In: Inform. d. Arbeitskreises f. Jugendlit. 1988/4., S. 24–35

Grünewald, D.: Denk-Provokation. Zur Funktion und Wirkung von Illustrationen im Kinder- und Jugendbuch. In: Baumgärtner, A. C./Schmidt, M. (Hrsg.) 1991, S. 47–59

Grünewald, D.: Pop up – und weg? (Zu Bewegungs-, Klapp- ... und Verwendungsbüchern) In: Börsenblatt 1992/69., S. 182–186

Hage, U./Kroll, S.: Und das Schwesterchen steht schüchtern daneben. Geschlechtsrollenklischees in Bilderbüchern. In: Spielmittel 1990/2., S. 83–87

Hagemann, C.: Bilderbücher als Sozialisationsfaktor im Bereich der Geschlechtsrollendifferenzierung. Frankfurt a. M. 1981

Halbey, H. A.: Das Bilderbuch in Deutschland im 20. Jahrhundert. In: Baumgärtner, A. C.: Aspekte der gemalten Welt. Weinheim 1968, 11–31

Halbey, H. A.: Begriffe und Gedanken zur Märchen-Illustration. In: JuLit 1989/3., S. 24–32

Hartmann, W./Heginger, W./Rieder, A. (Red.): Buch. Partner des Kinds. Hrsg. Österr. BM für Unterricht und Kunst. Wien 1979 (2. Aufl.)

Hinkel, H.: Kind und Bild. Zum Rezeptionsverhalten von Kindern. In: JuLit 1989/3., S. 33–36

Hofmann, L.: Kinderbuch und Kinderzeichnung. In: Baumgärtner, A. C. (Hrsg.): Aspekte der gemalten Welt. Weinheim 1968, S. 56–64

Hürlimann, B.: Die Welt im Bilderbuch. Moderne Kinderbilderbücher aus 24 Länder. Zürich/Freiburg i. Br. 1965

Hürlimann, B.: Europäische Kinderbücher in drei Jahrhunderten. München/Hamburg 1968

Hundertfünfundzwanzig Jahre Max und Moritz. Entstehung und Wirkung des berühmten Buches. Stuttgart 1990

Jahn, J.: Struwwelpeter und sein Autor. In: Beiträge zur Kinder- und Jugendliteratur 1985, S. 21–33

Jahn, W.: Am Anfang war das Lächeln. Bern/Stuttgart 1972 (2. Aufl.), S. 78 ff.

Könneker, M.-L.: Dr. Heinrich Hoffmanns »Struwwelpeter«. Stuttgart 1977

Köster, H. L.: Geschichte der deutschen Jugendliteratur. München/Pullach/Berlin 1972. Nachdruck der 4. Aufl. 1927, S. 27 ff.

Krahé, H.: Spielbilderbücher. In: Maier, K. E. (Hrsg.): Historische Aspekte zur Jugendliteratur. Stuttgart 1974, S. 86–91 und S. 139 ff.

Krüger, A.: Zur Sprache des Bilderbuchs. In: Maier, K. E. (Hrsg.): Jugendliteratur und gesellschaftliche Wirkung. (2. Jahrbuch des Arbeitskreises für Jugendliteratur) Bad Heilbrunn 1974, S. 98–116

Künnemann, H.: Kinder und Kulturkonsum. Weinheim 1974 (2. Aufl.), S. 42–59

Künnemann, H.: Das Bilderbuch. In: Haas, G. (Hrsg.): Kinder- und Jugendliteratur. Stuttgart 1983 (3. Aufl.), S. 153–176

Künnemann, H./Müller, H.: Bilderbuch. In: Doderer, K. (Hrsg.): Lexikon der Kinder- und Jugendliteratur. Bd. 1. Weinheim/Basel 1984, S. 159-171

Kunze, H.: Schatzbehalter alter Kinderbücher. Vom Besten aus der älteren deutschen Kinderliteratur. Hanau a. M. 1965

Langhorst, E.: Märchenbilder im Urteil von Kindern der Vorkriegszeit und Gegenwart. Bonn 1967

Latsch, A.: Das Bilderbuch als Kommunikationsmedium im Vorschulalter. Ein Beitrag zur Theorie des Bilderbuches. Köln/Wien 1978

Matthiae, A.: Vom pfiffigen Peter und der faden Anna. Zum kleinen Unterschied im Bilderbuch. Frankfurt a. M. 1986

Matthies, K. u. a.: Bilderbuchwelten (Heftthema). In: Kinder-Bücher-Medien 1989/33., S. 5–25

Menge, M.: Phantasie ist wichtiger als Wissen. In: Spielmittel 1991/2., S. 115–118

Meves, Ch.: Wunschtraum und Wirklichkeit. Lernen an Irrwegen und Illusionen. Freiburg 1972 (2. Aufl.)

Minke, F.: Das Kleinkind hat das Wort zum Bilderbuch. In: Jugendliteratur 1959/3., S. 100–104

Nguyen-Clausen, A.: Ausdruck und Beeinflußbarkeit der kindlichen Bildnerei. In: Hohenzollern/Liedtke (Hrsg.): Vom Kritzeln zur Kunst. Bad Heilbrunn 1987, S. 171–185

Niermann, M. M.: Erziehungsziele in Bilderbüchern für Kinder von 2 bis 6 Jahren. Frankfurt/Bern 1977

Niermann, M. M.: Das Bilderbuch in der pädagogischen Diskussion. Düsseldorf 1979

Oberhuemer, P./Müller, H./Engelbrechten, E. v.: Kind und Bilderbuch. Freiburg 1988

Ohlms, U.: Alte Klischees und neue Leitbilder. Zur Geschlechtsrollendarstellung in zeitgenössischen Bilderbüchern. In: Fundevogel 1987/35., S. 4–8

Otto, G.: Stilformen der Gegenwartskunst und das moderne Bilderbuch. In: Baumgärtner, A. C. (Hrsg.): Aspekte der gemalten Welt. Weinheim 1968, S. 43–55

Pahlke, A.: Emanzipation durch das Bilderbuch im Vorschulalter. In: Maier, K. E. (Hrsg.): Jugendliteratur und gesellschaftliche Wirklichkeit. (2. Jahrbuch des Arbeitskreises für Jugendliteratur) Bad Heilbrunn 1974, S. 117–130

Psaar, W. / Klein, M.: Wer hat Angst vor der bösen Geiß? Zur Märchendidaktik und Märchenrezeption. Braunschweig 1980 (2. Aufl.)

Rabl, J.: Sterben und Tod als Thema in neueren Kinderbüchern. In: jugendbuchmagazin 1979/3.

Retter, H.: Beurteilung von Bilderbüchern. Seelze-Velber 1989

Ries, H.: Grundsätzliche Überlegungen zu Illustration von Kinder- und Jugendliteratur. In: Baumgärtner, A. C. / Schmidt, M. (Hrsg.) 1991, S. 9–20

Röpcke, D.: Bilderbuch und Kindergarten. In: Bulletin Jugend + Literatur 1991/1., S. 13–20

Rohlfs, D.: »Bei uns kocht immer Mama!« Männliches und weibliches Rollenverhalten im Bilderbuch. In: Thiele, J. (Hrsg.) 1987, S. 57–106

Sahr, M.: Problemorientierte Kinderbücher im Unterricht der Grundschule. Baltmannsweiler 1987

Sahr, M. / Born, M.: Kinderbücher im Unterricht der Grundschule. Baltmannsweiler 1985, S. 64–90

Scharioth, B.: Von der Kindheit besessen. Das künstlerische Bilderbuch am Beispiel Maurice Sendak. In: Börsenblatt für den Deutschen Buchhandel 1984, S. 2233–2234

Scharioth, B.: Der Ruf nach den Kriterien – ein kleiner Leitfaden. In: Inform. d. Arbeitskreises f. Jugendlit. 1984 b/2., S. 40–43

Scharioth, B. (Hrsg.) mit Peetz, H.: Das Bilderbuch. Eine Auswahl von Bilderbüchern aus aller Welt. München (Arbeitskreis für Jugendliteratur) 1992

Schaufelberger, H.: Bilderbücher als Spielzeug – Entwicklung und Funktion von Verwandlungsbilderbüchern. In: jugendbuchmagazin 1983/4., S. 170–172

Schaufelberger, H.: Zusammenspiel von Bild und Text. In: Kindergarten heute 1987/3., S. 118–124

Schaufelberger, H.: Bilder sind gefährlich. In: Kindergarten heute 1989/1., S. 26–34

Scherf, W.: Vom Handwerk der Bilderbuchrezension. In: Baumgärtner, A. C.: Aspekte der gemalten Welt. Weinheim 1968, S. 135–156

Scherf, W.: Zur Illustration von Märchen und phantastischen Erzählungen. In: Baumgärtner, A. C. / Schmidt, M. (Hrsg.) 1991, S. 21–34

Schmidle, R. / Wendt, D.: Untersuchung zur Gestaltung und Rezeption von Bilderbüchern. In: Inform. d. Arbeitskreises f. Jugendlit. 1983/1., S. 23–26

Schmidt, E.: 20 Jahre deutschsprachiges Bilderbuch. In: Jugend und Buch 1964/4., S. 13–20

Schmidt, E.: Funktion und Stilform des Bilderbuches. Wien 1965

Schmidt-Dumont, G.: Rezeptionsprobleme beim Bilderbuch. In: Informationen Jugendliteratur und Medien 1981/2., S. 22–27

Schönfeldt, S. Gräfin: Über die Wirkung von Bildern und Texten. In: Schaller, H. (Hrsg.): Umstrittene Jugendliteratur. Bad Heilbrunn 1976, S. 155–165

Schuster, M.: Kinderzeichnung, Schematheorie und ästhetisches Wissen. In: Hohenzollern / Liedtke (Hrsg.): Vom Kritzeln zur Kunst. Bad Heilbrunn 1987, S. 199–207

Stiftung Lesen 4: Jugendbücher zum Thema: Familie. Ausgew. u. bearb. v. F.-J. Payrhuber. Mainz 1990

Stiftung Lesen 5: Jugendbücher zum Thema: Umwelt. Erarb. v. H. Ossowski. Mainz 1991

Struwwelpeter (Parodien). In: Fundevogel (Themenheft) 1988/55.

Thiele, J. (Hrsg.): Bilderbücher entdecken. Oldenburg 1987 (2. Aufl.)

Thiele, J.: Das Bilderbuch im Medienalltag von Kindern und Erwachsenen. In: Inform. d. Arbeitskreises f. Jugendlit. 1988/4., S. 16–23

Thiele, J. (Hrsg.): Neue Erzählformen im Bilderbuch. Oldenburg 1991 a

Thiele, J. (1991 b): Die Illustratorin als Märchenerzählerin. Binette Schroeder erzählt den »Froschkönig« neu. In: Thiele, J. 1991 a, S. 97–130

Thiele, J. (1991 c): Bilderbücher verstehen. Neue Überlegungen zu einem alten Anspruch. In: Thiele, J. (Hrsg.) 1991 a, S. 7–16

Thiele, J./Bürger-Ellermann, H. (Hrsg.): Kinder und alte Menschen. Ein interdisziplinäres Kulturprojekt. Oldenburg (Universität) 1989

Vogt, M.: Die boshafte Heiterkeit des Wilhelm Busch. Bielefeld 1988

Wolgast, H.: Über Bilderbuch und Illustration. In: Vom Kinderbuch. (Gesammelte Aufsätze) Leipzig 1906

Zbinden, H.: Das Bild in der Welt der Jugend. In: Jugendliteratur 1957/9., S. 392–399

Ziersch, A. v.: Bilderbuch – Begleiter der Kindheit. Katalog zu drei Jahrhunderten Bilderbuch. München (Villa Stuck) 1986

Zimmer, H. M.: Herr von Ribbek auf Ribbek im Havelland. Wie Kinder eine klassische Ballade in unterschiedlichen Bilderbüchern wahrnehmen. In: Inform. d. Arbeitskreises f. Jugendlit. 1987/2., S. 39–48

KINDERLYRIK
KINDERREIM KINDERLIED KINDERGEDICHT

An Stelle der in den früheren Ausgaben gebrauchten Sammelbezeichnungen »Kinderreim und Kindergedicht« wird nunmehr – der terminologischen Entwicklung folgend und unbeschadet der noch laufenden Diskussion – »*Kinderlyrik*« als umfassender Begriff verwendet Er bezieht sich auf alle Verstexte der Kinderpoesie und umschließt die relativ offenen Formen von Kinderreim, Kinderlied und Kindergedicht, ob sie nun als Volkspoesie oder als Kunstdichtung bezeichnet werden.[1]

A. Das Volksgut

1. Das Verdienst der Romantik

Mit ihrer Hinwendung zur deutschen Vergangenheit hat die Romantik das alte volkstümliche Dichtgut für alle Schichten des Volkes neu entdeckt und zu Ehren gebracht. Diese allgemeine Kulturtat der Romantik ist gleichzeitig ihr großer Beitrag zur Literatur der Kinder.

Es sind drei Gattungsbereiche der Volksdichtung, die von den Romantikern besonders gepflegt wurden:
- das Volkslied und Kinderlied: repräsentativ die Sammlung von Arnim und Brentano »Des Knaben Wunderhorn« (1805 und 1808);[2]
- das Volksmärchen: alles andere überragend und an Wirkung ohnegleichen die Sammlung der Brüder Grimm »Die Kinder- und Hausmärchen« (1. Aufl. 1812/15, 7. Aufl. 1857: Ausgabe letzter Hand);
- die Volksbücher und Sagen: umfangreich die Sammlung Simrocks »Deutsche Volksbücher nach den echtesten Ausgaben« (1839 ff.) und die der Brüder Grimm »Die deutschen Sagen« (1816 und 1818).[3]

Das Wirken der hier genannten Männer stand nicht allein. In ihnen aber gelangte die Leistung der Romantik für die Volksliteratur zu besonderen Höhepunkten. Es soll daher in diesem Kapitel über Kinderlied und Kindervers vom »Wunderhorn« der Freunde Achim von Arnim und Clemens Brentano ausgegangen werden.

Arnim spricht zu »*Des Knaben Wunderhorn*« einen Gedanken aus, der allen Sammlern der Romantik bewußt war (er findet sich auch in den Begleitworten der

---

[1] Eine ausführliche Darstellung der diffizilen Definitionsproblematik findet sich bei Kurt Franz 1979, S. 9–13 sowie bei Magda Motté 1983, S. 9–21 u. 44–50.
[2] Erster Band war datiert von 1806, erschien aber bereits 1805.
[3] Grimms erster Band (1816) enthält Ortssagen, der zweite Band (1818) historische Sagen.

Brüder Grimm zu ihren Märchen): »Wäre ich ein Bienenvater, ich würde sagen: Das war der letzte Bienenstock, er wollte eben wegschwärmen; es hat uns wohl Mühe gemacht, ihn im alten Hause zu sammeln; bewahrt ihn, stört ihn nicht, genießt seines Honigs wie recht.«[4] Das Bild bezieht sich auf die Volkspoesie allgemein, die seit der Aufklärung dem Gedächtnis des Volkes langsam zu entgleiten drohte. Seine melancholische Feststellung trifft weniger auf Kinderlied und Kindervers zu, deren Existenz durch die Anhänglichkeit der Kinder und durch die von ihnen und den Eltern dauernd eingeleitete Tradition von Generation zu Generation nicht im gleichen Ausmaß bedroht war.

Dennoch – wie viel bescheidener und dürftiger würde der Bestand an alten Kinderliedern heute aussehen, hätte nicht Arnim, Brentano und andere auch Lieder, Verse und Reime der Kinder in ihre Sammeltätigkeit einbezogen. Es muß allerdings vermerkt werden, daß die Romantik und das 19. Jahrhundert Volkstums- und Brauchtumsbewegungen hervorgebracht haben, die das Althergebrachte idealisierten und ideologisierten. Indem sie auszuklammern versuchten, was sich dieser Betrachtungsweise widersetzte, wurden sie der ganzen Wahrheit und Wirklichkeit der volkstümlichen Literatur nicht gerecht.

Das »Wunderhorn« enthält auch Kinderlieder, und 1808 wurde ihnen ein eigener Anhang gewidmet: die erste gedruckte Sammlung deutscher Kinderreime. Es sind darunter:

> Abends wenn ich schlafen geh;
> Das Lied vom buckligen Männlein;
> Die Ammenuhr;
> Eia popeia, was raschelt im Stroh;
> Ist ein Mann in Brunnen g'fallen;
> Der Herr, der schickt den Jockel aus.

Dichter, Sprachwissenschaftler und Sprachfreunde wurden durch das Beispiel des »Wunderhorns« angeregt, ebenfalls verstreute Kinderverse zu sammeln, unter ihnen Uhland, Hoffmann von Fallersleben, Simrock. Bedeutende Maler, unter ihnen L. Richter, haben sie illustriert oder als Grundtext für Bilderbücher verwendet, Tondichter haben sie in Melodien gesetzt. Und was am wesentlichsten war: Eltern und Erzieher wurden ermuntert, sich der Lieder und Verse zu bedienen.

2. *Zu Alter und Herkunft*

Die Quellen, aus denen die alten Kinderverse gespeist wurden, sind verschiedenartig. Sicher geht mancher Vers auf uralte Wurzeln zurück. Reime wie

---

[4] Zit. nach H. L. Köster 1972, S. 84.

> Heile, heile, Segen!
> Sieben Tage Regen,
> sieben Tage Schnee:
> Es tut mir nimmer weh!

weisen auf Beschwörungsformeln heidnischer Zeit. Andere lassen auf alte Wetterse-
gen schließen, erinnern an die Nornen (drei Mädchen, drei Jungfrauen), an Frau Holle
(Hollerbusch), an Zauberkraft oder Heiligkeit von Tieren (Kuckuck, Storch), an das
gute, gefährliche, harmlose oder komische Wirken von Hexen, Zwergen und Männlein (Bi-Ba-Butzemann).

Dennoch sollte man den volkstümlichen Kinderversen nicht zu viel mythologische
Bedeutung beimessen, wie es die ältere, von der Romantik beeinflußte Kinderliedfor-
schung getan hat.[5] Es gibt näherliegende Erklärungen für den frühen Ursprung des
Kinderverses als die oft recht gewagten und konstruierten mythologischen Interpretationen. Einen konkreten Hinweis auf das Alter mancher Reime und Verse gibt die
Erwähnung alter Berufe und Stände, vergangener Lebensverhältnisse und Bräuche,
einstiger politischer Machtverhältnisse:

> Kaiser von Rom
> hat einen Sohn,
> war noch zu klein,
> Kaiser zu sein ...

Seltener finden sich historisch genauer datierbare Hinweise wie in dem Einsinge-
lied aus der Schwedenzeit, das (im »Wunderhorn« aufgezeichnet) auch heute noch in
mundartlichen Variationen verbreitet ist:

> Bet, Kind, bet,
> morgen kommt der Schwed,
> morgen kommt der Oxensterna,
> der wird dem Kindl bet'n lerna.

Ein anderes Schwedenlied ist ebenfalls noch in vielen Gegenden lebendig:

> D' Schweden san kumma,
> ham alles mitgnumma,
> ham d'Fenster neigschlagn,
> hams Blei davontragn,
> ham Kugeln draus gossen
> und alle derschossen.

Obwohl der alte Versbestand in der Überlieferung von Generation zu Generation

---

[5] Vgl. hierzu beispielsweise F. M. Böhme 1897.

und im alltäglichen Gebrauch durch Formveränderung, Worttausch, Inhaltsverschiebung, Kürzung und Ausweitung (oft nach Laune, manchmal angeregt durch aktuelle Verhältnisse) einem beständigen Wandel ausgesetzt war, haben sich in ihm »die gute alte Zeit«, die Welt des bürgerlichen Biedermeier, die dörfliche Großfamilie, die vorindustrielle Epoche einen auffallend festen Platz gesichert. Vielleicht liegt es daran, daß mit der schriftlichen Fixierung der volkstümlichen Kinderpoesie im 19. Jahrhundert ungewollt die Lebendigkeit der Tradition unterbrochen und nahezu ein Abschluß der Entwicklung herbeigeführt worden ist. Vielleicht liegt es auch daran, daß die breiten Schichten der nachfolgenden Epochen unter dem Einfluß der Medien und der Unterhaltungsindustrie nicht mehr über die gleiche Freude und Kraft zu poetischer Gestaltung verfügten. So blieb es bei der Postkutsche, bei der Ofenbank, beim Spinnrad und Brunnen, bei König, Graf und Bettelmann. Die Apparate der modernen Technik und die neuzeitlichen Gesellschaftsverhältnisse drückten vermutlich nicht mehr mit gleicher Anschaulichkeit die elementaren Gegebenheiten aus, wie das die Utensilien und die Beziehungen der früheren Zeit noch getan haben, und fanden deshalb nur zögernd Eingang. Vielleicht liegt dies auch daran, daß – worauf Peter Hacks für das Poetische überhaupt verweist – das Neue sich der poetischen Verwandlung sperrt. »Das Neue muß reflektiert werden, bleibt eine Sache des Kopfes. Das Alte, wenn es die Schwelle des Ungewohnten und Bedenkenswerten überschritten hat, läßt sich schon erleben, und es hat, durch langen Umgang, eine Art von Einfachheit gewonnen, die es anschaulich macht. Worte wie Sachen müssen, um poetisch zu werden, lagern. Lokomotiven sind poetisch, Raketen sind es nicht. Öfen sind es, Fernheizungen nicht. Das Wort VLPG im Gedicht geht nicht; das Wort Genossenschaft – weil es ein bewährtes Wort ist, das uns zwingt, das Alte wie das Neue in der Sache zu sehen – geht allenfalls. Das Wort Dorf geht.«[6]

Die weitere Entwicklung des Kindergedichts (nicht der volkstümlichen Poesie) hat allerdings gezeigt, daß sich Modernes und Technisches durchaus nicht der lyrischen Übernahme sperren, wie befürchtet worden ist (siehe meine Hinweise auf S. 84).

Die Verbreitung volkstümlicher Kinderverse ist in den letzten Generationen erheblich zurückgegangen. In der gegenwärtigen Situation sind es weniger die Eltern und Familien, sondern die institutionalisierten Erziehungsstätten (Kindergarten, Vorschule, Grundschule), die die nachwachsende Generation mit einem kleinen Bestand an volkstümlichen Reimen und Liedern bekannt machen. Das Elternhaus nimmt als Übermittler nicht mehr die führende Rolle ein. Nicht selten werden Spiel-, Abzähl-, Spott-, Scherzverse usw. durch die Kinder selbst überliefert.

Ruth Lorbe hat in einer 1971 veröffentlichten Untersuchung am Beispiel Nürnberg nachgewiesen, daß Lieder und Reime unter den Kindern noch zu finden sind und im Spielalltag gebraucht werden, ihre Häufigkeit jedoch soziologisch bedingt ist. Wo

---

[6] P. Hacks: Das Poetische. In: Billen / Koch (Hrsg.): Was will Literatur? Bd. 2: Von 1918–1973. Paderborn 1975, S. 208 (2. Aufl. 1980).

Kindergemeinschaften existieren, vor allem, wo sich freie Spielgruppen finden, wird Vers- und Liedgut benützt und tradiert. Die freie »Zusammenrottung« der Kinder ist in Gegenden und Vierteln mit überwiegender Unter- und Mittelschichtbevölkerung eher möglich als in anderen Wohngebieten. Hier wird auch noch weitgehend die dem volkstümlichen Reimgut förderliche Mundart gesprochen. So erklärt sich, warum Lorbe in den Stadtgebieten mit vorwiegend werktätiger Bevölkerung einen vergleichsweise reichen Bestand an Kinderliedern und -versen auffinden konnte.[7]

3. Pädagogische »Gebrauchsliteratur«

So anonym der volkstümliche Kinderreim auch ist, so darf doch angenommen werden, daß ein Großteil der überlieferten Kurzverse von den Erwachsenen stammt. Sie sind im spielenden, scherzenden, pflegenden und erziehenden Verkehr zwischen Eltern und Kindern entstanden. In ihnen spiegeln sich der Tageslauf des Kindes mit Aufstehen, Anziehen, Waschen, Essen, Zubettgehen, das Kinderjahr mit Festen und Spielen, das Verhältnis zur Natur und zum Tier, die Anteilnahme am Tun der Erwachsenen in Haus und Beruf. Zahlreiche Verse sind mit körperlichem Tun verbunden, sind Tanz- und Spiellieder, Kniereiterliedchen, Fingerspielreime (»Der ist ins Wasser gefallen«; »Das ist der Daumen«). Sie kommen der Lust des Kindes, in Bewegung und tätig zu sein, entgegen. Andere wollen den Tummeltrieb der Kinder dämmen helfen. Die Mutter weiß um die beruhigende Wirkung von Melodie, Klang, Rhythmus und Reim. Mit dem Schlummerlied (oder dem »Betthupferl«) geleitet sie ihr Kind aus der Unruhe des Tages in Schlaf und Traum hinüber. »Schlaf, Kindchen schlaf« singen die Mütter in ungezählten Variationen bei allen Völkern.

Manchmal wird angeprangert:

> Pitsche, patsche, Peter,
> hinterm Ofen steht er,
> hinterm Ofen loant er (lehnt er),
> wenn man'n oschaut, woant er (weint er).

Gelegentlich wird auch gedroht:

> I hab a schlimms Kinderl,
> wann's immer so bleibt,
> so stell i's in Garten,
> daß's d'Vögerl vertreibt.

Hin und wieder nehmen Mahnung und Drohung schärfere und rigorosere Formen an:

---

[7] R. Lorbe 1971.

Ein gutes Kind,
das folgt geschwind.

Wer lügt, der stiehlt,
der kommt in d'Höll
und wird dem Teufel
sein Räuberg'sell.

In solchen Versen kommt der strenge und repressive Geist der alten Hauspädago-
gik zum Ausdruck. Er drängt sich auch in jenen Schlafliedern ziemlich unkaschiert in
den Vordergrund, die durch Einschüchterung das Kind zum Schlafen zwingen
wollen. Die Drohung mit dem bösen Hund des Schäfers, dem schwarzen Schaf, dem
Wolf soll den Schreihals endlich verstummen lassen, wenn gutes Zureden nicht hilft
und die Versprechungen vom Engelstraum und von den Äpfeln und Birnen, die der
Vater mitbringen wird, nichts erreichen. Eines der ältesten Schlaflieder[8] lautet:

Swig, min liebez kint!
Swigest nicht, der wolf dich nimt;
dem wil ich dich schiere geben.
Swig, wiltu behalten din leben.

Die überwiegende Mehrzahl der überlieferten Kinderverse jedoch verstärkt nicht
den strengen und unerbittlichen Ton der traditionellen Erziehung, sondern ist eher
ein Korrektiv der sonst vorherrschenden Straf- und Zwangsmethoden. Obwohl sich
das überlieferte Versgut inhaltlich mit den Wertmaßstäben und Normvorstellungen
der alten Hausväterpädagogik deckt, ist es didaktisch gesehen ein kinderfreundliches
Instrument der Erziehung. Gebot und Mahnung, Spott und Bloßstellung, Tadel und
Drohung sind im freundlich-wohlwollenden Ton gehalten. Die friedliche Absicht
wird durch die Versformulierung unterstrichen. Was Peter Rühmkorf über die
Wirkung des Kinderverses im Verkehr der Kinder untereinander sagt, gilt besonders
auch für den Eltern-Kinder-Bezug, daß nämlich, »wo der Reim sein Regiment
ausübt, sanftere Seiten einziehen und das rohe Spiel der Kräfte (das nur leicht zum
rohen Ernst wird) einer friedensrichterlichen Gewalt weicht«, daß eine »Sublimierung ins Humane« spürbar wird.[9]

4. *Die Kinder und ihre Verse*

In der freien Spielgruppe der Kinder werden die Verse und Lieder recht variabel
gehandhabt. In der Regel werden sie unverändert genutzt, weil Kinder Wert darauf

---

[8] Vgl. E. Gerstner-Hirzel 1973, S. 925 f.
[9] P. Rühmkorf 1969, S. 59.

legen, den ihnen bekannten Text – so wie die Regeln des Spiels – »richtig« zu gebrauchen. Immer wieder kommt es aber vor, daß eigenen Einfällen folgend geändert, umgemodelt oder – ohne den Einfluß der Großen – mit eigenen Reimschöpfungen ergänzt wird.

Dieses kindereigene Versgut hat in die Sammelbände nur wenig Eingang gefunden. Es entsprach nicht immer den ästhetischen und pädagogischen Auswahlkriterien der landläufigen Volkstumspflege. Vieles steht im krassen Widerspruch zu der Vorstellung einer unschuldigen Poesie aus Kindermund. Unabhängig davon, ob diese Texte als heruntergekommene Volksliteratur oder als Dokument echter und ursprünglicher Äußerung gewertet werden, sollte man sich aus empirischem Interesse an der objektiven Wirklichkeit damit beschäftigen.

Peter Rühmkorf hat mit seinen »Exkursen in den literarischen Untergrund« eine ausführliche Studie mit zahlreichem Material vorgelegt. Seine Dokumentation zieht allerdings zu wenig in Betracht, wie weit die derben, grobschlächtigen und von der Konvention abweichenden Verse tatsächlich Schöpfungen aus Kindermund sind, und wie weit sie nicht doch abgehörte Gesprächsprodukte der Heranwachsenden und der Erwachsenen darstellen. Die Auswahl Rühmkorfs erweckt außerdem – gewollt oder ungewollt? – den Eindruck, als seien Bezeichnungen, zotige Anspielungen, genitale und anale Anzüglichkeiten durchgängig in allen Kindergruppen, wenn man sie nur ungestört gewähren läßt, gang und gäbe, weil ja »dem so oft berufenen Volksgeist die Obszönität anhängt wie eine zwangsbedingte Mitgift der Natur«.[10]

Richtig ist, daß die Wirklichkeit des Kinderverses tatsächlich auch andere und rauhere Züge hat als das von den »idealistischen Hegemeistern« gesammelte Literaturgut. Ebenso zutreffend ist, daß die kindereigenen Verse nicht nur spielbegleitende oder die scherzhafte Kurzweil fördernde Reimgebilde sind, sondern auch ernstere Funktionen erfüllen bzw. erfüllten.

An den Fingerspielreimen hat Rudolf Schenda aufgezeigt, wie die Kinderverse auch »die Bühne abgegeben haben, (dem) Hunger teils symbolisch, teils aber auch sehr konkret Ausdruck zu verleihen ... Sie hatten eine bestimmte Funktion (hungerndes Warten auf die Mahlzeit, Ablenken von diesem Unlustgefühl, symbolisches Ausagieren von verbotenem oder verunmöglichtem Tun) in einer realen sozialhistorischen Situation.[11]

Die freie Kindergruppe bedient sich der Verse auch als Instrumentarium zur Regelung gruppeninterner Sozialprobleme. Mit Reimen wie

> Hat gelogen,
> hat betrogen,
> hat die Kuh am Schwanz gezogen

---

[10] ebd., S. 29.
[11] R. Schenda 1985, S. 160.

wird der Lügner, nicht aus sittlicher Entrüstung, sondern weil er das Vertrauensverhältnis in der Gruppe untergräbt, bloßgestellt, angeklagt und unter Druck gesetzt. Mit einem Sprüchlein wie

> Geschenkt, geschenkt: nimmer geben!
> Gefunden, gefunden: wieder geben!

werden schwierige Fragen der Eigentumsverhältnisse geregelt. Im Schmäh- und Spottvers, im Streitdialog, im Vers zum Hereinlegen usw. erwächst den Rivalen ein Mittel, die handfeste Auseinandersetzung zu umgehen, die Unsicherheit zu umspielen, ohne das Gesicht zu verlieren.

Der gruppeneigene Kindervers spielt auch eine Rolle für das Verhältnis der Kinder zu den Erwachsenen. Zahlreiche Verse entsprechen dem Wunsch nach Übereinstimmung und Gemeinsamkeit mit den Großen. Andere entspringen dem Bedürfnis, sich eine eigene kleine Welt aufzubauen, sie zu wahren und abzuschirmen und – sich zur Wehr zu setzen. Autoritäten, Respektpersonen und Drohfiguren werden veräppelt, Erziehungsnormen bleiben unbeachtet, Verbotenes wird ausgesprochen, Reime, Regeln und Lieder aus Familie und Schule werden respektlos verformt und umgedeutet. Wie weit sich dahinter nur harmlose Freude am Spaßigen und Komischen oder Emanzipationslust mit Aggressions- und Destruktionstrieb verbirgt, ist umstritten und wohl auch nur am Einzelfall zu entscheiden. Grundsätzlich sollte man die im Kinderreim erkennbaren Regungen der Selbständigkeit und Unabhängigkeit, das Bedürfnis nach Absonderung und den Wunsch nach einer eigenen Welt mit eigenen Regeln und Geheimnissen nicht immer gleich als »unmißdeutbare« Deklaration der »Rechte der unterdrückten und geschurigelten Natur«, als »eine unter Kindern und gegen die Erwachsenen ausgehandelte Sache«[12] interpretieren.

Hans-Heino Ewers ist der Meinung, daß zwar Parodierlust »der kindlichen bzw. jugendlichen Selbstbehauptung« diene, daß sie aber »nicht unbedingt schon einen kritischen oder satirischen Charakter« haben müsse; schon die Erzeugung komischer Effekte bedeute Druckentlastung.[13]

---

[12] R. Rühmkorf 1969, S. 20 u. 26 – Zum Thema »heimliche und verbotene Lieder« siehe auch E. Borneman 1976.
[13] H.-.H. Ewers 1986, S. 78.

B. Kinderlieddichter
(Autoren von Kinderliedern und Kindergedichten)

Die Bezeichnung »Kinderlieddichter« ist als weiter Begriff zu verstehen, der alle namentlich bekannten Verfasser von Kinderlyrik meint.

Ursprünglich wurden damit nur Autoren von Liedertexten oder sangbaren Kindergedichten bezeichnet, wie sie vor allem in der Nachfolge zur Romantik im 19. Jahrhundert entstanden sind und wie sie auch heute noch geschrieben werden. Von ihnen unterscheiden sich die Verfasser einer neuen, nicht mehr mit dem Kinderlied identischen Kinderlyrik, die statt Kinderlieddichter zutreffender als Kindergedichtsautoren (oder gar als »Kinderkunstlyrik-Autoren«?) zu bezeichnen wären.

Um solche ungewöhnlichen Wortschöpfungen und auch die Schwierigkeiten des Unterscheidens zu vermeiden, bleibt es bei dem von mir schon bisher verwendeten Sammelbegriff, der – wie in der Klammer zum Ausdruck kommt – Autoren von Kinderlied und Kindergedicht gleichermaßen einbezieht.

1. Kinderlyrik der Aufklärung

Bei einem Gang durch die Literaturgeschichte bis etwa Mitte des 18. Jahrhunderts ist die Ausbeute an kindgemäßer, von Dichtern geschriebenen Kindergedichten oder -liedern gering. Erst die Aufklärung brachte neben Kindergeschichten auch zahlreiche Kinderpoesie in Versform hervor. Vieles von dem, was die Verseschreiber geschrieben haben, ist aber vom Standpunkt gegenwärtiger Rezeptionserwartung und -fähigkeit des Kindes kaum akzeptabel.

Magda Motté zeigt an dem Gedicht »Der Mond« von *Christian Felix Weiße* (1726–1804), dessen Buch »Lieder für Kinder« (1765) als Beginn der eigentlichen Kinderdichtung bezeichnet wird, besondere Merkmale der Kinderlyrik jener Epoche.[14] Mit der anthropomorphen Naturbeschreibung, will man dem Kind entgegenkommen, was aber wiederum durch den großen Aufwand an Vokabeln und Wortmaterial, der kein konkretes poetisches Bild entstehen läßt, nicht gelingen kann. Vergleiche aus kinderfremden Bereichen (hier aus der Mythologie) erschweren zusätzlich dem Kind den Zugang zum Sinngehalt des Gedichts, das letzten Endes, wie fast alle Kinderlyrik der Zeit, ein Lehrgedicht sein will.

Das spezielle pädagogische Anliegen Weißes in diesem Gedicht ist, die Weisheit in ihrem Verhältnis zur Tugend zu zeigen:

> So muß der Tugend Schein
> der Weisheit Glanz verleihn: –

---

[14] M. Motté 1983, S. 55 ff.

Dich, Weisheit, such auch ich,
doch Tugend, bloß durch dich!

Gewiß, ein extremes Beispiel. Andere Zeitgenossen haben es besser gemacht. Und auch bei Weiße findet man Verstexte, die literarisch günstiger abschneiden.

Blickt man auf *Matthias Claudius* (1740–1815), selbst kein Aufklärer, aber im Umkreis der Aufklärung lebend, dann erkennt man, daß einzelne Leistungen der Kinderlyrik den literarischen Durchschnitt weit hinter sich ließen. Die Kinder verstehen im »Abendlied« – von einigen Bildern abgesehen – die eindrucksvolle Schilderung der mondbeschienenen Landschaft. Sie bleibt nicht wie bei Weiße »Kulisse, in der die belehrenden Sprüche wie Requisiten aufgehängt sind«. Es ergibt sich »ohne Stilbruch aus dem Naturbild eine Einsicht«:[15]

Seht ihr den Mond dort stehen?
Er ist nur halb zu sehen
Und ist doch rund und schön!
So sind wohl manche Sachen,
Die wir getrost belachen,
Weil unsre Augen sie nicht sehn.

In anderen Gedichten anderer Autoren schlägt der Rationalismus und Utilitarismus der Zeit durch. Die Kinder sollen lernen, vernünftig und zweckmäßig zu denken und zu urteilen. In *Ch. F. Weißes* »Seiltänzer« spricht ein Kind voll Bewunderung von dem »künstlichen« Mann, besinnt sich aber sogleich:

Ich muß wohl sagen,
Das fordert viel Müh:
Doch möcht ich etwas fragen:
Die seltne Kunst – was nützet sie?

Die Schule der altklugen Kinder zeigt also ihre Früchte, jedenfalls im Kindermund, der aus den Versen spricht; so in den »Kleinen Liedern für kleine Mädchen und Jünglinge« (1777) von *Gottlob Wilhelm Burgmann* (1737–1805). »Erziehungsbegeistert« wie das ganze Zeitalter ruft das Kind aus:

Kindheit! Frühling meines Lebens,
Laß mich deiner würdig seyn!
Mein Erziehn sey nicht vergebens
Denn sonst bleib ich immer klein.

Schließlich sei aber auch auf Autoren verwiesen, die in schöner Weise nicht nur der kindlichen Sprache, sondern auch dem wirklichen Fühlen und Denken der Kinder

---

[15] ebd., S. 57.

nahekamen. Dazu gehört *Christian Adolf Overbeck* (1755–1821), dessen Gedicht »An den May« aus »Fritzchens Lieder« (1781) mit einigen Strophen bis heute als singbarer Text bekannt geblieben ist:

> Komm, lieber May und mache
> Die Bäume wieder grün,
> Und laß mir an dem Bache
> Die kleinen Veilchen blühn!

Wie er sich in die Wunschwelt der Kinder versetzen konnte, zeigen die Zeilen, in denen Fritzchen über Stubenhockerei und sogar über Lernen klagt:

> Ach, bey den kurzen Tagen
> Muß ich mich oben drein
> Mit den Vokabeln plagen
> Und immer fleißig sein.[16]

2. Im Umfeld der Romantik

Die Romantik brachte Autoren hervor, die es verdienen, auf Grund ihrer Leistung und ihrer Wirkung als Klassiker des Kinderlieds bezeichnet zu werden. Nicht alles, was sie geschrieben haben, kann einer strengen Kritik standhalten. Viele ihrer Lieder und Gedichte stehen aber an Anmut und Echtheit nicht hinter denen der anonymen Volksdichtung zurück. Sie haben daher auch den Weg in die breite Öffentlichkeit gefunden.

Der Schweinfurter *Friedrich Rückert* (1788–1866) stand zwar noch in der aufklärerischen Tradition des 18. Jahrhunderts, aber er war doch auch schon dem Geiste der Romantik verbunden. Als Fünfundzwanzigjähriger schrieb er, beeindruckt vom »Wunderhorn«, die »Fünf Märlein zum Einschläfern fürs Schwesterlein« mit den anmutig belehrenden Versgeschichten

> Vom Büblein, das überall mitgenommen hat sein wollen;
> Vom Bäumlein, das andere Blätter hat gewollt.

»Wir alle«, so schreibt H. L. Köster, »haben uns an dem kindlichen Humor gefreut, der aus diesen Geschichten spricht; in dieser lustigen Einkleidung lassen wir – und die Kinder – uns die ›Lehre‹ schon gefallen, da sie künstlerisch aufgelöst ist in Handlung und Charakteristik.«[17]

---

[16] Die zit. Gedichte von Weiße (außer »Der Mond«), Burgmann und Overbeck finden sich in der Textsammlung von H.-H. Ewers 1980, S. 211 ff.

[17] H. L. Köster 1972, S. 107.

Rückert blieb aber zunächst als Dichter für Kinder eine Ausnahme, und es dauerte einige Jahrzehnte, bis die neue Epoche der Kinderlieddichter deutlich in Erscheinung trat.

Es war *Wilhelm Hey* (1789–1854), der sie mit seinen Gedichten, die er Fabeln nannte, einleitete. Seine Tiergedichte wollen die Liebe zwischen Tier und Kind, seine frommen Lieder das vertrauensvolle Verhältnis zu Gott pflegen.[18] Hey trifft – von manchen unnötigen Zusätzen und gehäuften Verniedlichungen abgesehen – mit seinen schlichten Versformulierungen den Ton der Kinder seiner Zeit. Er versteht es, sich in die Vorstellungs- und Gefühlswelt der Kinder zu versetzen, was insbesondere aus den frommen Liedern, die als Anhang zu den Fabeln erschienen sind, hervorgeht. »Sie behandeln es (das Thema Gott) in einer Weise, die sich weit erhebt über die tränenselige oder moralisierende oder trockenrationalistische Art seiner Vorgänger.«[19]

Einige seiner Gedichte sind in vertonter Form Volkslieder geworden:

> Alle Jahre wieder;
> Weißt du, wieviel Sterne stehen?
> Aus dem Himmel ferne.

Ein begeisterter und unermüdlicher Kinderlieddichter war *Heinrich Hoffmann von Fallersleben* (1798–1874). Er sagte von sich selbst und seiner Arbeit: »Ich war sehr glücklich; ich lebte wieder in der Kinderwelt und dichtete aus ihr heraus für sie mit wahrer Herzenslust.«[20] 1827 erschien als Geschenk des Dichters für seinen Paten das »Siebengestirn gevatterlicher Wiegenlieder«. Weitere Liedsammlungen folgten: »50 Kinderlieder, nach Original und bekannten Weisen« (1843), »50 neue Kinderlieder« (1845), »40 Kinderlieder« (1847) usf.

Es ist nicht verwunderlich, daß bei der Unmenge von Versen, die er für Kinder niederschrieb, auch Flaches und Schwaches zu finden ist. Die Zahl der gelungenen, Kinder und Kinderfreunde ansprechenden Gedichte ist aber ganz erheblich. Viele wurden in Melodien umgesetzt. Zum Teil suchte Fallersleben selbst passende Volkslieder, denen er dann zusammen mit dem Musikfreund Ernst Richter seinen Text unterlegte. So entstanden Kinderlieder von hoher Sangbarkeit. Manche sind so sehr Gemeingut geworden, daß der kinderfreundliche Autor darüber fast in Vergessenheit geraten ist. Wer kennt nicht (und die Kinder singen's noch heute):

---

[18] W. Hey »Fünfzig Fabeln für Kinder« (1833) und »Noch fünfzig Fabeln« (1837). Nachdruck der Erstausgaben mit je einem Nachwort von W. Scherf bei Harenberg (Bibliophile Taschenbücher) Dortmund 1977 und 1978.

[19] H. L. Köster 1972, S. 110.

[20] Zit. ebd., S. 112 – Neuausgabe: Hoffmann v. Fallersleben »Jeder mal nach seiner Art«. Hrsg. v. K. Ensikat (Beltz & Gelberg) Weinheim 1991.

> Kuckuck, Kuckuck ruft aus dem Wald;
> Der Kuckuck und der Esel;
> Ein Männlein steht im Walde;
> Alle Vögel sind schon da;
> Winter ade;
> Summ, summ, summ, Bienchen summ herum;
> Ward ein Blümlein mir geschenket.

Im Ansbacher *Friedrich Güll* (1812–1879) begegnet uns ein schriftstellernder Pädagoge (ab 1842 Schullehrer in München), der Kinderverse voll plastischer Anschaulichkeit zu schreiben verstand.

Sein Gedichtband »Kinderheimat in Liedern« (1836), mit Bildern von Franz Pocci,[21] »gehört zu den reizvollsten Kinderbüchern der Zeit, denn selten nur sind sich zwei Männer begegnet, die in Bild und Lied so einmütig zum Kind sprechen konnten«.[22] Die Wahl seiner Stoffe aus dem Leben der Kinder und ihrer nächsten Umgebung, die enge Verbundenheit mit seinem kindlichem Denken und Sprechen, Wollen und Tun haben zusammen mit seinem literarischen Formtalent Friedrich Güll zu einem Kinderlieddichter werden lassen, der »in seinen besten Leistungen über Hey und mindestens neben Hoffmann«[23] steht.

Wer seine Verse als Kind kennengelernt hat, kann manchen davon Zeit seines Lebens nicht vergessen. Zu den besten zählen:

> Das Büblein auf dem Eis;
> Klaus ist in den Wald gegangen;
> Steigt das Büblein auf den Baum;
> Der erste Schnee.

In der formalen Konstruktion ist Güll einfallsreich. Volksliedhafte Schlichtheit verbindet sich mit dichterischer Bewußtheit wie in »Vor Weihnachten«:

> Wenn säuseln die Windlein,
> Dann schaut das Christkindlein
> Zum dunkelen Fenster herein.
> Da sieht es wohl hinter
> Dem Vorhang die Kinder,
> Und horcht, ob vielleicht sie nicht schrei'n ...

---

[21] F. Güll »Kinderheimath«. Nachdruck der Erstausgabe von 1836 mit einem Nachwort von H. Göbels bei Harenberg (Bibliophile Taschenbücher), Dortmund 1978.
[22] I. Dyhrenfurth 1967, S. 108.
[23] H. L. Köster 1972, S. 116.

Wie er mit der Sprache in spaßhaften Wendungen und Verdrehungen, in der Häufung von Endreimen und in überraschender Wortwahl umgehen kann, zeigt manches seiner Gedichte, so das lustige und aufgeregte Lied von der Köchin:

Was soll ich denn kochen?
's ist alles zerbrochen,
das Maß
    und die Pfanne
das Glas
    und die Kanne, –
und was will ich kaufen,
es kost' einen Haufen:
der Weck
    und der Fladen,
der Speck
    und der Braten,
das Salz
    und das Mehl
das Schmalz
    und das Öl ...

Güll hat auch Kindergedichte im (fränkischen) Dialekt geschrieben:

Heunt hema in Dokta   Es hat si a Muck'n
Und Bada scho' braucht;   Ihr Flügerl verrenkt;
Es hat si a Heuschreck   Wer hätt' denn etz gestern
Sei' Fußerl verstaucht.   An dees U'heil denkt? ...

Fügen wir den genannten Namen noch *August Kopisch* (1799–1853) hinzu, der allerdings weniger als Kinderlieddichter hervorgetreten ist, sondern sich als Verfasser balladenähnlicher Gedichte im Anschluß an volkstümliche Sagenstoffe (»Die Heinzelmännchen«, »Der Klabautermann«, »Des kleinen Volkes Überfahrt«) einen Namen gemacht hat; nennen wir noch *Robert Reinick* (1805–1852), dann haben wir die bekanntesten Kindergedichtautoren aufgezählt, deren Werke vorwiegend in der ersten Hälfte des 19. Jahrhunderts entstanden sind.

Robert Reinick, der in Danzig gebürtige Maler-Dichter, schrieb neben Märchen und Geschichten, die von Literaturkritikern weniger gut beurteilt werden, auch Kinderlieder. Die meisten sind im »Deutschen Jugendkalender« (1847–1853), dessen Mitherausgeber er war, veröffentlicht worden.

Es gelingen ihm eindringliche Bilder (»Vom Berg hinabgestiegen / ist nun des Tages Rest« oder »Steht ein Kirchlein im Dorf, geht der Weg daran vorbei / und die Hühner, die machen am Weg ein Geschrei«); immer stehen sie in enger Beziehung zur kindlichen Mentalität und Welt, wenngleich die Personifizierungen und Verniedlichungen auf den älteren Leser manchmal recht betulich wirken mögen. Dem nicht rationalbetonten Kleinkind sind sie gerade recht, so auch das »Wiegenlied im Herbst«:

> Sonne hat sich müd gelaufen,
> spricht: »Nun lass' ich's sein«,
> geht zu Bett und schließt die Augen
> und schläft ruhig ein ...

Die Personifizierung drückt das vertrauliche Verhältnis des Kindes zur Natur aus. In dem Erzählgedicht »Vom schlafenden Apfel« ruft das Kind dem Apfel zu, er möge doch herunterfallen. Da kommt die Sonne, da kommt ein Vogel und dann der Wind,

> »der küßt nicht und der singt nicht,
> der pfeift aus einem andern Ton.
> Er stemmt in beide Seiten
> die Arme, bläst die Backen auf
> und bläst und bläst, und richtig –
> der Apfel wacht erschrocken auf
> und springt vom Baum herunter
> grad in die Schürze von dem Kind;
> das hebt ihn auf und freut sich
> und ruft: »Ich danke schön, Herr Wind!«

3. *In der zweiten Jahrhunderthälfte*

Brachte die erste Hälfte des 19. Jahrhunderts einen Höhepunkt der deutschen Kinderlyrik, so scheint ab den sechziger Jahren ein merklicher Rückschritt eingetreten zu sein. Tatsächlich hatten jedoch auch die nachfolgenden Jahrzehnte ihre Kinderlieddichter. Nur sind Name und Werk dieser Autoren weniger bekannt geblieben. In vielen Versen ist ein später Einfluß der lehr- und moralbeflissenen aufklärerischen Durchschnittsliteratur erkennbar, in anderen zeigt sich überdeutlich das Bestreben, der romantischen Sicht von Kindheit gerecht zu werden und dem jungen Leserpublikum durch Sentimentalität und »Kindertümlichkeit« entgegenzukommen.

An der Produktion von Kinderdichtung bestand also kein Mangel, obwohl sich die Jugendschriftsteller unterdessen in anwachsender Zahl – dem geänderten Interesse des Leserpublikums folgend – der Prosaliteratur zugewandt hatten.

Zu den fleißigsten Schreibern gehörten *Rudolf Löwenstein* (1819–1891) und *Georg Christian Dieffenbach* (1822–1901). Von Löwensteins über 200 Gedichten ist so gut wie nichts bis heute bekannt geblieben.[24] Vom hessischen Pfarrer Dieffenbach ist aus seinem Band mit »Kinderliedern« (1852) einiges noch im Gebrauch wie

> Konzert ist heute angesagt
> im frischen grünen Wald.
> Die Musikanten stimmen schon –
> hör wie es lustig schallt! –
> Das jubiliert und musiziert,
> das schmettert und das schallt,
> das geigt und singt,
> das pfeift und klingt
> im frischen grünen Wald ...

Neben diesen Schriftstellern macht sich eine jüngere Generation bemerkbar, die nicht mehr die starke Bindung an zurückliegende literarische Epochen zeigt und zwischendurch auch schon mit neueren Themen und unkonventionelleren Formen aufwartet. Zu ihr kann man mit Einschränkung *Julius Lohmeyer* (1835–1903) rechnen, der allerdings mehr als Herausgeber der Zeitschrift »Deutsche Jugend« hervorgetreten ist als durch seine Tätigkeit als Kinderlieddichter. Das Neuartige liegt in der Verwendung ironischer Ausdrucksformen; eine Schreibart, deren Eignung für Kinder fraglich ist, die aber verstanden werden kann als unwillkürliche Wendung gegen die fortschreitende Verniedlichung der Kindheit und die mit ihr einhergehende Unterschätzung der kindlichen Verstehensfähigkeit.

Auch *Johannes Trojan* (1837–1915) gehört mit seinen »Hundert Kinderliedern« (1899) und anderen Sammlungen der neuen Generation an. Wenn auch die meisten seiner Gedichte im Fahrwasser konventioneller Thematik und Darstellung schwimmen, so fallen doch einige durch originelle Einfälle, durch Witz und Frische aus der Reihe. So etwa die Versgeschichte von der Maus:

> Ich frag die Maus:
> »Wo ist dein Haus?«
> Die Maus darauf erwidert mir:
> »Sag's nicht der Katz, so sag ich's dir.
> Treppauf, treppab,
> erst rechts, dann links,
> und dann grad aus –
> da ist mein Haus,
> du wirst es schon erblicken!

---

[24] Im Lesebuch DIE GUTE SAAT Bd. 1. 1956 ist noch Löwensteins Gedicht »Vom dummen Hänschen« abgedruckt, aus dem nichts geworden ist, weil er in der Jugend nicht fleißig war.

Die Tür ist klein,
und trittst du ein,
vergiß nicht, dich zu bücken.«

Victor Blüthgen (1844–1920) zählt zu den bekanntesten Kinderlieddichtern des letzten Jahrhundertdrittels. 1876 erscheint sein »Schelmenspiegel«, und 1904 bringt er unter dem Titel »Im Kinderparadies« eine Zusammenfassung seiner Kindergedichte heraus. James Krüss lobt ihn als einen Autor, der »ganz und gar unter vollem Einsatz seiner Kräfte und Möglichkeiten ein Dichter für Kinder« ist, bestechend durch die »poetischen und musikantischen Töne seiner Leier«.[25] Man stimmt diesem Urteil gerne zu, wenn auch sein Werk insgesamt nicht von einheitlicher Qualität ist (eine Feststellung die für Dichter von Erwachsenenpoesie ebenso zutrifft wie für Kinderlieddichter). Es trug wesentlich zu einer zweiten Blüte der Kinderlieddichtung des 19. Jahrunderts bei. Von seinen Kindergedichten, die heute noch lebendig sind, seien zwei herausgegriffen.

Mit seinem Drachengedicht hat Blüthgen die abenteuerlich-romantische Erlebnisfähigkeit vieler Kindergenerationen angesprochen:

Gemäht sind die Felder, der Stoppelwind weht,
hoch oben in Lüften mein Drachen nun steht,
die Rippen von Holz, der Leib von Papier,
zwei Ohren, ein Schwänzchen sind all seine Zier.
Und ich denk: So drauf liegen im sonnigen Strahl –
ach, wer doch das könnte, nur ein einziges Mal ...

Die »Fünf Hühnerchen« zeigen das Können Blüthgens, in wenigen Zeilen ein liebenswürdiges und herzliches Bild einer kleinen Welt zu zeichnen:

Ich war mal in dem Dorfe,
da gab es einen Sturm,
da zankten sich fünf Hühnerchen
um einen Regenwurm.
Und als kein Wurm mehr war zu sehn,
da sagten alle: Piep!
Da hatten die fünf Hühnerchen
einander wieder lieb.

---

[25] J. Krüss 1970, S. 96.

4. Kinderlyrik nach 1900

Mit dem Beginn des 20. Jahrhunderts wurden die neuen Stimmen immer deutlicher. Sie wurden schließlich führend und tonangebend für eine grundsätzlich neue Richtung der Kinderlyrik. Sie stand unter dem Einfluß einer Anthropologie des Kindes und einer reformpädagogischen Bewegung, die vom Eigenwert der Kindheit überzeugt und Lebensart wie Erlebnisweise des Kindes entschieden zu respektieren gewillt waren.

Das Neuartige lag weniger in der Wahl der Stoffe. Themenkreis war und blieb prinzipiell die Welt des Kindes. Nur erkannte man, daß die Kinderwelt unter dem Einfluß äußerer Verhältnisse sich geändert hat; und bald auch wurden von einzelnen Autoren diese Veränderungen deutlich angesprochen. Zunächst ging es aber vor allem darum, alles was das Kind erlebt und was seine Nahwelt ausmacht, weniger mit den Augen des Erwachsenen zu betrachten, sondern vor allem vom Denken und von der Moral des Kindes aus zu sehen und zu beurteilen. Die Beziehung zwischen Autor und Kind wandelte sich. Er will als Kinderlieddichter nicht mehr in der Rolle des freundlichen Onkels auftreten, der zwar gutmütig auf die Fehler der Kleinen schaut, mit seiner ernsten Erwachsenenmeinung aber nicht zurückhält. Er stellt sich mit den Kindern in eine Reihe und erklärt sich mit ihnen solidarisch.

Frisch und unorthodox geben sich die Kindergedichte von *Paula Dehmel* (1862–1918) und *Richard Dehmel* (1863–1920). »Fitzebutze« (1900) ist das gemeinsame Werk des Ehepaares. Es hat viel Zustimmung gefunden, aber auch heftigen Widerspruch einstecken müssen. Er entzündete sich nicht zuletzt an der unkonventionell-lockeren Art und der Experimentierfreudigkeit ihrer Schreibweise (einige Verse sind in der Kinderlallsprache abgefaßt).

»In der Tat«, schreibt H. L. Köster, »fehlt den Gedichten vieles, das man beim gangbaren Durchschnittskindergedicht zu finden gewohnt ist: da ist so gar kein sentimentaler Überschwang, da wird nicht belehrt, nicht ermahnt ... Was das Kind erlebt und auch durchlebt, das scheinbar Kleine und Unbedeutende und Alltägliche – das ist hier mit dichterischer Kraft erfaßt und in poetische Form gegossen.«[26]

Lustiges Kinderleben spiegelt sich in den folgenden Zeilen:

> Heini, Heini,
> ach ist Heini dumm!
> stippt mit allen Fingerchen
> im Tintenfaß herum ...
> > Und unten am Brunnen,
> > da steht ein Faß,
> > da macht sich unsre Lotte
> > pitschepatschenaß.

---

[26] H. L. Köster 1972, S. 140.

Und oben die Sonne
hat drüber gelacht
und hat unsre Lotte
wieder trocken gemacht.

Paula Dehmels Verse aus »Rumpumpel« 1904 und aus dem Sammelband »Das liebe Nest« (1919), die sie »von ihrem Kind und für Kinder schrieb, treffen in glücklicher Weise den Ton zwischen Mutter und Kind auf der vielstufigen Leiter zwischen Spiel und Ernst«.[27]

Zum Beispiel, wenn Rumpumpel badet:

Pitsch – patsch – Badefaß,
Rumpumpel plantscht die Stube naß;
ist ein junger Wasserheld,
segelt durch die ganze Welt
im Wipp – im Wapp – im Schaukelkahn
über den großen Ozean!
Stehen alle Wilden still
und schrein: »Was bloß Rumpumpel will?
So splitternackt und pitschenaß
in seinem kleinen Schaukelfaß?«
Schnell das Badelaken!

Christian Morgenstern (1871–1914), der vor allem durch seine umfangreiche Nonsens-Poesie bekanntgeworden ist, hat frühzeitig auch schon Kindergedichte geschrieben. Die Verse wurden in verschiedenen Büchern veröffentlicht und erst nach seinem Tode in dem Sammelband »Klein Irmchen« (1921) herausgebracht.

Seine Verse zeichnen sich durch ausdrucksstarke und anschauliche Bildhaftigkeit aus, wie z. B. in »Wenn es Winter wird«:

Der See hat eine Haut bekommen,
so daß man fast drauf gehen kann,
und kommt ein großer Fisch geschwommen,
so stößt er mit der Nase an ...

Oder in dem Gedicht von den »Drei Spatzen«, die da sitzen »Bauch an Bauch« im »leeren Haselstrauch« und dem Winter trotzen. Die liebenswürdig-sachliche Darstellung schafft Gemeinsamkeit mit dem Leser, läßt aber nicht rührseliges Mitleid aufkommen, sondern regt Hilfsbereitschaft an für die sympathischen Drei, die geschickt und tapfer versuchen, sich gegen Schnee und Kälte zu wehren.

---

[27] I. Dyhrenfurth 1967, S. 193.

79

Neben diesen der Naturlyrik zugewandten Gedichten tauchen bei Morgenstern auch Verse auf, die die neue technisierte Umwelt ansprechen. In »Das Häuschen an der Bahn« wird die Technik nicht glorifiziert, wohl aber als imposante, die Phantasie der Kinder anregende Erscheinung gezeigt. Dabei ist allerdings nicht zu verkennen, wie die eindrucksvolle Szenerie mit dem am kleinen Häuschen vorbeibrausenden Zug auch etwas von dem Bedrohlich-Unheimlichen der Technik verspüren läßt. Hier die zwölf letzten Zeilen:

> . . .
> Tag und Nacht, in schnellem Flug,
> braust vorüber Zug um Zug.
> Jedesmal bei dem Gebraus
> zittert leis das kleine Haus:
> »Wen verläßt, wen sucht auf
> euer nimmermüder Lauf?«
> »O nehmt mit, o bestellt
> Grüße an die weite Welt!«
> Rauch, Gestampf, Geroll, Geschrill –
> alles wieder totenstill.
> Tag und Nacht dröhnt das Gleis.
> Einsam Häuschen zittert leis.

Joachim Ringelnatz (d. i. Hans Böttcher) (1883–1934) schrieb Kindergedichte (die meisten zusammengefaßt im »Kinderverwirrbuch« 1931) von dreierlei Art: Nonsensverse für reifere Kinder, rührend-innige Kindergedichte, an Kinder gerichtete sozialkritische Auslassungen.

Er war, wie Alfred Polgar sagt, »ein Eulenspiegel, wenn auch einer aus Sachsen, mit koboldischer Lust am Durcheinanderbringen von Sinn und Unsinn«.[28] Seine Unsinnverse führen meistens in die Welt des Kleinen und Unscheinbaren. Sie sind spaßig, anschaulich und ohne intellektualistische Hintergründigkeit, geweckte Kinder können sie gut verstehen; so die beiden Sechszeiler »In Hamburg lebten zwei Ameisen« und »War einmal ein Bumerang« oder »Die Feder«:

> Ein Federchen flog über Land;
> ein Nilpferd schlummerte im Sand.
> Die Feder sprach: »Ich will es wecken«,
> sie liebte andere zu necken.
> Aufs Nilpferd setzte sich die Feder
> und streichelte sein dickes Leder.
> Das Nilpferd öffnete den Rachen
> und mußte ungeheuer lachen.

---

[28] A. Polgar 1952, S. 131.

Oft überkam den in so vielen Erwachsenengedichten »wilden Mann auch himmlische Zahmheit, dann fraß er Gott und den Frauen aus der Hand« und schrieb in Kindergedichten »blumenblätterweich fallende« Verszeilen[29] wie im »Schlummerlied«:

> . . .
> Draußen die Nacht, die kalte
> Ist düster und fremd.
> Deine Hände falte.
> Der liebe Gott küßt dein Hemd.

Gute Ruh!	Nichts mehr sagen –
Ich bin da,	Nichts fragen –
Deine Mutter, Mama;	Nichts wissen –
Müde wie du.	Augen zu.
	Horch in dein Kissen:
	Es atmet wie du.

Im »Kinderverwirrbuch« finden sich auch Verse, die nicht für Kinder gedacht sein können, auch wenn die Überschrift lautet »An Berliner Kinder« oder »Ernstgemeinter Rat an Kinder«. Offensichtlich aus Verbitterung über Arroganz und Doppelmoral seiner großstädtischen Mitmenschen verhöhnt er die Eltern:

> Was meint ihr wohl, was eure Eltern treiben,
> wenn ihr schlafen gehen müßt?
> Und sie angeblich noch Briefe schreiben? . . .

Im »Ernstgemeinten Rat« fordert er die Kinder ironisch zum Aufstand gegen ihre Großmütter auf:

> Kinder, ihr müßt euch mehr zutrauen!
> Ihr laßt euch von Erwachsenen belügen
> Und schlagen. – Denkt mal: fünf Kinder genügen,
> um eine Großmama zu verhauen.

»Kinder«-Gedichte dieser Art – wie sie auch schon der sozialkritische Unruhegeist R. Dehmel in den neunziger Jahren geschrieben hat: »Ich spuck euch auf den Lack, Pack!« (»Frecher Bengel«) – lebten im letzten Drittel des 20. Jahrhunderts im Rahmen einer antiautoritären und neomarxistischen Bewegung wieder auf.

Dann aber waren nicht R. Dehmel oder J. Ringelnatz das Vorbild, sondern *Bertold Brecht* (1898–1956). Für ihn ist das Kindergedicht sozialkritische und philanthro-

---

[29] ebd., S. 131 f.

pisch engagierte Poesie. Brechts Hauptthema, »wie der Mensch gehandelt wird«, bestimmt auch das Kindergedicht.

Bekannt und mehrfach nachgeahmt ist seine literarische Vorgehensweise, verbale Sprüche und Vorschriften der Erziehungsberechtigten aneinanderzureihen und »Erziehungs«-Verhalten ohne weitere Kommentierung, wie in »Was ein Kind gesagt bekommt«[30] an den Pranger zu stellen:

> Der liebe Gott sieht alles.
> Man spart für den Fall des Falles.
> Die werden nichts, die nichts taugen.
> Schmökern ist schlecht für die Augen.
> Kohlentragen stärkt die Glieder.
> Die schöne Kinderzeit, die kommt nicht wieder.
> Man lacht nicht über ein Gebrechen.
> Du sollst Erwachsenen nicht widersprechen.
> Man greift nicht zuerst in die Schüssel bei Tisch.
> Sonntagsspaziergang macht frisch.
> Zum Alter ist man ehrerbötig.
> Süßigkeiten sind für den Körper nicht nötig.
> Kartoffeln sind gesund.
> Ein Kind hält den Mund.

Moralist mit einem weiten Verständnis für die Eigen- und Unarten der Kinder ist *Erich Kästner* (1899-1974). Sein Solidaritätsgefühl ist gepaart mit pädagogischer Verantwortung. Daß er ganz und gar nichts von herkömmlicher Kraft- und Autoritätspädagogik hält, geht aus dem »Verhexten Telefon« (1932) hervor. Nach all dem Unsinn, den Pauline und die sieben Kinder getrieben haben, reagiert ihr Lehrer erziehlich »modern«:

> . . .
> Was geschah am Tage drauf?
> Grete rief: »Wir tuns nicht wieder.«
> Doch er sagte: »Setzt euch nieder.
> Was habt ihr im Rechnen auf!«

---

[30] Aus den »Kinderliedern« 1937; in: B. Brecht: Gesammelte Gedichte. Bd. 2, Frankfurt a. M. 1981, S. 585.

5. *Kindergedicht heute*

In der Gegenwart gewinnt weiter an Boden, was schon um die Jahrhundertwende und im ersten Drittel des 20. Jahrhunderts als literarische Richtung sich bemerkbar gemacht hat. Nachdem man in den fünfziger Jahren noch gern auf den alten Kinderliedbestand zurückgriff (wie man aus den Nachkriegslesebüchern ersehen kann), stieg bald auch das Interesse an neuen Inhalten und Aussageformen.

Großes Verdienst kommt hierbei den Herausgebern erster umfangreicher Kinderliedsammlungen zu, einer der ersten *James Krüss* mit »So viele Tage, wie das Jahr hat« (Bertelsmann 1959). Er wählte kritisch aus dem alten Kunstliedbestand aus, verwies auf vergessene und verdrängte Autoren und stellte eine Reihe neuer Verfasser vor. In seiner beigefügten Geschichte des Kindergedichts bringt er beachtenswerte Hinweise zur Qualität der Poesie für Kinder. Über die nationalen Grenzen hinausweisend und vom Anliegen der Völkerverständigung getragen ist die von *Hans Baumann* herausgegebene Anthologie »Ein Reigen um die Welt« (Mohn 1965). Entschieden und engagiert tritt *Hans-Joachim Gelberg* als Herausgeber des Gedichtbandes »Die Stadt der Kinder« (Bitter 1969) ein. Mit der vorwiegend aus Originalbeiträgen bestehenden Anthologie sollten neue Impulse gesetzt und der Nachweis erbracht werden, daß das Kindergedicht dabei ist, »Abschied von der althergebrachten Reim- und Spaßpoesie zu nehmen«.[31]

Bezeichnend für die Aufmerksamkeit, die man der Kinderlyrik schenkte, und für das Interesse an ihrer Förderung ist, daß 1968 zum erstenmal ein Kindergedichtband durch den Deutschen Kinderbuchpreis prämiert wurde.[32]

Tatsächlich schlug das kinderliterarische Schaffen einen Weg ein, der einerseits eine vom Vorbild des vergangenen Jahrhunderts emanzipierte Kinderpoesie entstehen ließ, andererseits aber auch sich Kriterien verpflichtet wußte, die – ob alt oder neu – zu beachten sind, soll das Gedicht *für* Kinder seine Adressaten erreichen.

Wie die Arbeit der namhaften und anerkannten Autoren zeigt, hat die Gegenwart eine vielfältige und weitgehend selbständige neue Kinderpoesie geschrieben. Autoren wie *Josef Guggenmos, James Krüss, Hans Baumann, Bruno Horst Bull, Christine Busta, Elisabeth Borchers, Vera Ferra-Mikura, Peter Hacks, Hans Adolf Halbey, Friedl Hofbauer, Ilse Kleberger, Eva Rechlin, Martin Ripkens* und *Hans Stempel, Gina Ruck-Pauquèt, Jürgen Spohn* und viele andere gehören zu den Schriftstellern, denen das Kindergedicht der Gegenwart sein Gesicht verdankt. Ihre

---

[31] H.-J. Gelberg: Das neue Kindergedicht. Nachwort zu »Die Stadt der Kinder«. Recklinghausen 1969.

[32] Es handelt sich um »Was denkt die Maus am Donnerstag?« von Josef Guggenmos, erschienen bei Bitter 1967. Wer sich die kultur- und gesellschaftspolitischen Umstände der 68er Zeit vor Augen führt, in der laute Gruppen ausschließlich politisch relevante Texte für Kinder forderten, der weiß Mut und Verdienst der damaligen Hauptjury unter dem Vorsitz von Horst Schaller zu würdigen.

Verse sind in Einzelbänden, Bilderbüchern, Lesebüchern und Sammelausgaben zu finden.

Josef Guggenmos (Jg. 1922) ist einer der originellsten Verfasser von Kindergedichten. In kaum einem seiner Verse sagt er ein Wort zu viel; fast alle seiner Bilder stimmen und überzeugen wegen ihrer Ursprünglichkeit. Welchen Stoffen auch immer er sich zuwendet, seine Verse klingen so, als hätte noch keiner vor ihm dieses Thema in Reim und Rhythmus gefaßt. Wenn Guggenmos von Tulpe, Maus, Wind oder Ball dichtet – vielstrapazierte Stoffe! –, dann ist da keine Spur von Imitation und klischierten Modellen. Sein »Im Herbst« (aus »Was denkt die Maus am Donnerstag?«) lautet so:

> Zwei Hasen hoppeln
> über die Stoppeln.
> Zwei ältere Herren
> mit ernstem Gesicht.
> Der eine spricht:
> »Hier wuchs einmal Weizen.
> Wo ist er? Wo?
> Es ändert sich alles.
> Ist's nicht so?«
> Der andre entgegnet:
> »Da haben Sie recht.
> Erst ging es uns gut,
> bald geht es uns schlecht.«

Im Unterschied zum stofflich weitgehend stagnierenden volkstümlichen Kindervers ist in der Kinderpoesie der Dichter auch von Dingen die Rede, die der speziellen Umwelterfahrung der Kinder von heute entsprechen. Flugzeug und Weltraumschiff, Auto und Lügendetektor, Kino und Fernsehen, Schreibmaschine und Briefkasten und noch anderes Zubehör des technischen Zeitalters fügen sich gut in das Kindergedicht mancher Autoren. Im modernen Bettgehvers kann es heißen: »Träume gehen auf die Reise/Weltraumschiffe drehen Kreise« (*Stempel/Ripkens*). Und ein Hasengedicht nimmt die Wendung: »Doch saß kein Hase im Kraut/es saß drin ein Astronaut« (*Guggenmos*). Im »Industriegelände« (*B. H. Bull*) »hängt brauner Essenrauch .../Zag blüht ein Rosenstrauch«. Natürlich finden auch Straße, Bahnhof und Autoverkehr einen Platz wie in dem Vers von *Eva Rechlin* (aus: »Die Stadt der Kinder«):

> Eine Straße hat wie jedes Ding zwei Seiten,
> doch wie sind sich diese Seiten manchmal fern.
> Von der einen zu der anderen zu schreiten,
> ist so schwierig wie der Weg zum nächsten Stern.
> Vom Bahnhof bis zum Dom
> braust der Autostrom.

84

Ist Guggenmos ein Meister der prägnanten, oft lakonischen, manchmal auch lyrisch verdichteten Kürze, so liegt *James Krüss'* (Jg. 1926) Stärke im balladenhaften Erzählgedicht. Hier läßt er seiner Lust am Fabulieren und Phantasieren mit Dingen, Tieren (z. B. »James' Tierleben«), Szenen und auch mit der Sprache freien Lauf. Seine lustigen Erzählgedichte wie etwa »Der Zauberer Korinthe« sind weit bekannt und in zahlreichen Sammelbänden und Lesebüchern zu finden. Zu seinen besten Bilderbuchversen zählt »3×3 an einem Tag« (ehem. Betz 1966), die Geschichte eines dramatisch ablaufenden Tages, der idyllisch beginnt:

> Die Sonne ging auf, der Tag begann,
> da fingen drei Hähne zu krähen an,
> da bliesen drei Jäger auf Hörnern.

Hans Baumann, (1914–1988) vorwiegend als Autor von Jugendromanen bekannt, schrieb heitere und nachdenkliche Gedichte. In »Kinderhände« (aus »Ein Reigen um die Welt«) wird die Gleichheit aller Menschen ohne moralische Aufdringlichkeit so expliziert:

> Ein Holländerkind,
> ein Negerkind,
> ein Chinesenkind
> drücken beim Spielen
> die Hände in Lehm.
> Nun geh hin und sag,
> welche Hand ist von wem?

Die Gemeinschaft aller Kinder der Welt – dieses Thema findet sich auch bei anderen Autoren, bei *Ilse Kleberger* (»Gebet für Kinder« – »Manche Kinder sind gelb und manche schwarz ...«), bei *Gina Ruck-Pauquèt* (»Im gleichen Moment« – »Jetzt, wo du lachst/mag ein Eskimo weinen ...«), bei *Max Bolliger* (»Bei uns hat es geschneit/die Welt ist weit ...«).

Alle Kinder sind gleich, aber nicht allen geht es gleich. *Jürgen Spohns* »Kindergedicht« ist Anklage gegen Ungerechtigkeit in der Welt:

> Honig, Milch und Knäckebrot –
> manche Kinder sind in Not.
> Zucker, Ei und Früchtequark –
> macht nur manche Kinder stark.
> Götterspeise, Leibgericht –
> kennen manche Kinder nicht.
> Wurst und Käse, Vollkornbrot –
> manche Kinder sind schon tot.

Gedichte dieser Art sind Beispiele für den Ernst und die herbe Realistik, die in der modernen Kinderpoesie ebenfalls Eingang gefunden haben. Dazu trat eine eigene Kategorie von sozialkritischen Gedichten, in denen vom Aspekt des Kindes und nicht selten durch den Mund des Kindes das Eltern-Kind-Verhältnis scharf angegriffen wurde. Im Stile von Brechts Kinderstück (siehe oben!) dichteten *H. Stempel* und *M. Ripkens* den »Spaziergang« (aus »Purzelbaum« 1972), in dem die pausenlosen Ermahnungen eindeutig den Vorwurf gegen die Eltern zum Ausdruck bringen:

> Zieh die Strümpfe hoch.
> Bleib nicht dauernd stehn.
> Hast du noch nie einen Dackel gesehn?
> Schau, wo du hintrittst. Da liegt ein Stein.
> Und laß jetzt endlich das Pfeifen sein.
> Hier hast du ein Eis. Bekleckr dich nicht.
> Und mach nicht so ein saures Gesicht.
> Heute ist Sonntag!

Niemand kann bezweifeln, daß »pädagogische« Fakten, wie sie in kritischen Kindergedichten gezeigt werden, vielerorts traurige Wirklichkeit sind, und daß es notwendig ist, solches aufzuzeigen. Ob dafür die Literatur für Kinder der richtige Platz ist? Ob die Art der Darstellung zweckmäßig ist?

1971 wird *Susanne Kilians* Kinderstück »Kindsein ist süß?« in das »Erste Jahrbuch der Kinderliteratur« (Beltz & Gelberg) aufgenommen und gleichsam als Paradestück neuer kritischer Kinderpoesie vorgeführt:

> Tu dies! Tu das!
> Und dieses laß!
> Beeil dich doch!
> Heb die Füße hoch!
> Sitz nicht so krumm!
> Mein Gott, bist du dumm! ...

Und am Ende all der lieblosen Quengeleien steht auf die Frage »Kindsein ist süß?« die lapidare Antwort: »Kindsein ist mies!« Das täuscht Allgemeingültigkeit vor. Die kategorische Abschlußfeststellung läßt außerdem dem Kind keine Möglichkeit, sich ein anderes Urteil zu bilden. »Ja, so ist es! Kindsein ist mies!« sagt selbst das nichtbetroffene Kind.

In manchen kritischen Kinderversen der sechziger und siebziger Jahre ist es gerade der Vater, der am Pranger steht. In »Peter Struwwel« (1972) von *Petrina Stein* wird der alte Struwwelpeter-Text auf eine Weise umgedreht, daß die Eltern für die Unarten ihrer Kinder verantwortlich gemacht werden. Vom Vater wird ein Schreckbild gezeichnet:

> Der Mann da ist ein Haupttyrann.
> In der Kanzlei schnauzt man ihn an,
> da hält er's Maul,
> da steckt er ein.
> Zuhaus dann ist er hundsgemein. ...

Und der Suppenkaspar in *Karl Friedrich Waechters* »Anti-Struwwelpeter« (1970) sieht sich einem jähzornigen und rabiaten Vater ausgeliefert, bei dem einem wahrlich das Suppenessen vergehen kann:

> Der Vater wird am Kopfe rot.
> Er schreit: »Als ich im Kriege war
> gabs Rübensuppe fast ein Jahr.« ...

Was bedeutet den Kindern die Bloßstellung der Erwachsenen? Stimmt das negativ gezeichnete Elternbild nicht mit der Familienwirklichkeit des kindlichen Lesers überein, dann könnte vielleicht die literarische Erfahrung beitragen, Verständnis für andere aufzubringen, denen es nicht so gut geht wie ihm. Aber Kinder wissen in der Regel über die Qualität der familiären Verhältnisse anderer Kinder, auch ihrer besten Freunde, nur wenig. – Trifft das negative Bild auf die eigenen Eltern zu, dann ist diese Erkenntnis ein geringer Trost und schon gar keine Hilfe; denn die Aufforderung, sich bewußt zu distanzieren und in Opposition zu gehen, überfordert das Kind und kann – wenn es Widerstand tatsächlich versucht – dem schon verletzten Vertrauensverhältnis noch mehr schaden und das Kind in eine beklagenswerte Isolation drängen.

Nun gibt es aber in der neuen Kinderpoesie auch kritische Gedichte, die nicht nur an den Pranger stellen, sondern auch versöhnliche Töne anklingen lassen, die Anlaß werden könnten, über eine konstruktive Weiterentwicklung nachzudenken; weniger kompromißlose Anfeindungen, die durchblicken lassen, daß man sich eigentlich so schlecht nicht versteht und daß immer noch ein wenig Platz ist für ein entgegenkommendes Miteinander. Wer gut hinhört, verspürt in manchem Gedicht noch die Atmosphäre des Gemeinsamen und des Füreinanders – und sei es auch nur eine kurze Bemerkung über den müden Vater oder die nervöse Mutter, die auf ein wenig Mitleid oder auf Verständnis hinweist, wie in *Gerd Hoffmanns* »Blöd« (aus »Stadt der Kinder« 1972), wo gemault wird, ohne sich gleich aggressiv zu geben:

> ...
> Immer dasselbe
> bei uns nach fünfe.
> Vater ist müde,
> Mutter nervös –
> und jeden Abend
> muß ich mich waschen.

Warum sollen auch familiäre Rempeleien und Auseinandersetzungen immer gleich mit Katastrophenernst und nicht auch mit etwas Spaß und ein wenig vertraulichem Augenzwinkern dargestellt werden, so wie in *Hans Adolf Halbeys* »Trotzdem« (»Erstes Jahrbuch der Kinderliteratur« 1971). Nach fünf ›Protest‹–Strophen, die man schmunzelnd zur Kenntnis nimmt, kommt es zu der köstlichen Schlußwendung:

> ...
> Und wenn Papa abends droht:
> Schluß mit Fernsehn, Abendbrot! –
> schreit doch jedes Kind im Haus:
> Raus!
> Trotzdem:
> Kinder, schützt eure Eltern!

Gedichtbücher einzelner Autoren:

H. Baumann: Eins zu null für uns Kinder. 77 Gedichte (dtv junior) – E. Borchers: Und oben schwimmt die Sonne davon (Ellermann) – J. Guggenmos: Oh, Verzeihung, sagte die Ameise (über 200 Gedichte und Geschichten) (Beltz & Gelberg) – J. Guggenmos: Was denkt die Maus am Donnerstag (Bitter u. dtv junior) – K. Ensikat: Hoffmann von Fallersleben ›Jeder mal nach seiner Art‹ (Beltz & Gelberg) – G. Kunert: Ich Du Er Sie Es (Ravensburger) – J. Krüss: Der wohltemperierte Leierkasten (Bertelsmann) – J. Krüss: James' Tierleben (99 gereimte Neuigkeiten) (Boje) – R. Kunze: Wohin der Schlaf sich schlafen legt (S. Fischer) – Ch. Morgenstern: Das große Lalula (Neugebauer) – Ch. Morgenstern: Enten laufen Schlittschuh und andere Gedichte (Esslinger u. Österr. Bundesverlag) – Ch. Morgenstern: Kindergedichte (Betz) – J. Ringelnatz: Kleine Wesen (Esslinger u. Österr. Bundesverlag) – J. Spohn: Flausensausen (Ravensburger) – J. Spohn: Pardauz & Co. (Verse zum Vorsagen, Nachsagen, Weitersagen) (Nagel & Kimche)

Sammelbände mit Kinderreimen und -gedichten (alphab. nach Hrsg.):

U. Andresen: Im Mondlicht wächst das Gras (Lyrik für Kinder und alle im Haus) (Ravensburger) – Anger-Schmidt / Habinger: Heile heile wundes Knie. (Schmerz- und Trostgedichte) (St. Gabriel) – Bartos-Höppner / Laimgruber: Das große Reimebuch (Betz) – H. Baumann: Ein Reigen um die Welt (Mohn u. dtv junior) – G. Bydlinski: Die bunte Brücke. Reime Rätsel und Gedichte (Herder) – H. M. Enzensberger: Allerleirauh (Suhrkamp) – L. Fromm: Hinterm Berge Abezee. Alte und neue Kinderreime (Ellermann) – G. Fuchs: Poesiekiste. Sprüche fürs Poesiealbum (rotfuchs) – H. Gärtner: Ich wünsche dir viel Glück und Segen (Echter) – H.-J. Gelberg: Überall und neben dir (Beltz & Gelberg) – H.-J. Gelberg: Die Stadt der Kinder (Bitter u. dtv junior) – Janosch: Das große Buch der Kinderreime (Diogenes) – H.-J. Kliewer: Die Wundertüte. Alte und neue Gedichte für Kinder (Reclam) – D. Kreusch-Jacob: Heut nacht steigt der Mond übers Dach (Ellermann) – J. Krüss: So viele Tage wie das Jahr hat. 365 Gedichte für Kinder und Kenner (Bertelsmann) – Reich / Anger: Ich und Du. Kinderreime (Herder) – M. Rettich / Harries: Kindergedichte. 120 alte und neue Kinderverse (Ravensburger) – R. Rettich: Der Kinder Wunderhorn (mit Versen von Arnim und Brentano) (Betz) – H. Ritter: Eins und alles.

Gedichte für Kindheit und Jugend (Freies Geistesleben) – A. Roscher: Ilse Bilse. 12 Dutzend alte Kinderreime (Thienemann) – Schneider: Neue Verse für das Poesiealbum (Schneider) – I. Walter: Das Jahreszeiten-Reimebuch (Herder)

C. Kinderlyrik und literarische Erziehung

1. Begegnung und Umgang mit geformter Sprache

Warum haben Kinder eine Vorliebe für Verse, für kleine Reime, die oft nur einen bescheidenen Sachverhalt umschreiben, die nicht selten sogar sinnlose Wortgebilde enthalten, für Versgeschichten, die sich als Prosatext einfacher und ausführlicher erzählen ließen?

Eine Erklärung wird uns das Kind selbst schuldig bleiben, denn sie ist im vorbewußten kindlichen Erleben zu suchen. Hier treffen wir zunächst auf den *Spieltrieb*. Er erstreckt sich, als eigentliches Lebenselement des Kindes, auf alle Bereiche und Fähigkeiten, die ihm zugänglich sind und zur Verfügung stehen. Dazu gehören auch die Sprache und das Sprechen. Das Kind genießt Laute und Worte schon frühzeitig als etwas, mit dem man spielend »hantieren« kann. Die ungeordneten Lallmonologe des ersten Lebensjahres sind eine Vorstufe zu den rhythmisch durchgegliederten Klanggebilden in der Art von »Ene, bene, subtrahene …« oder »Eins, zwei, drei, pigga, pogga, nei …«

Das Kind freut sich an der reichhaltigen Wandlungsfähigkeit der Sprache und an dem Vermögen, schwierige Gebilde nachzusprechen. Es ist eine spielerische Tätigkeit, die von Funktionslust geleitet wird, d. h. (nach K. Bühler) von der Lust an einer Tätigkeit als solcher, am glatten und reibungslosen Funktionieren der Organe; in unserem Falle der sprachlichen Organe. Es darf auch diesem spielerischen Tätigsein ein prospektiver Sinn unterlegt werden. Er besteht in der physiologischen Übung der Sprechfunktionen, darüber hinaus in der Auseinandersetzung mit dem Phänomen Sprache und der in ihm beschlossenen Möglichkeit, Ereignisse und Erscheinungen des Lebens in verschiedenen Modulationen auszudrücken.

Aber offensichtlich ist noch ein weiteres Moment gegeben, das die Neigung des Kindes zur wohlklingenden, gereimten und rhythmisch gegliederten Sprachdarstellung erklärt: *das ästhetische Erleben*. In dem Lebensabschnitt, der mißverständlich als außerästhetische Phase gekennzeichnet wird, sind bereits Bedürfnis und Fähigkeit für ästhetische Empfindungen vorhanden.

Freilich sind Neigungsausmaß und Wirkungsstärke abhängig von der Anregung, die von außen her erfolgt. Hinweise auf »mitgegebene« ästhetische Fähigkeiten dürfen nicht darüber hinwegtäuschen, daß es sich dabei um Potenzen handelt, die der Anregung bedürfen. Die Umwelt entscheidet, ob die ursprünglichen poetischen Anlagen sich entfalten oder die ersten Regungen bald erlöschen.

Es ist eine der Aufgaben in der Vor- und Grundschulzeit, die Beziehungen des Kindes zu Laut, Wort und Sprache zu pflegen und die geknüpften Fäden nicht abreißen zu lassen.

Was zunächst nur erlebnishaft erfahren und erfaßt wird, daß Dinge und Vorgänge in verschiedenen Sprachgestalten ausgedrückt werden können, ist allmählich auch verstandesmäßig bewußt zu machen; weniger durch theoretisches Betrachten, sondern neben einfachen Erklärungen und Beschreibungen durch Selbertun, d. h. durch Sprechen und Vortragen, durch Einzel- und Chorsprechen, durch Zuhören und konzentriertes Hinhören, vor allem aber auch durch Versuche des Nachgestaltens, Umgestaltens und Weiterdichtens. Dazu eignen sich zunächst einfache Lieder und Reime, Scherzverse, Spielreime, Rätsel und Gedichte mit bevorzugt heiterem Inhalt. »Eine eigentliche Didaktik der Kinderlyrik gibt es nicht«[33] und soll es, namentlich als großes ausgefeiltes Konzept am besten nicht geben, damit ihr der schlichte und lebendige Ton, der ihr größtenteils anhaftet, nicht genommen wird. Es liegen aber größere und kleinere Arbeiten vor, die über wichtiges Grundwissen informieren und Hilfen für den Umgang mit Kinderlyrik und ihre Vermittlung geben.[34]

2. Kennenlernen poetischer Grundelemente

Der Gedanke eines allmählichen Hineinwachsens auf der Grundlage einfacher literarischer Formen in schwierigere verdient auch in diesem Zusammenhang der Erwähnung. Der Deutschunterricht leide, sagt Walther Seidemann, neben dem Mangel, daß er zu stofflich-äußerlich sei, an der Gepflogenheit eine große dichterische Form unvorbereitet an die Kinder heranzubringen.[35] Daher fordern Lesebuchherausgeber eine Textauswahl, durch die erreicht wird, »daß das Kind – zunächst unbewußt, später bewußt – in planvollem Aufbau und in erweiternder Wiederholung auf höherer Stufe gleichsam einen ›Elementarkurs‹ im Erleben und Erfassen dichterischer und sprachlicher Formen durchläuft«.[36] Die fundamentale Funktion des Kindergedichts innerhalb eines solchen literarischen »Elementarkursus« wird grundsätz-

---

[33] K. Franz 1979, S. 141. Seine wissenschaftliche Studie befaßt sich im letzten Teil auch mit Didaktik und Methodik und gibt einen informativen Überblick über Vorgehensweise und Ziele des Umgangs mit Kinderlyrik.

[34] Weitere didaktisch-methodische Arbeiten, die auch auf das Kindergedicht eingehen (in Auswahl): H.-J. Kliewer 1974 und 1991; W. Pielow 1978; W. Steffens 1979; H. Schaufelberger 1988; O. Watzke 1988; H. Reger 1990.

[35] W. Seidemann: Der Deutschunterricht als innere Sprachbildung. Heidelberg 1970 (8. Aufl.) Seidemann will das allmähliche Hineinwachsen in die Großformen besonders beachtet wissen.

[36] K. Gerth: Die Arbeit mit dem Lesebuch im siebenten bis neunten Schuljahr. Hannover 1966, S. 12.

lich von den Lehren der Muttersprache anerkannt. Für Kurt Franz steht fest, »daß eine permanente stufenweise Hinführung zur Erwachsenenlyrik notwendiger als je zuvor ist, . . . denn moderne Lyrik, trotz des gegenwärtig großen Angebots von den wenigsten rezipiert und verstanden, hat sich, obgleich sie teilweise selbst mit urtümlichen Sprachelementen arbeitet, von traditioneller Kinderlyrik viel weiter entfernt als z. B. das ›Erwachsenengedicht‹ des 19. Jahrhunderts«[37].

Die Kinderlyrik verkörpert in ihrer formalen Struktur eine Reihe *poetischer Grundelemente*. Alte und neue Kinderversdichtung liefert dafür zahlreiche Beispiele.

Viele Kindergedichte besitzen *epische* Merkmale. Sie geben gemächlich ergänzend einen aneinandergereihten Geschehensablauf wieder (»Die Ammenuhr«, »Das buck-lige Männlein«); verschaffen Einblick in einfache Verkettungen und Folgen wie etwa bei dem Kettengedicht vom Jockel, den der Herr vergeblich zur Arbeit ausschickt, den Märlein Rückerts oder den schon verwickelteren Versgeschichten von Krüss (»3×3 an einem Tag«). Andere Gedichte schildern eine Handlung mit deutlich akzentuiertem Höhepunkt: beim neunzeiligen Kletterbüblein von Güll ebenso wie bei der umfang-reicheren und tumultartig endenden Heinzelmännchen-Geschichte von Kopisch. Das Verständnis des Kindes für komplexere poetische Darstellungen wird geschärft, es lernt, Begebenheit für Begebenheit zu erfassen, ihren Einfluß für den Fortgang der Handlung zu erspüren und die Einzelbilder zu einer Handlung zu fügen.

Auch Grundformen *dramatischer* Dichtung finden sich in Kinderversen, vor allem in Tanzliedern und gereimten Spieltexten. Eine knappe, in sich geschlossene Handlung mit Konfliktcharakter wird durch Dialog, Monolog und durch körperliches Mitwir-ken unmittelbar anschaulich gegenwärtig. In zahlreichen Singspielen wird ein Partner erwählt, umworben und verschmäht (»Die Reise nach Amerika«, »Ich hab verloren meinen Schatz«), werden Rätsel- und Entscheidungsfragen gestellt und wird am Ende gelaufen, gefangen und gekämpft (»Wir kommen aus dem Mohrenland«). Das Kind erlebt in einfachster Form das dramatische Zwiegespräch, die Steigerung durch Rede und Antwort, die Stauung der Kräfte bis zu einem Punkt, dem entscheidenden Stichwort. Wie sehr es im spielenden Gebrauch dieser Verse und Lieder ganz und gar die dramatischen Möglichkeiten verwirklicht, das zeigt die Beobachtung.

Gerade die sangbaren und melodischen Gedichte verkörpern als Lieder die Urgestalt und mit ihrem stimmungs- und gefühlsbetonten Gehalt ein Wesenselement *lyrischer Dichtung*. Sie erschöpfen sich nicht in der Darstellung der äußeren Erscheinung, sondern bringen einfache innerseelische Vorgänge, die durch gemüthafte Begegnung mit der Welt entstehen, unmittelbar zum Ausdruck. In den Wiege- und Koseliedern liegt Zärtlichkeit und Innigkeit, aus vielen Spiel- und Scherzreimen klingt das Gefühl herzlicher Gemeinschaft, in den Versen um Tiere und Pflanzen kommt die gemütvolle Verbundenheit zum Ausdruck. Entscheidend dabei ist, daß diese Gefühle nachvollzo-

---

[37] K. Franz 1979, S. 140.

gen werden können. Romantik soll nur maßvoll angedeutet und immer konkret mit Gegenständlichem angefüllt sein, ohne Melancholie, immer mit einem Zug heiterer Klarheit. (Man vergleiche etwa die Kindersehnsucht in Blüthgens »Ach, wer das doch könnte« oder in Guggenmos' »Die Schwalben sind davongezogen« mit einem Gedicht zur Sehnsucht aus der Erwachsenenlyrik!)

Abschließend sei noch darauf verwiesen, daß sich Eltern, Kindergärtnerinnen, Lehrer nicht nur mit jenem kleinen Bestand an Gedichten, Reimen, Versen und Sprüchen begnügen sollten, wie er ihnen aus der eigenen Kinderzeit geläufig ist oder durch das Lesebuch angeboten wird. Eine Reihe von Sammelbänden mit alten und neuen Kinderversen und Kinderliedern aus Deutschland und aller Welt steht zur Verfügung (s. oben!).

D. Literatur zu Kinderlyrik

Abel-Struth, S.: Kinderlied. In: Doderer, K. (Hrsg.): Lexikon der Kinder- und Jugendliteratur. Bd. II. Weinheim/Basel 1984, S. 193–197

Auböck, J.: Das moderne Kindergedicht. In: Bamberger, R. (Hrsg.): Trends in der modernen Jugendliteratur. Wien 1969, S. 50–75

Bamberger, R.: Jugendlektüre. Wien 1965 (2. Aufl.), S. 114 ff

Baumgärtner, A. C.: Wandlungen im Kindergedicht. In: Baumgärtner, A. C.: Perspektiven der Jugendlektüre. Weinheim 1973 (2. Aufl.), S. 112–117

Baumgärtner, A. C./Pleticha, H. (Hrsg.): ABC und Abenteuer. Texte und Dokumente. Bd. 1 und 2 München 1985

Bausinger, H.: Formen der »Volkspoesie«. Berlin 1968

Bayerl, L.: Friedrich Güll, der Neugestalter des Kinderliedes. In: Jugendliteratur 1962/6., S. 241–245

Beinlich, A.: Das Gedicht in der heutigen Unterrichtspraxis. In: Beinlich, A. (Hrsg.): Handbuch des Deutschunterrichts. Bd. 2. Emsdetten 1970 (5. Aufl.), S. 1363 ff

Bodensohn, A.: Im Spielraum der Lyrik. Kinderreime und Kindergedichte als lyrische Vorformen. Frankfurt 1975 (2. Aufl.)

Böhme, F. M.: Deutsches Kinderlied und Kinderspiel. Leipzig 1897

Borneman, E.: Unsere Kinder im Spiegel ihrer Lieder, Reime, Verse und Rätsel. Olten/Freiburg 1973

Borneman, E.: Die Umwelt des Kindes im Spiegel seiner »verbotenen« Lieder, Reime, Verse und Rätsel. Olten/Freiburg 1974

Borneman, E.: Die Welt der Erwachsenen in den verbotenen Reimen deutschsprachiger Stadtkinder. Olten/Freiburg 1976

Cordes, R. (Hrsg.): Lyrik für Kinder und junge Leute. Schwerte 1988

Dyhrenfurth, I.: Geschichte des deutschen Jugendbuches. Zürich/Freiburg i. Br. 1967 (3. Aufl.), S. 75–80, S. 108–120 u. a.

Eckhardt, J. (Hrsg.): Kindergedichte. Arbeitstexte für den Unterricht. Stuttgart 1980

Enzensberger, H. M.: Nachwort zu: Allerleirauh. Frankfurt 1983, S. 349 ff.

Ewers, H.-H. (Hrsg.): Kinder- und Jugendliteratur der Aufklärung. Textsammlung mit Einleitung des Herausgebers. Stuttgart 1980, S. 210–240

Ewers, H.-H. (Hrsg.): Kinder- und Jugendliteratur der Romantik. Textsammlung mit Einleitung des Herausgebers. Stuttgart 1984

Ewers, H.-H.: Alte Helden im neuen Gewand. Überlegungen zum Stellenwert parodistischer Verfahren in der Kinderliteratur. In: Doderer, K. (Hrsg.): Neue Helden in der Kinderliteratur. Weinheim / München 1986, S. 74–96

Fischer, H.: »Rätsel, Scherzfrage, Witz. Epische Kleinformen im Gebrauch sechs- bis zehnjähriger Kinder.« In: Fabula 1988/1. und 2., S. 73–95

Franz, K.: Kinderlyrik. Struktur, Rezeption, Didaktik. München 1979

Freitag, Chr.: Der Kinderreim als Fibeltext: In: Baumgärtner, A. C. (Hrsg.): Volksüberlieferung und Jugendliteratur. Würzburg 1983, S. 69–90

Gelberg, H.-J.: Das Kindergedicht. Anno dazumal und heute. In: Maier, K. E. (Hrsg.): Jugendliteratur in einer veränderten Welt. Bad Heilbrunn 1975 (2. Aufl.), S. 121–142

Gelberg, H.-J.: Das neue Kindergedicht. Nachwort zu: Stadt der Kinder. Recklinghausen 1982 (2. Aufl.), S. 192 ff. (1. Aufl. 1969)

Gelberg, H.-J.: Auch andere Väter und Mütter sind Menschen. Familienbilder in der Kinderlyrik. In: JuLit 1991/3., S. 29 ff.

Gelbrich, D.: Ein Kapitel Ringelnatz. In: Beiträge zur Kinder- und Jugendliteratur 1984, S. 36–55

Gerstner-Hirzel, E.: Das Kinderlied. In: Brednich, R. W. / Röhrich, L. / Suppan, W. (Hrsg.): Handbuch des Volksliedes. Bd. 1. München 1973, S. 923–976

Göbels, H.: Nachwort zu F. Güll »Kinderheimath« v. 1836; bei Harenberg (Biblioph. TB). Dortmund 1978

Helmers, H.: Lyrischer Humor. Strukturanalyse und Didaktik der komischen Versliteratur. Stuttgart 1978 (2. Aufl.)

Hürlimann, B.: Europäische Kinderbücher in drei Jahrhunderten. München / Hamburg 1968, S. 15–35

Kliewer, H.-J.: Elemente und Formen der Lyrik. Ein Curriculum für die Primarstufe. Hohengehren 1974

Kliewer, H.-J.: Kindergedicht. In Doderer, K. (Hrsg.): Lexikon der Kinder- und Jugendliteratur. Bd. 2. Weinheim / Basel 1984, S. 187 ff.

Kliewer, H.-J.: Vermittlung von Kinderlyrik. In: Fundevogel 1991/8., S. 7–8

Kinderlyrik (Heftthema). In: Grundschule 1991/10., S. 10 ff.

Köster, H. L.: Geschichte der deutschen Jugendliteratur. München-Pullach / Berlin 1972. Nachdruck der 4. Aufl. 1927, S. 78–150

Krüss, J.: Naivität und Kunstverstand. Gedanken zur Kinderliteratur. Weinheim 1970 (2. Aufl.), 1992 (3. Aufl.)

Linnekogel-Rometsch, C.: Kinderlyrik: Geliebtes Stiefkind der Literatur. In: Jugendliteratur 1988/2., S. 1

Lorbe, R.: Die Welt des Kinderliedes. Dargestellt an Liedern und Reimen aus Nürnberg. Weinheim 1971

Lorbe, R.: Kinderlyrik. In: Haas, G. (Hrsg.): Kinder- und Jugendliteratur. Stuttgart 1984 (3. Aufl.), S. 339–368

Motté, M.: Moderne Kinderlyrik. Begriff – Geschichte – Literarische Kommunikation – Bestandsaufnahme. Frankfurt / Bern 1983

Motté, M.: Tendenzen der neuen Lyrik für Kinder. In: Inform. d. Arbeitskreises f. Jugendlit. 1987/2., S. 12–27

Pielow, W.: Das Gedicht im Unterricht. München 1978 (4. Aufl.)

Polgar, A.: Nachwort zu: Joachim Ringelnatz. Ausgewählte Gedichte. Hamburg 1952

Rademacher, G.: Umgang mit Gedichten. Didaktische Erfahrungen und Vorschläge. In: Jugendbuchmagazin 1985/4., S. 174–182

Reger, H.: Kinderlyrik in der Grundschule. Literaturwiss. Grundlegung. Schülerorientierte Didaktik. Baltmannsweiler 1990

Reichgeld, M.: Naturerfahrung in Gedichten (2 Kindergedichte). In: Lehrer-Journal. Grundschulmagazin 1989/4., S. 25–26

Rückert, G.: Wege zur Kinderliteratur. Eine praxisnahe Einführung für Lehrer und Erzieher. Freiburg 1980, 118–130

Rühmkorf, P.: Über das Volksvermögen. Exkurse in den literarischen Untergrund: Reinbek 1969 (Neuaufl. 1984)

Schaufelberger, H.: Die neue Kinderlyrik. In: Kindergarten heute 1988 a/1., S. 20–24

Schaufelberger, H.: Wir lesen vor, wir erzählen. In: Kindergarten heute 1988 b/2., S. 78–86

Schenda, R.: »Das ist der Daumen« oder: Vom kleinsten Kindertheater der Welt (in fünf Aufzügen). In: Freundeskreis des Instituts für Jugendbuchforschung Frankfurt (Hrsg.): Kinderwelten. Weinheim 1985, S. 154–169

Scherf, W.: Nachwort zu W. Hey »Fünfzig Fabeln für Kinder« und »Noch fünfzig Fabeln«; bei Harenberg (Biblioph. TB), Dortmund 1977 und 1978

Scherf, W.: Lieder von edlern Räubern. In: Baumgärtner, A. C. (Hrsg.): Volksüberlieferung und Jugendliteratur. Würzburg 1983, S. 91–104

Scherf, W.: Kinderspiele als Provokation des Grausigen. In: Baumgärtner, A. C. / Maier, K. E. (Hrsg.): Mythen, Märchen und moderne Zeit. Würzburg 1987, S. 57 ff.

Schulte, H. H.: »Kinderlieder« bei Bertold Brecht. In: Wirkendes Wort 1977/3., S. 149–159

Sichelschmidt, G.: Richard Dehmel und das Kindergedicht. In: Das gute Jugendbuch 1963/2., S. 9–12

Sichelschmidt, G.: Vom Nonsense im deutschen Kindergedicht. In: Das gute Jugendbuch 1966/3., S. 18–21

Steffens, W. u. a. (Mitarb.): Das Gedicht in der Grundschule. Strukturanalysen, Lernziele, Experimente. Frankfurt a. M. 1979 (3. Aufl.)

Stein, G.: Lyrik im Kinderreim. In: Das gute Jugendbuch 1966/3., S. 1–17

Tabbert, R.: Kinderreime und Kinderbücher. Ein Kommunikationsästhetischer Versuch. In: Baumgärtner, A. C. (Hrsg.): Volksüberlieferung und Jugendliteratur. Würzburg 1983, S. 37–56

Vahle, F.: Kinderlied. Erkundungen zu einer frühen Form der Poesie im Menschenleben. Weinheim 1992

Watzke, O. (Hrsg.): Gedichte für die Grundschule. Donauwörth 1980

Watzke, O.: Volkslyrik in der Grundschule – zum Lesen, kreativen Umgehen und Gebrauchen. In: Blätter für Lehrerfortbildung, Beilage Grundschulmagazin 1988/10., S. 1 ff.

Winzlmaier, J.: Kreativer Umgang mit Texten (Gedicht v. Guggenmos). In: Pädagogische Welt 1989/3., S. 128–130

Das Märchen

A. Das Volksmärchen und seine Sammler

1. Die Brüder Grimm

Wenn wir hierzulande vom Märchen sprechen, denken wir zunächst an die von den Brüdern Grimm gesammelten Volksmärchen. Jacob Grimm (1785–1863) und Wilhelm Grimm (1786–1859) haben – von einigen Versuchen vor ihnen abgesehen – mit den »Kinder- und Hausmärchen« (KHM) (1812/15) als erste im deutschen Sprachgebiet in einer groß angelegten Arbeit mündlich überliefertes Märchengut zusammengefaßt und aufgeschrieben. Es war ihrer eigenen Meinung nach »vielleicht gerade Zeit, diese Märchen festzuhalten, da diejenigen, welche sie bewahren sollen, immer seltener werden«. Ihrer vorbildlichen Haltung zum mündlichen Erzählgut ist es zu danken, daß verstreute und zum Teil nur noch einzelnen Personen bekannte Märchen wieder Besitz breiter Bevölkerungsschichten wurden. Zwar wollten sie als Wissenschaftler auch »der Geschichte der Poesie und der Mythologie einen Dienst erweisen« (ihr Anteil an der seit Herder eingeleiteten Märchenforschung ist entscheidend), zugleich aber war es ihre Absicht, »daß die Poesie selbst, die darin lebendig ist, wirke und erfreue, wenn sie erfreuen kann«[1]. Es lag ihnen fern, der deutschen Literaturwissenschaft einen weiteren musealen Gegenstand einzuverleiben, sie wollten die Märchen dem Volke in die Hände geben, damit es sie wie in früheren Zeiten lebhaft gebrauche. Mit Nachdruck wandten sie sich gegen willkürliche Änderungen, die den ursprünglichen Charakter wandeln und verfälschen und gegen Bearbeitungen, die das Märchen »bloß als rohen Stoff« betrachten, »um größere Erzählungen daraus zu bilden.« Was durch Jahrhunderte hindurch gewachsen war, sollte rein wieder der lebendigen Tradition überantwortet werden; mochte es sich dann weiter entfalten und entwickeln.

> »Was die Weise betrifft, in der wir hier gesammelt haben, so ist es uns zuerst auf Treue und Wahrheit angekommen. Wir haben nämlich aus eigenen Mitteln nichts hinzugesetzt, keinen Umstand und Zug der Sache selber verschönert, sondern ihren Inhalt so wiedergegeben, wie wir ihn empfangen hatten; daß der Ausdruck und die Ausführungen des einzelnen großenteils von uns herrührt, versteht sich von selbst, doch haben wir jede Eigentümlichkeit, die wir bemerkten, zu erhalten gesucht, um auch in dieser Hinsicht der Sammlung die Mannigfaltigkeit der Natur zu lassen ... Zwar ist unbezweifelt, daß in allem lebendigen Gefühl für eine Dichtung ein poetisches Bilden und Fortbilden liegt, ohne welches auch eine Überlieferung etwas Unfruchtbares und Abgestorbenes wäre ... Aber es ist doch ein großer Unterschied zwischen jenem halb unbewußten, dem stillen Forttreiben der Pflanzen ähnlichen und von der unmittelbaren Lebensquelle getränkten Entfalten und einer absichtlichen, alles nach

---

[1] Aus der Vorrede der Brüder Grimm zu den KHM (Fassung von 1819).

Willkür zusammenknüpfenden und auch wohl leimenden Umänderung; diese aber ist es, welche wir nicht billigen können«[2].

Es kann aber nicht übersehen werden, daß die Brüder Grimm an manchen Texten, so sie überhaupt für eine Übernahme in die Sammlung in Frage kamen, mehr umformuliert und geändert haben, als auf Grund der Vorrede anzunehmen ist. Die Suche nach möglichst vollkommenen Zeugnissen der Volksliteratur war weitgehend auch ein Wiederherstellen der naturpoetischen Form. So entstand das Grimmsche Buchmärchen, »das eindeutig zwischen dem ›wirklichen‹ Volksmärchen mündlicher Provenienz und dem Kunstmärchen dichterischer Prägung angesiedelt ist«[3].

Die Bezeichnung »Gattung Grimm« wird aber der Art der Leistung nicht gerecht; denn es handelte sich um mehr als nur um Veränderungen nach dem Sinne der Grimms.

»Nicht alles, was tatsächlich um 1800 im Volk an Märchen erzählt wurde, sondern die darin meist mehr oder weniger verderbt enthaltene oder sich gar gänzlich dahinter verbergende naturpoetische Vollform sollte entdeckt und – wenn nötig – wiederhergestellt werden. Basis war und blieb dabei ein durch bestimmte Stilzüge, Motive und Inhalte geprägtes volksläufiges Erzählgut, wie es in schriftlicher oder mündlicher Tradition begegnete; das Ziel waren jedoch in sich vollkommene und in vielfacher Hinsicht tiefsinnige Geschichten à la Runge.«[4]

Heinz Rölleke verweist auch darauf, daß das kritische Auswählen und das Formulieren aus der kulturgeschichtlichen Situation heraus der »zu dieser Zeit einzig gangbare Weg« war. »Wort- oder gar buchstabengetreue Notate aus dem Volksmund hätten seinerzeit keinerlei Interesse wecken können, hätten dem ohnehin ramponierten Ansehen der Volksliteratur noch mehr geschadet, hätten keine Leserschaft, ja nicht einmal einen Verlag gefunden.«[5] So aber beginnt mit der Grimmschen Sammlung, an der die Brüder und namentlich Wilhelm Grimm zeitlebens arbeiteten, eine »gewaltige Wirkungsgeschichte« (Rölleke). Das Werk »gewann einen ungeheuren Einfluß in der ganzen Welt. Es wurde, nach der Bibel, zum meistgelesenen und weitestverbreiteten Buch überhaupt«[6].

Haltung und Wirken der beiden Brüder bekunden den Wandel in der Beurteilung der Volksmärchen. Die Klassik hat den Umschwung eingeleitet; Herder würdigte das Märchen als volkstümliche Dichtung, in der »eine ewige Ernte an Lehren der Weisheit« enthalten sei und die es wie keine andere Gattung verstehe, »dem menschli-

---

[2] ebd.
[3] H. Rölleke 1992, S. 62.
[4] ebd., S. 61 – Die von Philipp Otto Runge beigesteuerten Märchen (KHM 19 und 47) galten geradezu als Mustertexte.
[5] ebd., S. 62.
[6] W. Scherf 1984b, S. 12 f. – Scherf verweist allerdings auch auf einen langen Weg der KHM bis zur großen Berühmtheit.

chen Herzen so feine Dinge so fein zu sagen«[7]. Musäus gibt seine »Volksmärchen der Deutschen« heraus (1782–87), eine Sammlung, die sich allerdings von der späteren Grimmschen wesentlich durch die Umgestaltung des mündlich überlieferten Textes auf Kosten der Schlichtheit und Einfachheit unterscheidet. »Ich sammle die trivialsten Ammenmärchen, die ich aufstutze und noch zehnmal wunderbarer mache, als sie ursprünglich sind«[8]. Jedenfalls schickt sich das ausgehende 18. Jahrhundert an, die Ablehnung des Märchens zu überwinden. Typisch ist für die Zustimmung mit Vorbehalten die Bemerkung Wielands: »Ammenmärchen im Ammenton erzählt mögen sich durch mündliche Überlieferung fortpflanzen, aber gedruckt müssen sie nicht werden«[9]. Herder wünschte eine »reine Sammlung von Kindermärchen« und ließ – mit Bedenken gegenüber den bisherigen Märchensammlungen – die hohe Einschätzung erkennen, wie sie von der Romantik den im Volkston erzählten Märchen entgegengebracht wurde. Eine solche Sammlung »wäre ein Weihnachtsgeschenk für die junge Welt künftiger Generationen«.[10]

Zu den Gesamtausgaben zählen:

»Kinder und Hausmärchen«, hrsg. v. H. Rölleke, 3 Bde. (Reclam) –
»Kinder und Hausmärchen«, ill. v. G. Cruikshank, 2 Bde. (dtv klassik) –
»Kinder und Hausmärchen«, ill. v. O. Ubbelohde (Insel) –
»Kinder und Hausmärchen«, ill. v. J. Trnka (Dausien) –
und andere

Auswahlbände sind: (alphab. nach Verlagen)

»Alte Märchen der Brüder Grimm«, ill. u. ausgew. v. H. Gebert (Beltz & Gelberg) – »Märchen«, ill. v. M. Reidel (Betz) – »Grimms Märchen«, ill. (Boje) – »Grimms Märchen«, ill. v. Svend Otto S. (Dressler) – »Kinder- und Hausmärchen«, ill. v. A. Zacharias, hrsg. v. R. Rilz (dtv junior) »Grimms Märchen«, ill. v. A. Archipowa, ausgew. v. A. Esterl (Esslinger) – »Grimms Märchen«, hrsg. v. R. Bamberger (Jugend & Volk) – »Zaubermärchen der Brüder Grimm« ill. v. R. Michl, hrsg. v. W. Scherf (Loewe) – »Ausgewählte Kinder und Hausmärchen«, ill. v. L. Richter (Reclam) – »Hundertundein Grimm-Märchen«, ill. v. F. Hoffmann (Sauerländer) – »Grimms Märchen«, ill. v. R. Weise (Thienemann) – »Kinder und Hausmärchen«, ill. v. J. Grabianski (Ueberreuter) – »Grimms Märchen«, ill. v. R. Weise (Union) – und andere.

---

[7] Zit. bei H. L. Köster 1972, S. 155.
[8] Zit. bei B. Hürlimann 1968, S. 46.
[9] Zit. bei H. L. Köster 1972, S. 154.
[10] Zit. bei R. Stach 1985, S. 645.

2. Ludwig Bechstein und andere Märchensammler

Ausgaben anderer Märchenforscher zeigen einerseits, daß mit den Grimmschen Märchen ein Großteil der Motive, wie sie im deutschen Sprachbereich geläufig sind, bereits angesprochen worden ist; sie bringen andererseits wertvolle Varianten und Ergänzungen.

Die Brüder Ignaz und Joseph Zingerle sammelten »Kinder und Hausmärchen aus Süddeutschland« (1854) und »Märchen aus Tyrol« (1859). Josef Haltrich machte mit Märchen aus Siebenbürgen bekannt. Otto Sutermeister ergänzte den allgemeinen Bestand durch »Kinder und Hausmärchen aus der Schweiz« (1865). Paul Zauner legte eine beachtenswerte Zusammenstellung mit den »Deutschen Märchen seit Grimm« (1912/1923) vor und veröffentlichte außerdem »Deutsche Märchen aus dem Donauland« (1926). Friedmund von Arnim sammelte »Hundert neue Mährchen im Gebirge«; neu hrsg. von H. Rölleke (1986).

Weitere Namen könnten aufgezählt werden, Daß es sich immer wieder lohnt, dem regionalen Märchenschatz nachzuspüren, die alten Aufzeichnungen zu sichten und neu zu erzählen, zeigen Bücher wie »Alte deutsche Volksmärchen« (1959) von Herbert Kranz oder »Märchen aus Österreich« (1955), »Märchen aus deutschen Landen« (1956) von Max Stebich, »Das Wunderschiff« (1961) von Franz Georg Brustgieder, »Märchen, die die Brüder Grimm nicht kannten« bei Diederichs (1975), »Die Schweiz in ihren Märchen und Sennengeschichten« von Richard Waldmann (1983).

Zu den bekanntesten und erfolgreichsten Märchensammlern des 19. Jahrhunderts zählt *Ludwig Bechstein* (1801–1860). Seine Märchenwerke »Thüringische Volksmärchen« (1823), »Deutsches Märchenbuch« (1845) und »Neues Deutsches Märchenbuch« (1856) zeichnen sich durch die große Vielfalt der Erzählungen und ihren Wunderreichtum aus. Wie kaum ein anderer verfügt Bechstein über das »schimmernde Rüstzeug des Märchens«. Dazu schreibt L. Santucci: »da wimmelt es von Königen, die sich bei der Jagd im Wald verirren, von Brüder-Triaden, die immer wieder die gewagtesten Abenteuer unternehmen, von armen Holzfällern, die von mysteriösen Personen Wohltaten empfangen, und von Stiefschwestern in Nöten. Und Wunder, Wunder die Fülle: Feen, Hexen, Zaubermeister, Drachen und sprechende Tiere, nicht zu vergessen die Teufel und Schutzengel. In kühnen Zick-Zacklinien geht es von einer Mythologie zur anderen«[11].

Dieser geradezu verschwenderische Einsatz des Wunderbaren entspricht den Erwartungen der Kinder. Ihnen gefällt auch der Optimismus und die Würdigung der Tugend. Bechstein, für den das echte Märchen immer Kindermärchen ist, schenkt der

---

[11] L. Santucci 1964, S. 82.

ethisch-pädagogischen Tendenz besondere Beachtung. Das verleitet ihn allerdings dazu, pädagogische Hinweise einzublenden und so dem Märchen ein recht auffallendes erziehliches Mäntelchen umzuhängen.

Bei »Hänsel und Gretel« heißt es in der Bechsteinschen Fassung: Sie »wurden sehr wohlhabende Leute, aber sie spendeten auch von ihrem Segen den Armen viel und taten viel Gutes, weil sie immer daran dachten, wie bitter es gewesen, da sie noch arm waren und betteln mußten«.

Schneeweißchen ist nicht nur die Allerschönste, »sondern sie hatte auch ein großes edles Herz, das die Untaten, die die falsche Frau an ihr verübt, nicht selbst rächte«.

An den »Sieben Raben« zeigt sich besonders deutlich, wie Bechstein um der erziehlichen Wirkung willen die Märchen umarbeitet und manchmal verfremdet. In seiner Fassung ist nicht – wie bei Grimm – die Ungeschicklichkeit der Knaben und die Angst des Vaters, das Töchterchen müsse ungetauft sterben, das Motiv der Verwandlung, sondern die Unartigkeit und Bosheit der Buben. »Denn sie wurden zur größten Betrübnis ihrer Mutter immer unartiger, ja sie wurden sogar wild und böse. Die arme Frau . . . wollte jedoch ihre Kinder gut und fromm erziehen, und ihre Strenge und Milde fruchtete nichts, der Knaben Herzen waren und blieben verstockt.« Sie werden erst aus der Rabengestalt erlöst, nachdem sie ihr böses Verhalten bitter bereut und der Mahnung zugestimmt hatten, »daß ihr eure gute Mutter nie mehr ärgern wollet, daß ihr fleißig mit uns arbeitet, und die Ehre und Freude eurer alten Mutter werden wollet«. Und nun zeigt Bechstein natürlich auch noch ihre Besserung. Sie »nahmen alle bald darauf junge, sittsame Frauen . . . und so hatte die gute Mutter noch viel Freude an ihren Kindern und wurde von denselben bis in ihr spätes Alter liebevoll gepflegt und kindlich verehrt«.

Aus diesen Zitaten geht hervor, wie bei Bechstein auch das Bestreben nach Rationalisierung und Konkretisierung mitwirkt. Seine Märchen kommen dadurch in die Gefahr, trotz der vielen Wunder und geheimnisvollen Gestalten in die nüchterne Wirklichkeit, auf die Ebene der Realitäten gestellt zu werden. Durch das Konkretisierungsbedürfnis geht nicht selten der Charakter der orts- und zeitfreien Wundererzählung verloren, es führt auch gelegentlich zur Übermarkierung des Bösen und Grausamen.

Doch sollten die kritischen Einwände nicht dazu führen, das Verdienst Ludwig Bechsteins für das deutsche Volksmärchen zu schmälern. Er hat eine Reihe von Märchen und Volkserzählungen zum Allgemeingut gemacht, so das Scherzmärchen »Schlaraffenland« (bei Grimm nur eine kurze Lügengeschichte, in der die wunderlichen Dinge aufgezählt werden), das Beispielmärchen »Mann und Frau im Essigkrug« (Variante zu Grimms »Von dem Fischer un syner Fru«) oder das legendenhafte »Märchen vom Mann im Mond«.

Ausgaben Bechsteinscher Märchen:

»Märchen«, ill. u. ausgew. v. H. Gebert (Beltz & Gelberg) – »Märchen«, ill. (Boje) – »Sämtliche Märchen«, ill. v. L. Richter, hrsg. v. W. Scherf, 2 Bde. (dtv klassik) – »Kinder- und Zaubermärchen«, ill. v. J. Čapek, hrsg. v. E. Scherf (dtv junior) – »Märchen«, ill. (Thienemann) – »Sämtliche Märchen«, ill. v. L. Richter (Winkler) und andere.

3. Fremdländische Märchen

Mit dem Interesse für das deutsche Volksmärchen wuchs gleichzeitig das Interesse für Märchen anderer Völker (schon die Brüder Grimm haben irische Feenmärchen übersetzt).

Von allen fremdländischen Volkserzählungen sind die aus »*Tausendundeiner Nacht*« am bekanntesten geworden. Orientalisches Erzählgut hat schon im Mittelalter bei uns Eingang gefunden. Die Rahmenerzählung »Tausendundeine Nacht« ist im Abendland vor allem durch die Übersetzung des Franzosen Galland (um 1710) berühmt geworden. Seitdem im 19. Jahrhundert großangelegte deutsche Übersetzungen erstellt worden waren, drang ein Teil der bunten orientalischen Mischung auch in die Kinderliteratur ein. Jedes einigermaßen belesene Kind kennt »Aladin und seine Wunderlampe« und »Ali Baba und die vierzig Räuber«. In diesen und anderen Geschichten der Sammlung wird die Freude des älteren Kindes (ab 9./10. Lj.) am Fremdländisch-Exotischen und Abenteuerlich-Bunten angesprochen. Die Kinder- und Jugendausgaben bringen ein ausgewähltes Angebot, das sprachlichen und pädagogischen Anforderungen gerecht wird.[12]

Heute ist fast kein Kulturkreis zu finden, aus dessen Märchenbestand nicht wenigstens einiges in andere Sprachen und ins Deutsche übersetzt worden ist. Führend unter den Ausgaben fremdländischer Märchen ist das vielbändige Sammelwerk »Die Märchen der Weltliteratur« (Diederichs), das von Friedrich von der Leyen begründet worden ist.

Angesichts des Aufenthalts einer großen Zahl ausländischer Arbeitnehmer in der Bundesrepublik Deutschland dürften heute Märchen und Erzählungen aus den klassischen Herkunftsländern dieser Arbeitnehmer, aus der Türkei, aus Jugoslawien, Griechenland, Italien, Spanien und Portugal, von besonderem Interesse sein.[13]

B. Das Kunstmärchen und seine Dichter

Man bezeichnet gemeinhin jene Märchen als Kunstmärchen oder »Dichtermärchen«, für die ein einzelner Autor nachweisbar ist. Diese Kennzeichnung ist aber nur vordergründig und nicht ganz stichhaltig; denn es darf angenommen werden, daß auch hinter dem Volksmärchen in seiner Urform ein persönlicher Verfasser steht,

---

[12] »Die schönsten Märchen aus Tausendundeiner Nacht«, ill. (Boje) – »Märchen aus 1001 Nacht«, ill. v. K. Wendlandt, bearb. v. W. Bauer (Union) – »Märchen aus 1001 Nacht«; hrsg. v. K. H. Berger (Thienemann) und andere.

[13] Vgl. hierzu das multikulturelle Lese- und Arbeitsbuch von M. Ulich / P. Oberhuemer 1985 sowie R. Geiger 1992.

wenn uns auch sein Name nicht überliefert ist. Die Auffassung, das Volksmärchen und andere Gattungen der Volksliteratur seien unmittelbar aus dem Volke als das Werk von vielen herausgewachsen, ist bei nüchterner Betrachtung anzuzweifeln. Sicher ist aber, daß es dem literarischen Gestaltungstrieb und den Vorstellungs- und Denkinhalten der breiten Schicht entspricht. Es wurde frühzeitig von der Allgemeinheit als Eigentum angenommen und von ihr weitergegeben und weiterverwandelt.

Im Kunstmärchen hingegen dominieren die subjektiven, subtilen Kunst- und Gestaltungsmittel eines einzelnen. Es ist das Erzeugnis eines bewußt und zielstrebig schaffenden Kunstverstandes. Der Gehalt wird weitgehend von den Ideen und der Weltschau der individuellen Person, nicht zuletzt von dem Geist einer Literaturrichtung bestimmt. Das schließt die Möglichkeit der Annäherung an das Volksmärchen nicht aus (manches Kunstmärchen hat den volkstümlichen Ton genau getroffen), führt aber doch im allgemeinen zu einer inneren und äußeren Struktur, die dem einfachen Leser nicht ohne weiteres zugänglich ist.

1. Das deutsche Kunstmärchen

Das Kunstmärchen empfing seinen entscheidenden Impuls durch die Romantik. Ihr Verhältnis zum Märchen wurde von jener Wendung zum Volkstum bestimmt, zu der schon vor einer Generation Herder aufgerufen hatte, und die nun zur Wiederentdeckung und Wertschätzung der Volksdichtung führte.

Die Früchte des romantischen Märchenschaffens sind sehr unterschiedlich. Sie reichen von Erzählungen, die im Geiste des Volksmärchen geschrieben sind und den kindlichen Leser anzusprechen vermögen, bis zu sublimen Erzeugnissen, die für naives Publikum weder gedacht noch geeignet sind. Vor allem sind die märchenhaften Erzählungen, Novellen, Romane und Schauspiele der Frühromantik des Jenaer Kreises (Tieck, Novalis) durchwegs sehr künstliche Schöpfungen, in denen das Märchenhafte als Gefäß der Philosophie, der Symbolik, der Satire und der Ironie benützt wird, aber auch als eine Möglichkeit, in märchenhaft-phantastischer Form den Traum von der Heimkehr in die Kindheit auszudrücken.

Diesen Romantikern geht es weniger darum, Nachbilder der Volksdichtung hervorzubringen; sie wollen vielmehr alles Poetische, jede Dichtungsart, märchenhaft verklären[14]. »Das ist ja eben Romantik«, schreibt Ricarda Huch, »daß dem Wunderbaren nicht nur mehr ein Winkel im Garten der Poesie gewidmet sein sollte, Sage, Märchen oder Mythos benannt, sondern daß es ein einziger Wundergarten sein sollte«[15]. So kommt es zur kunstreichen Verquickung des Märchenhaften mit No-

---

[14] »Das Märchen ist gleichsam der Kanon der Poesie. Alles Poetische muß märchenhaft sein.« (Novalis).
[15] R. Huch: Die Romantik. Tübingen 1951, S. 289.

velle, Roman, Sinndichtung usw., zu Gebilden, die die Grenzen des herkömmlichen Märchens sprengen und dem unbefangenen Märchenleser nicht mehr zugänglich sind.

Die jüngere und späte Romantik brachte Dichter hervor, bei denen wie bei *Clemens Brentano* (1787–1842) frische, phantasievolle Erzählfreude und der Hang zum Schwärmerischen, Exzentrischen, gelöste Heiterkeit und tiefsinniger Ernst nahe beieinanderliegen. Sein berühmtestes Märchen »Gockel, Hinkel und Gackeleia« wird es schwer haben, als Kinderlektüre anzukommen. Andere Stücke wie »Dilldapp«, »Myrtenfräulein«, »Witzenspitzel« oder Teile aus dem »Rheinmärchen« haben mehr Erfolg.[16]

Der bekannteste deutsche Märchendichter und aus anderem Holz als Brentano ist *Wilhelm Hauff* (1802–1827). Seine Märchen, zusammengefaßt in der Trilogie »Die Karawane«, »Der Scheich von Alexandria« und »Das Wirtshaus im Spessart«, spielen in zwei unterschiedlichen geographischen Bereichen: im bunten Orient und in den Wäldern und Schluchten des rauheren Nordens. In allen ist das Abenteuerliche dominierend. Den jungen Hauff (er starb schon mit 25 Jahren) lockte die Fremde, und er verband den Abenteuerdrang mit der Liebe zum Wunderbaren und Märchenhaften. So schuf er einen eigenen abenteuerlich-realistischen Märchentyp, der nicht dem märchenlesenden Kind, aber dem ins Abenteueralter Hineinwachsenden angemessen ist. Von diesem Alter her sind die Maßstäbe für die Beurteilung der Hauffschen Abenteuermärchen als Kinderlektüre zu setzen. Bei der Auswahl empfiehlt es sich, die Märchen mit den grausam-makabren Zügen auszuscheiden.

Als Schullektüre werden hin und wieder gelesen:

im 4./5. Schj.: »Zwerg Nase« aus »Der Scheich von Alexandria«, »Der kleine Muck« aus »Die Karawane«, »Die Geschichte vom Kalif Storch« aus »Die Karawane«;
im 6./7. Schj.: »Das kalte Herz« aus »Das Wirtshaus im Spessart«.

Ausgaben von Hauffs Märchen:

»Märchen«, ill. u. ausgew. v. H. Gebert (Beltz & Gelberg) – »Sämtliche Märchen«, hrsg. v. S. v. Steinsdorff (dtv klassik) – »Hauffs Märchen«, ill. v. Svend Otto S. (Dressler) – »Hauffs Märchen«, ill. v. U. Schramm (Loewe) – »Das kalte Herz und andere Märchen« (Reclam) – »›Geschichte vom kleinen Muck‹ und ›Zwerg Nase‹« (Reclam) – »Märchen«, ill. v. G. Lahr, hrsg. v. A. Kocialek (Thienemann) – »Märchen«, ill. v. J. Grabianski, hrsg. v. J. Paar (Ueberreuter) – »Hauffs Märchen«, ill. v. R. Weise (Union) – »Märchen und Novellen« (Winkler)

---

[16] »... die Phantasie läuft ihm immer aus der Märchenwelt fort in die der Erwachsenen, der reine Klang beginnt leise zu klirren.« (P. Fechter: Geschichte der deutschen Literatur. Berlin 1941, S. 400).

Eduard Mörike (1804–1875), einer der bedeutendsten deutschen Lyriker zwischen Romantik und Realismus, ist auch als Novellendichter (»Mozart auf der Reise nach Prag«) und als Märchendichter hervorgetreten. Seine Märchen besitzen einen behaglich-krausen Humor und sind im anheimelnden, zum Teil schwäbisch-mundartlichen Ton erzählt. Die »Historie von der schönen Lau«, eingefügt in die Märchennovelle vom »Stuttgarter Hutzelmännlein« (1852), ist ein frei erfundnes Nixenmärchen, das aber wie altes Volksgut anmutet. Dennoch dürfte das Lau-Märchen frühestens vom 13./14. Lebensjahr an – und nur nach guter Hinführung – Anklang finden. Einfacher, wenn auch lehrhafter, ist das Märchen »Der Bauer und sein Sohn«, das von Josef Prestel als »die poetischste Gabe der ganzen deutschen Tierschutzliteratur« bezeichnet wird.

Unter den Märchen, die *Theodor Storm* (1817–1888) geschrieben hat, ist »Der kleine Häwelmann« (1849) ein ausgesprochenes Kindermärchen. »Bulemanns Haus« (1863), eine spukhaft-unheimliche Geschichte, und »Die Regentrude« (1865) mit Motiven aus der Naturmythologie sind Märchen für reifere Leser.

In der Böhmerwaldheimat verwurzelt und aus volkstümlichen Quellen gespeist sind die Märchen von *Hans Watzlik* (1879–1948). Wir finden darunter Erzählungen, für jüngere Kinder: »Das goldene Rössel« (aus »Der Riese Burlebauz«), »Der wandernde Brunnen« (aus »Der Stilzel und der Mühlknecht«), das »Fünffingermärchen« (aus »Der blaue Falter«, alle ehemals bei Schaffstein). Andere sind wegen ihrer altertümelnd-romantischen Sprache oder auch wegen der furchterregenden Räuber- und Teufelsgestalten erst für Leser über zehn Jahre zu empfehlen.

Ein erfolgreicher Märchenerzähler ist *Wilhelm Matthießen*. Er hat Märchenbücher geschrieben wie »Das Alte Haus« (erstmals 1923 bei Schaffstein), »Die Grüne Schule« mit Geschichten, die leicht verständlich sind und der Phantasiewelt des Kindes entsprechen.

Für die zahlreichen Gegenwartsautoren, die Märchen erzählen, nacherzählen oder dichten, mag *Barbara Bartos-Höppner* stehen. Ihre bei Thienemann erschienenen »Tiermärchen« (1977), »Wintermärchen« (1977), »Zaubermärchen« (1978) »Feenmärchen« (1979) und »Gruselmärchen« (1980) enthalten Geschichten[17], an die sich die Verfasserin noch aus ihrer Kindheit erinnert oder die sie – sich in die Märchenzeit zurückversetzend – erfunden hat. Durch den Erzählrahmen, in den jedes Märchen gestellt ist, soll die lebendige Situation der Märchenrezeption im Miteinander von Erzähler und Zuhörer angedeutet werden.

Während Erzähler wie Bartos-Höppner, Matthießen, Watzlik u. a. den Strukturen und Inhalten des Volksmärchens positiv gegenüberstehen und sie weitgehend über-

---

[17] teilweise zusammengefaßt als »Mein großes Märchenbuch« (Hoch / Thienemann 1992).

nehmen, sind die Verfasser »*moderner*« *Märchen* im allgemeinen zu den Grimmschen Märchen und den Volksmärchen überhaupt kritisch eingestellt. Es handelt sich nicht eigentlich um neue Märchen, sondern um »Gegenmärchen«.[18] Sie wenden sich gegen die altväterliche Sprache und Erzählweise, gegen die Darstellung überlebter soziologischer und wirtschaftlicher Verhältnisse, gegen mangelnde Aktualität, gegen die Grausamkeit im Märchen, gegen dominierende moralische Vorstellungen und nicht zuletzt gegen eine unkritische und affirmative Lesehaltung, die angeblich durch die herkömmliche Märchenrezeption verfestigt wird.[19]

Wer literardidaktisch eine Diskussionsbasis für eine prüfende Auseinandersetzung mit dem Märchen oder einen Ausgangspunkt für kreatives Um- und Nachdichten sucht, findet unter den »modernen« Märchentexten zahlreiche Anregungen und gute Hilfe. Wer allerdings den jungen Märchenhörern und -lesern eine erlebnishafte Begegnung mit dem Volksmärchen ermöglichen möchte, der wird – zunächst jedenfalls – mit der Einbeziehung von »gereinigten« und aktualisierten Märchen oder von Märchenparodien und -persiflagen zurückhaltend sein.

2. *Hans Christian Andersen*

Als König unter den Märchendichtern gilt der in Odense auf Fünen (Dänemark) geborene Hans Christian Andersen (1805–1875), Sohn eines armen Schuhmachers.

Seine Märchen, die er seit 1835 herausgab, erlangten bald Weltruhm. Zunächst knüpfte er an die volkstümliche Tradition. In den Märchen wie »Die Prinzessin auf der Erbse«, »Das Feuerzeug«, »Der Wandergefährte«, »Tölpelhans«, »Der kleine Klaus und der große Klaus« ist der Bezug zur Volkserzählung besonders deutlich zu erkennen. Aber Andersen überschreitet diesen Rahmen und wird zum Schöpfer eines neuen Märchentyps.

Ein Kennzeichen seiner Märchen ist, daß das unbestimmte »Irgendwo« und »Es war einmal«, in eine genau fixierte Umwelt gerückt wird. Andersen zeichnet mit Sorgfalt den Schauplatz der Geschichten. »Man findet darin nicht nur Kopenhagen mit seinen Backsteinbauten . . ., nicht nur ganz Dänemark mit seinen Mooren, seinen Wäldern . . ., sondern Skandinavien, das schneereiche, eiskalte Island und darüber hinaus Deutschland, die Schweiz, das sonnengebadete Spanien, Portugal, Mailand, Venedig, Florenz; und Rom; und Paris, die Stadt der schönen Künste und der Revolutionen. Ägypten wird darin lebendig, Persien, China, der Ozean bis in jene

---

[18] Das gilt auch für die nicht nur »zum Spaß« erzählten Grimms Märchen von Janosch (Beltz), erst recht für Märchenparodien wie I. Fletschers »Wer hat Dornröschen wachgeküßt?« (Fischer).

[19] Zu »neue« und »moderne« Märchen: E. Kaiser 1975; W. Mieder 1979; Psaar/Klein 1980, S. 60–111; F.-J. Payrhuber 1981; H.-J. Gelberg 1983; A. C. Baumgärtner 1987; M. Sahr 1988.

Tiefen, wo die Nixen hausen, der Himmel, über den die Weiße der großen wilden Schwäne dahinstreicht«[20]. Die Beschreibungen und Schilderungen beziehen sich auf das Milieu im weitesten Sinne, auf die räumliche Umwelt, die Zeitverhältnisse, die sozialen Umstände, auf alle besonderen Gegebenheiten, in denen sich die Erzählfigur befindet. Auch sie selbst wird ausführlich dargestellt.

Individuelle Lebenserfahrung hat Andersen gelehrt, daß es viel Leid in der Welt gibt, daß oft der Mensch selbst das Unglück verursacht – und er verschweigt dies nicht. Das gibt manchen Märchen einen dunklen und melancholischen Zug Andersen meditiert über Tod, Armut und Leid, er zeigt die Zwiespältigkeit der menschlichen Natur und geißelt nicht selten mit ironischem Spott die Torheit, die Eitelkeit und die Anmaßung. Aber er bleibt nicht bei den negativen Seiten stehen. Es gibt auch Gutes und Schönes in der Welt. Dankbarkeit, Hoffnung und vor allem Liebe machen das Leben leichter. Die alte Teekanne stand zwecklos herum, aber dann wurde sie mit Erde angefüllt und in die Erde eine Zwiebel gelegt, die bald zur Blume keimte. »Ich sah sie«, erzählt sie selbst, »ich trug sie, ich vergaß mich selbst in ihrer Schönheit. Gesegnet ist es, sich selbst in anderen zu vergessen!«

Die Märchen Hans Christian Andersens haben nicht die Unschuld und Naivität der Volksmärchen. Ihr Wissen um das Leben ist differenzierter, ihre Lösungen sind weniger eindeutig. In einer bewußteren Weise als das Volksmärchen wollen sie Ideen und Zuständlichkeiten bildhaft darstellen, wodurch manche in die Nähe der Allegorie rücken und die Ratio als Aufbauelement deutlich hervortreten lassen. Andererseits ist viel Gefühl im Spiel, das manchmal, übermäßig eingesetzt, den Leser zu Sentimentalität und Gefühlsschwelgerei verleitet.

Ausgaben von Andersens Märchen:

»Märchen«, ill. u. ausgew. v. S. Friedrichson, 2 Bde. (Beltz & Gelberg) – »Mutter Holunder und andere Märchen«, ill. v. S. Friedrichson (Beltz & Gelberg) – »Andersens Märchen« (Boje) – »Andersen Märchen«, ill. v. J. Trnka (Dausien) – »Andersen Märchen«, ill. v. Svend Otto S. (Dressler) – »Gesammelte Märchen«, 2 Bde. (Manesse) – »Des Kaisers neue Kleider und andere Märchen«, ill. v. Hosemann u. a. (Reclam) – »Märchen«, ill. (Thienemann) – »Andersens Märchen«, ill. v. E. Kutzer (Union) – »Sämtliche Märchen«, ill. v. Pedersen/ Frølich, 2 Bde. (Winkler)

---

[20] P. Hazard 1971, S. 124.

C. Zu Ursprung und Eigenart des Volksmärchens

1. Herkunft und Entstehung

Die Frage nach Herkunft und Entstehungsweise der Volksmärchen hat verschiedene Theorien hervorgebracht. Nur auf die bedeutendsten soll hier kurz eingegangen werden[21].

Die Brüder Grimm schlossen sich der Hypothese an, wonach in den deutschen Volksmärchen vorwiegend die alten Götter- und Heldenmythen weiterleben. Diese mythologische Deutung fand im volkstums- und vergangenheitsgerichteten Denken der Romantik großen Anklang.

Mit dem genaueren Bekanntwerden des großen Märchenreichtums Indiens um die Mitte des vergangenen Jahrhunderts wurde die Ansicht von der bodenständig-völkischen Herkunft erschüttert. Der Orientalist Theodor Benfey wurde zum Wortführer der indischen Theorie. Sie besagt, die Märchen seien ursprünglich aus Indien eingewandert; dort liege die Quelle des abendländischen Märchenschatzes. Diese Annahme wurde durch die Ergebnisse der vergleichenden Märchenforschung zunächst bestärkt; denn es zeigte sich, daß zwischen den Märchen der verschiedenen Völker eine große Ähnlichkeit in Motiv, Fabel und Komposition bestehe. Bald wurde aber die indische Theorie als einseitig und nicht für alle Märchen zutreffend erkannt. Indien sei zwar ein bedeutendes Märchenzentrum, aber nicht das einzige. Auch der keltische Kulturkreis sei beispielsweise eine wichtige Ausgangsbasis.

Eine andere Richtung sucht den gemeinsamen Ursprungsort nicht bei einem bestimmten Volk, sondern verlegt ihn in die Seele des Menschen selbst. Gleichartige Urideen und Urbilder seien in den Menschen aller Völker als Grundstoff, aus dem sich Mythen, Sagen und Märchen bilden, lebendig. Englische, französische und deutsche Forscher (in Deutschland vor allem Hans Naumann) haben diese Ansicht vertreten. Schon W. Grimm hat in einer späteren Äußerung den Weg zu einer solchen Entstehungstheorie gezeigt: »Es gibt aber Zustände, die so einfach und natürlich sind, daß sie überall wiederkehren, wie es Gedanken gibt, die sich wie von selbst einfinden, es konnten sich daher in den verschiedensten Ländern dieselben oder doch sehr ähnliche Märchen unabhängig voneinander erzeugen«[22]. Über ein halbes Jahrhundert später hat C. G. Jung seine Lehre vom kollektiven Unbewußten und von den Archetypen entwickelt. Er verweist auf den unbewußten, vor jeder persönlichen Erfahrung liegenden Besitz der Menschen, durch den ihrem Erleben und Tun Richtpunkte gesetzt würden. Die Bilder des tieferen Unbewußten und die allverbreiteten Urvorstellungen fänden in die Mythen und Märchen aller Völker und Zeiten Eingang. So

---

[21] F. von der Leyen gibt im ersten Kapitel von »Das Märchen« (1958) eine Zusammenstellung der verschiedenen Herkunftstheorien. – Siehe auch H. Rölleke 1992, S. 94–99.
[22] W. Grimm in der 2. Auflage des 3. Bandes der KHM 1856.

erfährt durch die Tiefenpsychologie die anthropologische Märchentheorie eine Begründung[23]. Durch Verlagerung des Ursprungsortes der Märchen in die psychische Sphäre des Menschen ist nun auch eine Erklärung für die Übereinstimmung von Märchen isolierter Primitivkulturen mit Märchen der übrigen Welt gegeben.

Die Bejahung des gemeinsamen anthropologischen Urgrundes schließt die anderen Märchentheorien nicht aus. Die in einem Volk lebendigen Götter-, Helden- und Naturmythologien können auf das Erzählgut Einfluß genommen haben oder selbst zu Märchen geworden sein. Ebenso wahrscheinlich ist es, daß zu bestimmten Zeiten und auf seltsamen Umwegen orientalische Märchen auf abendländischen Boden herübergewandert und hier absorbiert worden sind. Es gibt keine für alle Märchen gültige Einzeltheorie, wenngleich die anthropologische Erklärung die tiefgreifendste und entscheidenste sein dürfte.

Auch die Herkunft der deutschen Volksmärchen kann nicht einheitlich gedeutet werden. Die Märchenforschung hat nachgewiesen, daß viele der von den Grimms aufgezeichneten Märchen kein »ureigenes Erzeugnis der deutschen Volksseele« sind, sondern auch anderswo textähnlich oder motivgleich existieren. Das wußten auch schon die Grimms. Die Fragen, wie weit gegenseitige Einflußnahmen (vor allem zwischen französischer, italienischer und deutscher Märchentradition) auf die selbständige regionale Entwicklung am Werke waren, oder ob Prioritäten vorliegen, welche die Annahme einer weitgehend unveränderten Rezeption rechtfertigen, werden von der Wissenschaft unterschiedlich beantwortet.

Wie für die meisten Probleme des Alters und der Herkunft der Märchen gilt auch hier: »Mit Pauschalbehauptungen dieser oder jener Art ist dem Problem indes offenbar am wenigsten beizukommen. Vielmehr muß die Überlieferungslage für jeden einzelnen Text gesondert geprüft und gewertet werden.«[24]

Wenn auch nicht die Rede vom Märchen als »ureigenem Erzeugnis« einer Nation sein kann, so ist es doch richtig, daß die Märchen der Völker trotz mannigfacher Ähnlichkeit etwas vom individuellen Gesicht des jeweiligen Volkes widerspiegeln.[25]

Die folgenden Charakterisierungsversuche, die sich auf das deutsche Volksmärchen (genauer: auf die Grimmschen Märchen) beziehen, zeigen Kennzeichen, die für den deutschen Sprachraum typisch sind, lassen aber darüber hinaus Grundmerkmale erkennen, die für das abendländische Märchen schlechthin Gültigkeit haben.

---

[23] Siehe C. G. Jung: Symbolik des Geistes. Zürich 1948, S. 432 – Überblick und erste Orientierung über Wege und Möglichkeiten tiefenpsychologischer Märchenbetrachtung gibt H. E. Giehrl 1970.
[24] H. Rölleke 1992, S. 95.
[25] Vgl. M. Führer 1960.

miteinander von Dies u Jenseits (handwritten)

2. Verschränkung von Wunder und Wirklichkeit

Märchen ist zeit u. ortlos (handwritten)

Das Märchen überschreitet die Wirklichkeitsgrenze. Es erzählt von wunderbaren Begebenheiten und Zuständen, die dem Naturgeschehen widersprechen und an sich unglaubwürdig sind. Die Wirklichkeit ist mit dem Magischen, das Diesseitige mit dem Jenseitigen in dauernder Berührung. Das Märchen wird deshalb auch eine »Zweiweltenerzählung« genannt. Diese Bezeichnung ist aber irreführend, da sie den Eindruck erweckt, als ob im Märchen die Welt des Wirklichen und die des Außerwirklichen streng voneinander getrennt seien. Tatsächlich treten sie nicht als zwei voneinander geschiedene Bereiche auf, sondern gehen ineinander über, ganz selbstverständlich, ohne Bruch und Zäsur. Sie ergänzen sich auf so »natürliche« Weise, daß sie zusammen *eine* Welt ergeben, die wir eben als die Welt des Märchens bezeichnen.

Lüthi spricht von der »Eindimensionalität« des Märchens. Diesseitige und jenseitige Gestalten »stehen nebeneinander und verkehren unbefangen miteinander. Der Märchendiesseitige hat nicht das Gefühl, im Jenseitigen einer andern Dimension zu begegnen«[26]. Auch der Märchenhörer erlebt den Wechsel vom Wirklichen und Unwirklichen ohne Überraschung mit. Nicht, daß er keinen Unterschied zwischen beiden wahrnehmen würde; aber er empfindet den Übergang nicht als Szenenwechsel. Die jenseitigen Kräfte und Gestalten sind ihm selbstverständliche Bestandteile jener Daseinsordnung, die uns das Märchen verkörpert.

hat historische Gestalt, Person, Ort, Geber. (handwritten) *Geschichte* (handwritten)

Anders ist es in der *Sage*. Ihr Bereich ist die realistische Dimension, eine scharf abgegrenzte diesseitige Welt, in welche die Über- und Unterirdischen einbrechen. Ihr Erscheinen wird von den Erlebnisträgern der Sage wie von den Zuhörern als etwas ganz Außerordentliches und Unerhörtes aufgenommen, als etwas, das nicht in unser Erfahrungswissen hineinpaßt. ›Wenn ich es nicht selber erlebt hätte‹, so scheint der Erzähler immer wieder zu sagen, ›ich würde es nicht für möglich halten!‹ Das Märchen tilgt Widerspruch und Zweifel, weil es die Grenzen von vorneherein ausschaltet, sie ohne Zögern überschreitet, so wie wir sie im Traume ausschalten und überschreiten[27].

3. Optimistische Welteinstellung

Dennoch herrscht in der Märchenwelt, in der die Naturgesetze überspielt werden, eine innere Ordnung. Es kann nicht alles geschehen, sondern nur das, was sich dieser

---

[26] M. Lüthi 1974, S. 12.
[27] Siehe zum Vergleich zwischen Sage und Märchen auch L. Röhrich (1979). Ch. Bürger (1976) betont, in der Fortführung der Theorie von Ernst Bloch, den Unterschied unter Beachtung des sozialen Moments und der sozialen Funktion von Sage und Märchen.

Ordnung einfügt. Vereinfachend wird sie durch die Formel ausgedrückt: Das Gute siegt, das Böse unterliegt.

Die Unschuld besteht trotz Bosheit und Niedertracht; Treue, Fleiß, Hilfsbereitschaft, Redlichkeit werden belohnt, Faulheit, Geiz, Habsucht, Falschheit finden die verdiente Strafe. Es ist eine einfache und ursprüngliche Volksmoral, die hier verwirklicht wird, ein naiver Gerechtigkeitssinn, wie ihn auch die Kinder besitzen. Das Märchen kommt dem Grundbedürfnis nach klarer sittlicher Entscheidung entgegen, wenn auch die Entscheidung nicht immer einer nach persönlichem Verdienst und Verschulden abwägenden Ethik und einer moralischen Haltung, wie sie die Gegenwart fordert, entspricht. Es setzt Tugenden an die Spitze, die heute zwar nicht aufgehoben, aber doch nicht mehr allein Priorität besitzen. Gemeint ist etwa das Überwiegen von traditionell »bürgerlichen« Tugenden wie Fleiß, Ordnungsliebe, Sauberkeit und von Tugenden wie Gehorsam, Bescheidenheit, Dienstwilligkeit unter Vernachlässigung von Einstellungen wie Selbständigkeit, Rationalität, kritisches Sozialverhalten. Solche Einwände sind berechtigt, man darf sie aber nicht pauschalisieren, denn es läßt sich in den alten Märchen ein ethischer Impuls entdecken, der auch den emanzipatorischen und kritischen Einstellungen der Gegenwart entgegenkommt.

4. Einfachheit und Eindringlichkeit der Gestaltung

Als die Brüder Grimm durch Vermittlung Brentanos und Arnims die beiden Märchen »Von dem Fischer un syner Fru« und »Von dem Machandelboom« des Malers Plipp Otto Runge in die Hände bekamen, wußten sie mit einem Schlage, wie Märchen auszusehen hätten. Walter Scherf formuliert es so:

> »Bildhaft, aus einem dramatischen Guß, reich an Redewendungen, an einprägsamen Formeln, lebendiger Rede und Gegenrede, das Geschehen ohne umständliche Satzverknüpfungen lediglich im naiven Nacheinander berichtend, die Figuren offen (also nicht im einzelnen festgelegt und charakterisiert), wie auf eine Bühne projiziert.«[28]

Einfach und klar erkennbar sind Rolle und Charakter der Personen. Der Erzähler vermeidet ihre ausführliche Beschreibung, er reflektiert nicht über ihre Gedanken und Gefühle, sondern kennzeichnet in sparsamen Strichen die Eigenschaften, auf die es ankommt, läßt sie aber dafür um so mehr in der Handlung lebendig werden. Das wichtigste Hilfsmittel für die einfache Personencharakteristik ist die *Polarisation*. »Wenn ich nämlich eine Person durch ihren schroffen Gegensatz zu einer anderen Person kennzeichne, so habe ich damit auf die wirksamste und verständlichste Weise die Eigenschaft hervorgehoben, auf die es mir ankommt«[29].

---

[28] W. Scherf 1984b, S. 12.
[29] Ch. Bühler 1971, S. 32.

Durch die Polarisation bedingt treten die Figuren als Extreme und damit als einfache Typen auf. Vollkommene Schönheit oder vollkommene Häßlichkeit, Güte oder Bosheit, Armut oder Reichtum, Fleiß oder Faulheit: in solchen Kontrasten markiert das Märchen seine Helden und Gegenhelden.

Auch die Situation, in der sie stehen, die Begebenheiten, die ihnen widerfahren, die Aufgaben, die sie erfüllen müssen, sind meistens extrem gezeichnet.

>Pech und Gold ergießen sich über die Kontrastfiguren des Märchens, grausame Strafe und höchster Lohn stehen einander gegenüber. Held und Heldin sind meist das einzige Kind oder das jüngste von dreien; oft stehen sie als Dummling oder Aschenputtel da. Gern erzählt das Märchen von kinderlosen Ehepaaren oder dann von solchen mit gar zu vielen Kindern. Die Eltern sterben und lassen ihre Kinder allein zurück. Held und Heldin sind jung, ihre Ratgeber aber alte Männer und Frauen. Einsiedler, Bettler, Einäugige treten auf. Neben dem reichen Pelz steht das schäbige Gewand oder die bare Nacktheit. Der Held kann bärenstark sein, die Heldin aber hilflos einem Ungeheuer preisgegeben. Die Jenseitigen zeigen sich als Riesen oder als Zwerge<[30].

Die oft kritisierte *Darstellung des Bösen und Grausamen* im Märchen entspringt ebenfalls dem Bedürfnis des Erzählers, unmißverständliche Verhältnisse aufzuzeigen, klare Ausgangspunkte und Schlußpunkte zu setzen. W. Schwerf räumt ihr eine dreifache Funktion ein[31].

Die sogenannte Grausamkeit verdeutlicht erstens die Isolation des Helden, z. B. die Kinderaussetzung in »Hänsel und Gretel«, die Mordabsicht in »Brüderchen und Schwesterchen«. »Der Held muß, falls er nicht wie seine profanen Brüder verworfen werden soll, sich aus den vordergründigen Bindungen lösen, vom Kind zum Mann werden, auf sich selbst gestellt sein ... Nur aus der Isolation kann er wahrhaft wachsen und reifen.« Diese Ausgangsbasis wird in der bedingungslosen Kontrastmalerei des Märchens unter Einbeziehung oft unmenschlicher Geschehnisse verdeutlicht.

Die Grausamkeit veranschaulicht zweitens die Prüfungen, die dem Helden auferlegt sind, z. B. im »Treuen Johannes« (die eigenen Kinder töten). Gefährdungen absonderlicher Art müssen durchschritten werden, um die Unerschütterlichkeit und Lauterkeit des Helden, die Hilfe der guten Mächte, ihre Treue und Kraft, aber auch das Ausmaß des Bösen überzeugend genug zu beweisen.

Schließlich soll die Darstellung strenger und oft grausamer Strafen den totalen Sieg der Gerechtigkeit aufzeigen. Die Strafwürdigen werden verbannt wie z. B. in »Hänsel und Gretel«, in einem Nagelfaß den Berg hinabgerollt wie in »Die drei Männlein im Walde« usw. »Die Welt wird durch mancherlei Strafen und Zurechtordnungen wieder als heile Welt hinterlassen ... Und mit dieser abschließenden Szene ist aller Konflikt geordnet, das Böse ist schlechthin aus der Welt verwiesen, seine Asche in alle

---

[30] M. Lüthi 1974, S. 35.
[31] W. Scherf 1960, S. 505 u. 506 f.

vier Winde verweht, kurz, die Welt ist wieder heil.« Das Märchen macht reinen Tisch und schafft klare Verhältnisse. Und dazu sind ihm die drastischsten Mittel oft gerade die geeignetsten. Keine Spur von Zweifel soll zurückbleiben, daß Gerechtigkeit und Reinheit triumphieren.

Das Märchen verliert sich hierbei nicht ins Detail, niemals verweilt es ausmalend bei den Begleiterscheinungen. Es beschreibt nicht die Wunden, läßt kein Blut fließen, schildert nicht den Schmerz. Mit wenigen Sätzen stellt es die Tatsache eindeutig vor Augen.

Der *Handlungsablauf* der Volksmärchen ist im allgemeinen einfach und ohne größere Schwierigkeiten gedanklich nachzuvollziehen. Er setzt ohne Umschweife ein und schreitet unverzüglich von Begebenheit zu Begebenheit[32]. Das Entscheidende wird meistens schon in den ersten Phasen der Erzählung angedeutet und dem Leser als eine Art Disposition unterbreitet.[33] So kann er sich auf das Kommende einstellen. Ein vielgebrauchtes Mittel ist die Wiederholung. Hörer und Erzähler gewinnen dadurch einen Halt, und das Wichtige wird gebührend hervorgehoben und eingeprägt. Besonders beliebt ist die dreifache Wiederholung: Dreimal versucht der Held die Lösung, drei Aufgaben hat er zu übernehmen, drei Brüder machen sich hintereinander an dasselbe Werk oder drei Gaben stehen zur Verfügung. Die Wiederholung des gleichen Vorgangs wird gern mit denselben Worten geschildert. Der Märchenerzähler zieht der sprachlichen Variation die wörtliche Wiederkehr von Formeln, Sätzen und Satzfolgen vor; nicht aus stilistischer Schwäche, sondern in der Absicht, die Kombinationsgabe der Hörer nicht zu überfordern und die straffe Gliederung und den Rhythmus der Handlung zu unterstreichen.

Von einer ausmalenden Sprache kann kaum die Rede sein. Das reine Märchen begnügt sich meistens mit einfachen Benennungen. Bilder und verdeutlichende Vergleiche sind selten, und wenn sie vorkommen, schlicht und leicht verständlich: »... so schön, daß die Sonne selber, die doch so vieles gesehen hat, sich verwunderte, sooft sie ihr ins Gesicht schien« (KHM, Nr. 1). »... und es war, als ob ihm Nachricht von den verborgensten Dingen durch die Luft zugetragen würde« (KHM, Nr. 17). »... ein Töchterlein, das war so weiß wie Schnee, so rot wie Blut und so schwarzhaarig wie Ebenholz« (KHM, Nr. 53). »... so fromm und gut, so arbeitsam und unverdrossen, als je zwei Kinder auf der Welt gewesen sind« (KHM, Nr. 161). »Sie wanderten ... und setzten immer einen Fuß vor den anderen wie die Wiesel im Schnee« (KHM, Nr. 107).[34] Einer knappen, lapidaren Skizzierung folgt sofort die

---

[32] Im orientalischen Märchen findet sich im Gegensatz zu unserem eine Vorliebe für verweilendes und ausschmückendes Beschreiben der Einzelheiten.

[33] Ch. Bühler hat darauf aufmerksam gemacht, wie den Vorhersagen in verschiedener Form (Prophezeiung, Gebot Verbot, Warnung) eine Funktion der Vorwegnahme des Handlungsganges zukommt (1971, S. 71).

[34] Nach KHM der Brüder Grimm von 1857.

Handlungsdarstellung. »Diese echt epische Technik der bloßen Benennung läßt uns alles Benannte als endgültig erfaßte Einheit erscheinen. Jeder Ansatz zu ausführlicher Beschreibung erweckt das Gefühl, daß nur ein Bruchteil von allen Sagbaren wirklich gesagt wird ... Die knappe Bezeichnung umreißt und isoliert die Dinge mit fester Kontur«[35].

D. Bedeutung des Märchens für das Kind

Das Volksmärchen ist Forschungsgegenstand verschiedener Fachgebiete. Die Literaturwissenschaft, die Volkskunde, die Völkerkunde, die Psychologie, aber auch die Pädagogik wenden dem Märchen ihr Interesse zu und beziehen verschiedene Positionen[36]. Die Pädagogik sucht von der ihr eigenen Fragestellung aus die Funktion des Märchens, Bedeutung und Auswirkung für seine Hörer und Leser zu ergründen. Dabei ist wichtig, daß nicht ein pädagogisches Erwartungsbild von außen herangetragen, sondern über die dem Märchen innewohnende Eigenstruktur und über die Art der Rezeption ein Einblick in seine möglichen Wirkungen versucht wird.

1. Märchenerleben ist Welterleben

Das Märchen ist »welthaltige Dichtung«, weil es wesentliche Elemente und Grundzustände des menschlichen Seins widerspiegelt.
Es zeichnet in typisierender Vereinfachung *Elementarverhältnisse und Grundkategorien des Lebens*. Zu ihrer Verdeutlichung bedient es sich der Kontrastierung: Dem Großen steht das Kleine, dem Starken das Schwache, der Macht die Hilflosigkeit, der Klugheit die Dummheit, dem Schönen das Häßliche, dem Guten das Böse gegenüber. So begegnet dem Märchenhörer die Welt als eine auf ihre antinomischen Grundelemente abstrahierte Wirklichkeit. Und da ihm Figuren und Geschehnisse nicht in vielfältiger Differenziertheit, nicht als komplizierte »Mischformen« vorgestellt werden, werden Erscheinungen und Ereignisse transparent und in ihren wesentlichen Merkmalen und Motiven erkennbar. Das Märchen zeichnet nicht – wie seine Gegner meinen – ein unrealistisches und falsches Bild der Welt. Was hier demonstriert wird, ist eine auf einfache Strukturen reduzierte Wirklichkeit, die zu den nuancierten und vielfältigen Phänomenen menschlicher Existenz nicht im Widerspruch steht, sondern ihnen vorgeordnet ist.

Ebenso vereinfacht und auf einzelne, leicht überschaubare Grundelemente isoliert sind die Handlungsmotive der Märchenpersonen. Das Märchengeschehen wird von

---

[35] M. Lüthi 1974, S. 26.
[36] Vgl. M. Born 1986; G. Haas 1984.

Grundanliegen und Urthemen des menschlichen Daseins bestimmt. Der Wunsch nach Glück und Erfolg, nach Ordnung und Gerechtigkeit, nach Liebe und Gemeinsamkeit, die Verstrickung in Neid, Habgier und Bosheit, die Auseinandersetzung mit irdischen und überirdischen Mächten, guten wie bösen: das alles sind Themen, die der ursprünglichen Welterfahrung des Menschen, der allgemeinen Grundkonzeption menschlicher Psyche entsprechen und stets und überall – wenn auch in variierter, verschleierter oder mit anderen Anliegen und Motiven verbundener Form – vorkommen. Die Anwendbarkeit der allgemein gültigen Aussagen auf die verschiedensten individuellen Lebenslagen und Verhältnisse wird dadurch begünstigt, daß das Märchengeschehen an keinen geographisch festumrissenen Ort und an keine historisch genau datierbare Zeit gebunden ist. Auch die Gegenwart wird mit ihren speziellen Erscheinungen und Problemen vom Märchen nicht gesondert angesprochen. Wer ihm die Gegenwartsferne als Anachronismus anlastet, verkennt die Eigenart dieser Gattung. Was sie dem modernen Menschen zu sagen hat, ist prinzipieller Art, berührt Zuständigkeiten und Aufgaben, die nicht allein das Individuum einer besonderen Epoche angehen, sondern der menschlichen Existenz überhaupt eigen sind.

So gesehen kann man das Märchen als *symbolische Dichtung* bezeichnen. Alles, was es an konkreten Figuren und Ereignissen darstellt, ist auf einen weiten Wirklichkeitshorizont übertragbar.

> »Das Besondere, von dem es erzählt, meint nicht nur sich selber; ein Allgemeines birgt und offenbart sich in ihm. Mit dem Schweinejungen und der Prinzessin meint das Märchen nicht nur einen Schweinejungen und eine Prinzessin, sondern zugleich Menschen überhaupt. Die Krankheit ist nicht nur eine Krankheit, sie deutet auf Leiden schlechthin. Bei der Errettung eines Mädchens vor dem Tode durch den Drachen erlebt der unbefangene Hörer gewiß zunächst eben diesen äußeren Vorgang nach, aber in dem äußeren Bilde wird ihm zugleich seelisches Geschehen zum Gesicht. Not und Befreiung der Menschenseele, Macht und Ohnmacht ungeheurer triebhafter Gewalten können in solchen Bildern sich aussprechen ... und der Hörer spürt, je nach seiner eigenen inneren Situation, etwas von diesem oder dieses alles. Unbewußt oder halbbewußt ist ihm das geschaute Bild nicht nur Schaubild, sondern immer zugleich auch ›Bild für ....‹.«[37]

Wenn man das Märchen als Symboldichtung versteht, die uns die Wirklichkeit in gleichnishaften Bildern zeigt, dann erhalten auch Zauberkräfte, Wundergaben und numinose Eingriffe einen durchaus angemessenen Platz im Märchen als welthaltiger Dichtung. Man kann das Element des Wunderbaren im Märchen als Symbol der Wirklichkeit auf verschiedene Weise deuten: als Sinnbild für das Wirken des Guten und Bösen in der Welt, für Begnadung und Gefährdung des Menschen, für Hilfen, die ihm unerwartet und selbstverständlich zuteil werden können, oder für Gefahren und Anfechtungen, die ihn dauernd umgeben und ihn plötzlich wie aus dem Hinterhalt überfallen. Das Wirken des Numinosen und Geheimnisvollen im Märchen kann

---

[37] M. Lüthi 1974, S. 87.

gleichnishaft besagen, wie sehr die menschliche Existenz vom Unbekannten abhängig ist, und kann somit als Symbol für die Unwägbarkeit des Schicksals überhaupt gesehen werden.

2. Existentielle Bedeutung

2. Durch Existenzerhellung vermittelt das Märchen gleichzeitig *Existenzhilfe und Unterstützung der Personentwicklung.* Dafür haben die Vertreter der Psychoanalyse von jeher besonderes Verständnis aufgebracht. Neuerdings wurde die therapeutische und orientierende Kraft des Märchens wieder von Bruno Bettelheim in »Kinder brauchen Märchen« herausgestellt. Da heißt es:

> »Die psychologischen Probleme des Heranwachsens sind vielfältig. Das Kind muß narziß-tische Enttäuschungen, das ödipale Dilemma und Geschwisterrivalitäten überwinden, es muß sich aus kindlichen Abhängigkeiten lösen und Selbstbewußtsein, Selbstwertgefühl und moralisches Pflichtbewußtsein erwerben. Um diese Probleme zu meistern, muß es verstehen, was in seinem Bewußtsein vorgeht, damit es auch mit dem zurechtkommt, was sich in seinem Unbewußten abspielt. Dieses Verständnis und diese Fähigkeit erringt es nicht durch rationa-les Erfassen seines Unbewußten, sondern nur, indem es mit ihm vertraut wird: indem es als Reaktion auf unbewußte Spannungen über entsprechende Elemente aus Geschichten nach-grübelt, sie neu zusammensetzt und darüber phantasiert. Dabei formt das Kind unbewußte Inhalte zu bewußten Phantasien, die es ihm dann ermöglichen, sich mit diesem Inhalt auseinanderzusetzen. In dieser Hinsicht haben die Märchen einen unschätzbaren Wert, weil sie der Phantasie des Kindes neue Dimensionen eröffnen, die es selbst nicht erschließen könnte ...«[38]

Die Märchen – keineswegs Geschichten, die eine vollkommene und heile Welt darstellen – verschweigen die dunklen Seiten nicht, zeigen aber in symbolhafter Deutung, daß die Schwierigkeiten überwunden oder ertragen werden können. Die Trennungsangst zum Beispiel, unter der das Kind immer wieder leidet, wird von vielen Märchen aufgegriffen. Sie lassen erkennen, daß man sie durch zwischen-menschliche Beziehungen überwindet. Sie deuten aber auch an, daß die Hilfe nicht in einem fortwährenden Festhalten an den Mutter-Kind- und Familienbeziehungen bestehen kann.

> »Nur wenn er in die Welt hinauszieht, kann sich der Märchenheld (das Kind) dort finden; und dabei findet er auch den anderen Menschen, mit dem er vergnügt bis an sein Ende leben kann, das heißt, ohne jemals wieder unter Trennungsangst zu leiden. Das Märchen ist auf die Zukunft gerichtet und leitet das Kind bewußt und unbewußt dazu an, seine infantilen Abhängigkeitswünsche zu überwinden und ein befriedigenderes, unabhängiges Leben zu erringen.«[39]

---

[38] B. Bettelheim 1977, S. 12.
[39] ebd., S. 16 – Vgl. auch u. a. J. Bilz 1977.

Eine, vorwiegend auf Ernst Bloch zurückgehende Position der marxistischen Märchendeutung[40] rechnet dem Märchen auf Grund seiner optimistischen und heilenden Tendenz emanzipatorische Funktion zu. Es kann auf den Rezipienten den Optimismus des Märchenhelden übertragen, »Impulse der Aktivität freisetzen«[41] und – ganz im Gegensatz zur sonstigen marxistischen Kritik, die im Märchen ein verkapptes Beschwichtigungs- und Ablenkungsinstrument der herrschenden Klasse sieht[42] – eine befreiende Wirkung provozieren. »Mit Recht«, so folgert Christa Bürger, »dürfen wir also die Wirkung des Märchens – neu gelesen – emanzipatorisch nennen: dem Schicksalsbann der Sage setzt es den utopischen Traum von Glück und Freiheit entgegen.«[43] Ich bin sicher, daß es zu den möglichen Wirkungen des Märchens gehört, im Rezipienten Zuversicht und Antrieb für die Gestaltung eines besseren und freieren Lebens zu wecken, und daß – worauf schon Severin Rüttgers verwies – der uralte Traum des Menschen von der »Umgestaltung des realistischen Weltbildes in ein idealistisches«, das elementare Streben, »aus dem elenden und jammervollen Stückwerk des Lebens ein glücklicheres, paradiesisches Dasein zu schaffen«, im Märchen überzeugend zum Ausdruck kommt.

Orientierungshilfe und Unterstützung der Personentwicklung sind wohl auch der wichtigste Grund, warum das Märchen trotz mehrfachen und grundlegenden gesellschaftlichen Szenenwechsels überlebte.

> »Wir brauchen das traumhaft Wunderbare, die zauberische Einladung zum imaginären Drama. Das ist kein billiger Ersatz für eine verweigerte Wirklichkeit, wie ein beflissener Gesellschaftsstratege gemeint hat, sondern es ist eine Bühne, auf der wir unsere eigene Wirklichkeit, jetzt und hier, erleben, durchspielen und mit ihr ins reine kommen können.«[44]

3. *Formalbildender Einfluß*

In enger Verbindung mit dem Gewinn von Einsichten und Erfahrungen steht der formale Einfluß auf den Märchenhörer, vor allem auf Gemüt und Phantasie.

Über den Zusammenhang von *Märchen und Gemüt* sagt Wilhelm Grimm: »Kindermärchen werden erzählt, damit in ihrem reinen und milden Licht die ersten Gedanken und Kräfte des Herzens aufwachen und wachsen.«[45] Es sind besonders soziale Gefühlsregungen, die durch das Märchen angeregt und bereichert werden. Das Wohl und Wehe des Helden, vor allem des Märchenkindes, die Treuherzigkeit der lichten und die Arglist der dunklen Gestalten, die Belohnung und der Erfolg der

---

[40] Vgl. E. Bloch 1973.
[41] Ch. Bürger 1976, S. 103.
[42] Vgl. D. Richter / J. Merkel 1974.
[43] Ch. Bürger 1976, S. 106.
[44] W. Scherf 1984b, S. 20.
[45] Aus der Vorrede zu den KHM.

einen und die Bestrafung und der Mißerfolg der anderen stiften Mitfreuen und Mitleiden, Sorge und Genugtuung, Sympathie und Antipathie.

Da jedoch das Volksmärchen nur selten Gefühlsregungen und Affekte seiner Figuren beschreibt und schon gar nicht reflektiert, stattdessen fast sachlich nur Handlung zeigt, wird der Hörer nicht schon von vorneherein in der Intensität seines emotionalen Erlebens festgelegt; das heißt, es liegt nicht in der Absicht des Märchens, die Gefühle ausdrücklich und besonders heftig zu stimulieren; es bleibt dem Hörer überlassen, im Rahmen seiner entwicklungsmäßig gegebenen Emotionalität zu reagieren.

Selbst das Böse und Grausame im Volksmärchen fügt sich in den Rahmen der gemäßigten Atmosphäre. Die Sorge, das Kind würde in heillose Angst und in den Bann von Zwangsvorstellungen geraten, ist im allgemeinen nicht berechtigt. Das will nicht besagen, daß es die Vorgänge überhaupt nicht zur Kenntnis nehme und keine individuelle Rücksicht notwendig sei. In der Regel vertieft es sich aber nicht in die realistischen Details. Dafür sorgt der Erzählstil des Märchens, der ohne Schilderung von physischen Einzelheiten nur lapidar seine Feststellungen trifft.

Das gut erzählte Volksmärchen will seine Hörer nicht erschüttern. Tragische Ausgänge, in denen Unglück und Not bis zur letzten bitteren Konsequenz wirksam werden, sind ihm fremd. Es unterscheidet sich hierin von manchem Kunstmärchen. Man vergleiche z. B. das Grimmsche Märchen: »Die Sterntaler« mit dem Andersen-Märchen »Das kleine Mädchen mit den Schwefelhölzern«. Beiden Erzählungen unterliegen die gleichen Motive: Armut und Verlassenheit eines Kindes. Das Schicksal der Grimmschen Kindergestalt geht zu Herzen, eine letzte schmerzhafte Erschütterung bleibt aber dem Hörer erspart; denn wie das arme Mädchen »so stand und gar nichts mehr hatte, fielen auf einmal die Sterne vom Himmel und waren lauter harte blanke Taler«. Bei Andersen hofft der kindliche Leser vergeblich auf die erlösende Wendung: »Der Morgen des neuen Jahres ging über der kleinen Leiche auf.«

Mit Recht wird auch der Zusammenhnag zwischen *Märchen und Phantasie* immer wieder hervorgehoben. Ohne hohe Beteiligung des phantasiehaften Vorstellens ist das Erfassen des Märchengeschehens gar nicht denkbar, denn es führt ja ständig über den Bereich des wirklich Wahrnehmbaren hinaus. Die Eigenart der Märchenwelt kann nur mit den Augen der Phantasie geschaut werden. Es zeigt sich überdies, daß die Gestaltung einzelne Züge besitzt, die – mehr als in anderer Literatur – die Phantasiekräfte herausfordern. Charlotte Bühler[46] verweist auf die zahlreichen Veränderungen des Bildes (Verwandlung, Verkleidung, Versetzung an einen anderen Ort); sie nennt das Spiel mit abnormen Größenverhältnissen (Schneewittchen unter den Zwergen, Schneiderlein und Riese), die Lebhaftigkeit und Bewegung der Märchendarstellung, die keine Ruhe und Zustandsschilderung kennt. Das verlangt Ge-

---

[46] Ch. Bühler 1971, S. 77.

wandtheit der Phantasie und ein dauerndes »Wandern in der Vorstellung«. Dem Kinde bereiten diese Phantasieleistungen Vergnügen, es übt sie mit großer Bereitschaft, so daß wir annehmen dürfen, seine Vorliebe für das Märchen werde nicht unwesentlich auch davon getragen.

4. Magische Phase – »Märchenalter«?

In diesem Zusammenhang stellt sich die Frage, ob das Kind nicht überhaupt auf Grund der ihm eigenen Fähigkeit, die Umwelt zu sehen und zu verarbeiten, für das Märchen besonders prädestiniert sei. Das Neben- und Miteinander von sinnlich Wahrnehmbarem und Irrealem, von Wirklichkeits- und Phantasievorstellung, von Diesseitigem und Jenseitigem, von verstandesmäßig Erklärbarem und Zauberei kommt den Erwartungen und Möglichkeiten des kindlichen Rezipienten entgegen. Den Versuch des Kindes, die erstmals als etwas Eigenständiges und Eigenmächtiges erlebte Umwelt rational zu begreifen, sind noch erhebliche Einschränkungen auferlegt; und so bedient es sich auch der *magischen Vorstellungen*, um das noch Unverständliche und Ungeordnete zu erfassen und zu deuten. Das Märchen ist deshalb so willkommen, weil in ihm das Magisch-Wunderbare einen ebenso selbstverständlichen Platz einnimmt wie in der Psyche des Kindes.

Seit Charlotte Bühler ist die Bezeichnung *Märchenalter* allgemein üblich geworden. Heute steht man aus mehreren Gründen dem Gebrauch dieses Begriffs kritisch gegenüber: Erstens will man verhindern, daß eine altersmäßig genau abgegrenzte Phase (bei Bühler: 4.–8. Lj.)[47] so bezeichnet wird und dabei weitgehend die fließenden Übergänge und der individuell unterschiedliche Verlauf der Entwicklung außer acht bleiben. Zweitens soll nicht der Eindruck erweckt werden, als würde das Kind in seiner »magischen Phase« ausschließlich märchenhafte Literatur brauchen, während sich in Wahrheit seine Interessen und Fähigkeiten auf einen größeren Bereich beziehen und durchaus auch realistische Darstellungen (Geschichten und Beschreibungen zur Eigenwelt des Kindes) Anklang und Verständnis finden. Drittens geht es in der Diskussion um »Märchenalter« vor allem um die Frage, ob die bei den jüngeren Kindern unseres Kulturkreises feststellbaren magisch-phantastischen Vorlieben und das daraus resultierende Märcheninteresse eine sich notwendigerweise einstellende, entwicklungsbedingte Erscheinung oder lediglich das Produkt der Umwelt sind. Nach den Erkenntnissen der revidierten Entwicklungs- und Begabungslehre spricht viel für die Annahme, daß Sozialisationseinflüsse eine maßgebliche Rolle bei der Ausbildung magisch-phantastischer Einstellungen spielen. Würden elterliche Anregungen in dieser Richtung ausbleiben, so dürfte wohl auch die Bereitschaft für

---

[47] ebd., S. 25.

magische Vorstellungen und Erklärungen im frühen Kindesalter erheblich zurückgehen. Es ist allerdings sehr zweifelhaft, ob damit dem Aufwachsenden geholfen ist. Kann man die Entwicklung des Realitätsbewußtseins verkürzen, wenn man die magisch-irreale Phantasiefähigkeit erst gar nicht aufkommen läßt? Handelt es sich bei ihr vielleicht nur um eine anthropologisch nicht gerechtfertigte Zwischenphase, um einen von der Umwelt künstlich verursachten Umweg zur objektiv-sachlichen Beurteilung der Welt? Wer so argumentiert, übersieht einerseits die kognitive Beschränktheit des Vorschulkindes, die hinsichtlich der kindlichen Weltbegegnung andere Möglichkeiten erforderlich macht. Die Forderung, nur Darstellungen von Dingen gelten zu lassen, »die es gibt«, und nur ein Denken zuzulassen, das sich auf konkrete Wirklichkeit bezieht, geht in ihrer streng pragmatischen und materialistischen Einstellung nicht nur an der Weite der tatsächlichen Lebenswirklichkeit, sondern auch an den Fähigkeiten und Bedürfnissen der frühen Kindheit vorbei. Sie hat außerdem kein Verständnis dafür, daß mit dem magischen Denken des Kindes eine Entwicklungsstufe konstituiert wird, die im Vergleich zum vorhergehenden physiognomischen Weltbild einen wesentlichen Fortschritt in der Zuwendung zu den Dingen darstellt und die notwendigerweise der Aneignung und Ausformung eines realistischen Weltbildes vorausgeht[48].

5. Einfluß auf literarische Entwicklung

Welche Bedeutung dem Märchen für die literarische Entwicklung zukommt, kann nicht ohne weiteres festgestellt werden. Aber allein die Tatsache, daß sich eine Reihe von Märchen unverlierbar ins Gedächtnis eingegraben hat und nicht nur deren Inhalt, sondern oft auch die äußeren Umstände und die Seelenlage im Augenblick der Begegnung bis ins Erwachsenenalter lebhaft gegenwärtig bleiben, beweist die Eindringlichkeit dieser Gattung. Bei vielen Kindern führt die Begegnung mit dem Märchen zu einem ersten Höhepunkt literarischen Erlebens. Die Hinwendung zeigt eine Intensität, die in der Regel ihresgleichen erst wieder im Abenteueralter hat. Der literarische Bezug setzt nicht die Lesefähigkeit voraus; er basiert auf Erzählen und Zuhören, bedient sich also der ursprünglichen Weise literarischer Kommunikation. Das bedeutet, daß das Märchen – als Literatur, die ja erzählt werden soll – einen Beitrag zur Pflege primärer Fähigkeiten literarischen Umgangs ermöglicht.

Darüber hinaus dient es auch der speziellen Lese- und Bucherziehung. Da das märchenhörende Kind frühzeitig mit dem Märchenbuch, aus dem der Erzähler seine Geschichten nimmt, in Berührung kommt, wird die unbewußte, erstmalig am Bilderbuch gemachte Erfahrung unterstrichen: Bücher sind etwas Schönes und Begehrenswertes. Darüber hinaus darf angenommen werden, daß dem Märchengut

---

[48] Vgl. hierzu auch K. E. Maier 1976 sowie in diesem Buch S. 319 ff. (»Lesealter«).

eine aufschließende Funktion für andere Literaturbereiche zukommt. Die schon durch Bilderbuch und Kindervers gelegte Basis literarischer Entwicklung wird durch das Märchen ausgeweitet. Josef Prestel sucht die »Lesebahnen« konkret aufzuzeigen, die sich vom Märchen als »Ausstrahlungskern« her anbieten. Sie führen vom Scherzmärchen über das Tiermärchen zur Fabel und Tiergeschichte, bzw. zum Schwankbuch und zur Volkserzählung (Hebel); vom Märchen zum Besinnen hin zum Dichtermärchen und zur dichterischen Kurzerzählung; vom Märchen zum Staunen über das Heldenmärchen zur Heldensage, zur historischen Erzählung und zum Abenteuerbuch[49]. Solche Linienführungen literarischer Entwicklungsgänge dürfen freilich nur als Hypothesen und nicht als Modelle hingenommen werden, nach denen die Lesewege vorausgesagt werden können. Zu viele Faktoren beeinflussen die Entwicklung des Leserindividuums, als daß sie mit Sicherheit vorweg fixiert werden könnte.

E. Das Märchen in Kindergarten und Grundschule

Während das Märchenerzählen (und das Erzählen überhaupt) in der Familie seltener geworden ist, nimmt es im vorschulischen Bereich und in den ersten Jahrgängen der Grundschule immer noch einen beachtlichen Platz ein. Auch die nach 1945 wieder einsetzende, in ihren Grundzügen seit der Aufklärung geläufige Märchenkritik konnte die Position des Märchens in den vorschulischen und schulischen Bildungsinstitutionen nicht ernsthaft gefährden. Nachhaltigere Auswirkungen gingen von der wiederaufgewärmten materialistischen und linksideologischen Kritik in den siebziger Jahren aus. Trotzdem machte sich schon nach kurzer Zeit eine Märchenrenaissance bemerkbar. So kommt es, daß Kindergarten und Grundschule auch heute noch der Ort sind, wo Kinder, neben der Familie, mit dem Märchen in Berührung kommen.

1. Auswahlfragen

Die Bejahung des Märchens darf nicht dazu führen, von vornherein jedes Märchen für alle Kinder als geeignet anzusehen. Eine genauere Betrachtung stößt auf *strukturelle und inhaltliche Unterschiede*. Sie sind hinsichtlich der Individualität und der Altersstufe des Kindes zu beachten und machen *Auswahlfragen unerläßlich*.

Es gibt zahlreiche Märchen, die nach *Aufbau und Erzählweise* so einfach sind, daß sie vom Vorschulkind (ab 3./4. Lebensjahr) ohne Schwierigkeiten verstanden wer-

---

[49] J. Prestel 1950, S. 18.

den. Sie begnügen sich mit einem Motiv und entwickeln daraus eine schlichte Handlung, die oft fast linear verläuft oder in einer einzigen Kurve das Geschehen umfaßt (»Die Wassernixe«, Nr. 79; »Der süße Brei«, Nr. 103; »Der goldene Schlüssel«, Nr. 200; »Die Sterntaler«, Nr. 153)[50].

Andere Märchen gliedern sich in Geschehensakte auf. Solange aber die Handlung auf wenige Szenen beschränkt ist, diese in unmittelbarem Zusammenhang mit dem Grundgeschehen stehen und überdies kettenartig im Sinne einer unkomplizierten Und-dann-Erzählung gereiht sind, bereiten sie vom Aufbau her keine besonderen Schwierigkeiten. Die meisten der bekannten Kindermärchen gehören hierher (»Der Wolf und die sieben Geißlein«, Nr. 5; »Hänsel und Gretel«, Nr. 15; »Rotkäppchen«, Nr. 26; »Dornröschen«, Nr. 50).

Schwerer nachvollziehbar sind jene Märchen, die nicht nur einem Motiv entspringen, sondern über Nebenmotive und oft mehrere Hauptmotive verfügen, neue Geschehnisse mit anderen Gesichtspunkten und Schauplätzen ins Spiel bringen. In diesen meistens recht umfangreichen Erzählungen muß die Aufmerksamkeit viele Vorgänge erfassen, behalten, überschauen und zueinander in Beziehung bringen. Der Schwierigkeitsgrad wird noch gesteigert, wenn die Ereignisse nicht nacheinander eintreten, sondern sich überlappen oder zeitlich parallel nebeneinander laufen (»Die zwei Brüder«, Nr. 60; »Die Gänsehirtin am Brunnen«, Nr. 179).

Bei Betrachtung des *Inhalts* ergeben sich ebenfalls Eignungsunterschiede.

Märchen, die vom Mutter-Kind-Verhältnis und vom familiären Milieu erzählen (»Der Wolf und die sieben Geißlein«, Nr. 5; »Rotkäppchen«, Nr. 26) finden das besondere Interesse des Kleinkindes. Sie bleiben durch das ganze Vorschulalter beliebt und werden auch noch im ersten Schuljahr als alte Bekannte gerne aufgenommen.

Die drollig-heiteren Kurzmärchen von Tieren und leblosen Gegenständen, wie wir sie bei Grimm finden, gehören ebenfalls auf eine frühe Erzählstufe (»Das Lumpengesindel«, Nr. 10, »Strohhalm, Kohle und Bohne«, Nr. 18).

Vom 4./5. Lebensjahr an und für die ersten Schuljahre eignen sich die echten Wundermärchen von verzauberten Prinzen (»Froschkönig«, Nr. 1), vom Wirken böser und guter Mächte (»Sneewittchen«, Nr. 53; »Brüderchen und Schwesterchen«, Nr. 11), von außerirdischen Welten (»Frau Holle«, Nr. 24), von seltsamen Wundergaben (»Tischchendeckdich«, Nr. 36) usw. Die gleichen Kinder, denen die Geschichte vom Rotkäppchen, das unversehrt und quicklebendig aus dem Bauch des Wolfes herausschlüpft, keine Schwierigkeiten bereitet, sind oft noch nicht fähig, den totalen Gestaltwandel, wie ihn das eigentliche Wundermärchen bringt, in der Vorstellung nachzuvollziehen.

Zu den Wundermärchen gesellen sich bald die Heldenmärchen, die heiter getönten

---

[50] Nach KHM der Brüder Grimm von 1857.

früher (»Das tapfere Schneiderlein«, Nr. 20; »Daumerlings Wanderschaft«. Nr. 45), die mit ernstem und abenteuerlichem Charakter später (»Das blaue Licht, Nr. 116; »Der goldene Vogel«, Nr. 57; »Der Trommler«, Nr. 193). Heldenmärchen, in denen das Abenteuerliche durch Buntheit des Geschehens und Vielfalt der Schauplätze besonders gesteigert wird (wie im »Treuen Johannes« Nr. 6; oder im »Eisenhans«, Nr. 136), sollten erst dann erzählt werden, wenn beim Kind die Fähigkeit des logischen Erfassens und Überschauens von größeren und komplizierteren Zusammenhängen ausreichend entwickelt ist.

Ähnliches gilt für einige Märchen mit Legenden- oder mit Schwankcharakter (wie z. B. »Meister Pfriem« Nr. 178), die nicht dem Vorschulkind und oft auch noch nicht dem Schulanfänger angemessen sind.

Der Märchenerzähler wird also gruppieren und staffeln, manches ausscheiden oder zurückstellen, dies und jenes aber auch entdecken und übernehmen, was nicht zum üblichen Märchenrepertoire für Kinder gehört. Das heißt auch, daß er sich nicht allein auf die von den Brüdern Grimm überlieferten Märchen oder nur auf das deutsche Märchengut beschränken sollte. Allerdings glaube ich nach wie vor an die exemplarische Bedeutung der Grimmschen Märchen für die Gewinnung von Beurteilungskriterien und Auswahlmaßstäben. Wer sich an ihnen in Analyse und kritischer Sichtung geübt hat, wird zur Beurteilung von anderen Volksmärchen und von Kunstmärchen gute Voraussetzungen mitbringen. Selbstverständlich dürfen neue Märchen erfunden und erzählt werden. Soweit es umgearbeitete »modernisierte« Volksmärchen sind, sollte aber bedacht werden, daß es sich eigentlich um Märchen handelt, die zum Zwecke kritischen Märchenlesens oder kreativer Anregung didaktisch verwendbar sind, deren Lektüre aber nicht eine erlebnishafte Begegnung mit der Gattung Märchen zu vermitteln vermag[51].

2. Märchendarbietung

Das Volksmärchen ist Erzählgut, das einstmals durch Generationen mündlich überliefert worden ist. Es ist außerdem in der lebendigen Erzählgemeinschaft groß geworden. Sein Gehalt kommt deshalb über die gesprochene Sprache und in der Geselligkeit von Erzähler und Zuhörer am besten zur Geltung.

Wenn der Erzähler das Buch benutzt, sollte er nicht an den Seiten kleben, sondern über das Buch hinweg den Kontakt mit den Kindern suchen. Aus unscheinbaren Äußerungen der Reaktion erspürt er Stimmung und innere Haltung der Zuhörer. Er merkt, ob sie mitgehen, ob sie auffassen, was als Erlebnis vermittelt werden soll, ob die Resonanz dem dargebotenen Gehalt entspricht, ob etwas Ernstes als »lustige

---

[51] siehe S. 103 f.

Einlage« mißverstanden wird, ob bestimmte Stellen und Wendungen Erschrecken oder Entsetzen auslösen. Die Erzählgemeinschaft ist die beste Voraussetzung für die einfühlende Teilhabe der Zuhörer und für die psychologische Anpassung des Erzählers. Das unmittelbare Neben- und Miteinander, die menschliche Nähe, stiftet eine Situation, in der das Kind sich aufgehoben weiß. Da lassen sich die gefährlichen Begebenheiten im Märchen leichter miterleben, da verlangt man sogar immer wieder danach, fordert die Angst heraus, in der Gewißheit, daß man selbst sicher ist. »Kein Kind provoziert die Angst, wenn es allein ist. Diese Beobachtung ist, so scheint es mir, der Schlüssel zum eigentlichen Verständnis inmitten der ganzen Verwirrung um die Grausamkeitsproblematik für und wider das Märchen. Die Angst schafft niemand aus der Welt, aber das Vertrauen hilft sie besiegen. Ein Kind ist in der schreienden Meute seiner Mitspieler so gut aufgehoben, daß es alle Angst vor Hexen und schwarzen Männern im Spiel abzubauen vermag. Und noch besser ist es in der Familie aufgehoben, wenn die Mutter ihm abends Märchen erzählt.«[52]

Weil menschliche Atmosphäre und direkter Kontakt beim Märchenerzählen wichtig sind, ist die Skepsis gegenüber der *technischen Apparatur* (Schallplatte, Kassette, Fernsehgerät, Radio) als Märchenvermittlerin verständlich. Die Nachteile, die vor allem das Kleinkind betreffen, lassen sich aber ausgleichen, und es ist unangebracht – bei gleichzeitiger Verkennung bestehender Vorteile und günstiger Rezeptionsvoraussetzungen, die mit medialer Märchenvermittlung verbunden sind – das technische Angebot grundsätzlich zu verurteilen und abzulehnen. Zwei Gesichtspunkte sollten beachtet werden: einmal die Mitwirkung der Erwachsenen, nicht nur durch Auswahl des Angebots, sondern auch durch entsprechendes Dabeisein, um den kindlichen Hörer und Zuschauer nicht auf gut Glück mit dem dargestellten Inhalt allein zu lassen; zum andern die Verbesserung des literarischen und pädagogisch-psychologischen Problembewußtseins auf seiten der Produktion. Die großen Umsatzerfolge[53] und die damit verbundene weite Verbreitung sollten die Verantwortung für Qualität und didaktische Zubereitung stärken. Manche Sachkenner, die den Entwicklungsgang aufmerksam verfolgen, stellen jedoch fest: »Kein Fortschritt in positiver Richtung ist hinsichtlich der Qualität der medialen Übersetzung zu verzeichnen.«[54] Vor allem wird kritisch angemerkt,[55] daß viele Schallplatten und Kassettenbearbeitungen das Erzählen und damit das genuin Epische der Gattung Märchen zu kurz kommen

---

[52] W. Scherf 1961, S. 8.
[53] 1973 sollen an Kinder ca. 8 Millionen Schallplatten verkauft worden sein. Der Anteil, den Märchenplatten dabei haben, wird unterschiedlich, aber durchwegs sehr hoch geschätzt; H. Künnemann spricht von 80–90% (1974, S. 131). In der Folgezeit ist der Medienmarkt durch die Zunahme der Tonkassette gekennzeichnet. 1983 sind ca. 16 Millionen Kinderkassetten verkauft worden (nach Janning 1986, S. 206).
[54] J. Janning 1986, S. 206.
[55] ebd., S. 213.

lassen, ihre Strukturmerkmale verfälschen, durch akustische Reizüberflutung die Phantasie der Hörer ersticken.[56]

Märchendarbieten setzt Vorbereitung voraus. Sie besteht zunächst im Eindringen in Atmosphäre und Gesamtgehalt der Erzählung. Ihm folgt das Überblicken und Einprägen des Handlungsablaufes mit seinen Einzelheiten, Höhepunkten, Zwischengliedern und entscheidenden Situationsänderungen. Für das Erzählen erübrigt sich mechanisches Auswendiglernen, wenngleich es empfehlenswert ist, wesentliche Wortwendungen und problematische Stellen sich einzuprägen. Die jahrhundertealte, in lebendiger Erzählgemeinschaft erworbene Erfahrung hat in den Märchen ihren Niederschlag gefunden. Wir sollten diese Erfahrung nicht gering achten. Da aber das Volksmärchen auch heute noch lebendiges Überlieferungsgut ist und nur lebendig bleibt, wenn es der Erzählsprache der jeweiligen Zeit angepaßt wird, sind Veränderungen, soweit sie nicht Inhalt und Märchenstruktur entstellen, durchaus angebracht. Auch die Brüder Grimm haben die vorgefundenen Märchen nicht wortwörtlich weitererzählt, sondern sie teilweise neu gestaltet. Wir sollten allerdings, wenn wir uns auf Grimm berufen, nicht übersehen, wie sehr sie sich vor leichtfertigen Abänderungen hüteten; denn »es ist doch ein großer Unterschied zwischen jenem halb unbewußten, dem stillen Forttreiben der Pflanzen ähnlichen und von der unmittelbaren Lebensquelle getränkten Entfalten und einer absichtlichen, alles nach Willkür zusammenknüpfenden und auch wohl leimenden Umänderung«[57].

Für jeden, der Märchen erzählt, sollte eine einfache und natürliche Erzählart selbstverständlich sein. Wer wie ein Schauspieler agiert, mit großem gestischen und sprachlichen Aufwand Wirkung erzielen will, hat den Geist des Märchens nicht verstanden. Es ist falsch, das Lapidare noch durch besondere sprachliche und mimische Mittel zu unterstreichen. Der Märchencharakter wird dadurch grundsätzlich verändert, die Einheit von Wunder und Wirklichkeit zerbrochen, und schnell kann aus einer Bestrafungsszene, über die das Märchen mit wenigen Worten berichtet, ein übles Grusel- oder Schreckereignis werden.[58]

Ist ein Märchen in Kindergarten oder Schule zu Ende erzählt, so stellt sich die Frage, was nun in unmittelbarem Anschluß zu folgen habe. Die Kinder stehen unter dem Eindruck der Erzählung, es muß ihnen Gelegenheit gegeben werden, zu verarbeiten und zu reagieren. Das Naheliegendste ist die Aussprache: im ungegängelten Gespräch mit dem Erzähler oder in einer freien Unterhaltung der Kinder untereinander.

---

[56] Beiträge zu technischen Märchenmedien: U. Blaich 1977; O. Dinges 1978/79; H. Künnemann 1980; H. Hengst 1979; W. Psaar / M. Klein 1980, S. 189–207; J. U. Rogge 1983; J. Janning 1986; H. Heidtmann 1989; H. Fischer 1991.

[57] Aus der Vorrede zu den KHM.

[58] Einige Äußerungen zum Märchenerzählen bei: F. Betz 1977; E. Kaiser / G. Pilz 1981; R. Wehse 1986; H. Hoff 1989; K.-H. Klimmer 1992.

Das Bedürfnis nach Äußerung ist gleichzeitig das Bedürfnis nach Distanz zum Erlebten, nach verstandesmäßigem Überdenken, nach Reflexion. Hier ist der Ansatzpunkt, der durchaus zu nutzen ist, um das »gefühlsmäßig« Erlebte auch rational zu klären. Dabei ist nicht an die Zerstörung des vorangegangenen emotionalen und phantasiegetragenen Eindrucks in Form einer kalten und enttäuschenden Ernüchterung gedacht, sondern an die Ergänzung des Erlebnisses durch kognitives Betrachten, wertendes Diskutieren und verstehendes Erfassen. Worauf schon die traditionelle Didaktik mit viel Nachdruck immer wieder warnend verwies, daß nämlich ein Erzählstück nicht zerredet, ein moralischer Gehalt nicht angebiedert werden darf, daß außerdem nicht versucht werden soll, den Wirkungsprozeß analysierend dem Kind zu erklären, das gilt nach wie vor. Es ist natürlich richtig, wenn – mit älteren Kindern ausgiebiger als mit jüngeren – über Vorgänge, Zusammenhänge und Probleme und über deren Analogien zur eigenen Person und zur Umwelt gesprochen und nachgedacht wird.

Zeichnen, Basteln, Singen, sprachliches Nachgestalten oder Selbergestalten und nicht zuletzt szenisches Spiel sind weitere Möglichkeiten, den Eindruck zu Ausdruck werden zu lassen.[59]

F. Literatur zu Märchen

Bamberger, R.: Es war einmal … – Zu den Jubiläen der großen europäischen Märchenerzähler. In: Jugend und Buch 1985/1., S. 3–11

Bastian, U.: Die »Kinder- und Hausmärchen« der Brüder Grimm in der literaturpädagogischen Diskussion des 19. und 20. Jahrhunderts. Frankfurt 1981

Baumgärtner, A. C.: »Ach, du bists, alter Wasserpatscher …« Zur aktuellen Rezeption Grimmscher Märchen. In: Baumgärtner, A. C./Maier, K. E. (Hrsg.): Mythen, Märchen und moderne Zeit. Würzburg 1987, S. 43 ff.

Bausinger, H.: Möglichkeiten des Märchens in der Gegenwart. In: Kuhn, H./Schier, K. (Hrsg.): Märchen, Mythos, Dichtung. München 1980 (2. Aufl.), S. 16–30

Bausinger, H.: Märchen, Phantasie und Wirklichkeit. Frankfurt a. M. 1987

Beit, H. v.: Symbplik des Märchens. 3 Bde., Bern 1975 (5. Aufl.)

Bettelheim, B.: Kinder brauchen Märchen. Stuttgart 1977

Betz, F.: Märchen als Schlüssel zur Welt. Auswahl und Anleitung zum Erzählen und zum Gespräch mit Vorschulkindern. Lahr 1977

Betz, F.: Märchen sind unerschöpflich. Der herausfordernde Geist der Volksmärchen. In: Welt des Kindes 1980, S. 379–385 und S. 462–466

Bilz, J.: Märchengeschehen und Reifungsvorgänge. In: Bühler 1971 und 1977, S. 73 ff.

Blaich, U.: Fauler Zauber in der Rille. In: Welt des Kindes 1977, S. 420–424

Bloch, E.: Über Märchen, Kolportage und Sage. In: Bloch, E.: Erbschaft dieser Zeit. Frankfurt 1973, S. 168–186

Born, M.: Der Markt der didaktischen Konzept (didaktische Positionen). In: Dinges, O. u. a. (Hrsg.) 1986, S. 41–61

---

[59] Einen Überblick über grundsätzliche Positionen der Märchendidaktik gibt M. Born 1986.

Born, M.: Kognitiver oder kreativer Umgang mit Märchen. In: jugenbuchmagazin 1988/4., S. 170–176.

Born, M.: Humor in den Märchen der Brüder Grimm. In: jugendbuchmagazin 1989/3. und 4., S. 114–120 und 170–174

Born, M.: Hoffnungsperspektiven im Märchen der Brüder Grimm. In: jugendbuchmagazin 1991/2., S. 63–68

Bühler, Ch.: Das Märchen und die Phantasie des Kindes. München 1971 (3. Aufl.) und Berlin 1977 (4. Aufl.)

Bürger, Ch.: Zur ideologiekritischen Betrachtung von Sagen und Märchen. In: Maier, K. E. (Hrsg.) 1976, S. 102–107

Dehn, M.: Märchen als Lernmodell. In: Praxis Deutsch 1981, S. 7–15

Denecke, L.: Jacob Grimm und sein Bruder Wilhelm. Stuttgart 1990

Dinges, O.: Die Sterntaler – oder brauchen Kinder noch Märchen? In: Maier, K. E. (Hrsg.) 1976, S. 62–75

Dinges, O.: Schallplatten für Kinder. Stiefkinder der Medienpädagogik. In: Jugend und Buch 1978/4. und 1979/1.

Dinges, O. / Born, M. / Janning, J. (Hrsg.): Märchen in Erziehung und Unterricht. Kassel 1986

Doderer, K. (Hrsg.): Über Märchen für Kinder von heute. Essays zu ihrem Wandel und ihrer Funktion. Weinheim / Basel 1983

Ellwanger, W. / Grömminger, A.: Märchen – Erziehungshilfe oder Gefahr? Freiburg i. Br. 1979 (2. Aufl.)

Ewers, H.-H. (Hrsg.): Kinder- und Jugendliteratur der Aufklärung. Eine Textsammlung. Stuttgart 1980, S. 349–369

Ewers, H.-H. (Hrsg.): Kinder- und Jugendliteratur der Romantik. Eine Textsammlung. Stuttgart 1984, S. 195–347

Fischer, H.: Die mechanische Großmutter. Märchen auf Schallplatten und Kassetten. In: jugenbuchmagazin 1991/3., S. 122–128

Früh, S. / Wehse, R. (Hrsg.): Die Frau im Märchen. Kassel 1984

Führer, M.: Das Gesicht der Völker in den europäischen Volksmärchen. In: Jugendliteratur 1960/11., S. 486–491

Geiger, R.: Märchenkunde. Mensch und Schicksal im Spiegel der Grimmschen Märchen. Stuttgart 1982 (3. Aufl.)

Geiger, R.: Märchen der Völker in Ost, West, Nord und Süd. 16 Märchen und deren Betrachtung. Stuttgart 1992

Gelberg, H.-J.: Grimms Märchen für Kinder von heute? – Nachwort zu »Janosch erzählt Grimms Märchen«. Weinheim 1983 (3. Aufl.), S. 249–254

Gerstl, Qu.: Die Brüder Grimm als Erzieher. München 1970

Gerlichs, A. (Hrsg.): Kinder leben mit Märchen. Kassel 1989

Giehrl, H. E.: Volksmärchen und Tiefenpsychologie. München 1970

Grützmacher, J.: Sechs Versionen des Schwankmärchens »Hans im Glück« als Unterrichtsgegenstand für die 7./8. Jahrgangsstufe. In: Grützmacher, J. (Hrsg.): Didaktik der Jugendliteratur. Stuttgart 1979, S. 111–128

Grimms Märchen (Heftthema) In: Diskussion Deutsch 1986/91.

Haas, G.: Wozu Märchen gut sind. Überlegungen zur zeitgenössischen Märchendiskussion und Märchendidaktik. In: Doderer, K. (Hrsg.) 1983, S. 157–174

Haas, G.: Märchen und Sage. In: Haas, G. (Hrsg.): Kinder- und Jugendliteratur. Stuttgart 1984 (3. Aufl.), S. 296–323

Hazard, P.: Kinder, Bücher und große Leute. Hamburg 1971

Heidtmann, H.: Von den »Bremer Stadtmusikanten« zu »Benjamin Blümchen«. Der Tonträgermarkt für Kinder. In: Inform. d. Arbeitskreises f. Jugendlit. 1989/1., S. 4–15

Helmich, W.: Die erzählende Volks- und Kunstdichtung in der Schule. In: Beinlich, A. (Hrsg.): Handbuch des Deutschunterrichts. Bd. II. Emsdetten 1970 (5. Aufl.), 1157–1262

Hengst, H.: Auf Kassetten gezogen und in Scheiben gepreßt. Tonkonserven und ihre Funktionen im Medienalltag von Kindern. Frankfurt a. M. 1979

Hierdeis, H.: Pädagogische Reflexionen über »Hans im Glück«. In: Neue Sammlung. Zeitschrift für Erziehung und Gesellschaft. Stuttgart 1982, S. 224–237

Hoff, H.: Märchen erzählen und Märchen spielen. Freiburg 1989

Hürlimann, B.: Europäische Kinderbücher in drei Jahrhunderten. München / Hamburg 1968, S. 36 ff. und S. 112 ff.

Israel, W.: Märchen und Bühnenmärchen im Zeitalter der Medien. In: Maier, K. E. (Hrsg.) 1976, S. 108–120

Janning, J.: Märchen und Tonträger. In: Dinges, O. u. a. (Hrsg.) 1986, 205–213

Janning, J. / Gehrts, H. / Ossowski, H. (Hrsg.): Vom Menschenbild im Märchen. Kassel 1980

Kaiser, E.: »Ent-Grimmte« Märchen? Didaktische Überlegungen zu aktualisierten Märchentexten. Beiträge 1975/8.

Kaiser, E. / Pilz, G. (Hrsg.): »Erzähl mir doch ein Märchen!« Arbeitsbuch für SS I. Frankfurt a. M. 1981

Karlinger, F.: Grundzüge einer Geschichte des Märchens im deutschen Sprachraum. Darmstadt 1983

Klimmer, K.-H.: Märchenerzähler – Märchen erzählen. In: jugendbuchmagazin 1992/2., S. 63–68

Köster, H. L.: Geschichte der deutschen Jugendliteratur. München-Pullach / Berlin 1972. Nachdruck der 4. Aufl. von 1927, S. 151–199

Kuckartz, W.: Frau Holle. Ein Bildungsmärchen. Essen 1986

Künnemann, H.: Kinder und Kulturkonsum. Überlegungen zu bewältigten und unbewältigten Massenmedien unserer Zeit. Weinheim / Basel 1974 (2. Aufl.), S. 99–109

Künnemann, H. (Hrsg.): Tonkonserven. Schallplatten und Kassetten für Kinder und Jugendliche. München / Hamburg 1980

Lange, G.: Märchen und Adoleszenz. In: Wangerin, W. (Hrsg.): Jugend, Literatur und Identität. Anregungen für den Deutschunterricht der Sekundarstufen I und II. Braunschweig 1983, S. 147–168

Langfeldt, J.: Von der Problematik des Märchens als Kinderliteratur. In: Jugendliteratur 1960/11., S. 492–495

Lüthi, M.: Märchen. Stuttgart 1979 (8. Aufl.)

Lüthi, M.: Das europäische Volksmärchen. Form und Wesen. Bern / München 1974 (8. Aufl. 1985)

Maier, K. E. (Hrsg.): Phantasie und Realität in der Jugendliteratur (3. Jahrbuch des Arbeitskreises für Jugendliteratur). Bad Heilbrunn 1976

Maier, K. E.: Phantasie und Kinderliteratur. In: Maier, K. E. (Hrsg.) 1976, S. 31–44

Mallet, C.-H.: Kopf ab! Über die Faszination der Gewalt im Märchen. München 1990

Merkel, J. / Nagel, M. (Hrsg.): Erzählen. Die Wiederentdeckung einer vergessenen Kunst. Hamburg 1982

Meyer, R.: Die Weisheit der deutschen Volksmärchen. Stuttgart 1981 (8. Aufl.)

Mieder, W. (Hrsg.): Grimms Märchen – modern. Prosa, Gedichte, Karikaturen. Arbeitstexte für den Unterricht. Stuttgart 1979

Mönckeberg, V.: Das Märchen und unsere Welt. Köln 1972

Müller, E.: Das Bild der Frau im Märchen. Analysen und erzieherische Betrachtungen. München 1986

Müller, L.: Das tapfere Schneiderlein. Schwäche als Lebenskunst. (Reihe »Weisheit im Märchen«) Zürich 1985

Payrhuber, F.-J.: Der Wolf hat sich verwandelt. Zum Verändern und Umgestalten von Märchen. In: Beck / Payrhuber / Steffens: Praxis des Aufsatzunterrichts in der Grundschule. Freiburg 1981

Prestel, J.: Lesende Jugend. München 1950

Psaar, W. / Klein, M.: Wer hat Angst vor der bösen Geiß? Zur Märchendidaktik und Märchenrezeption. Braunschweig 1980

Randak, O.: Das Märchen. Ein Spiegelbild der Grunderfahrungen und der religiöser Dimension des Menschen. Düsseldorf 1980

Ranke, K. u. a. (Hrsg.): Enzyklopädie des Märchens. Bd. 1–6 (12 Bde. vorgesehen), Berlin / New York 1977–1990

Richter, D. / Merkel, J.: Märchen, Phantasie und soziales Lernen. Berlin 1974

Rinne, O.: Die Gänsemagd. Wie eine Frau sich verliert und wiederfindet. (Reihe »Weisheit im Märchen«) Zürich 1987

Röhrich, L.: Märchen und Wirklichkeit. Wiesbaden 1979 (4. Aufl.)

Rölleke, H.: »Wo das Wünschen noch geholfen hat.« Gesammelte Aufsätze zu den »Kinder- und Hausmärchen« der Brüder Grimm. Bonn 1985

Rölleke, H.: Die Märchen der Brüder Grimm. Eine Einführung. Bonn / Berlin 1992

Rogge, J. U.: Märchen in den Medien. Über Möglichkeiten medialer Märchenadaption. In: Doderer, K. (Hrsg.) 1983, S. 129–154

Rüttgers S.: Die Dichtung in der Volksschule. Leipzig 1914

Sahr, M. (Hrsg.): Märchen in der Grundschule. Kreativer und produktiver Umgang mit Märchen. Regensburg 1988

Santucci, L.: Das Kind – sein Mythos und sein Märchen. Hannover 1964

Sauer, P. L.: Zur Didaktik des Märchens in der Vorschulerziehung. In: Schaller, H. (Hrsg.): Umstrittene Jugendliteratur. Bad Heilbrunn 1976, S. 61–94

Schedler, M.: Schlachtet die blauen Elefanten! Bemerkungen über das Kinderstück. Weinheim 1973

Schenda, R.: Märchen erzählen – Märchen verbreiten. Wandel in den Mitteilungsformen einer populären Gattung. In: Doderer, K. (Hrsg.): Über Märchen für Kinder von heute. Essays zu ihrem Wandel und ihrer Funktion. Weinheim / Basel 1983, S. 25–43

Scherf, W.: Was bedeutet dem Kind die Grausamkeit des Volksmärchen? In: Jugendliteratur 1960/11., S. 496–514

Scherf, W.: Kindermärchen in dieser Zeit? München 1961

Scherf, W.: Ablösungskonflikte in Zaubermärchen und Kinderspiel. In: Maier, K. E. (Hrsg.) 1976, S. 76–101

Scherf, W.: Lexikon der Zaubermärchen. Stuttgart 1982

Scherf, W.: Einführung zu Bechstein, L.: Kinder- und Zaubermärchen. München 1984a, S. 5–15

Scherf, W.: Einführung zu Grimm, J. und W.: Kinder- und Hausmärchen. München 1984b, 5–20

Scherf, W.: Zur Illustration von Märchen und phantastischen Erzählungen. In: Baumgärtner, A. C./Schmidt, M. (Hrsg.): Text und Illustration im Kinder- und Jugendbuch. Würzburg 1991, S. 21–34

Schier, K.: Überlegungen zur Funktion von Phantasie und Wirklichkeit im Volksmärchen unserer Zeit. In: Maier, K. E. (Hrsg.) 1976, S. 45–61

Schödel, S. (Hrsg.): Märchenanalysen. Arbeitstexte für den Unterricht. Stuttgart 1977

Schroeder, B.: Der Froschkönig oder der eiserne Heinrich. Ein Werkstattbericht. In: IJB/ Report 1989/4., S. 3–17

Stach, R.: Rotkäppchen und der Wolf. Zum Märchenunterricht mit schulischen Wandbildern zwischen 1900 und 1950. In: Pädagogische Rundschau 1985/6., S. 643–658

Ulich, M./Oberhuemer, P. (Hrsg.): Es war einmal, es war keinmal ... Ein multikulturelles Lese- und Arbeitsbuch. Weinheim/Basel 1985

Uther, H.-J. (Hrsg.): Märchen in unserer Zeit. Zu Erscheinungsformen eines populären Erzählgenres. München 1990

Wegehaupt, H.: Mein Vöglein mit dem Ringlein rot. Hundert Illustrationen zu Märchen der Brüder Grimm. Berlin 1986 (2. Aufl.)

Wegehaupt, H.: Hundert Illustrationen aus anderthalb Jahrhunderten zu Märchen von Christian Andersen. Hanau 1990

Wehse, R. (Hrsg.): Märchenerzähler – Erzählgemeinschaft. Kassel 1986

Zitzlsperger, H.: Kreativer Umgang mit Märchen in der Grundschule. In: Dinges, O. u. a. (Hrsg.) 1986, S. 99–114

Die Kindergeschichte

1. Zur Kennzeichnung

Die Bezeichnung »Kindergeschichte« ist kein fest umrissener literarischer Ordnungsbegriff. Sie steht hier als Sammelname von Erzählungen *für Kinder* bis etwa zum 11./12. Lebensjahr. Sie handeln von Menschen und Tieren, von der natürlichen und der »gemachten« Welt: kein Thema ist ausgeschlossen, wenn es nach Inhalt und Darstellungsweise die Kinder ansprechen und erreichen kann. Vorwiegend sind es Erzählungen *über Kinder*, von den Erlebnissen in ihrer Welt, von ihren Wünschen und Bedürfnissen, Freuden und Sorgen.

Wo ausschließlich realmögliche Tatsachen und Ereignisse den Inhalt ausmachen, spricht man von der *»realistischen Kindergeschichte«*. Ihr Gegenstück ist die *»phantastische Kindergeschichte«*, deren Geschehen ganz oder teilweise mit Bereichen in Verbindung steht, die außerhalb der sinnlich und logisch erfaßbaren Wirklichkeit liegen. Neben diesen beiden Erzähltypen findet sich eine Textgruppe, die weder als rein realistisch noch als phantastisch bezeichnet werden kann, weil das Prinzip der Realistik nicht konsequent Anwendung findet und der Anteil des Unwirklichen nicht gewichtig genug ist. Sie werden von mir als *»wirklichkeitsnahe Geschichten mit irrealen Elementen«* bezeichnet (siehe auch die Einteilung der Bilderbuchgeschichten S. 21).[1]

2. Zur formalen Gestaltung

Sprache und Struktur einer Kindergeschichte müssen sich – was ihre Eignung angeht – am Stand der seelisch-geistigen Entwicklung, der sprachlichen Verstehensfähigkeit und der Lesefertigkeit der Kinder im Grundschulalter messen lassen. Das ist gewiß eine sehr allgemeine Aussage. Es ist aber keineswegs so, als ob wir nicht auf Grund von Erfahrung und empirischer Feststellung etwas über Ergebnisse der Entwicklung in der »mittleren« und »reifen Kindheit« wüßten.[2] Es handelt sich dabei allerdings um ein Wissen, das hinsichtlich der individuellen Voraussetzungen und der soziokulturellen Rahmenlage des einzelnen Lesers stets von neuem zu überprüfen ist.

Das sind für jeden Praktiker und Erzieher längst Selbstverständlichkeiten. Aber sie

---

[1] Diese Einteilung weicht von den früheren Ausgaben dieses Buches ab. Ich will damit einer Schwierigkeit der literarischen Einteilung begegnen, auf die auch W. Meißner (»Phantastik« 1989) nachdrücklich verwiesen hat.
[2] Siehe die Skizzierung der »Mittleren« und »Reifen Kindheit« auf S. 324 f.

müssen immer wieder in Erinnerung gebracht werden, denn nur wenn ein gewisses (kein totales) Maß an Übereinstimmung zwischen Können des Kindes einerseits und Anforderung andererseits erreicht wird, kann der literarische Kommunikationsprozeß erfolgreich ablaufen.

Es wäre ein Mißverständnis, wollte man angesichts des Wirklichkeits- und Sachinteresses der Kinder dieser Stufe auf den Wunsch nach sachlich-nüchterner Stoffaneignung schließen. Jeder Erzieher in Vorschule und Grundschule weiß, wie es auf Verlebendigung der Gegebenheiten ankommt. Verlebendigung heißt: den Inhalt in Geschehnis und Handlung auflösen, dem praktischen Verhalten den Vorrang geben, die ganzheitlichen Zusammenhänge belassen und keineswegs vorschnell begrifflich abstrahieren und systematisieren. Das Kind will erlebnishaft zu den Dingen und Menschen in Kontakt treten. Umweltgeschichten, die das nicht ermöglichen, können im allgemeinen nicht damit rechnen, sich als freie Lektüre durchzusetzen.

Das Bedürfnis dieser Altersgruppe zum Selberlesen ist zumindest bei der Mehrzahl der Erstleser nicht besonders ausgeprägt. Bei manchen, auch schon älteren Kindern ist geradezu eine Leseabneigung feststellbar.[3] Sie braucht nicht immer nur auf das geringe Leseleistungsvermögen zurückgehen oder auf den Einfluß des Fernsehens, sondern kann auch mit der Vorliebe für unmittelbare Begegnung mit der Wirklichkeit, für Bewegung und Spiel im Freien zusammenhängen. Aus diesem Grunde müssen Stil und Aufbau dem Kinde entgegenkommen. Die Erzählungen sollten leicht überschaubar, ohne komplizierte Verschachtelungen, Rückblenden und ausgeklügelte Rahmenhandlungen sein. Kleine Bände sind dicken Büchern vorzuziehen. Handelt es sich um eine längere Geschichte, dann sollte sie möglichst so gegliedert sein, daß die einzelnen Kapitel in sich ein abgerundetes Ganzes darstellen. Übersichtlicher Druck und auflockernde Illustration erleichtern die Lektüre. Im übrigen sollte zur Stützung und Förderung des literarischen Interesses auf dieser Altersstufe die Rolle der technischen Medien wie Fernsehen, Schallplatten, Kassette, die dem Adressaten die Begegnung mit Kinderbuchtexten ermöglichen, nicht gering geschätzt werden.

Das Angebot altersgemäßer Bücher ist groß. Der Inhalt ist verschiedenartig und die Gestaltung variationsreich genug, um den individuellen Interessen und altersmäßigen Fähigkeiten entsprechen zu können. Jahr für Jahr tauchen viele Neuerscheinungen auf, nicht wenige treten wieder in den Hintergrund und werden vergessen. Es gibt aber auch Werke von »klassischer« Bedeutung, die von einer Kindergeneration zur andern ihre Stellung halten. Dazu gehören Kinderbücher von Astrid Lindgren, von Otfried Preußler, Ursula Wölfel, Michael Ende und anderen; oder ältere Titel wie solche von Carlo Collodi, Lewis Carroll, Erich Kästner.

---

[3] Vgl. S. Buck 1992.

Betrachtet man die Produktion der letzten Jahre, so kann man ein beachtliches Anwachsen hervorragender Titel feststellen. Das ist sehr erfreulich, weil mit der Kindergeschichte eine wichtige literarpädagogische Aufgabe erfüllt werden kann. Märchen und Bildergeschichten haben als Freizeitlektüre allmählich ihre Zugkraft verloren. In dieser, auch vom Leseinteresse weniger geprägten Zeit kommt der Kindergeschichte die Funktion zu, die Verbindung zur Literatur nicht abbrechen zu lassen. – Die Schule kann auf sie zurückgreifen und ist nicht nur auf das Lesebuch angewiesen. Sie findet in ihr ein kindadäquates didaktisches Mittel, um Lesefähigkeiten zu üben und Lesehaltungen (vom erlebnishaft-aufgeschlossenen bis hin zum kritischen Lesen von Büchern) zu formieren.

A. Die realistische Kindergeschichte

Die Vorliebe für wirklichkeitsnahe Darstellungen, für »wahre« Geschichten, ist ein Ergebnis der immer stärker werdenden Tendenz des Schulkindes, seine Umwelt sachbezogen und realitätsgerecht zu erfassen und zu durchdringen. Die realistische Neigung ist nicht etwas völlig Neues; das Interesse an sachgerechter Umweltwahrnehmung ist schon im Vorschulalter vorhanden. Ihm entsprechen die wirklichkeitsnahen Inhalte der Bilderbücher, Versgeschichten, Kleinkindererzählungen. Nun aber – in etwa zusammenfallend mit der Schulfähigkeit – bildet sich fortschreitend eine sachlich-nüchterne, realitätsbezogene Grundeinstellung heraus, die gegen Ende des Schulkindalters ihren Höhepunkt erreicht.[4]

1. Alltagsgeschichten

Bevorzugtes Themenfeld der realistischen Kindergeschichte ist das Kinderleben selbst. Erlebnisse in Haus und Familie, unter Geschwistern, Spielkameraden und mit Erwachsenen, auf der Straße und in der Schule kehren in vielen Variationen wieder.[5]
Kindergeschichten aus dem Alltag mit einfachen Vorgängen, wie sie sich immer wieder ereignen, werden wegen des Bekanntheitsgrades ihres Inhalts und weil sich der Leser im Buch selbst wiederfindet, schon vom Erstleser gerne zur Hand genommen. Die Geschichten bestätigen vorhandene Erfahrungen und Kenntnisse, bieten sie

---

[4] Die Tatsache der »realistischen Phase«, ebenso die Aufeinanderfolge einer »naiv-realistischen« und einer »kritisch-realistischen« Stufe werden auch von der modernen Entwicklungspsychologie als genereller Trend nicht bestritten. Sie lehnt allerdings eine eindeutige Alterszuordnung ab und verweist auf die hohe Bedeutung der Sozialisations- und Erziehungseinflüsse für den Grad des Realitätsbewußtseins. Vgl. z. B. H. Nickel: Entwicklungspsychologie des Kindes- und Jugendalters. Bd. I 1975 (3. Aufl.), S. 185 ff., Bd. II 1981 (4. Aufl.), S. 87 ff.
[5] Vgl. auch S. Lichtenberger 1974, S. 243 f.

in variierter Form an und ergänzen sie gelegentlich. Das trifft auch für Geschichten zu, die in andere Länder führen, wenn – bei den Geschichten für jüngere Kinder – der Schwerpunkt nicht beim Unbekannten liegt, sondern Vorgänge und Beziehungen herausgestellt werden, die allen Kindern geläufig sind.

So lesen Acht- und Neunjährige mit Interesse und verständnisvoller Anteilnahme bei W. Wegner / E. Steinke »*Der Sommer der Kanukinder*« (Thienemann) vom alltäglichen, aber auch aufregenden Leben der acht Kinder, die mit ihren Familien in einer kleinen Alaska-Siedlung zu Hause sind. Sie merken bei aller Bewunderung der fremden Region und Natur, »daß Freuden, Sorgen und Kummer der Kinder auf der ganzen Welt sich gleichen« (jugendbuchmagazin 91/3., S. 150).

In vielen Kindergeschichten spiegelt sich eine weitgehend unbeschwerte Welt des Kindes. Wenn die Ereignisse noch dazu mit Witz und Humor erzählt werden, dann haben gerade die Erstleser ihren Spaß dabei: Da ist Lesen schön! Ohne Klamauk, aber mit herzhafter Frische weiß Christine Nöstlinger »*Allerhand vom Franz*« (Oetinger) und Astrid Lindgren vom »*Michel in der Suppenschüssel*« (Oetinger) zu erzählen. Und wenn Janosch in einer seiner ersten Geschichten sich über »*Lukas Kümmel*«, den Beinahe-Zauberkünstler, lustig macht (dtv junior und Bitter), so nehmen ihm die jungen Leser das nicht übel. Diese und andere Buchhelden spielen auf originelle Weise ihre Rollen als Kinder, Geschwister, Spielpartner, Schulanfänger.

In den Umwelt- und Familiengeschichten, in denen die Welt »noch in Ordnung« ist, kommt der Erzähler nicht nur dem, was Kinder wünschen, entgegen, sondern auch dem, was sie brauchen. Sie brauchen die Erfahrung einer sozialen Wirklichkeit, der man vertrauen kann, damit sich ein ausreichender »sozialer Optimismus« entwickelt und sich eine notwendige Grundlage mitmenschlicher Aufgeschlossenheit und positiven sozialen Verhaltens bildet.[6]

So wichtig das ist, die Kinderliteratur kann sich in der Darstellung der schönen und guten Welt nicht erschöpfen. Darum sind auch – mehr noch als im Bilderbuch – Kinderwirklichkeiten zu zeigen, die nicht ohne Schwierigkeiten und Gefährdungen sind und in deren Darstellung die negativen Elemente nicht eliminiert sind; sie sollten aber für die lesenden Kinder (!) mit Bedacht gesetzt sein.

---

[6] Pessimisten, die nichts Gutes an Menschen und Welt erkennen können, haben es da natürlich schwer. Ich möchte die engagierte Äußerung H. Steinthals entgegenhalten: »Ob es Schönes, Gutes, Harmonie gibt, mag also eine schwierige ontologische Frage sein ... Behaupten möchte ich aber, daß es sein soll, daß mindestens die Sehnsucht danach hochgehalten werden muß, und daß auch die Voraussetzung des sinnvollen Sollens, nämlich das Können, gegeben ist: Man soll und kann diese Harmonie erstens im praktischen Tun und Lassen ›darstellen‹, und es wäre wünschenswert und förderlich, wenn sie auch literarisch dargestellt würde« (H. Steinthal 1978, S. 100 f.).

Solche Erzählungen können dann etwa Beispiel dafür sein, wie in einer gefährdeten und gefährlichen Welt durch Hilfsbereitschaft und Freundlichkeit manches leichter zu tragen, zu verstehen und manches auch zu meistern ist.

»*Anna vor der Tür*« von Hans Peterson (Carlsen und dtv junior) zeigt so recht, was in einem Kinderleben alles passieren kann. Klein-Anna ist Babysitter und allein zu Haus. Da widerfährt ihr ein schlimmes Mißgeschick: Die Wohnungstüre fällt hinter ihr zu, sie ist ausgesperrt, und das Baby sitzt allein, nichtsahnend und vorerst noch fröhlich vor sich hinplappernd, in der Badewanne. Wie alles wieder in stundenlangen Bemühungen zurechtkommt – dank der tüchtigen kleinen Anna, dank der einheimischen und ausländischen Inwohner und Nachbarn, dank auch der Polizei – das ist ein literarisches Lehrstück für das Sollbild einer zwar gefährdeten, aber von kinderfreundlicher Welt umgebener Kinderwirklichkeit.

Sie sind freilich auch ein Beispiel dafür, wie es die Menschen untereinander an ehrlicher Freundlichkeit und Hilfsbereitschaft missen lassen und wie sich dies im Verhältnis der Erwachsenen zu Kindern auswirkt. In »*Deesje macht das schon*« von Joke van Leeuwen (Beltz & Gelberg) zeigt sich das Wohlwollen der Erwachsenen gegenüber der irritierten Deesje als wichtigtuerisches Verfügen über das Mädchen, das sie nicht zu Wort kommen läßt.

»Daß diese Geschichte nicht nur erschreckend ist, sondern als ein Leseabenteuer vergnüglich und spielerisch genossen werden kann, liegt an der Erzählkunst der Autorin. Ihr Einfallsreichtum ist unerschöpflich, ... der muntere Erzählton sichert das gute Ende von Anfang an zu. Deesje ist im Grunde ein starkes Kind, das sich bei aller Irritation selbst nicht verliert« (a. d. Begründung des Deutschen Jugendlit.-Preises 1988).

2. Abenteuerähnliche Kindergeschichten

Wenn Abenteuererzählungen u. a. dadurch gekennzeichnet sind, daß außergewöhnliche und gefährliche Situationen überraschend eintreten und die Handlung packend und realistisch geschildert wird, dann ist »*Anna vor der Tür*« zumindest eine abenteuerähnliche Geschichte. Das gleiche läßt sich von Gudrun Mebs' »*Wie werd' ich bloß Daniela los?*« (dtv junior und ehem. Basis) sagen, einer Familien- und Geschwistergeschichte voll Spannung und mit einer auf den Höhepunkt zutreibenden Handlung.

Daniel fühlt sich vernachlässigt. Alles dreht sich um die kleine Schwester. Der gleichaltrige Freund rät kurzerhand: »Das Baby wird entführt!« Und während die ahnungslose Mama sich durch ihren Großen entlastet glaubt, schiebt dieser mit dem Kinderwagen los: zum Supermarkt, bei strömendem Regen, zur Babyentführung, voller Hektik und mit schlechtem Gewissen. Das Wagendach geht nicht zu, und das durchnäßte Schwesterchen schreit erbärmlich.

Eine turbulente und köstlich erzählte Geschichte, deren Ausgang der Leser längst voraussieht; denn erstens hat Daniel seine kleine Schwester gern, und zweitens haben er und sein Freund keine Ahnung, »wie Entführen geht«.

Andere Kinderbücher steigen schon ins »richtige« Abenteuer ein, wenn sie von Piraten erzählen, die als geheimnisvolle Gäste im Strandhotel von Julias Vater Quartier nehmen (Walter Wippersberg »*Ein Winter mit Piraten*«, Nagel & Kimche) oder von Cowboys und Viehdieben (G. Roy / T. Michels »*Rosie und die Cowboys*«, Ellermann). Diese und ähnliche Geschichten sind witzig erzählt und bereiten dem kindlichen Leser ein spannendes Vergnügen, ohne Angst zu erzeugen.

Hin und wieder werden aber auch schon Kinderbücher angeboten, deren Abenteuergeschichten sich wie Berichte lesen und ganz und gar realistisch-ernster Natur sind. Voll dramatischer Spannung ist die Erzählung von den drei Kindern, die auf einer Eisscholle abgetrieben werden (»*Die Nacht als keiner schlief*« von Steinar Sörlle, Nagel & Kimche). Bücher dieser Art werden heute schon in jüngeren Jahren gelesen. Nicht selten greift man auch schon zu Coopers, Defoes oder Stevensons Abenteuerklassikern.

3. *Von Außenseitern und Kindern in Not*

Der seit Ende der sechziger Jahre auch in der Kinderliteratur feststellbare »kritische Realismus« brachte eine Hinwendung zur sozialen Wirklichkeit des Kindes.[7] Für die sozialkritischen Problemdarstellungen, die dem Leser nicht mehr eine normorientierte Wirklichkeit, sondern konkrete Sozialsituationen einzelner aufzeigt, wurde Ursula Wölfels »*Die grauen und die grünen Felder*« (1970) zum maßgeblichen Werk. Während sie in »*Feuerschuh und Windsandale*« (Hoch) und in ihren Kleinkindererzählungen eine ausgeglichene Welt, die den Wunschvorstellungen des Kindes entspricht, zeigt, bringen die Kindergeschichten aus den »Grauen und den grünen Feldern« Konfliktfälle, die durch eindringliche Darstellung und meist offenen Schluß den Leser zur Auseinandersetzung und Stellungnahme zwingen.

Die Benachteiligung kann die psychische und physische Natur des Kindes betreffen wie in Rolf Krenzers »*Eine Schwester so wie Danny*« (Arena): die Schwester des elfjährigen Oliver ist mongoloid; oder wie in Peter Härtlings »*Das war der Hirbel*« (Beltz & Gelberg und dtv junior), der Geschichte eines hirngeschädigten Jungen, dessen Lebensweg von Heim- und Klinikaufenthalten und noch dazu davon geprägt ist, niemanden zu haben, der ihn ohne Einschränkung gern hat. Peter Steinbachs »*Benni Sprachlos*« (Middelhauve und dtv junior) erzählt von einem siebenjährigen Buben, der sprachbehindert ist.
Paule freilich, obwohl von schwarzer Hautfarbe und elternlos, hat es gut. Er wird von einem deutschen Elternpaar aus dem Heim geholt und adoptiert (Kirsten Boie »*Paule ist ein Glücksgriff*« Oetinger).

---

[7] P. Scheiner 1984, S. 44 f.

Auch Sterben und Tod sind Inhalt des Kinderbuches geworden. Manche Kritiker mahnen angesichts vieler Titel, diese Thematik nicht zu einer Modesache zu machen. Andere befürworten Bücher dieser Art:

> »Aufgrund der Ergebnisse verschiedener Studien über kindliche Todesvorstellungen dürfte es als gesichert anzusehen sein, daß Kinder im Alter zwischen sechs und neun Jahren sich am stärksten für das Problem des Todes interessieren und daß es demzufolge in dieser Zeit durchaus denkbar ja empfehlenswert ist, mit ihnen ihrem Verständnisniveau und ihrer Gefühlsverfassung gemäß über den Tod zu sprechen.«[8]

So wird man auch Bilderbuchgeschichten, die Sterben und Tod zum Thema haben (siehe oben S. 52) erst im Schulalter und unter Mitwirkung des Erziehers als Kinderlektüre verwenden.

Unter den realistischen Kindergeschichten ist die Erzählung »*Birgit*« von Gudrun Mebs (Sauerländer) von größter Eindringlichkeit. Die kleine Schwester berichtet vom Sterben ihrer krebskranken Schwester. Die erschütternde Darstellung macht dem Erwachsenen deutlich, wie wichtig es ist, Erzählungen dieser Art nur mit viel Behutsamkeit und Einfühlung in das jeweilige Kind als Lektüre anzubieten. Geschichten, die das Thema unter Einbeziehung irrealer Elemente etwas verfremdend aufbereiten, wie z. B. »*Leb wohl, lieber Dachs*« von Susan Varley (Betz) ermöglichen dem kindlichen Rezipienten eine distanziertere Betrachtung.[9]

Weitere realistische Kindergeschichten:

Vom 6./7. Lj. an: B. Bartos-Höppner: Kommst du mit, Kolja? (dtv junior) – J. C. Grund: Der Schatz des Piraten (Loewe) – A. Kutsch: Billi möcht gern Pferde streicheln (Carlsen u. dtv junior) – A. Lindgren: Als Lisabet sich eine Erbse in die Nase steckte (Oetinger) – A. Lindgren: Lotta zieht um (Oetinger) – P. Maar: Die Eisenbahn-Oma (Oetinger) – H. Peterson: Als wir eingeschneit waren (Oetinger) – O. Preußler: Räuber Hotzenplotz (Thienemann und dtv junior) – I. Procházková: Mittwoch schmeckt gut (Thienemann) – A. Ritter: Meine Füße sind der Rollstuhl (Ellermann) – U. Scheffler: Oma Palöma (Oetinger) – Uebe / Spieß: Der kleine Brüllbär (Ravensburger) – J. u. T. Wieslander: Matti und Teddy (Oetinger) – U. Wölfel: 30 Geschichten von Tante Mila (Thienemann)

Vom 8./9. Lj. an: J. M. Artl: Der Andi, der Flori und das große Kopfzerbrechen (Carlsen) – H. Baumann: Piratenkid (Thienemann) – W. Bergengruen: Zwieselchen (Thienemann) – H. M. Denneborg: Jan und das Wildpferd (dtv junior) – H. M. Denneborg: Kater Kaspar (dtv junior) – W. Fährmann: Jakob und seine Freunde (Arena) – M. Giordano: Die wilde Charlotte (Elefanten Press) – K. Gündisch: In der Fremde (Beltz & Gelberg) – S. Heuck: Der schlaue Rico (dtv junior) – H. Kähler-Timm: Matz auf dem Parkplatz (Klopp) – I. Kötter: Cocker & Co. (Arena) – I. Korschunow: Es war doch ein schöner Tag (dtv junior) – A. Lindgren: Pelle zieht aus (Oetinger) – B. Lornson: Auf Kaperfahrt . . . (Thiene-

---

[8] M. Sahr 1987, S. 135. – Dort auch ein Beispiel unterrichtlicher Aufbereitung.

[9] Vgl. zu »Sterben und Tod« in der KJL: J. Rabl 1982, H. Brandt 1989, I. Wülfrath-Wiedenmann 1990, G. Knecht 1990.

mann) – G. Mebs: Geh nur, vielleicht triffst du einen Bären (Sauerländer) – G. Mebs: Sonntagskind (Sauerländer) – G. Pausewang: Der Großvater im Bollerwagen (Nagel & Kimche) – J. Pestum: Sarah und der Seeräuber (Thienemann) – K. Recheis: Der kleine Biber und seine Freunde (Herder)

Vom 10./11. Lj. an: B. Bartos-Höppner: Aljoscha und die Bärenmütze (Arena) – K. Boie: Mit Kindern redet ja keiner (Oetinger) – K. Boie: Paule ist ein Glücksgriff (Oetinger) – A. Bröger: Oma und ich (Nagel & Kimche) – D. Bromund: Der Schrei der Krähe (Carlsen) – D. Chidolue: Ponzl guckt schon wieder (Beltz & Gelberg) – M. Colon-McKenna: Folgt immer dem Fluß (Thienemann) – E. Donelly: Servus Opa, sagte ich leise (Oetinger u. dtv junior) – I. Frodi: Jonas und die flinken Fischer (Herold) – M. v. d. Grün: Vorstadtkrokodile (Bertelsmann) – P. Härtling: Ben liebt Anna (Beltz & Gelberg) – V. Hjorth: Tilla liebt Philipp (Sauerländer) – W. Hofman: Das Floß (Bitter) – R. Krenzer: Nur weil ich 5 Minuten zu langsam denke (Bitter) – A. Lindgren: Rasmus, Pontus und der Schwertschlucker (Oetinger) – P. Maar: Andere Kinder wohnen auch bei ihren Eltern (dtv junior) – T. Michels: Lena vom Wolfsgraben (Nagel & Kimche) – B. Pludra: Siebenstorch (Kinderbuch Berlin) – K. Scholes: Sam's Wal (Ravensburger) – W. Spillner: Taube Klara (Klopp) – J. Svensson: Nonni (Herder) – D. de Vries: Morgen kommt Miguel (St. Gabriel)

B. Die phantastische Kindergeschichte

Die realistische Kindergeschichte entspricht der Absicht des Kindes, seine Um- und Mitwelt wirklichkeitsecht zu erfassen. Keineswegs werden aber nun deshalb irreale und phantastische Darstellungen abgelehnt. Es ist vielmehr neben der realistischen Tendenz eine beachtliche Neigung für Phantasiegeschichten verschiedener Art feststellbar. Der Grund liegt in erster Linie wohl darin, daß im Umgang mit ihnen die schöpferische Einbildungskraft – eine Disposition, über die jeder Mensch prinzipiell verfügt – aktualisiert werden kann und dabei Befriedigung empfunden wird. Über diese »Funktionslust« hinaus, die dem Lesen phantasieanregender Literatur ein starkes Unterhaltungsmoment verleiht, spielt das Bedürfnis, die vorgefundene Wirklichkeit vorstellungsmäßig zu erweitern oder zu verändern, eine maßgebliche Rolle; denn Phantasie ist die Fähigkeit, vorhandene Wahrnehmungen und Erfahrungen zu *neuen* Bewußtseinsgebilden und Vorstellungen umzuwandeln, wobei mehr oder weniger freizügig und ohne Rücksicht auf tatsächliche Realisierbarkeit vorgegangen werden kann.

1. Kennzeichnung

Zuerst ist zu vermerken, daß die phantastische Geschichte hier als *Kinder*geschichte verstanden wird, als ein Teil jener Texte also, die geeignet sind, nach Form und Inhalt das *Kind* anzusprechen.[10]

---

[10] Von phantastischer *Jugend*literatur wird im Rahmen der phantastischen Abenteuergeschichte (S. 187) die Rede sein.

Was aber sind die Kennzeichen, die uns von Phantastik und somit von phantastischer Kindergeschichte sprechen lassen?

Anna Krüger hat sich als erste eingehend mit ihr auseinandergesetzt und sie als Gattung klassifiziert.[11] Sie hebt die phantastische Geschichte vor allem vom Märchen ab; denn man hat »aus einer Verlegenheit heraus ... die phantastischen Geschichten bis heute zu den Märchen gezählt. Wenn in ihnen auch einzelne Märchenmotive auftauchen, durch welche die überaus seltsamen Handlungen in einer verzauberten Welt vor sich gehen, unterscheiden sich diese wirklichkeitsfernen Geschichten doch sehr stark von den Volks- und Kunstmärchen.«[12] Das Märchen lebt als Ganzes in der Welt der Wunderbaren, auch die konkrete Wirklichkeit ist in sie eingeflochten; die phantastische Kindergeschichte jedoch trennt Realität und Unwirklichkeit klar voneinander ab. In ihr »widerfährt das Wunder gewöhnlich nur einem, höchstens einigen Menschen, die über ihre seltsamen Erlebnisse zunächst sehr erstaunt sind, die übrigen Gestalten der Bücher sind nüchtern denkende Wesen, für die es gar kein Wunder geben kann, weil die Welt sonst aus ihrer gesetzmäßigen Ordnung fiele.«[13]

Göte Klingberg[14] schließt sich dieser Unterscheidung an, verweist allerdings darauf, daß einige Kunstmärchen (wie etwa E. T. A. Hoffmanns »Nußknacker und Mausekönig«) weitgehend mit der Definition der phantastischen Erzählung übereinstimmen, weil auch sie – anders als das volkstümliche Wundermärchen – von zwei Welten handeln, »und zwar in der Weise, daß eine irreale Welt unvermittelt in einer realistischen Alltäglichkeit sichtbar wird«.[15] Im Verlauf weiterer Differenzierungen grenzt er – ausgehend von der Zweiwelten-Kennzeichnung der Phantasiegeschichte – beispielsweise die »surreal-komische« und die »mythische Erzählung« scharf von der eigentlich phantastischen Erzählung ab.[16]

Das als Prototyp der Phantasiegeschichte geltende *Märchen* ist also keineswegs eine phantastische Geschichte. Es überschreitet zwar die Wirklichkeitsgrenze, bewegt sich aber (als Volksmärchen) in einer eigenen, Realität und Irrealität einschließenden Welt. Gerade das aber ist einer der Gründe, warum es nicht als eigentliche

---

[11] Zuerst 1954 in »Das Buch – Gefährte eurer Kinder«, spätere Ausgabe A. Krüger 1967, S. 21 ff.; dann 1960 in dem Aufsatz »Das fantastische Buch« A. Krüger 1960, S. 344 ff.

[12] A. Krüger 1967, S. 21.

[13] ebd., S. 21.

[14] G. Klingberg 1974, S. 220–241 – Vergleiche auch G. Haas in Haas / Klingberg / Tabbert 1984, S. 269–272.

[15] G. Klingberg 1974, S. 222.

[16] ebd., 227 ff.

phantastische Geschichte im literaturwissenschaftlichen Sinne bezeichnet wird. Es fehlt ihr »das Zusammenstoßen verschiedener Wirklichkeitsebenen«[17].

So gesehen kommt *die Sage* der Kennzeichnung, wie sie einer phantastischen Geschichte entspricht, schon viel näher. In ihr ist nicht nur die reale Wirklichkeit stärker ausgeprägt und sogar eigentliche Geschehensträger, sondern es wirken auch Wesen und Kräfte einer anderen Dimension – überraschend und schicksalhaft, meistens bedrohlich und verunsichernd – in die alltägliche, sinnlich erfahrbare Welt herein. Während im Volksmärchen beide Welten miteinander zur »Eindimensionalität« (Lüthi) verschmolzen sind, heben sie sich in der Sage deutlich voneinander ab, begegnen sich, stoßen aufeinander.

Die Begegnung zweier Welten ist also das wesentliche Kennzeichen der phantastischen Geschichte. Wolfgang Meißner arbeitet diese Feststellung in seinem Werk zur Phantastik in der Kinder- und Jugendliteratur, ausgehend von literaturwissenschaftlichen Theorien, mit großer Akribie heraus.
Er stellt fest, »daß trotz der verschiedenen Theorien zur phantastischen Literatur ein Konsens darüber besteht, das Phantastische als Konfrontation zweier unterschiedlicher Realitätsebenen zu betrachten. Einer mit den Gesetzmäßigkeiten des logisch-empirischen Denkens übereinstimmenden fiktionalen Wirklichkeit wird eine davon abweichende, mit rationalen Mitteln nicht mehr erklärbare Handlungsebene entgegengestellt.«[18]
Der Forderung, »diesen Kern aller Phantastik-Definitionen auch für die Diskussion der Kinder- und Jugendliteratur (zu) übernehmen«[19] ist zuzustimmen. Nur sollte das »Zusammenstoßen« und »Aufeinandertreffen« als Merkmal nicht zu absolut genommen werden. Eine starre Auslegung würde beispielsweise jene Erzählungen ausschließen, in denen der junge Leser in eine, allgemein als »phantastisch« anerkannte Welt geführt wird, in der geheimnisvoll-phantastische Wesen ihr Leben führen, ohne daß ein Gulliver aus unserer Wirklichkeit dort hineintappt oder eine Alice erscheint. Das heißt: Neben Geschichten, in denen eine direkte Begegnung der realen mit einer Wunderwelt deutlich erkennbar dargestellt wird, sollten auch solche dem phantastischen Erzähltypus zugeordnet werden können, die eine eklatant von unserer sich abhebende Daseinsebene zeigen (mit Mumins, Wawuschels und wie sie sonst heißen mögen).
Einer nicht zu eng definierten phantastischen Geschichte können – ohne das Bestehen von zwei unterschiedlichen Welten als Grundprinzip aufzugeben – folgende Texte angehören:

---

[17] D. Grenz 1986, S. 36.
[18] W. Meißner 1989, S. 63 f.
[19] ebd., S. 64.

– Erzählungen, in denen eine irreale Figur in die Wirklichkeit eingeführt wird, wo sie am Handlungsgeschehen wesentlichen Anteil hat wie in »*Karlsson vom Dach*« von A. Lindgren (Oetinger).
– Erzählungen, in denen unbelebte Dinge lebendig werden wie in »*Pinocchio*« von C. Collodi (Sauerländer, Herder u. a.).
– Erzählungen, bei denen Personen der Wirklichkeit mit dem Irrealen in enge Berührung kommen und dabei Veränderungen unterworfen sind wie in »*Alice im Wunderland*« von L. Carroll (Esslinger, Lappan, Parabel u. a.).
– Erzählungen, in denen eigene phantastische Welten geschildert werden wie in »*Die Wawuschels*« von I. Korschunow (Herold und dtv junior), in »*Geschichten aus dem Mumintal*« von T. Jansson (Benziger).[20]

2. Berechtigung und Funktion

Es ist angesichts der zeitweise heftigen Kontroverse um literarische Realistik und Phantastik naheliegend, nach Berechtigung und Sinn der phantastischen Kindergeschichte zu fragen. Kaum jemand kommt auf den Gedanken, die gleiche Frage an die phantastische Erwachsenenliteratur zu stellen; daß sie beliebt ist, gilt als ausreichende Legitimation. Nun sollte man gewiß auch bei der Kinderliteratur die »Sinnfrage« nicht zu sehr in den Vordergrund schieben. Die unbestrittene Tatsache aber, daß Lektüre auf die jeweilige Lebenssituation der Kindheit einwirkt und darüber hinaus zu einem Instrument der Sozialisation und Erziehung werden kann, zwingt immer wieder dazu, über die möglichen Funktionen der jeweiligen Lesegattung zu reflektieren.

Die schon einleitend angedeutete vergnüglich-unterhaltende Wirkung geht nicht nur davon aus, daß die Phantasie »in Funktion tritt« und »funktioniert«, sondern hat ihre Ursache auch in der inhaltlichen Struktur der Geschichten selbst. Durch das Nebeneinander von Möglichem und Unmöglichem löst ein Großteil der phantastischen Kindergeschichten *einen heiter-komischen Effekt* aus. Komik liegt ja dann vor, wenn überraschende und übertriebene Abweichungen von der Norm des Natürlichen, Bekannten und Selbstverständlichen festgestellt werden. Gerade das Kind in der »realistischen Phase« ist auf solche Abweichungen und Widersprüche aus und will sie aufdecken.[21]

Lillebror in Lindgrens »*Karlsson vom Dach*« (Oetinger) ist ein durchaus gewöhnlicher Bub mit durchaus gewöhnlichen Eltern. Von der Norm extrem abweichend ist Herr Karlsson, der in einer kleinen Hütte auf dem Dach des Hauses wohnt und fliegen kann. Aus seinem Rücken

---

[20] nach L. Binder 1969, S. 82 ff.
[21] Vgl. R. Tabbert 1984.

wächst ein kleiner Propeller, der durch einen Knopf am Bauch zum Schnurren gebracht wird und den seltsamen Herrn Karlsson in die Luft hebt.

Die in mehreren Variationen auftretenden phantastischen Kindergeschichten sind nicht nur als heitere Erzählungen konzipiert. Hinter den durchwegs locker und frisch geschilderten Abläufen stehen *Schwierigkeiten und Probleme*, wie sie viele Kinder bedrücken. Manchmal werden sie in verschlüsselter Form aufgezeigt, aber doch deutlich genug für den Leser, so daß er eine Verbindung mit seiner Wirklichkeit herstellen kann. So wird es ihm nicht schwerfallen, in Christine Nöstlingers *»Wir pfeifen auf den Gurkenkönig«* (Beltz & Gelberg) eine Bloßstellung überspannter Autorität zu erkennen.

In anderen Geschichten treten die Schwierigkeiten und Probleme genau so auf, wie sie auch im Leben des lesenden Kindes vorhanden sind. Nur muß es nicht gleich so dick kommen wie in *»Hannes Strohkopp«* von Janosch (bei Bitter und dtv junior[22]):

> Der Hannes war, »ehrlich gesagt, der Schlechteste in der ganzen Klasse, hatte fast alles fünf: Turnen, Schönschrift, Rechnen, Malen – außer Gesang. Gesang hatte er vier.« Er war auch nicht stark und hatte keinen einzigen Freund. Er war immer allein.

Aber eines Tages taucht, mit Hilfe eines amerikanischen Zauberpulvers, der große Indianer Ibi-ubhu auf. Er war für alle Leute außer für Hannes unsichtbar. Und immer, wenn er da war, spürte Hannes, wie seine Muskeln stärker wurden und sein Mut zunahm.

– Und das lesende Kind?

> »In dessen Entwicklungsprozeß nimmt die phantastische Kinderliteratur eine ähnliche Funktion ein wie die persönlichen Phantasievorstellungen ... Der spielerische Umgang mit Phantasievorstellungen, auch mit solchen, die nicht in die Realität übertragbar sind, gibt dem Kind die Chance, mit den eigenen Problemen freier und unbeschwerter umzugehen, Lösungen ›durchzuspielen‹.«[23]

Die phantastische Erzählung kann auch eine *emanzipatorische Funktion* ausüben, allein schon durch die Anregung des Spiels der Phantasie. Sie steht im Zusammenhang mit der sich bietenden Chance, sich lösen, vorübergehend »abschalten« und »aussteigen« zu können und den Alltag hinter sich zu lassen. Man sollte den als »Eskapismus« verpönten Vorgang nicht allein von seinen möglicherweise nachteiligen Folgen (Egoismus, soziale Isolierung und Gleichgültigkeit) her sehen, sondern auch das Recht des Individuums gelten lassen, bei sich selbst oder ganz wo anders als in der umgebenden Eigenwelt sein zu dürfen. Es handelt sich nicht zuletzt auch darum, statt immer in Dienst genommen zu werden, eigenständig und originell

---

[22] neuer Titel: »Du bist ein Indianer, Hannes«.
[23] W. Meißner 1989, S. 161.

(wenigstens in der Phantasie) handeln zu können. Aus diesem Grund muß die Literatur »offene Phantasieräume« und »Unbestimmtheit« schaffen:

> »Alle Strategien, die poetische Unbestimmtheit erzeugen, tun etwas Lebensnotwendiges. Sie lockern und durchbrechen die aus der Praxis unserer kollektiven Lebenserhaltung und ihren Konformitätszwängen entstandene Realität und machen aus ihr wieder einen offenen Werdensraum. Sie beugen so einem unmöglichen und tödlichen Erwachsensein vor, dessen Korrelat eine vollkommen versachlichte Welt wäre.«[24]

Schließlich sei auch darauf hingewiesen, daß das Sichhinausbewegen der Vorstellunskraft über die Grenzen der geläufigen Wirklichkeit, zu einem totaleren Wirklichkeitsverständnis beiträgt, weil es auf »etwas« zeigt, was hinter oder über der erkennbaren Wirklichkeit steht. Phantastische Literatur sprengt die Grenzen und läßt neue Dimensionen aufscheinen.

Weitere phantastische Kindergeschichten:

Vom 5./6. Lj. an: L. Betke / F. Baumgarten: Im Reich der Wichtel (Loewe) – D. Inkiow / U. Mühlhoff: Gullivers wundersame Reise auf die Insel Liliput (Parabel) – E. Jcoß: Der Himmelsbaum. Eine Geschichte gegen die Angst (Herder) – E. Kästner: Der kleine Mann (Dressler) – B. Lornson: Nis Puk in der Luk (Oetinger) – P. Maar: Eine Woche voller Samstage (Oetinger) – O. Preußler: Der kleine Wassermann (Thienemann) – Annie M. G. Schmidt: Wiplala (Boje) – J. Staring: Der alte Garten und Tanjas geheimnisvollen Freunde (Urachhaus)

Vom 7./8. Lj. an: J. M. Barrie: Peter Pan (Thienemann) – Janosch: Onkel Popoff kann auf Bäume fliegen (dtv junior) – I. Korschunow: Die Wawuschels (Herold u. dtv junior) – T. Michels: Kalle Wirsch und die Wilden Utze (dtv junior) – Ch. Nöstlinger: Der neue Pinocchio (Beltz & Gelberg) – R. Welsh: Melanie Miraculi (Nagel & Kimche) – R. O. Wiemer: Der gute Räuber Willibald (Arena) – Ch. Zeuch: Der kleine Riese Guguli (Arena)

Vom 9./10. Lj. an: L. R. Banks: Der Indianer aus der Hosentasche (Boje) – P. Clarke: Die Zwölf vom Dachboden (Oetinger) – C. Funke: Potilla und der Mützendieb (Dressler) – W. Hall: Drachenjagd (Dressler u. dtv junior) – I. Korschunow: Wenn ein Unugunu kommt (rotfuchs) – E. Nesbit: Der Traum von Arden (Dressler) – Ch. Nöstlinger: Das Leben der Tomanis (Ravensburger) – P. Steinbach: Der kleine Großvater (Beltz & Gelberg) – P. L. Travers: Mary Poppins (Dressler)

C. Die wirklichkeitsnahe Kindergeschichte mit irrealen Elementen

So wie im Kapitel Bilderbuch eine Gruppe von Bild-Text-Geschichten ausgesondert und eigens angeführt wurde, weil sie weder dem phantastischen, noch dem realistischen Typus voll genügte (siehe oben S. 26), so ist auch im Bezug auf die Kindergeschichte zu verfahren. Es handelt sich um Geschichten, bei denen die

---

[24] D. Wellershoff: Literatur und Lustprinzip. Köln 1973, S. 48.

realistische Darstellung dominierend ist, gleichzeitig aber irreale Elemente in den Ablauf des Geschehens hereinspielen.

Das irreale Phänomen ist oft nur ein Mittel, um die Handlung aufzulockern und abwechslungsreich zu machen. So etwa in der Erzählung, wenn die vier kleinen Kinder sich auf ihre mit spielerischer Phantasie im Kinderzimmer erdachte Weltreise begeben und den Hampel als Steuermann und die Katze als Koch mitnehmen (Edward Lear »*Die Geschichte von den vier kleinen Kindern, die rund um die Welt zogen*«, Altberliner).

Klar ist die Einstufung der Erzählung, wenn sich keine Verbindung zu einer anderen Wirklichkeit erkennen läßt, sondern die Ereignisse im Rahmen unserer erfahrbaren Realität ablaufen. Auch wenn das durchgegangene Pferd ins Auto seines Herrn springt, sich ans Steuer setzt und davonbraust, um eine abenteuerliche Reise anzutreten, kann doch nicht von einer phantastischen Geschichte gesprochen werden (W. Spender / K.-H. Appelmann »*Vom Pferd, das Auto gefahren ist*«, Altberliner). – Beim Anlegen des Maßstabes der zwei sehr verschiedenen Wirklichkeitsebenen muß man zweifeln, ob selbst »*Pippi Langstrumpf*« (A. Lindgren) als phantastische Geschichte bezeichnet werden kann. Daß sie gelegentlich übersinnliche Fähigkeiten und über die Natur eines Mädchens hinausgehende Kräfte zeigt, sagt noch nichts über die Verbindung Pippis mit einer anderen Welt aus.

Wie schwierig auch die literarische Unterscheidung manchmal sein mag, und wie sehr das subjektive Urteil oft maßgeblich ist, im Falle der *Geschichten mit vermenschlichten Tieren* ist die Einstufung unbestritten. Man ist sich einig, daß es sich hierbei weder um phantastische, noch um eindeutig realistische Geschichten handeln kann. Als phantastisch sind sie nicht einstufbar, weil der Anteil des Unwirklichen nicht groß und gewichtig genug ist. Um sie als realistisch bezeichnen zu können, müßte das Prinzip der Realistik konsequenter zum Ausdruck kommen.

Das Kind steht mit dem Tier auf Du und Du, betrachtet es wie seinesgleichen und findet nicht widersinnig, wenn es wie ein Mensch spricht, denkt und reagiert[25]. Es fühlt sich beim Lesen solcher Geschichten nicht ausgeschlossen, schon gar nicht in eine andere Welt versetzt. In vielen Geschichten sieht es sich selbst widergespiegelt und dank der so menschenähnlichen Tiere mit seinen eigenen Problemen, Sorgen und Fragen konfrontiert. Viele Geschichten mit Tieren haben für Kinder wegen der Komik der vermenschlichten Tiere einen hohen Unterhaltungswert. Sie sind oft mit viel Witz und Humor geschrieben und werden von originellen Illustrationen begleitet. Mit den herkömmlichen allzu lieben und süßen Tierdarstellungen haben solche Erzählungen nichts mehr zu tun.

Kaum ein Tier, das heute nicht Eingang ins Kinderbuch gefunden hätte. Dahinter steckt – neben der Absicht, von alten Schablonen wegzukommen – auch der Hinweis für die Kinder: Lest und schaut her, alle Tiere sind liebenswert! Am besten scheinen

---

[25] Zu anthropomorphisierenden Geschichten vgl. auch S. 176 f.

sich aber nach wie vor die Mäuse für witzig-drollige Geschichten zu eignen. Da tritt die Maus als Hüter von Recht und Ordnung auf (Janosch »*Der Mäusesheriff*«, dtv junior) oder als listige Geschichtenerzählerin, die die vor ihr sitzende und zuhörende Katze ganz davon abbringt, sie aufzufressen (Ursel Scheffler »*Die Maus für die Katz*«). Köstlich und auch für den Erwachsenen mit Vergnügen zu lesen ist die Geschichte von den Mäusen, die einen abenteuerlichen Badeausflug ans Meer machen (Jill Barklem »*Brombeerhag. Auf ans Meer!*«, Betz). Mit natürlicher Tierdarstellung hat das alles nichts zu tun. Die Kinder haben ihren Spaß an dem Treiben und verstehen darüber hinaus sehr wohl, daß vieles, was sie hier als lesende Zuschauer wahrnehmen, ihrem eigenen Verhalten gleicht.

Manche Darstellung ernster Lebensprobleme bedient sich irrealer Erzählelemente, um die Begegnung mit der Härte der Wirklichkeit zu mildern. So transponiert das (oben schon erwähnte) Buch von Susan Varley »*Leb wohl, lieber Dachs*« (Betz) das Sterben und die Trauer um den Toten in die Welt der Tiere. Durch die parabelhafte Form wird dem Kind das Sprechen und Nachdenken über Lebensende und Abschied für immer leichter gemacht.

Ein Beispiel, wie Umweltfrage und Naturschutz den Kindern in ihrer Dringlichkeit nicht nur verständlich, sondern auch zu einem inneren Anleigen gemacht werden können, ist der Bild-Text-Band von Jörg Müller und Jörg Steiner. Mit Hilfe von Tierfiguren (»*Der Aufstand der Tiere oder Die neuen Stadtmusikanten*«, Sauerländer) wird die ganze Schwere der natur- und lebensbedrohenden Verhältnisse verdeutlicht, ohne daß die Kinder auf eine Weise angesprochen werden, der sie psychisch nicht gewachsen sind.

Weitere Beispiele wirklichkeitsnaher Kindergeschichten mit irrealen Elementen:

Vom 5./6. Lj. an: A. Birkel: Füchslein will fliegen (Ensslin) – F. Caspar: Das große Buch vom Rößlein Hü (Benziger) – H. Johansen: Die Geschichte von der kleinen Gans, die nicht schnell genug war (Nagel & Kimche) – J. Lada: Kater Mikesch (Sauerländer) – B. Lornsen: Robbi, Tobbi und das Fliewatüüt (Thienemann u. dtv junior) – T. Michels: Gustav Bär geht in die Schule (Benziger) – J. Neven-du Mont: Die Mäuse des Herrn Petersilie (Ensslin) – J. Pestum: Der rote Ziegenbock (Arena)

Vom 7./8. Lj. an: D. Ball: Schlitzohr Selby (Dressler) – M. Cartlidge: Fünf Katzen fahren aufs Meer hinaus (Gerstenberg) – J. Guggenmos: Warum- Wieso- Weshalb-Geschichten (Bitter) – M. Kunnas: Hallo Weltraum, wir kommen (Oetinger) – A. Lindgren: Pippi Langstrumpf (Oetinger) – H. Maz: Schöne Träume. Sieben Geschichten für sieben Tage (Nagel & Kimche) – J. Marshall: Ein Sommer im Süden (Loewe) – B. Martin: Lieber Eisbär, hör gut zu! (Gerstenberg) – A. Martinez-Menchén: Pepito und der unsichtbare Hund (Dressler) – O. Preußler: Die kleine Hexe (Thienemann) – P. Shrapnel: Freddy Gänsehaut (Dressler) – E. Titus: Basil, der Mäusedetektiv (Ravensburger) – F. Wilson: Superoma (Dressler) – U. Wölfel: Sinchen hinter der Mauer (Ravensburger)

Vom 9./10. Lj. an: K. Allfrey: Der Mitternachtshund (dtv junior) – S. Cassedy: Lucys Haus (Dressler) – M. Ende: Jim Knopf und Lukas der Lokomotivführer (Thienemann) –

E. Kästner: Der 35. Mai (Dressler) – M. Klare: Anne oder Was passiert, wenn Unglaubliches geschieht (Sauerländer) – P. Maar: Lippels Traum (Oetinger) – J. Müller / J. Steiner: Die Kanincheninsel (Sauerländer) – E. Nesbit: Das verzauberte Schloß (Dressler) – E. Pludra: Das Herz des Piraten (Beltz & Gelberg) – W. Steig: Dominic. Die abenteuerliche Reise eines Hundes (Gerstenberg)

D. Literatur zu Kindergeschichte

Bamberger, R. (Hrsg.): Das Irrationale im Jugendbuch. Wien o. J. (1967)

Bausinger, H.: Kritik der Fantasie. 3 Beiträge zur phantastischen Jugendliteratur. In: Bausinger, H.: Märchen, Phantasie und Wirklichkeit. Frankfurt a. M. 1987

Bemmann, H.: Die Funktion irrealer Erzählmuster im Kinderbuch. In: der Deutschunterricht 1975/5, S. 31–41

Benesch, K.: Das Irrationale im Jugendbuch. In: Jugend und Buch 1967, S. 22–28

Berger, M.: Zum Bild des alten Menschen in der Kinder- und Jugendliteratur unter besonderer Berücksichtigung des Kinderbuches. In: Informationen des Arbeitskreises für Jugendliteratur 1985/2., S. 18–35

Biesterfeld, W.: Erich Kästners »Der 35. Mai oder Konrad reitet in die Südsee« und die literarische Tradition. In: Pädagogische Rundschau 1985/6, S. 669–677

Binder, L.: Phantastische Bücher der Jugendweltliteratur. In: Bamberger, R. (Hrsg.): Trends in der modernen Jugendliteratur. Wien 1969, S. 76–92

Born, M.: Freundschaft und Liebe in neueren Büchern für Kinder und Jugendliche. In: jugendbuchmagazin 1991/3., S. 128–135; 1991/4., S. 177–179

Brandt, H. (Hrsg.): Der Tod gehört zum Leben. Kinder- und Jugendbücher zum Thema Sterben. Berlin 1989 (Päd. Zentrum)

Buck, S.: Lesemotivation in der Grundschule. In: Lehren und Lernen 1992/1., S. 30–50

Cordes, R. (Hrsg.): Vater, Mutter, Schwester, Brüder – Familie, wie sie im Buche steht. Schwerte 1987

Dahrendorf, M.: Alltag und Kindheit in der neueren Kinderliteratur. In: Inf. Jugendliteratur und Medien 1991/3., S. 98–108

Dinges, O.: Die religiöse Dimension in heutigen Kinderbüchern. In: Rabl, J. (Hrsg.): Religiöse Kinderliteratur. Religonspädagogische Beiträge 1967–1980. München 1981, S. 62–73

Elbrechtz, R.: Die Behindertenproblematik im Kinder- und Jugendbuch. Erarbeitung von Beurteilungskriterien und ihre Anwendung im Rahmen von Sachanalysen für den Literaturunterricht. In: Grützmacher, J. (Hrsg.): Didaktik der Jugendliteratur. Stuttgart 1979, S. 79–96

Erl, E. / Erl, W.: Lektüre für Kinder und Jugendliche. Tübingen 1975 (2. Aufl.), S. 17–21 u. a.

Ewers, H.-H.: Kinder brauchen Geschichten. Im kinderliterarischen Geschichtenerzählen lebt die alte Erzählkunst fort. In: Die Grundschule 1989/1., S. 8–13

Freund, W.: Das zeitgenössische Kinder- und Jugendbuch. Paderborn / München / Wien / Zürich 1982

Giehrl, H.: Eltern im modernen Kinderbuch. In: Cordes, R. (Hrsg.): 1987, S. 7–27

Girndt-Dannenberg, D.: Zur Funktion phantastischer Elemente in der erzählenden Jugendliteratur. In: Bernstorff, E. G. v. (Hrsg.): Aspekte der erzählenden Jugendliteratur. Eine Textsammlung für Studenten und Lehrer. Baltmannsweiler 1977, S. 149–185

Grenz, D.: Die phantastische Erzählung in der Kinder- und Jugendliteratur. In: Inform. d. Arbeitskreises für Jugendlit. 1986/3, S. 33–50

Grieser, D.: Die kleinen Helden. Kinderbuchfiguren und ihre Vorbilder. München/Wien 1987

Haas, G.: Phantasie und Phantastik. Phantastische Literatur als didaktische Herausforderung. In: Praxis Deutsch 1982/54., S. 15–23

Haas, G.: Das Tierbuch. 1984 a In: Haas, G. (Hrsg.) 1984, S. 177–205

Haas, G. (Hrsg.): Kinder- und Jugendliteratur 1984 b (3. Aufl.)

Haas, G.: Das Elend der didaktisch ausgebeuteten Kinder- und Jugendliteratur. In: Praxis Deutsch 1988/89, S. 3–5

Haas, G./Klingberg, G./Tabbert, R.: Phantastische Kinder- und Jugendliteratur. In: Haas, G. (Hrsg.) 1984, S. 267–295

Häfner, C.: Geschlechtsrollenstereotype im Kinderbuch. Das Verständnis der Mutter- und Vaterrolle in zeitgenössischen »Aufklärungsbüchern« für Vorschulkinder. Frankfurt/Bern/München 1987

Hartmann, W.: Identifikation und Projektion im Märchen und in der phantastischen Erzählung. In: Bamberger, R. (Hrsg.) (1967), S. 71–80

Heidtmann, H.: Zeitgenössische Probleme mit der phantastischen Literatur. In: Inform. d. Arbeitskreises für Jugendlit. 1986/3., S. 18–27

Hürlimann, B.: Europäische Kinderbücher in drei Jahrhunderten. München/Hamburg 1968, S. 165 ff. und 178 ff.

Hurrelmann, B.: Überlegungen zur Verarbeitung fiktionaler Erzähltexte durch Kinder im Grundschulalter. In: Hurrelmann, B. (Hrsg.): Kinderliteratur und Rezeption. Baltmannsweiler 1980, S. 330–350

Kaminski, W.: Kinder leben zwischen Solidarität und Konkurrenz. Realistische und phantastische Kinderbücher. In: JuLit 1991/2., S. 53–71

Karst, Th.: Realistische Kindergeschichten als thematische Textfolgen im Unterricht der Primarstufe. In: Karst, Th. (Hrsg.): Kinder- und Jugendlektüre im Unterricht. Bd. 1. Primarstufe. Bad Heilbrunn 1977, S. 51–65

Klingberg, G.: Die phantastische Kinder- und Jugenderzählung. In: Haas, G. (Hrsg.): Kinder- und Jugendliteratur. Stuttgart 1974 (1. Aufl.); S. 220–241

Knecht, G.: Tabuthema Tod. In: 1000 und 1 Buch 1990/1., S. 2–11

Koch, R.: Phantastische Erzählungen für Kinder. Untersuchungen zu ihrer Wertung und zur Charakteristik ihrer Gattung. In: Studien zur Jugendliteratur 1959/5., S. 55–84

Krüger, A.: Das fantastische Buch. In: Jugendliteratur 1960, S. 344 ff.

Krüger, A.: Das Buch – Gefährte euerer Kinder. München/Basel 1967 (6. Aufl.)

Krüger, A.: Die erzählende Kinder- und Jugendliteratur im Wandel. Neue Inhalte und Formen im Kommunikations- und Sozialisationsmittel Jugendliteratur. Frankfurt/Berlin/München 1980, S. 78–126

Lenhard, A.: Überlegungen zur sogenannten »Umweltgeschichte«. In: Fischer, H./Stach, R. (Hrsg.): Aspekte der Vermittlung von Jugendliteratur. Essen 1980, S. 80–87

Lichtenberger, S.: Das realistische Kinderbuch. In: Haas, G. (Hrsg.): Kinder- und Jugendliteratur. Stuttgart 1974 (1. Aufl.), S. 242–263

Lichtenberger, S.: Das Jugendbuch in Grund- und Hauptschule. München/Wien 1978, S. 33–117

Lypp, M.: Der Blick ins Innere. Menschendarstellung im Kinderbuch. In: Die Grundschule 1989/1., S. 24–27

Maier, K. E.: Phantasie und Kinderliteratur. In: Maier, K. E. (Hrsg.): Phantasie und Realität in der Jugendliteratur (3. Jahrbuch des Arbeitskreises für Jugendliteratur.) Bad Heilbrunn 1976, S. 31–44

Maier, K. E.: Antinomische Fragestellungen in der Diskussion zur Kinderliteratur. In: Baumgärtner, A. C./Maier, K. E. (Hrsg.): Mythen, Märchen und moderne Zeit. Würzburg 1987, S. 79 ff.

Maier, K. E.: Kinderwirklichkeiten im Kinderbuch. In: jugendbuchmagazin 1992/2., S. 73–77

Mattenklott, G.: Fremde Kinder im Kinderbuch. In: JuLit 1992/2., S. 72–85

Meißner, W.: Phantastik in der Kinder- und Jugendliteratur der Gegenwart. Würzburg 1989

Müller, H.: Phantastische Erzählung. In: Doderer, K. (Hrsg.): Lexikon der Kinder- und Jugendliteratur. Bd. III. Weinheim/Basel 1984, S. 37–40

Niermann, M.: »Behinderung« – Ein Thema in Kinderbüchern. In: jugendbuchmagazin. 1981/4., S. 179–183

Ossowski, H.: Wir verstehen uns. Bücher von Kindern und alten Leuten. In: Der evangelische Buchberater 1981/4., S. 285–290

Paukner, G.: Zwischen Phantasie und Realität. Tierbücher und Tiergeschichten. In: Binder, L. (Hrsg.): Das sachorientierte Kinder- und Jugendbuch. Wien 1983, S. 117–127

Rabl, J. (Hrsg.): Religiöse Kinderliteratur. Religionspädagogische Beiträge 1967–1980. München 1981

Rabl, J.: Religion im Kinderbuch. Analyse zeitgenössischer Kinderliteratur unter religionspädagogischem Aspekt. Beiheft zum Bulletin Jugend + Literatur Nr. 20, 1982

Raecke-Hauswedell, R. u. Mitarb.: Das Kinderbuch. Eine Lese-Auswahl. München (Arbeitskreis für Jugendliteratur) 1990

Rückert, G.: Wege zur Kinderliteratur. Eine Praxisnahe Einführung für Lehrer und Erzieher. Freiburg 1980, S. 82–101

Sahr, M.: Problemorientierte Kinderbücher im Unterricht der Grundschule. Baltmannsweiler 1987

Sahr, M.: Von Anderland nach Wunderland. Phantastische Kinderbücher im Unterricht der Grundschule. Baltmannsweiler 1990

Sahr, M.: Kästner-Bücher und ihre Aktualität für Kinder von heute. In: Sahr, M.: Um der Kinder und Literatur willen! Kallmünz 1992, S. 26–37

Schaufelberger, H.: Liebe im Kinderbuch. In: Kindergarten heute 1985/1., S. 35–38

Scheiner, P.: Realistische Kinder- und Jugendliteratur. In: Haas, G. (Hrsg.), 1984b, S. 37–62

Spiecker-Verscharen, I.: Kindheit und Tod. Die Konfrontation mit dem Tod. Frankfurt 1982

Steffens, W.: Prosaformen der Kinderliteratur. Unterrichtsmodelle für den Deutschunterricht in der Grundschule. Frankfurt a. M. 1986

Steinthal, H.: Die Rede von der heilen Welt. In: Neue Sammlung 1978/2., S. 96–107

Tabbert, R.: Die komisch-phantastische Kindererzählung. In: Haas, G. (Hrsg.) 1984, S. 285–295

Thiel, B.-J.: Entwicklung in der neueren Kinder- und Jugendliteratur. Möglichkeiten für den Deutschunterricht in der Unterstufe. In: Lehren und Lernen 1983/9., S. 20–34

Wehnert, H.-J.: Humor und Satire in einigen klassischen Kinderbüchern. In: Bernstorff, E. G. v. (Hrsg.): Aspekte der erzählenden Jugendliteratur. Eine Textsammlung für Studenten und Lehrer. Baltmannsweiler 1977, S. 186–202

Wülfrath-Wiedenmann, I.: Kind und Großelterntod. In: JuLit 1990/4., S. 29–40

Das Mädchenbuch

A. Inhalte und Formen

1. Kennzeichnung

Adressatenkreis und Zielgruppe des Mädchenbuches sind junge Mädchen von etwa neun bis sechzehn Jahren. Bekanntlich ist die Absicht, den weiblichen Leser als Publikum zu gewinnen, erfolgreich: Mädchengeschichten finden seit eh und je ihre Leserinnen. Laut einer Infratest-Medienforschung steht im Bereich der erzählenden Literatur das Mädchenbuch in der Altersgruppe der 6–17jährigen hinter dem Abenteuerbuch (34%) auf der Beliebtheitsskala mit 28% an zweiter Stelle.[1] Daß dies so ist, läßt darauf schließen, daß hier Inhalte aufgegriffen, Bedürfnisse und Erwartungen erfüllt werden, die dem jungen weiblichen Leser besonders entsprechen.

Mädchen sind nicht nur Adressaten, sondern in der Regel auch die Hauptfiguren des Mädchenbuches. Es will zeigen, wie sie die Welt betrachten und erleben, will die besonderen Interessen und Wunschvorstellungen der Mädchen berücksichtigen, ihre Rollenfunktion in Familie, Schule und Beruf ansprechen und auch die Schwierigkeiten und Probleme der Heranwachsenden aufgreifen. Das »neue« Mädchenbuch sieht sich dabei als Alternative zum herkömmlichen »alten« Mädchenbuch, indem es die gesellschaftliche Lage der Mädchen, ihre Lebens- und Entwicklungsprobleme (aus einer meist kritischen Betrachtung heraus) realistisch darzustellen versucht.

Die Darstellung von Mädchengestalten trifft auf ein ausgeprägtes Interesse der jungen Leserin, auf das Bedürfnis, sich mit der eigenen Person zu befassen und über sich selbst zu reflektieren. Auch der Junge sucht, vor allem mit beginnender Pubertät, über die Lektüre den Zugang zur eigenen Person, er tut dies aber nicht mit der gleichen Intensität wie das Mädchen, das Geschichten über seinesgleichen interessant findet, selbst dann, wenn die äußere Handlung in einer räumlich recht engen Welt und ohne sonderliche Dramatik verläuft. Die Leserin projiziert dabei ihre subjektiven Vorstellungen und Wünsche in die dargestellten Personen, sieht in vielen Erzählungen ihr eigenes Fühlen, Denken und Wollen bestätigt und glaubt sich weitgehend mit der Buchheldin identisch. Umgekehrt können vom Mädchenbuch – bedingt durch die ausgesprochen ichbezogene Lesehaltung des Mädchens einerseits und durch die (wirklichen oder vorgetäuschten) mädchenspezifischen Inhalte andererseits – neben dem Anstoß zur Eigenbetrachtung besonders wirkungsvolle Impulse der Verhaltensverstärkung und Verhaltensänderung ausgehen.

Die Bereitschaft zum Lesen von Mädchenbüchern dürfte auch damit in Zusam-

---

[1] Infratest-Medienforschung 1977/78. In: Bertelsmann Briefe 1978/79, Heft 96 und 97.

menhang stehen, daß in vielen Texten *der emotionale Akzent* betont wird. Die junge Leserin will gerne gefühlsmäßig angesprochen und angeregt werden, und sie nimmt die Erzählungen zum Anlaß, um sich emotional zu engagieren. Bereitwillig läßt sie sich von den in der Literatur vorgegebenen Stimmungen und Gefühlen leiten. – Die Frage, ob und wie weit emotionale Ansprechbarkeit zum »Wesen des weiblichen Seelenlebens« gehört oder ob sie das Ergebnis geschlechtsspezifischer Sozialisation und Erziehung ist, kann nicht eindeutig beantwortet werden, wenngleich es unbestritten ist, daß die auf die Anthropologie der Romantik zurückgehende extreme Behauptung von der ausschließlich angeborenen und im Vergleich zum Mann ausgeprägten Gefühlsfähigkeit der Frau unhaltbar ist. Offensichtlich ist aber, daß die Mehrheit der lesenden Mädchen emotionales Erleben sucht und schätzt. Die Mädchenliteratur, vor allem die herkömmlicher Art, kommt dieser Intention entgegen.

2. Einteilungsvorschläge

Das Bemühen um Übersicht und Systematisierung der zahlreichen Mädchenbücher hat verschiedene Einteilungsvorschläge hervorgebracht. Sie gehen von unterschiedlichen Aspekten aus.

Eine Gruppierung *nach altersmäßiger Eignung* nimmt Heiner Schmidt vor.[2] Er geht von der Annahme aus, daß die Mädchenbücher verschiedenen Alters- und Entwicklungsstufen zugeordnet werden können. Während Elisabeth Lippert in ihrer Studie aus dem Jahre 1931[3] das typische Mädchenbuch (»Backfischbuch«) mit der Entwicklungsstufe der weiblichen Vorpubertät in Übereinstimmung bringt, sieht H. Schmidt drei entwicklungspsychologisch gekennzeichnete Literaturgruppen. Eine erste Gruppe ist bevorzugt für Zehn- bis Zwölfjährige geeignet (Mitweltbuch), eine zweite Gruppe vor allem für das zwölfte und dreizehnte Lebensjahr (Ichweltbuch), eine dritte Gruppe für Dreizehn- bis Fünfzehnjährige (Reifeweltbuch). Nach H. Schmidts Einteilung sind Mitwelt, Ichwelt und Reifewelt aufeinanderfolgende Hauptkriterien altersspezifischer weiblicher Leseinteressen. So fraglich die Bezeichnungen Mitwelt- und Ichweltbuch sind, so brauchbar und praktikabel erscheint die Benennung Reifeweltbuch. Damit sollen jene Mädchenbücher fixiert werden, deren Thematik die Darstellung des Mädchens unter dem Aspekt der Reifevorgänge ist. Inhalte wie Freundschaft und Liebe, die Begegnung mit dem anderen Geschlecht, Berufswahl und Lebensbewährung, Freizeit- und Konsumverhalten, Generationenkonflikte, Ablösungs- und Identifikationsprobleme sind hier zu finden und werden in zahlreichen Variationen aus dem Gesichtswinkel des reifenden Mädchens behan-

---

[2] H. Schmidt 1959.
[3] E. Lippert: Der Lesestoff der Mädchen in der Vorpubertät. Erfurt 1931.

delt, das in die Pubertät mit ihren physiologisch-biologischen, psychischen und sozialen Veränderungen eingetreten ist.

Eine andere mögliche Systematisierung des Mädchenbuches geht primär von der *inhaltlichen Unterscheidung* aus. Man könnte versuchen, nach dominierenden Problemfeldern (auf verschiedenen Kommunikationsebenen innerhalb und außerhalb der Familie) oder nach Art und Tendenz des sozialen Zusammenlebens (mehr Konflikt und Auseinandersetzung oder mehr Harmonie und Kooperation) einzuteilen; man könnte nach der Art des Lebensbereichs vorgehen und etwa nach Schauplatz (einheimisch, fremdländisch), nach Lebensverhältnissen und Schichtzugehörigkeit der Mädchen oder, wie M. Dahrendorf vorschlägt, nach der geschlechtsrollenspezifischen Darstellung im Mädchenbuch unterscheiden. Er lehnt eine altersspezifische Differenzierung nicht ab (am Rande spricht er vom »Kinderbuch als Mädchenbuch«, »Jungmädchenbuch« und »Mädchenbuch« i. e. S.«[4], verfolgt sie aber nicht weiter. Sein Interesse gilt der Frage, wie in den Mädchenbüchern die weibliche Rolle jeweils gesehen und vermittelt wird.

Es ergeben sich nach Dahrendorf folgende Gruppierungsmöglichkeiten: 1. Bücher mit der Darstellung des traditionellen Rollenbildes und dessen unkritischer Bejahung, 2. Bücher mit der Darstellung neuer weiblicher Rollenauffassungen und der kritischer Auseinandersetzung mit der herkömmlichen Rollenfixierung; 3. Bücher mit der Darstellung von Mädchengestalten, die auf kein geschlechtspezifisches Rollenschema festgelegt sind und bei denen individuelle Lernprozesse und Erfahrungen im Vordergrund stehen.[5] Damit wird sicher ein zentraler Punkt mädchenspezifischer Literatur aufgegriffen, wenngleich die Betrachtung des Typs als »Instrument der Sozialisation« nur eine begrenzte Reichweite hat und dringend eine Ergänzung braucht.[6]

Ein weiteres Gruppierungsmoment ergibt sich durch *formale Kriterien*. Sehen wir an dieser Stelle von der Unterscheidung nach Darstellungsqualität ab (gute oder mangelhafte literarische Stoffbewältigung), so bietet sich doch die nach der Darstellungsform an. Es handelt sich bei Mädchenliteratur nicht durchwegs nur um Erzählungen, sondern es finden sich auch Berichte und Reportagen (z. B. Irmela Brender *»Man nennt sie auch Berry«*), Biographien und Lebensbilder (z. B. Ilse Kleberger *»Käthe Kollwitz«*) oder mädchenspezifische Sachbücher (z. B. Werkbücher für Mädchen).

---

[4] M. Dahrendorf 1980, S. 182 und 183.
[5] ebd., S. 182f.
[6] Dahrendorf klammert beispielsweise den literarästhetischen Aspekt in seiner Mädchenbuch-Analyse aus: »Unsere Kritik richtet sich nicht gegen eine mangelhafte literarische Gestaltung (was das auch immer sei), sondern gegen die Art und Interessenbedingtheit, den ideologischen Charakter der Abspiegelung weiblichen Lebens in der Literatur.« (ebd., S. 187).

Die verschiedenen Typologiemöglichkeiten sollten nicht als Alternativen gesehen werden, sondern als sich ergänzende Betrachtungsweisen mit unterschiedlichen Akzentuierungen. Was sich dabei im einzelnen als Erkenntnisgewinn ergibt, trägt zusammengefaßt zum besseren Verständnis der Gesamterscheinung Mädchenbuch bei.

B. Zur Kritik am Mädchenbuch

Die Existenz des Mädchenbuches reicht bis zu den Anfängen der Jugendliteratur in der Aufklärung zurück. Im 19. Jahrhundert eroberte es sich im Gesamtschrifttum der Jugend als eigene Gattung einen festen Platz. Die Produktion von Mädchenbüchern hat seither angehalten. Angehalten hat aber auch die Kritik. Es gab bis vor wenigen Jahren kaum einen anderen jugendliterarischen Bereich – die Comics vielleicht ausgenommen –, der so im Kreuzfeuer der Meinungen stand.

> Wenn vom Mädchenbuch die Rede ist, denkt man zuerst an die Schriftstellerinnen, die in der zweiten Hälfte des 19. Jahrhunderts mit viel Emsigkeit und Erfolg die weibliche Jugend mit Literatur versorgten. Thekla von Gumpert schrieb für die Herzblättchen und Backfische des »feineren Publicums«. Mit ihrem »Töchteralbum« (1856 ff.), das als Jahrbuch herauskam und bis 1933 regelmäßig erschien, und mit »Herzblättchens Zeitvertreib« (1855 ff.) bereitete sie den Boden für die Backfischliteratur, deren erfolgreicher und oft nachgeahmter Prototyp »Backfischchens Leiden und Freuden« von Clementine Helm (1863) war. »Die sogenannte Backfischliteratur greift in der biedermeierlichen Kinder- und Jugendliteratur entwickelte Elemente auf und formt sie zu trivialen, verkitschten und sentimentalen Versatzstücken um, die zu Trägern restaurativer Erziehungsabsichten innerhalb der höheren Stände werden.«[7] »Der Trotzkopf – eine Pensionsgeschichte für erwachsene Mädchen« (1885) von Emmy von Rhoden ist der erste Band einer erfolgreichen Reihe, die – von Else Wildhagen, der Tochter der Autorin, fortgeführt – mit einem fünften Band »Trotzkopfs Nachkommen« (1930) ihren Abschluß findet. Parallel hierzu erschienen die nicht weniger populären »Nesthäkchen«-Bände (lt. Verlag ab 1908) von Else Ury. Die Tradition wird durch neue Reihen fortgesetzt, z. B. durch die zwölfbändige »Pucki«-Serie (1935–1939) von Magda Trott.

Die scharfe Kritik am alt-herkömmlichen Mädchenbuch – nicht selten pauschal auf die ganze Gattung Mädchenbuch übertragen – hat unterschiedliche Gründe. Die Kritik kann beruhen auf der Feststellung einer überwiegend geringen literarischen Qualität, auf dem leitbildhaften, streng konservativen und größtenteils entstellten Frauenbild, auf der Zeichnung einer rückständigen bzw. allzu einseitig-positiven Familie und Gesellschaft. Bei aller Berechtigung der verschiedenen Kritikansätze sollte aber zweierlei nicht übersehen werden:
Erstens kann das angeprangerte Mädchenbuch gerade durch seine triviale Form

---

[7] K.-U. Pech 1985, S. 37.

neben oder an Stelle seiner nachteiligen Auswirkungen auch von positiver Bedeutung für das lesende Mädchen sein, indem es psychische Bedürfnisse und Situationen berücksichtigt, Phantasievorstellungen und Wunschbilder in literarische Wirklichkeit umwandelt, das Verlangen nach sicheren und zuverlässigen sozialen Beziehungen befriedigt.[8] Zweitens existiert – vereinzelt schon seit dem 19. Jahrhundert und ansatzweise in Fortsetzungsbänden etwa bei Wildhagen und Ury[9] – heute längst auch ein anderer Typus von Mädchenbuch, der sich in manchen Punkten vom herkömmlichen Mädchenbuch unterscheidet und die umfassende negative Kritik nicht mehr rechtfertigt. Die Unterschiede liegen namentlich in der Auffassung über Anthropologie und Rolle des Mädchens, in einer umfassenderen Sicht der Lebenswirklichkeit, in der größeren Breite der Thematik unter Einbeziehung von bisher oft geflissentlich vermiedenen Problemen und nicht zuletzt in der literarischen Bearbeitung des Stoffes. Man kann, wenn man vom Mädchenbuch spricht, an diesen Erscheinungsformen und Tendenzen nicht vorübergehen. Sie sollen in den folgenden Ausführungen in die Hauptpunkte der Mädchenbuchkritik mit einbezogen werden.

1. *Frauenbild und weibliches Rollenverständnis im Mädchenbuch*

Ein eigens für das Mädchen hergestelltes Buch – so die Kritik – sei überflüssig, ja sogar schädlich, wenn es weiterhin durch überbetonte Differenzierung der Geschlechter und durch ständiges Nachzeichnen des traditionellen Frauenbildes überholte Vorstellungen fixieren helfe. Tatsächlich ist immer noch in einer Reihe von Texten ein weibliches Rollenbild erkennbar, das früher unangefochten war, heute aber der kritischen Reflexion und Korrektur bedarf.

Manche Darstellungen legen sich gerne auf ein Mädchenbild fest, das Eigenschaften und Verhaltensweisen zeigt, die zwar nicht aus der Luft gegriffen, sondern bei Mädchen feststellbar oder jedenfalls leicht provozierbar sind. Letzten Endes wird aber dabei ein Verhalten zum Modellfall erklärt, das sich auf zweifelhafte Eigenschaften wie Koketterie, Eitelkeit, übertriebene Selbstbespiegelung, Exaltiertheit, Wichtigtuerei in Oberflächlichem und Nichtigem, Gefühlsüberschwang usw. konzentriert, bei heranwachsenden Mädchen vor allem Unselbständigkeit und Anpassungsbereitschaft zum dominierenden Charakterzug erklärt. So werden alte Vorurteile weitertransportiert, anstatt sie durch eine revidierte Zeichnung des Mädchen- und Frauenbildes zu korrigieren.

Es ist allerdings nicht zu übersehen, daß in vielen Titeln der neueren Produk-

---

[8] Vgl. die Anmerkungen über die bis heute anhaltende Beliebtheit der Mädchenbücher alter Art bei S. Zahn 1983, S. 385 ff.

[9] Siehe die ausführlichen Analysen zu »Trotzkopf« und »Nesthäkchen«: ebd., S. 197 ff. und 263 ff. – Vgl. auch K.-U. Pech 1985, S. 45 ff.

tion[10] eine veränderte Einstellung zu Rolle und Aufgabe der Frau und zu ihrer Position in der Gesellschaft Fuß gefaßt hat und daß manche Autorinnen mit Engagement an einer Alternativliteratur zur traditionellen Mädchenliteratur arbeiten. Immer mehr zeigt sich ein neues Mädchenbild schon in der Kindergeschichte, so etwa in Irina Korschunows *»Es war doch ein schöner Tag«* (dtv junior) oder in Hans Petersons *»Draußen vor der Tür«* (Carlsen), wo kleine Mädchen in ungewöhnlichen Situationen überlegt und entschlossen handeln.

Mädchen und junge Frauen nehmen zunehmend auch die Position der Hauptfigur in abenteuerlichen Geschichten ein[11], wo sie selbständig, willensstark und autonom zu agieren verstehen z. B. in *»Julie von den Wölfen«* (Sauerländer) von Jean C. George, jener außerordentlichen Erzählung vom Überlebenskampf eines dreizehnjährigen Mädchens in der arktischen Tundra.

Erst recht findet man das Mädchen mit »neuem« Selbstverständnis im alternativen, emanzipatorischen (oder wie es auch immer genannt werden mag) Mädchenbuch. Man kann »sich wirklich freuen an den ›neuen Mädchen‹«, meint Brigitte Pyerin. »Sie sind klug, aktiv und aufmüpfig. Sie fügen sich nicht in die traditionelle Mädchenrolle und nehmen die damit verbundenen Behinderungen und Diskriminierungen nicht länger hin. Ihr Erwachsenwerden ist kein Anpassungsprozeß.«[12] Das ist soweit gut – nur: Emanzipation ist nicht alles. Die neuen Mädchen sollten auch erkennen lassen (und mancher Jugendroman tut dies), daß Widerspruch, Ablehnung, Distanz in dem langwierigen Veränderungsprozeß der Adoleszenz nicht schon der Abschluß sein kann, sondern daß als Ziel und Aufgabe noch aussteht, neben Rollendistanzierung auch zur Rollenanpassung zu finden. Der junge Mensch muß aus eigener Einsicht und eigenem Entschluß einen Ausgleich (eine Balance) finden zwischen dem, was ich und wie ich mich haben möchte, und dem, was die Um- und Mitwelt (der andere oder die Gesellschaft) von mir erwartet.

In dem Roman von Betty Sue Cummings *»Auf nach Amerika«* (Union und dtv junior) wird – literarisch mit kleinen Mängeln – gezeigt, wie die lange und gefahrvolle Reise in die Neue Welt für die junge Irin gleichzeitig die Reise zu ihr selbst wird. Am Ende steht sie vor dem Problem, mit zwei gegensätzlichen Rollen fertig zu werden. Einerseits will sie ohne Zögern die Aufgabe, die sie sich selbst gestellt hat, erfüllen, andererseits möchte sie – zur reifen und geschlechtsbewußten Frau herangewachsen, die ihren Verlobten liebt und begehrt – mit dem Mann zusammenleben und eine Familie gründen. Eine Lösung wird, vielleicht zu einseitig auf Kosten des männlichen Partners, angedeutet. Wichtiger aber als die Lösung ist das Aufzeigen der Notwendigkeit, sich dem Problem zu stellen und um Rollenausgleich zu bemühen.

---

[10] Eingeschlossen sind Titel, die sich auch bei jugendliterarischen Gruppen wie abenteuerliche Erzählung, problemorientiertes Jugendbuch oder realistische Kindergeschichte einordnen lassen.

[11] Vgl. K. E. Maier 1993.

[12] B. Pyerin 1989, S. 30.

So notwendig und erfreulich es ist, herkömmliche Verhaltens- und Erziehungsmodelle zu durchleuchten, so bedauerlich ist es, wenn manches Mädchenbuch, bei dem Versuch, vom alten Klischee wegzukommen, in die Gefahr gerät, neue Stereotypen aufzubauen, bzw. – worauf Hannelore Daubert in ihrer Bestandsaufnahme verweist – »alte Rollenzwänge und Klischees durch neue zu ersetzen«. Da ist als positiver Sympathieträger die »fast ausschließlich berufsfixierte Frau, die keinesfalls auf die Falle der Ehe und Mutterschaft hereinfällt, da dies zwangsläufig zur totalen Selbstaufgabe führt«. Da ist das negative Gegenklischee, etwa das »hübsche, dumme Mädchen, dessen Beschäftigung mit dem eigenen Aussehen ihre Oberflächlichkeit und geistige Anspruchslosigkeit deutlich macht« oder die frustrierte und unzufriedene Hausfrau und Mutter ...[13]

Man kann nur hoffen, daß Klischeebilder dieser Art, die unter dem Einfluß einer extremen Feministenbewegung entstanden sind, unterdessen im Mädchenbuch zum Ausnahmefall geworden sind.

2. Lebenswirklichkeit im Mädchenbuch

Die Kritik am traditionellen Mädchenbuch geht auch von der Feststellung aus, daß es die Lebenswirklichkeit allgemein und die der Mädchen im besonderen verzeichne. Das trifft in hohem Maße für die »Backfisch-« und »Töchterliteratur« des 19. Jahrhunderts und ihre bis heute existierende Nachkommenschaft zu. Man gibt zwar vor, das Leben zu zeigen, wie es wirklich ist, baut aber tatsächlich eine Pseudowirklichkeit auf, die einem Vergleich mit objektiver Gegebenheit nicht standhält. Pseudowirklichkeit liegt vor, wenn einseitig die »gehobene Gesellschaft« dargestellt wird bzw. wenn die Tendenz zu »etwas Besserem«, das Streben nach Zugehörigkeit zu den Gruppen mit Prestige oder wenigstens nach Teilnahme an ihren Lebens- und Vergnügungsgewohnheiten dominieren. Die Backfische und Teenager der Erzählungen gehen häufig einen leichten Weg zu Erfolg und Glück. Das happy end stellt sich zwangsläufig ein, oft ohne wesentliche Eigenleistung und durch glückliche Zufälle. »Wie das Leben eben so spielt« lösen sich die Probleme, erfüllen sich die ehrgeizigsten Wünsche. Die Heldin gewinnt den großen Preis, sie erringt beruflichen oder sportlichen Erfolg, sie findet den hilfreichen Mäzen, der ihr die Karriere als Sängerin, Tänzerin oder Filmschauspielerin ermöglicht, oder sie begegnet durch schicksalhafte Fügung dem idealen Mann fürs Leben.

Geschichten dieser Art, die das Leben von einer so angenehmen Seite zeigen und den Weg zu Erfolg und Glück so einfach erscheinen lassen, rufen einen hohen Unterhaltungseffekt beim unkritischen Leser hervor. Sie kommen dem Bedürfnis nach Ablenkung und Kompensation entgegen, sie befriedigen Phantasie und

---

[13] H. Daubert 1984, S. 45 f.

Wunschdenken. Es geht aber nicht an, allein vom Unterhaltungsaspekt aus zu urteilen, ohne die Frage mit einzubeziehen, welche Einflüsse auf das Wirklichkeitsverständnis, auf die Vorstellung von Leben und Welt, auf Zukunftserwartung und -planung möglicherweise stattfinden.

Für zahlreiche Mädchenbücher der Gegenwart gilt der Vorwurf der Wirklichkeitsverniedlichung oder -entstellung tatsächlich nicht mehr. Ihre Autorinnen nehmen die Forderung ernst, die Welt der Mädchen nicht einseitig zu zeichnen. Literarisches Leitbild der zeitgemäßen Mädchenlektüre ist das realistische, d. h. – der kritischen Entwicklungslage des reifenden Mädchens entsprechend – das weitgehend problemorientierte Mädchenbuch.

Im folgenden werden einige Themen und Titel exemplarisch herausgegriffen:

Der Themenkreis der *Selbstfindung und Autonomie* ist im modernen Mädchenbuch nicht mehr nur ein Problem der individuellen Reifung, sondern auch (mit unterschiedlicher Akzentuierung) ein Problem der Verselbständigung und Gleichberechtigung der Frau. Daß in der gleichen Zeit, in der das junge Mädchen mit Entschiedenheit sich freizumachen sucht, es sehnsüchtig nach *Geborgenheit, Bindung und Liebe* Ausschau hält, macht die ganz besondere Schwierigkeit dieser Lebensphase aus. Die sich ergebenden Konflikte spielen sich vorwiegend im innerfamiliären Feld ab, greifen aber auch auf die neu geschlossenen Freundschaften und Liebesbeziehungen über.

In »*Ein Anruf von Sebastian*« von Irina Korschunow (Benziger und dtv junior) löst sich Sabine für einige Zeit von ihrem Freund Sebastian, um ihre Beziehung zu ihm zu durchdenken. Nun wird ihr klar, daß sie nahe daran war, sich selbst aufzugeben und ganz der starken Persönlichkeit von Sebastian unterzuordnen. In der Distanz zu ihm kommt sie mit sich ins reine, und sie entscheidet eigenständig und selbstbewußt über ihre Zukunft.

Auch Terry will frei sein, sucht aber gleichzeitig Gemeinschaft und Geborgenheit. Beides führt nicht zum gewünschten Erfolg. Das viel diskutierte Buch »*Lady Punk*« von Dagmar Chidolue (Beltz & Gelberg) zeigt, wie die Fünfzehnjährige ihrer Mutter, einer »verwöhnten Antihausfrau, die nicht einmal eine Spülmaschine einräumen kann«, zusetzt und »den Mangel an Liebe und Geborgenheit durch ihre Phantasien und die Artikulation von Protest in der Punk-Szene« kompensiert (H. Daubert 1985, S. 53).

Das Thema *Liebe und Freundschaft zwischen Jungen und Mädchen* wird manchmal auch schon im Kinder-Mädchenbuch aufgegriffen, so z. B. in Peter Härtlings »*Ben liebt Anna*« (Beltz & Gelberg) oder Klaus Meyers »*Weiße Wolke Carolin*« (Loewe). Im Jugendbuch der Mädchen steht es im Mittelpunkt. In vielen Texten wollten Autorinnen und Autoren zeigen, wie sich das Verhalten der Geschlechter zueinander geändert hat, wie sich heranwachsende Mädchen von heute selbstsicherer und manchmal auch aktiver und entschlossener geben als ihre Geschlechtsgenossinnen im herkömmlichen Mädchenbuch.

Die Entschlossenheit besteht nicht immer in sexueller Bereitschaft, schon gar nicht in schneller »Hingabe«. Das würde ja auch dem Bild des selbstsicheren und eigenständigen Mädchens nicht entsprechen. Seine Initiative richtet sich in der Mehrzahl der Erzählungen darauf, in einem allmählichen Prozeß sich über den anderen, über die eigenen Gefühle und Antriebe und nicht zuletzt über die Frage »Was ist Liebe?« klar zu werden. Das auf Klärung ausgerichtete und suchende Verhalten schließt aber nicht aus, daß auch die Buchmädchen von heute von der großen ersten Liebe erfaßt werden. In auffallend zahlreichen Erzählungen wird dargestellt – und auch darin zeigt sich Wirklichkeitstreue der modernen Mädchenliteratur –, daß »Liebesfreud und Liebesleid« zu den zeitübergreifenden Erscheinungen gehören. Verwirrung, Ratlosigkeit und Enttäuschung spielen ebenso mit wie Liebesglück und emotionale Hochstimmung.

In Norma Mazers »*Meinst du, der Falke hat uns gesehen?*« (dtv junior) geht es um die erste Liebe von Sinah (15). Die heftige Verliebtheit des Mädchens zu ihrem um vier Jahre älteren Freund macht den Eltern große Sorge. Sie wollen, daß Sinah die Beziehung abbricht. Im Spannungsfeld zwischen der Liebe zu ihrem Freund und dem guten Verhältnis zu ihren Eltern gerät das Mädchen in Verwirrung und Ratlosigkeit. Ehe es sich entscheiden kann, ergibt sich von selbst eine Lösung: Der Freund zieht weg von der Stadt. Die Autorin hat wohl selbst mitempfunden, wie schwer und folgenschwer eine Entscheidung – mag sie so oder so getroffen werden – für das Mädchen ist und hat dem Leben und dem Zufall den Schluß überlassen.

Andere Erzählungen zeigen nicht nur, was der junge Mensch in solchen Situationen empfindet, sondern auch wie man damit fertigwerden muß, insbesondere dann, wenn sich die Liebe als Irrtum oder als einseitige Beziehung herausstellt.

Darcies Liebe ist groß, und sie fühlt sich bei dem jungen Rowland geborgen. Als sie aber eines Tages erkennt, daß der Freund nur tut oder sagt, was ihn betrifft, daß seine »Liebe« egozentrisch um ihn selbst kreist und nicht das Mädchen meint, da zieht Darcie selbstbewußt und entschlossen die Konsequenzen (Pam Conrad »*Ich glaubte, es wäre Liebe*«, Ueberreuter).

Weitere Mädchenbücher:

Vom 10. Lj. an: K. Allfrey: Delphinensommer (Oetinger) – I. Bintig: Dominik und Löwenmähne (Bitter) – A. Bröger: Heini eins bis fünf (Nagel & Kimche) – S. Ericson: Sturm über Bluewater (anrich) – S. Cassedy: Lucys Haus (Dressler) – W. Fährmann: Das feuerrote Segel (Arena) – R. Herfurtner: Das Taubenmädchen (Ueberreuter) – V. Hjort: Tilla liebt Philipp (Sauerländer) – A. Lindgren: Ronja Räubertochter (Oetinger) – P. MacLachlan: Ein Meer für Sarah (Sauerländer) – J. Procházka: Jitka (Bitter) – N. Siege: Sombo, das Mädchen vom Fluß (Beltz & Gelberg) – H. Tondern: Heckenrosensommer (Benziger) – R. Welsh: Eine Krone aus Papier (Nagel & Kimche)
Vom 12./13. Lj. an: J. Ballegeer: Kein Mädchen an Bord! (anrich) – K. Boie: Mit Jakob wurde alles anders (Oetinger) – F. de Cesco: Flammender Stern (Benziger) – D. Chidolue: Floraliebling (Beltz & Gelberg) – V. und B. Cleaver: Ich wär lieber eine Rübe (Bitter) –

T. Eide: Ein Sehnen nach etwas (St. Gabriel) – J. C. George: Stimme aus den großen Sümpfen (Aare u. Ravensburger) – T. Th. Hauger: Rabenmädchen (Arena) – G. Linde: Wie eine Hecke voll Himbeeren (anrich) – N. Mazer: Silver (Sauerländer) – Ch. Nöstlinger: Wetti & Babs (Beltz & Gelberg) – S. O'Dell: Insel der blauen Delphine (Oetinger) – S. O'Dell: Vogelmädchen (Ueberreuter) – J. Procházka: Lenka (Bitter) – G. Schuster: Zwischentief (Loewe) – R. Welsh: Johanna (Jugend & Volk) – A. Zitelmann: Zwölf Steine für Judäa (Beltz & Gelberg)
Vom 14./15. Lj. an: E. Breen: Warte nicht auf einen Engel (dtv junior) – D. Chidolue: Aber ich werde alles anders machen (Beltz & Gelberg) – T. Eide: Wir könnten Schwestern sein (dtv junior u. St. Gabriel) – K. Eykman: Liebeskummer (Beltz & Gelberg) – A. Kutsch: Man müßte alles anders machen (Oetinger) – J. Procházka: Magdalena (Bitter) – N. Rauprich: Das Mädchen unter der Brücke (Klopp u. dtv junior) – R. Welsh: Einmal sechzehn und nie wieder (rotfuchs)

3. *Literarische Darstellung und Erzählweise*

Die strenge literarische Kritik am Mädchenbuch geht auf die typischen Mädchenerzählungen des 19. Jahrhunderts zurück. Sie werden – vor allem seit der Jugendschriftenbewegung, die den künstlerisch-ästhetischen Wert als Hauptkriterium setzte – als Musterbeispiele literarischer Wertlosigkeit vorgeführt. Wolgast urteilt über den »Trotzkopf«: »In dem ganzen Buch ist nicht ein voller Ton, der aus der Tiefe kommt; es ist alles oberfläches Geschwätz und Getue … Weite Strecken öden Gepappels abgegriffener Einzelheiten …«[14] Nun gibt es freilich selbst in den »klassischen« Backfischerzählungen und Lebensgeschichten junger Mädchen und Frauen auch Ausnahmen, für die das literarische Verdikt nicht zutrifft. Die meisten von ihnen aber sind Fundgruben für Sprachschablonen, abgegriffene Klischees, Stilblüten und hohle Phrasen. Was ihnen durchwegs mangelt, ist Ursprünglichkeit und Tiefe, und damit stimmen sie weitgehend mit dem überein, was als Kitsch bezeichnet wird. Kitsch bleibt an der Oberfläche und tummelt sich in Banalitäten. Genau besehen geht es nicht um die Veranschaulichung einer Sache oder die psychologisch wahre Darstellung einer Person, sondern um die Erzeugung von Reizwirkung. Um ihretwillen werden alle Register gezogen.[15]

Sollte man daher auf das Mädchenbuch nicht überhaupt verzichten? Wieder ist es Wolgast, der angesichts des trivialen Mädchenschrifttums seiner Zeit die Überzeugung vertritt, daß eine Rücksichtnahme auf das Geschlecht alles künstlerische

---

[14] H. Wolgast 1950, S. 208.
[15] Vgl. zum Thema Kitsch u. a.: O. F. Best: Das verbotene Glück. Kitsch und Freiheit in der deutschen Literatur. München/Zürich 1978 – G. Dorfles: Der Kitsch. Tübingen 1969 – L. Giesz: Phänomenologie des Kitsches. Ein Beitrag zur anthropologischen Ästhetik. Heidelberg 1960 – W. Killy: Deutscher Kitsch. Göttingen 1962 (2. Aufl.) – G. Ueding: Glanzvolles Elend. Versuch über Kitsch und Kolportage. Frankfurt 1973.

Schaffen ausschließe. In der Literatur für die weibliche Jugend sei keine Spur dichterischer Triebkraft zu entdecken, alles sei gemacht, nichts gewachsen[16]. Auch Literaturpädagogen späterer Generationen teilen diese Ansicht. Else Schmücker kommt 1956 zu dem Schluß »daß das ›Mädchenbuch‹ heute keine Daseinsberechtigung hat. All die wertvollen Forderungen der Jugendbuchausschüsse, alle schönen Vorschläge, der Mädchenliteratur andere, reale, weit gefaßte Aufgaben zuzuweisen, werden im wesentlichen unwirksam bleiben ... Ich bin nicht so radikal, auf Jugendbücher verzichten zu wollen, aber dem Mädchenbuch, dieser gewollten Abseitsliteratur, sollte der Garaus erklärt werden. Es entsteht keine Lücke, wenn es ausgemerzt ist«[17].

Nun ist freilich aufs ganze gesehen das Mädchenbuch seit geraumer Zeit nicht mehr von der beklagten Machart. Es ist erwiesen, daß das Vorhaben, für Mädchen zu schreiben, nicht zwangsläufig in literarischer Qualitätslosigkeit enden muß. Die Mädchenbücher der Gegenwartsproduktion können sich mit den Werken der übrigen Kinder- und Jugendliteratur messen, manche halten dichterischen Ansprüchen stand, manche stehen – wie das bei anderen Erzählgattungen ebenso feststellbar ist – qualitätsmäßig gesehen im literarischen Abseits.

Eine Richtung der neuen Mädchenliteratur ist allerdings dabei, den literarisch-ästhetischen Anspruch auf ähnliche Art zu vernachlässigen wie das alte Mädchenschrifttum. Indem sie (beeinflußt von der Frauenliteratur der siebziger und achtziger Jahre) sich der emanzipatorisch-gesellschaftlichen Zielsetzung verschreibt, verdrängt sie das Literarisch-Ästhetische weitgehend zugunsten feministischer Intentionen. Sie nähert sich damit der althergebrachten Belehrungsliteratur, der es vor allem und zuerst um die Vermittlung bestimmter Lebenshaltungen und Tugenden ging. »So findet sich das traditionelle Mädchenbuch, oft modisch gewendet, neben der emanzipatorischen Literatur. Ihr pädagogisches Ethos«, so schreibt Roswitha Budeus-Budde weiter, »wendet sich zwar vehement gegen bürgerliche Vorstellungen, hat aber wieder ein gesellschaftliches Ziel: die Verwirklichung feministischer Ideale.« Sie kritisiert und beklagt diese Erscheinung, glaubt jedoch gleichzeitig eine positive literarische Entwicklung feststellen zu können. Indem die Autorinnen in den Texten jugendliches Lebensgefühl und individuelle Probleme darstellen (und nicht so sehr und vordergründig gesellschaftliche Rollen vorzeigen und deren Übernahme anstreben), indem sie erfrischend und unkonventionell reale Entwicklungsprobleme ansprechen, ist das Mädchenbuch »auf dem Weg zu einer neuen Ästhetik«[18].

---

[16] H. Wolgast 1950, S. 189. Vgl. auch H. Wolgast: Über Lektüre für Backfische. In: Vom Kinderbuch. Leipzig 1906, S. 100ff.
[17] E. Schmücker 1956, S. 184.
[18] R. Budeus-Budde 1992, S. 168f.

C. Literatur zu Mädchenbuch

Arendt, D.: Das Bild des Vaters im Mädchenbuch oder: Der präparierte Familienvater. In: Fundevogel 1989/61., S. 9–14

Bamberger, R.: Jugendschriftenkunde Wien/München 1975

Budeus-Budde, R.: »Mit Kopf und Bauch und überall«. In: Börsenblatt 1992/69., S. 168 f.

Budeus-Budde, R.: Lust der Leser, Frust der Erzieher. Einführung in das Seminar »Trivialliteratur«. In: JuLit 1992 a/3., S. 2–9

Dahrendorf, M.: Das Mädchenbuch und seine Leserin. Jugendlektüre als Instrument der Sozialisation. Weinheim/Basel 1980 (4. Aufl.)

Dahrendorf, M.: Mädchenliteratur. In: Haas, G. (Hrsg.): Kinder- und Jugendliteratur. Stuttgart 1984 (3. Aufl.), S. 110–138

Daubert, H.: Literarisches Rollenbild und Leserrolle – Zur Rezeption von Mädchenlektüre. In: Inform. d. Arbeitskreises f. Jugendlit. 1984/4., S. 40–50

Daubert, H.: Die »neuen« Mädchen – Eine kritische Bestandsaufnahme. In: Inform. d. Arbeitskreises f. Jugendlit. 1985/4., S. 46–55

Dyhrenfurth, I.: Geschichte des deutschen Jugendbuches. Zürich/Freiburg i. Br. 1967 (3. Auf.), S. 144 ff.

Engelbertz, M./Engelbertz, U.: Die Darstellung des Rollenerwerbs im Mädchenbuch unter besonderer Berücksichtigung der Familie. In: Lingelbach, K./Oberfeld, Ch. (Hrsg.): Das Jugendbuch als Medium literarischer Kommunikation. Marburg 1974, S. 116 ff.

Freund, W.: Das zeitgenössische Kinder- und Jugendbuch. Paderborn/München/Wien/Zürich 1982, S. 30–40

Gerth, K.: »Die abenteuerliche Flucht der unglücklichen Komteß« oder Was haben wir an der Trivialliteratur? In: Bertelsmann Briefe 1968/60.

Grenz, D.: Mädchenliteratur von den moralisch-belehrenden Schriften im 18. Jahrhundert bis zur Herausbildung der Backfischliteratur im 19. Jahrhundert. Stuttgart 1981

Grenz, D.: Zeitgenössische Mädchenliteratur – Tradition oder Neubeginn? In: Sprache und Literatur in Wissenschaft und Unterricht 1988/62., S. 2–21

Grenz, D.: Die Darstellung ausländischer Mädchen im Kinder- und Jugendbuch. In: JuLit 1992/2., S. 57–71

Greven, J.: Das Mädchenbuch und seine Leserin. In: Bertelsmann Briefe 1970/70., S. 20 ff.

Grützmacher, J.: Liebesgeschichte. In: Doderer, K. (Hrsg.): Lexikon der Kinder- und Jugendliteratur. Ergänzungs- und Registerband. Weinheim/Basel 1984, S. 378–381

Havekost, H. (Hrsg.): Mädchenbücher aus drei Jahrhunderten. Ausstellungskatalog. Oldenburg 1983

Kirchhoff, U.: »Und dann auch noch ein Mädchen!« Das Mädchen- und Frauenbild in der gegenwärtigen Kinder- und Jugendliteratur. In: jugendbuchmagazin 1988/4., S. 178–183

Köberle, S.: Von der Bildung des Frauenzimmers. Nach Mädchenbüchern des 18. Jahrhunderts. In: Zeitschrift für Jugendliteratur 1967, S. 145

Maier, K. E.: Kein Mädchen an Bord? Anmerkungen zu weiblichen Hauptfiguren im Abenteuerbuch. In: O. Schober (Hrsg.): Abenteuer Buch. Bochum 1993, S. 160–168

Matthiae, A.: Vom pfiffigen Peter und der faden Anna. Zum kleinen Unterschied im Bilderbuch. Frankfurt 1985

Mayr-Kleffel, V.: Mädchenbücher: Leitbilder für Weiblichkeit. Opladen 1984

Neumann, G.: Das Porträt der Frau in der zeitgenössischen Jugendliteratur. München 1977

Oberfeld, Ch. / Weber-Kellermann, I.: »Familienglück« im Mädchenbuch. In: Schaller, H. (Hrsg.): Umstrittene Jugendliteratur. Bad Heilbrunn 1976, S. 47 ff.

Pech, K.-U. (Hrsg.): Kinder- und Jugendliteratur vom Biedermeier bis zum Realismus. Einleitung. Stuttgart 1985, S. 5–56

Pyerin, B.: »Ideal und Wirklichkeit. Emanzipatorische Mädchenbücher.« In: Inform. d. Arbeitskreises f. Jugendlit. 1989/2., S. 30–38

Pyerin, B. (Red.): »Stärker als ihr denkt! Die »neuen« Bücher für Mädchen. – Analysen, Dokumente und kritische Annotationen zu 200 Büchern für Leserinnen ab 12. Remscheid 1991 (Bundesvereinigung Kult. Jugendbildung)

Schindler, N.: Mädchen? Mädchen! In: Inform. Jugendlit. u. Medien 1989/2., S. 50–55

Schliebe-Lippert, E.: Die weibliche Vorpubertät im Spiegel des Backfischbuches. Erfurt 1934 (2. Aufl.)

Schmidt, H.: Das lesende Mädchen. Wien / München 1959

Schmücker, E.: Das Mädchenbuch. In: Probleme der Jugendliteratur. Ratingen 1956, S. 162–185

Silbermann, A. / Krüger, U. M.: Abseits der Wirklichkeit. Das Frauenbild in deutschen Lesebüchern. Köln 1971

Stiftung Lesen 6: Jugendbücher zum Thema Erwachsenwerden. Ausgew. u. bearb. v. F.-J. Payrhuber. Mainz 1991

Ueding, G.: Glanzvolles Elend: Versuch über Kitsch und Kolportage. Frankfurt a. M. 1973

Wintgens, H.-H.: Trivialliteratur für die Frau. Baltmannsweiler 1980

Wolgast, H.: Das Elend unserer Jugendliteratur. Worms 1950 (7. Aufl.), S. 188–223

Zahn, S.: Töchterleben. Studien zur Sozialgeschichte der Mädchenliteratur. Frankfurt 1983

Das Abenteuerbuch

A. *Kennzeichen des Abenteuerbuches*

Ein Grundmerkmal der Abenteuergeschichte ist die *gesteigerte Dynamik* ihres Handlungsablaufs. In wechselvoller Buntheit reihen sich die Geschehnisse aneinander, ziehen den Leser in ihren Bann, bis sie über Umwege und Verwicklungen zu einem befriedigenden Abschluß gelangen. Held und Gegenspieler, Freund und Feind, Aufgabe und Hindernis, Chance und Gefahr stehen sich gegenüber. Steigerungen, Höhepunkte, überraschende Wendungen, Auf und Ab in Bedrohung, Wagnis, Rettung und Glück verleihen der Handlung den Charakter erregender Bewegtheit. Der junge Leser umreißt dies insgesamt mit dem Begriff »spannend«; das heißt, er erfährt im gesteigerten Mit- und Nacherleben die Gefühlsregungen der Erwartung und Überraschung, der Befürchtung und Hoffnung, der Enttäuschung und Genugtuung.

Ein anderes Merkmal des Abenteuerbuches ist die Bevorzugung des *Außergewöhnlichen und Fremdartigen.* Es bewegt sich nicht im Gewohnten und Vertrauten, sondern führt in Verhältnisse, die sich durch extreme Gegebenheiten deutlich von dem Gleichmaß und der Überschaubarkeit des Alltags abheben. Die außergewöhnliche Situation erfordert außergewöhnliche Leistung, sie verlangt eine Zentralfigur, die sich handelnd bewährt, in vielen Fällen einen *Helden*, der mit überlegener Tatkraft und prinzipientreu sein Ziel verfolgt. Das überraschend auf den Handlungsträger und seine Freunde Zukommende erweist sich als existentielle Bedrohung. Er muß all seine Kraft und Findigkeit einsetzen, um die Lage zu bewältigen, den Ablauf des Geschehens in die Hand zu bekommen und so zu lenken, daß die Gefahr abgewendet und die Sicherheit wieder hergestellt wird.[1]

Dennoch bleibt das Geschehen – nimmt man die phantastische Abenteuererzählung aus – im Rahmen des Möglichen; somit ist *Realismus* ein weiteres Kennzeichen der Abenteuerlektüre. Das Außergewöhnliche verläßt nicht die Grenzen der tatsächlichen Wirklichkeit, die besondere Leistung liegt nicht außerhalb des Menschenmöglichen. Milieu und äußere Umstände können zwar sehr ungewöhnlich sein, Ereignisse und Zufälle erstaunliche Ausnahmen darstellen, sie bewegen sich aber innerhalb der faktisch existierenden oder jedenfalls denkbaren Welt. Die Fähigkeiten der Handlungsträger gehen nicht – mögen sie auch noch so überdurchschnittlich entwickelt sein – über die Möglichkeiten der menschlichen Natur hinaus. Der Held der realistischen Abenteuergeschichte besitzt weder übersinnliche Kräfte, noch kommen ihm numinöse Mächte zu Hilfe. Die abenteuerliche Fiktion könnte so jetzt oder in einer weiterentwickelten Zukunft (Science Fiction) konkret vorkommen.

---

[1] So jedenfalls im klassischen Abenteuerbuch. Zur Wandlung des Heldenbegriffs siehe u. a. B. Scharioth 1986, K. E. Maier 1993.

A. C. Baumgärtner definiert zusammenfassend die Abenteuergeschichte als einen Text, »dessen Handlung von Spannung erfüllt ist, eine fremdartige Welt vergegenwärtigt, seine Helden in Situationen vorführt, die nicht nur ungewöhnlich, sondern auch gefahrvoll sind, und trotzdem durchgängig einem realistischen Weltverständnis und damit auch einer realistischen Wirklichkeitsdarstellung verpflichtet ist«.[2]

B. Alte und neue Abenteuerliteratur

Abenteuerliche Ansätze finden wir schon in den Märchen und Sagen, im höfischen Epos und in der Spielmannsdichtung des Mittelalters, in den phantastischen Rittererzählungen, die im 16. Jahrhundert als Volksbücher weite Verbreitung gefunden haben, in den freizügig gestalteten Chroniken und in den Reiseberichten. Vor allem in der Reiseliteratur erkennen wir die stärkste Wurzel, aus der sich die eigentliche Abenteuerliteratur entwickelte. Die Kunde von fremden Ländern und Völkern, vermischt mit Schilderungen gefährlicher Unternehmungen und außergewöhnlicher Geschehnisse, weckte von jeher die Neugier weiter Kreise. In der beginnenden Neuzeit um 1500 mit ihrer größeren Daseinsbejahung und Weltfreude, ihrer Tendenz zur Unmittelbarkeit, die sich auch in der stärkeren Hinwendung zu den Realitäten ausdrückte, schwoll das Interesse an der Reiseliteratur besonders an. Die Nachricht von fernen Ländern und Meeren, von bisher unbekannten Völkerschaften und Kulturkreisen lieferte den Erzählern neue Stoffe und bewegte ihre Phantasie. Tatsächliche Gegebenheiten und die Wunderwelt von Fabeltieren und Fabelmenschen vermengten sich in den Schilderungen oft auf krause Weise. Das bunte Nebeneinander von objektiver Wirklichkeit und phantastischer Erfindung, wie es die mittelalterliche Reiseliteratur auszeichnet, blieb auch für die Reiseliteratur der beginnenden Neuzeit noch charakteristisch. Während die exotische Literatur vor 1500 nur auf den arabisch-islamischen Orient oder auf Indien zurückgriff, weitete sich jetzt der Kreis auf die gesamte bis dahin entdeckte oder erahnte Welt. Durch die zahlreichen Entdeckungsfahrten über die Ozeane fanden nun auch das Meer und die Schiffahrt Aufnahme in den Stoffbereich abenteuerlicher Schilderungen und Geschichten. Mit zunehmender Welterfahrung entwickelte sich eine realistische Erzählliteratur, auf deren Grundlage schließlich das Abenteuerbuch im eigentlichen Sinne wachsen konnte.[3]

Eine Systematisierung des heute vorliegenden Angebots an Abenteuerbüchern bereitet Schwierigkeiten. Die naheliegendste Möglichkeit und der für die literaturpädagogische Praxis wohl brauchbarste Ansatzpunkt ist eine Gliederung *nach inhaltlichen Kategorien.*

---

[2] A. C. Baumgärtner 1981, S. 219.
[3] Differenzierte Darstellung der Entwicklung des Abenteuerbuches bei Pleticha 1984. – Siehe auch H.-H. Ewers 1980, S. 304; K.-U. Pech 1985, S. 282 f.; A. C. Baumgärtner / H. Pleticha 1985, S. 13 ff.

Die folgenden Aufzeichnungen versuchen daher eine Übersicht von der Frage her: Mit welchem Gegenstand beschäftigt sich der Erzähltext?[4] Sie behandeln folgende Buchgruppen:

Völkerkundlich-geographisch orientierte Abenteuerbücher,
Robinsonaden,
Seegeschichten,
historisch orientierte Abenteuerbücher,
Indianergeschichten,
abenteuerliche Erzählungen mit Tieren,
Detektivgeschichten,
utopische und phantastische Abenteuergeschichten (Science Fiction und Fantasy).

Die Einteilung erhebt nicht den Anspruch auf Perfektion. Die Gruppen sind nicht exakt gegeneinander abzugrenzen; manche beziehen sich auf einen stofflich engeren, andere auf einen sehr weiten Bereich. Insgesamt dürften aber mit Hilfe dieser Einteilung die wichtigsten Erscheinungsformen der Abenteuerliteratur erfaßt werden können.[5]

1. Völkerkundlich-geographisch orientierte Abenteuerbücher

Diese zahlreich vertretenen Abenteuerbücher schildern auf dem Hintergrund ferner Landschaften und bei fremden Völkern außergewöhnliche Tatsachen, Taten und Schicksale von Menschen.

Im Unterschied zum erzählenden Sachbuch nehmen aber die erdkundlichen und ethnologischen Tatbestände im Abenteuerbuch nur eine sekundäre Stellung ein (vgl. Kapitel Sachbuch). Dennoch darf nicht übersehen werden, mit welcher Intensität der Leser mit der spannenden Handlung auch die sachlichen Gegebenheiten aufnimmt. Das Bild der nordamerikanischen Prärie, des afrikanischen Urwalds, der arktischen Eiswüste oder irgendeiner anderen typischen Landschaft der Erde, die Ansicht über die Indios am Amazonas, über die Lebensweise der Lappländer oder eines anderen fremden Volkes werden durch die Abenteuerlektüre oft viel entscheidender geprägt

---

[4] Auch A. Hölder schlägt eine inhaltliche Aufteilung vor. Sie unterscheidet nach folgenden »Erlebnisgruppen«: Jagdabenteuer, See-Abenteuer, Indianer-Abenteuer Kriegs-Abenteuer, Forscher- und Reiseabenteuer, Detektiv-Abenteuer, technisch-utopisches Abenteuer. (A. Hölder 1967, S. 74).

[5] Die Überlegung ist nicht unberechtigt, ob für die Vielfalt von erzählenden Texten statt »Abenteuerliteratur« der Begriff »Spannungsliteratur« sinnvoller wäre. Aber Jörg Hienger, der diesen Begriff verwendet, meint selbst, daß er »wahrscheinlich kein besonders glücklicher Ausdruck« ist, weil auch er nicht die so verschiedenen Arten von Erzählungen überzeugend zusammenfaßt (J. Hienger 1976, S. 32).

als durch Unterricht und Lehrbuch. Es ist deshalb nicht gleichgültig, ob die Wirklichkeit wahrheitsgetreu oder verzerrt dargestellt wird, ob der Autor sie nur als Kulisse betrachtet, die er willkürlich verändern kann, oder ob er sie als feste Realität nimmt, der sich seine erdachte Handlung anpassen muß.

Im Interesse von Völkerverständigung und aus dem Bewußtsein weltumspannender Mitverantwortung heraus kommt sehr viel auf eine objektive Darstellung der gesellschaftlich-politischen und wirtschaftlichen Gegebenheiten an. Mit Recht wird man Abenteuergeschichten skeptisch betrachten, deren Hintergrundschilderungen geeignet sind, das Leben und die Verhältnisse notleidender, physisch und psychisch benachteiligter Menschengruppen zu verharmlosen oder gar in ein positives Licht zu stellen. Die kritische Auseinandersetzung mit Jugendbüchern zur Dritten Welt (siehe auch S. 203 f. u. S. 205) wird weitgehend von der Absicht bestimmt, Wirklichkeitsentstellung – sei sie fahrlässig oder absichtlich – aufzudecken und nicht hinzunehmen.[6]

Versucht man, sich einen Überblick zu verschaffen über die Landschaften und Völker, mit denen sich die Abenteuerliteratur schon befaßt hat,[7] so ergeben sich zwar geographische Schwerpunkte – es sind vor allem Gebiete, deren Erforschung, Inbesitznahme und Besiedlung das besondere Interesse der Öffentlichkeit gefunden haben (herausragend Nordamerika) –, gleichzeitig ist aber festzustellen, daß kaum eine Großlandschaft als Hintergrund abenteuerlicher Geschichten unbeachtet geblieben ist. Eine kleine Auswahl von Buchtiteln mag dies andeutungsweise zeigen (siehe auch abenteuerliche historische Erzählungen, Indianerlit. u. Tiergeschichten):

Polargebiet:
  A. C. Baumgärtner: Jenseits der Berge (Bertelsmann, ab 12) – J. C. George: Julie von den Wölfen (Sauerländer u. dtv junior, ab 13) – R. M. Hahn: Goldfieber am Yukon River (Ensslin, ab 14) – J. London: Das große Jack-London-Buch (Ravensburger, ab 12) – K. Lütgen: Kein Winter für Wölfe (Oetinger und Arena, ab 13) – L. Schimanek: Im Bann des Polarwinters (Union, ab 12) – K. Verleyen: Das Geheimnis des Roten Wikingers (Arena, ab 12)
Nordamerika:
  W. Egli: Bis ans Ende der Fährte (Ueberreuter u. dtv junior, ab 13) – F. Gerstäcker: Die Flußpiraten des Mississippi (Union u. a., 13) – W. Judson: In den Wäldern am kalten Fluß (Bertelsmann u. RTB, ab 12) – K. Lasky: Jenseits der Wasserscheide (dtv. junior, ab 13) – Sealsfield: Die Prärie am Jacinto (Reclam, ab 12)
(siehe vor allem auch Indianer- und Wildwestliteratur)

---

[6] Vgl. A. Krüger 1980, S. 40–77: »Der Trend zur wahrheitsgetreuen Darstellung der Schicksale kolonisierter Völker.«
[7] Vgl. W. Scherf 1957; H. Pleticha 1978.

Mittel- und Südamerika:

F. Braumann: Fluß ohne Namen (Loewe, ab 10) – S. Heuck: Mondjäger (Thienemann, ab 13) – E. Salgari: Der schwarze Korsar (Arena, ab 12) – L. Willems: Manchmal bin ich ein Jaguar. Pedros Geschichte (Beltz & Gelberg, ab 14)

Afrika:

R. Burger: Der Wind und die Sterne (Beltz & Gelberg, ab 12) – E. Campbell: Das Lied des Leoparden (Ueberreuter, ab 12) – S. Heuck: Saids Geschichte oder Der Schatz in der Wüste (Thienemann, ab 12)

Sibirien und Mongolei:

B. Bartos-Höppner: Taigajäger (Loewe, ab 12) – N. Däs: Mit Timofej durch die Taiga (Bitter, ab 10) – J. Korinetz: Dort, weit hinter dem Fluß (Beltz & Gelberg, ab 12) – J. Korinetz: Wolodjas Brüder (Beltz & Gelberg, ab 12)

Südost-Asien, Australien:

J. Carlsson: Kleiner grauer Vogel aus Kabul (Boje, ab 12) – F. Gerstäcker: Tahiti (Union, ab 13) – K. Kordon: Monsun oder Der weiße Tiger (Beltz & Gelberg, ab 12) – R. M. Schröder: Abby Lynn. Verbannt ans Ende der Welt (Bertelsmann, ab 12) – E. Sutton: Im Tal der Goldgräber (Arena, ab 12) – C. Thiele: Die Höhle (Ravensburger, ab 10)

2. »Robinson« und Robinsonaden

Auch »Robinson« und seine Epigonen spielen in fremden Breiten. Vom Ausgangswerk und den mit ihm verwandten Erzählungen soll im folgenden Abschnitt berichtet werden.

1719 erschien »Robinson Crusoe« von Daniel Defoe (1660–1731). Dieses Buch sollte bald dazu beitragen, dem abenteuerlichen Element im Jugendschrifttum einen festen und anerkannten Platz zu verschaffen und die Entwicklung des realistischen Abenteuerbuches überhaupt entscheidend zu fördern. Noch im selben Jahr erschienen 4 weitere Auflagen, und bereits 1720 wurde eine französische, eine holländische und eine deutsche Übersetzung gedruckt. Diesen ersten Übersetzungen folgten im Laufe von zwei Jahrhunderten Übertragungen in etwa 30 Sprachen. Für Deutschlands Literatur bedeutet die Einführung des »Robinson« ein Novum; denn abgesehen vom »Simplicissimus« hatte das deutsche Schrifttum noch keine originale Literatur auf dem Gebiet des realistischen Romans hervorgebracht. Daß der Defoesche Roman gerade bei uns solchen Anklang fand, hat nach Aussagen des Robinsonforschers Hermann Ullrich seine Gründe »einmal in den damaligen Verhältnissen unseres Vaterlandes«[8]. Die politische und geistige Unfreiheit, die starken Bindungen an gesellschaftliche Schranken, die enge Begrenzung des Lebensraumes mußte eine Literatur besonders anziehend machen, in der dies alles aufgehoben war. Robinson verläßt freiwillig die Ordnung der bürgerlichen Zivilisation und sucht auf der Weite

---

[8] H. Ullrich 1924, S. 82.

des Meeres die Ungebundenheit und das Abenteuer. Das Schicksal verbannt ihn zwar auf die Insel, aber er ist frei von politischer, gesellschaftlicher, geistiger Bevormundung und eigener Herr in seinen Entscheidungen.

Das Robinsonmotiv regte zu zahlreichen Neu- und Nachschöpfungen an, die ebenfalls vom Leben in insularer Abgeschiedenheit, fern von menschlicher Gesellschaft, erzählen. Ullrich nennt über 200 Robinsonaden, die in der Folgezeit entstanden sind. Die meisten erreichen nicht annähernd die Größe des Vorbildes, viele weichen auch wesentlich von der ursprünglichen Konzeption ab.[9]

Die Zentralidee einer echten Robinsonade bildet die Inselexistenz; ob einer allein oder eine Gruppe von Menschen das inselhafte Dasein erlebt, ob sie ungewollt oder freiwillig in diese Situation geraten, ja selbst die Tatsache, ob es sich um eine Insel im Meer oder einen anderen von Menschen isolierten Flecken Erde handelt, ist nicht entscheidend. Maßgeblich für die Kennzeichnung als Robinsonade ist die Isolation von Zivilisation und Gesellschaft und die sich daraus ergebende ursprunghafte Anfangslage, in der sich der Mensch zurechtfinden und bewähren muß.

J. G. Schnabel erzählt in der »*Insel Felsenburg*« (1731–1743) von einer Menschengruppe, die auf eine Insel übersiedelt, um dort Zuflucht vor der verderbten Welt zu finden. Im Unterschied zum Ur-Robinson ist das Eiland nicht unfreiwilliges Exil, sondern selbstgewähltes Asyl[10]. Eine andere Robinsonade ist der »*Schweizerische Robinson*« von J. R. Wyß (1812). Ein Schweizer Pfarrer strandet mit seiner Familie auf einer Insel, richtet sich ein, erzieht seine Kinder und führt mit ihnen angesichts der südlichen Flora und Fauna naturwissenschaftliche Lehrgespräche. Auch G. H. Schuberts »*Schicksale Philipp Asthens unter Seeräubern und auf der Insel Ruatan*« (1848) trägt starke naturkundlich-belehrende Züge. Zu den besten alten Robinsonaden zählt F. Marryats »*Masterman Ready*« (1841), die Geschichte eines selbstlosen Seemanns, der freiwillig das Schicksal einer schiffbrüchigen Familie teilt und sein Leben für sie opfert. Sie fand in Deutschland unter dem Titel »*Sigismund Rüstig*« Verbreitung.

Die unübersehbare Flut von ausländischen und deutschen Robinsonaden der Vergangenheit kennt einen Sächsischen, Thüringischen, Schwäbischen, Böhmischen, Berlinischen, Niederländischen, Medizinischen, Weiblichen Robinson usw.

Auch in der neueren Jugendliteratur ist das Robinsonmotiv noch lebendig. Als Robinsonade kann Sonnleitner seinerzeit viel empfohlenes und viel gelesenes Buch »*Die Höhlenkinder*« (1918–1920 in drei Bänden) bezeichnet werden. Durch eine Naturkatastrophe werden zwei Kinder in ein entlegenes Gebirgstal verschlagen, wo sie, wie Menschen der Urzeit, Stufe für Stufe von der bloßen Fristung des Lebens bis zur Beherrschung der Natur emporsteigen. Lisa Tetzner schildert in »*Das Schiff*

---

[9] R. Stach (1991) unterscheidet zwischen eigentlichen Robinsonaden, apokryphen und Pseudorobinsonaden. Er nennt im ganzen an die 600 deutschsprachige Ausgaben.

[10] Bezeichnenderweise hat die weltflüchtige Romantik »Insel Felsenburg« neu entdeckt und herausgegeben (Arnim und Tieck).

ohne Hafen« und *»Die Kinder auf der Insel«* das Schicksal von sieben Kindern, die mit einem Emigrantenschiff stranden und auf einem Eiland bis zu ihrer Rettung leben. Das sind Episoden einer neunbändigen Kinder-Odyssee (1937–1949), die sich auf dem Hintergrund der politischen Verhältnisse des Dritten Reiches abspielt.

Mit Scott O'Dells *»Insel der blauen Delphine«* ist ein neuer weiblicher Robinson erstanden. Der amerikanische Autor des Buches erzählt von einem Indianermädchen, das auf einer einsamen Insel vor Kalifornien der erbarmungslosen Umwelt Nahrung und Sicherheit abringt.

Abgesehen von diesen Neugestaltungen wird der Ur-Robinson selbst bis heute immer wieder bearbeitet und aufgelegt. Die zahlreichen Ausgaben unterscheiden sich nicht unwesentlich voneinander.

Die berühmteste und wohl auch freizügigste Bearbeitung ist die des Philanthropen Joh. Hch. Campe, der durch Rousseaus Bemerkungen im Bildungsroman »Emil« angeregt wurde. In seinem *»Robinson der Jüngere«* (1779) wertet Campe den Bildungs- und Moralgehalt im Sinne der Aufklärung pedantisch aus. Er macht aus dem »Robinson« ein Lehr- und Erziehungsbuch, in dem die Handlung nur noch Ausgangspunkt ist, um in langen Wechselgesprächen Kenntnisse über Menschenarbeit und -tugend zu vermitteln. »Campe segelte mit einer Zeitströmung, und dieser Umstand, in Verbindung mit seinen sonstigen wirklichen Verdiensten, gewannen seiner Bearbeitung einen Erfolg, der unendlich weit über ihr Verdienst hinausging. In weit über hundert Originalauflagen, mehreren Nachdrucken, zahlreichen Umarbeitungen und Übersetzungen in zwanzig Sprachen verbreitet, wurde sie schuld, daß man über ihr das ganz aus dem Gesicht verlor und den Robinsonstoff vielfach nur in dieser Gestalt kennenlernte«[11].

Spätere Bearbeiter waren von Zillers Bildungsplan inspiriert, nach dem der erziehende Unterricht des zweiten Schuljahres von »Robinson« als Stammlektüre und zentralem Stoffgebiet ausgehen solle[12].

Die starke Abweichung vom Original zugunsten des Pädagogischen wurde bereits in der Aufklärung vereinzelt kritisiert. Erst durch Wolgasts scharfe Polemik gegen das tendenziöse Jugendbuch fand auch der Ur-Robinson wieder eine bessere Würdigung. Die grundsätzliche Frage nach Verantwortung und Freiheit des Bearbeiters mußte sich ja nun gerade an diesem in so vielen Variationen vorhandenen Werk entzünden. Sie wird bis heute immer von neuem gestellt[13]. Die Grundintentionen des Originals müssen erhalten bleiben. Da der Kern des Werks das Inselleben darstellt, die abenteuerlichen Reiseerlebnisse vor und nach dem Aufenthalt auf dem Eiland bei

---

[11] H. Ullrich 1924, S. 99 f.

[12] Vgl. O. Willmann: Robinson als Lesestoff des erziehenden Unterrichts. In: Pädagogische Vorträge. Leipzig 1868.

[13] Vgl. J. Langfeldt 1959, H. Pleticha 1960, U. Klein 1963, E. Liebs 1977 – Grundsätzliches zur Übersetzung von KJL siehe W. Harranth 1991.

Defoe selbst nur zweitrangige Bedeutung haben, ist eine Beschneidung dieser Geschehnisse in Jugendausgaben zulässig.

Notwendig ist, daß in jeder Bearbeitung die Gesinnung des jungen Robinson, ehe er sich einschifft, England verläßt und Schiffbruch leidet, deutlich zum Ausdruck kommt, denn nur so kann die Charakterentwicklung des Helden in den langen Jahren des Alleinseins verstanden werden. In diesen Jahren wächst Robinson unter dem Zwang der Verhältnisse zur selbstverantwortlichen, pflichtbewußten, religiösen Persönlichkeit. Das Inseldasein gibt ihm Gelegenheit, über sich selbst, sein bisheriges Leben und über den Menschen in der Welt überhaupt nachzudenken und führt ihn durch mancherlei Krisen schließlich zur abgeklärten Haltung eines geduldigen und gottvertrauenden Menschen. Die Natur ist ihm nicht Anlaß sentimentaler und ästhetischer Betrachtung, sondern Objekt des verfügenden und umgestaltenden Zugriffs. Er ist in sie gestellt, um sie sich dienstbar zu machen. Bis ins Detail schildert Defoe die Pionierarbeit des auf sich allein Angewiesenen. »So wird der Robinsonroman stets das hohe Lied menschlicher Existenz bleiben.« In ihm »wird gezeigt, daß jeder Mensch kraft seiner Vernunft, d. h. kraft seines eigenen Nachdenkens und Überlegens, imstande ist, genau so zu handeln wie Robinson. Auch darin liegt ein ungeheurer erzieherischer Wert des Buches, das seine Feuerprobe für den Leser naturgemäß dann am besten besteht, wenn dieser sich in Not und Einsamkeit und Gefahr befindet. Der Robinson zeigt und lehrt uns, wie wir die rauhe Wirklichkeit meistern können«[14]. Die Darstellung der Naturbewältigung ist gleichzeitig exemplarisches Abbild der kulturgeschichtlichen Entwicklung der Menschheit. Was Robinson in 28 Jahren unermüdlicher Arbeit vollbringt, das hat die Gattung Mensch auf breiter Ebene in Jahrtausenden vollzogen[15].

»Robinson«-Ausgaben und Jugendbücher mit Robinson-Motiv:

D. Defoe: Robinson Crusoe (Loewe, Ensslin, Thienemann, Ueberreuter, Dressler, detebe, RTB, Arena TB) – K. Lasky: Jenseits der Wasserscheide (dtv Junior) – H. Mazer: Cleos Insel (anrich) – S. O'Dell: Insel der blauen Delphine (Oetinger u. dtv junior) A. Th. Sonnleitner: Die Höhlenkinder (Franckh u. dtv junior) – L. Tetzner: Das Schiff ohne Hafen. Die Kinder auf der Insel, Bd. 5/6 von »Die Kinder aus Nr. 67« (Sauerländer u. dtv junior)

---

[14] G. Jacob 1951, S. 33 u. 34.
[15] Vgl. weiter zur Analyse des »Robinson«: A. Bodensohn 1965, J. Prestel 1932, K. Bartsch 1984, G. Birkner 1981.

3. Seegeschichten

Große Anziehungskraft auf den abenteuerlichen Geist übt seit altersher das Meer aus. Die Gefahren in Wellen und Sturm, die Fahrt in die unbekannte und endlose Weite, männliche Leistung und Kameradschaft, das Wagnis der Erforschung neuer Seewege, der Kampf mit Piraten und Meuterern, das alles sind Stoffe von Seegeschichten, die den nach großen Erlebnissen hungernden jungen Menschen faszinieren.

Seegeschichten haben ihre Heimat vor allem in England. Der schon erwähnte Frederik Marryat nahm erheblichen Einfluß auf ihre Entwicklung, und Robert Louis Stevenson schrieb mit seiner »Schatzinsel« (1883) eine der erregendsten Piratengeschichten.

Große Kapitäne und berühmte Entdeckungsfahrten wurden zum Thema abenteuerlicher Seefahrtgeschichten. Zu den in der Literatur immer wiederkehrenden Seehelden gehört der englische Kapitän James Cook. Seine Reisen über die Weltmeere hat schon Campe für die Jugend bearbeitet, und Kurt Lütgens erstes Jugendbuch »Der große Kapitän« (1980) erzählt von dem englischen Seefahrer. Auch Magellans Weltumseglung ist in mehreren Abenteuerbüchern geschildert worden. Im Deutschland des ausgehenden 19. Jahrhunderts brachten der Kolonialgedanke und der Aufstieg zur Seemacht der Seefahrtliteratur neue Impulse. Viele dieser Erzählungen tragen aber den Stempel einseitiger patriotischer Tendenz.

Zu den Klassikern der großen See-Literatur gehört der Roman »Moby Dick« des Amerikaners Herman Melville. 1851 geschrieben fand dieses Werk erst nach fast 100 Jahren größere Beachtung in Deutschland. Es ist die Geschichte von Kapitän Ahab, der den weißen Wal Moby Dick vom Atlantik bis in den Pazifik jagt, um Rache an ihm zu nehmen, schließlich im Kampf gegen den Wal untergeht. – Das ist die äußere Handlung. »Moby Dick« ist aber mehr als nur die abenteuerliche Geschichte von der wahnwitzigen Idee und dem selbstverschuldeten Untergang des Walfängers Ahab. Es ist Dichtung von stark symbolhaftem Charakter. Die Melville-Forschung hat das Werk nach verschiedenen Seiten zu deuten versucht:

> »So kann man in Moby Dick den Dämon der See erblicken, der den Menschen vom Land aufs Meer verlockt und in den unendlichen Räumen des Ozeans umkommen läßt. In Ahab mag uns das Inbild des alles wagenden Menschen erscheinen, der sich die Erde untertan machen will. Er ist dem Wahn verfallen, die Kreatur sei um seinetwillen geschaffen. So gesehen, ist die Jagd nach dem weißen Wal ein Gleichnis für die menschliche Hybris. Doch ist es auch möglich, Ahab als den irrenden Sucher aufzufassen, der auf seiner Lebensreise von bösen Mächten umlauert ist. Im Kampfe mit ihrer Verkörperung, mit dem Inbegriff der Heimtücke Moby Dick, wird er selber zum Berserker, zum blinden Zerstörer. Er glaubt zu hetzen und ist doch selber nur ein Gehetzter, eine arme Seele, die mit Satan paktiert hat und am Ende in die Hölle gerissen wird. Gleichwohl begegnet man ihm auch als dem Einzelnen, der sich vor der Allmacht seines Königrechts bewußt ist und ihr trotzt, obschon auf den Trotz die Ver-

nichtung folgt. Er ist Luzifer, der Engel, der von Gott abfällt und gegen ihn um den Besitz der Welt kämpft«[16].

Der jüngere Leser wird den Ideenhintergrund noch nicht erfassen. Ziehen wir außerdem den breit angelegten Aufbau mit vielen Einschüben naturwissenschaftlicher und philosophischer Art in Betracht, so wird klar, daß »Moby Dick« erst in bearbeiteter Form dem Leser ab 13/14 Jahren zugänglich wird.

Beispiele abenteuerlicher Seegeschichten:

H. Baumann: Die Barke der Brüder (Freies Geistesleben, ab 13) – F. Berliner: Frostmond über dem Fjord (anrich, ab 12) – W. Leffler: Schiffsjunge auf einem Getreidesegler (Lentz, ab 12) – J. London: Der Seewolf (Loewe, ab 10) – K. Lütgen: Das Rätsel der Nordwestpassage (Loewe, Arena, ab 13) – H. Melville: Moby Dick (Loewe, Ueberreuter, Ensslin, Arena u. a., ab 13) – N. von Michalewsky: Küsten im Sturm (Herder, ab 12) – G. Sachse: Es waren Räuber auf dem Meer (Ueberreuter, ab 13) – G. Sachse: Die Meuterei auf der Bounty (Bertelsmann, ab 12) – G. Schalk: Klaus Störtebeker (Ueberreuter, ab 12) – H. Schreiber: Magellan und die Meere der Welt (Ueberreuter, ab 13) – R. L. Stevenson: Die Schatzinsel (Boje, Thienemann, Ensslin, Loewe, Ueberreuter, Arena u. a., ab 12) – E. Sutton: Seeräuber an Bord (Boje, ab 10) – C. Thiele: Sturm Boy (Ravensburger, ab 10)

4. Historisch orientierte Abenteuerbücher

Abenteuerbücher führen den Leser nicht nur in fremde Welten, sondern auch in ferne Zeiten. So weit sie eine bestimmte geschichtliche Vergangenheit zum Rahmen wählen, spricht man vom historisch orientierten Abenteuerbuch. Eine Unterscheidung zum erlebnishaft gestalteten Sachbuch ist nicht immer genau möglich. Maßgeblich für die Einordnung in die Abenteuerliteratur ist die Konzentration auf einzelmenschliche Ereignisse und Schicksale, sind Dynamik und Besonderheit der Handlung.

Viele historische Erzählungen und Romane setzen einen Leser voraus, der schon über ein reiferes Geschichtsbewußtsein verfügt[17]. Sie gehen oft von Einzelfakten aus, die dem Durchschnittsleser ungeläufig sind und die er auch nicht ohne weiteres überschauen kann; oder sie beziehen sich auf eine fremdländische Vergangenheit, für die der Geschichtsunterricht keine Einführung bietet. Anderseits überbrückt die anschauliche Schilderung wechselhafter und spannender Geschehnisse die Barriere, welche durch mangelnde Sachkenntnis sich bildet. Die Anziehungskraft beruht auf dem Erlebnisreiz, der von der Handlung und von der Darstellung einzelmenschlicher Taten und Schicksale ausgeht. Die umfassende geschichtliche Gegebenheit bleibt

---

[16] K. Bahnmüller 1951, S. 81 – vgl. auch A. Bodensohn 1965, S. 131 ff.
[17] H. Bertlein 1955, S. 22.

dabei zwar nur umrißhaft im Hintergrund, ihr Geist und ihre Bedeutung zeigen sich aber am dargestellten Individuum, das als Erleidender oder Träger der Geschehnisse zum Subjekt der Geschichte wird.

Eine Umschau ergibt, daß keineswegs alle Epochen der Geschichte im erforderlichen Umfang vertreten sind. Die Zeit der Entdeckungen nimmt einen verhältnismäßig breiten Platz ein. Auch die nordamerikanische Vergangenheit ist ausschnittsweise gut repräsentiert, wenn man die zahlreichen Wildwest- und Indianererzählungen zur geschichtlichen Abenteuerliteratur hinzuzählt. Vorübergehend rücken geschichtliche Teilaspekte wie die Urzeit der Menschheit oder historische Einzelphänomene wie das Leben und die Herrschaft ostasiatischer Steppenvölker in den Vordergrund.

Ein Problem eigener Art stellte nach 1945 die Einbeziehung der *deutschen* Geschichte in das erzählende Jugendbuch dar. Es ist nicht verwunderlich, daß unter dem Eindruck der politischen Katastrophe und in der Verunsicherung des nationalen Selbstverständnisses zunächst eine weitgehende Leere auf dem Felde der historischen Erzählung (und des historischen Sachbuches) eintrat. Später folgten Bücher, die dem verbreiteten Grundübel der deutschen historischen Jugendliteratur seit dem 19. Jahrhundert, der nationalen Überheblichkeit, der Kriegsbegeisterung, der nationalen Intoleranz aus dem Wege zu gehen trachten. Heinrich Wolgast hat schon vor der Jahrhundertwende die pseudopatriotische Jugenderzählung treffend charakterisiert und bloßgestellt[18]. Eine scharfe Kritik vermochte nicht zu verhindern, daß nationalistischer Dünkel sich noch ein halbes Jahrhundert lang im deutschen Jugendschrifttum breit machte und in verlogenen Tönen von »deutscher Kraft und deutscher Tüchtigkeit, deutscher Treue und deutschem Gemüt« kündete. Das moderne Jugendbuch will mit dieser anmaßenden Einseitigkeit und Engstirnigkeit nichts mehr gemein haben, es will »versäumte Lektionen« nachholen.

Autoren und Verleger bemühen sich, in den neuen Texten friedensliebende, humanitäre und weltbürgerliche Haltung herauszustellen; ein Bemühen, das die Erziehung zu Weltoffenheit, zu Toleranz und Anerkennung anderer Kulturen und deren Leistung unterstützt.

Und sei es die früheste Zeit der Menschheitsgeschichte – Bücher wie »*Die Höhle am Fluß*« von Joseph C. Grund (Loewe), eine Erzählung aus der Frühzeit, oder Arnulf Zitelmanns Eiszeitgeschichte »*Bis zum 13. Mond*« (Beltz & Gelberg) wollen Verständnis für Weltsicht und Kultur anderer Menschheitsgruppen wecken und nicht zuletzt anregen, deren Erfahrungen mit in die Gegenwart hereinzunehmen.

A. Zitelmann drückt aus, was er u. a. mit seiner Geschichte vermitteln wollte: »Keineswegs sehen sich unsere Vorfahren der Schöpfung gegenüber in einer übergeordneten Stellung, so wie wir das heute tun.« Sie hatten eine andere Weltsicht als wir. »Denn während für uns der Mensch im Mittelpunkt aller Dinge steht, tauchen Menschengestalten in der Eiszeitkunst

---

[18] H. Wolgast 1950 (7. Aufl.), S. 140–158. – Vgl. auch R. Schenda 1974, Th. Kohlmann 1974.

eher als Randfiguren neben alles überragenden Tiergestalten auf.« Die Einordnung in die Natur, die Verschwisterung mit ihr wird zur Mahnung für zukünftige Generationen, mit der Erde behutsam umzugehen. (Nachwort)

Ein bezeichnendes Beispiel für den Wandel der Intentionen des Erzählers ist Hans Baumanns »*Ich zog mit Hannibal*« (Thienemann). Das Buch wendet sich gegen Herrschende, die ihre Stärke, Macht und Ausstrahlung mißbrauchen. So heißt es in einer Kurzzusammenfassung (Klappentext):

> Hauptanliegen der fesselnden Schilderung historischer Gegebenheiten »bleibt die Auseinandersetzung des Jungen mit Hannibal: wie er zunächst der Faszination dieser Persönlichkeit verfällt, aber im Lauf der Ereignisse immer mehr auf den Wahnsinn des Krieges und auf die Uneinsichtigkeit des großen Feldherrn stößt«.

Mehr als früher wenden sich historische Jugenderzählungen nun auch dem einfachen Menschen und jener Schicht der Bevölkerung zu, auf deren Rücken sich nicht selten die große Politik abspielt. Sigrid Heucks »*Geschichten um die alte Mühl*« (Thienemann), kein eigentlich historischer Roman, wohl aber ein fesselnder, zum Teil von dramatischen Momenten durchzogener erzählender Bericht über Leben und Schicksal einfacher Landleute. Die große Politik geht über sie hinweg, trifft sie aber auch oft mit unerbittlicher Härte. Klaus E. Everwyn zeigt in »*Für fremde Kaiser und kein Vaterland*« (Arena) an einem jungen Tagelöhner, der mehrfach für die napoleonische Armee rekrutiert wird, die »Desillusionierung einer bisher vorwiegend heroisch gesehenen Zeit. Es ist ein Plädoyer für die Menschenwürde der kleinen Leute« (Auswahlliste Dt. Jugendliteraturpreis 86).

Um 1950 tauchte die *jüngste Geschichte (Zeitgeschichte)* im Kinder- und Jugendbuch auf. Walter Scherf sieht den Anfang so:

> »Drei Autoren übersprangen die Barrieren des Üblichen: Erich Kästner schrieb *Die Konferenz der Tiere* (1949). Für ihn waren die Erwachsenen ein hoffnungsloser Fall. Er hielt sich an die Kinder und ließ ihnen die ganze Schöpfung zur Hilfe eilen – ausgenommen die unbelehrbaren erwachsenen Menschen selber ... Der zweite Autor war Kurt Held (d. i. Kurt Kläber) ... Er schildert in seinem vierbändigen Werk *Guiseppe und Maria* (1955) das Schicksal zweier beim Kriegsende in Italien zum Treibgut gewordenen Kinder, eine bittere Anklage gegen den Krieg und die Unmenschlichkeit der Gesellschaft. Der dritte Autor ist seine Frau, Lisa Tetzner, die bereits während des Krieges die ersten Bücher ihrer neunbändigen Kinderodyssee herausbringt. Die Reihe begann mit der Schilderung des in eine Kindergruppe einbrechenden Rassenwahnsinns und endete mit einer utopischen Verbrüderung der Kinder aller Rassen und Völker.«[19]

Den ersten zeitgeschichtlichen Veröffentlichungen auf dem Jugendbuchmarkt folgten, zunächst zaghaft, weitere zeitgeschichtliche Erzählungen, die sich nament-

---

[19] W. Scherf 1974, S. 394f.

lich mit Judenverfolgung, Drittem Reich, Zweitem Weltkrieg, Nachkriegsnot, Vertreibung, geteiltem Deutschland beschäftigen. Heute nehmen sie, zusammen mit der sog. problemorientierten Jugendliteratur, einen beachtlichen Platz im Angebct der Verlage ein. Ihre Autoren setzen auf die Wirkung einer person- und handlungsbezogenen Darstellung, die am Erlebnis und Betroffensein einzelner Personen, vorwiegend junger Menschen, die politische Vergangenheit lebendig und einsichtig macht. (Beispiele zeitgeschichtlicher Jugendbücher auf S. 201 f.)

Beispiele historisch orientierter Abenteuerbücher und Erzählungen:

Frühzeit:

E. Ballinger: Der Gletschermann (Ueberreuter, ab 12) – E. Bulwer-Lytton: Die letzten Tage von Pompeji (Arena, ab 12) – J. Denzel: Tao, der Höhlenmaler (Dressler u. dtv junior, ab 11) – J. C. Grund: Das Dorf am See (Loewe, ab 11) – A. E. Marks: Das steinerne Amulett (Lentz, ab 12) – W. Schlichtenberger: Im Tal der schwarzen Wölfe (Artemis u. Arena, ab 12) – P. Seeberg: Der Junge ohne Namen (Nagel & Kimche u. dtv junior, ab 12) – R. Sutcliff: Scharlachrot (dtv junior, ab 13) – M. Tesch: Im Schatten des roten Mondes (Herder, ab 12) – A. Zitelmann: Kleiner Weg (Beltz & Gelberg, ab 12)

Antike und frühes Christentum:

H. Baumann: Der große Alexanderzug (Freies Geistesleben, ab 12) – H. Baumann: Ich zog mit Hannibal (Thienemann u. dtv junior, ab 12) – J. C. Grund: Bis an das Ende der Erde (Loewe, ab 11) – J. C. Grund: Feuer am Limes (Loewe, ab 11) – H. Kneifel: Pompeji. Flucht aus Feuer und Asche (Arena, ab 12) – E. Salgari: Pharaonentöchter (Arena, ab 12) – J. Streit: Milon und der Löwe (Freies Geistesleben, ab 12) – R. Sutcliff: Der Adler der Neunten Legion (Union u. dtv junior, ab 12) – L. Wallace: Ben Hur (Arena, detebe u. a., ab 13) – A. Zitelmann: Zwölf Steine für Judäa (Beltz & Gelberg, ab 13) – A. Zitelmann: Hypatia (Beltz & Gelberg, ab 14)

Mittelalter:

H. Baumann: Steppensöhne (Thienemann, ab 13) – Th. Beckmann: Der goldene Dolch (Urachhaus, ab 11) – T. Dragt: Der Brief für den König (Beltz & Gelberg, ab 11) – J. C. Grund: Reiter aus der Sonne (Loewe, ab 11) – I. Heyne: Jerusalem ist weit (Arena, ab 12) – P. Kustermann: Der längste Weg (anrich, ab 14) – P. Marc/St. Dusik: Marco Polos wunderbare Reisen (bohem, ab 13) – G. Ott: Widukind (Freies Geistesleben, ab 12) – H. Pyle: Robin Hood (Ueberreuter u. Loewe, ab 10) – R. M. Schröder: Dschingis Khan. König der Steppe (Bertelsmann, ab 11) – W. Scott: Ivanhoe (Hoch, ab 12) – R. Sutcliff: Das Hexenkind (Freies Geistesleben, ab 12) – C. Voigt: Unter Gauklern (Beltz & Gelberg, ab 12)

Frühe Neuzeit (bis ca. 1750)

H. Baumann: Der Sohn des Columbus (Loewe u. dtv junior, ab 12) – H. Baumann: Die Barke der Brüder (Freies Geistesleben, ab 12) – B. Bartos-Höppner: Kosaken gegen Kutschum-Khan (Loewe, ab 12) – I. Engelhardt: Hexen in der Stadt (dtv junior, ab 13) – M. Kruse: Anna zu Pferde (Schneider, ab 12) – P. Marc/J. Čapek: Die Reisen des Kapitän Cook (bohem, ab 13) – P. Marc/M. Brix: Kolumbus entdeckt Amerika (bohem, ab 13) – S. O'Dell: Vor dem Richter des Königs (Oetinger, ab 14) – T. Röhrig: In 300 Jahren vielleicht (Arena, ab 13) – T. Röhrig: Übergebt sie den Flammen (Arena, ab 14) – K. R. Seufert: Sie kamen von Mitternacht (Herder, ab 14)

Späte Neuzeit:
J. Aiken: Geh, zügle den Sturm (Oetinger, ab 12) – B. S. Cummings: Feuer über Virginia (Union u. dtv junior, ab 13) – K. E. Everwyn: Der kleine Tambour und der große Krieg (Union u. Arena, ab 13) – W. Fährmann: Der lange Weg des Lukas B. (Arena, ab 13) – K. Held: Der Trommler von Faido (Sauerländer, ab 14) – S. Heuck: Geschichten um die alte Mühl (Thienemann, ab 14) – Th. Reichhart-Krenn: Ignaz. Geschichte eines Glasmacherbuben (Jugend & Volk, ab 14) – D. Reiche: Der Bleisiegelfälscher (anrich, ab 14) – G. Sachse: Das Floß der armen Leute (Bertelsmann, ab 12) – K. Schneider: Die abenteuerliche Geschichte der Filomena Findeisen (Beltz & Gelberg, ab 12) – L. Tetzner: Die schwarzen Brüder (Sauerländer, ab 10) – C. Wethekam: Tignasse, Kind der Revolution (Thienemann u. dtv junior, ab 14)

5. Indianergeschichten

Völkerkundlich-geographisch und zugleich historisch orientiert sind die zahlreichen Bücher über Nordamerika in der Pionierzeit, über Leben und Kampf der Indianer und der Ansiedler, über den Wilden Westen. Seit über hundert Jahren zählen sie zu den beliebtesten Stoffen der Kinder- und Jugendlektüre.

Man fragt sich, welche Gründe dazu geführt haben, daß gerade Volk und Land der Indianer und dieser Ausschnitt der nordamerikanischen Geschichte eine so überragende Stellung im Abenteuerschrifttum der Jugend einnehmen.[20] Der Aufschwung der Indianerliteratur und der Geschichten aus dem Wilden Westen im 19. Jahrhundert ist wohl zunächst auf die große Zahl der Auswanderer zurückzuführen, die damals Europa verlassen haben, um jenseits des Ozeans ihr Glück zu versuchen. Durch sie wurde das Interesse an der neuen Welt besonders angeregt. Ganze Generationen von Ansiedlern standen dort urtümlichen Verhältnissen gegenüber und mußten sich in außergewöhnlichen Situationen kämpferisch bewähren. Vor allem bewegen jene Berichte und Erzählungen, die von der Auseinandersetzung mit den Ureinwohnern Nordamerikas handeln. Der Charakter des indianischen Volkes wird mit unterschiedlichen Farben gezeichnet. Ob der rote Krieger als grausamer und tückischer Gegner oder als edler und unverdorbener Naturmensch geschildert wird, in jedem Falle fesselt er die Aufmerksamkeit der Leser. Der junge Mensch fühlt sich zu diesem Volk hingezogen, das aus seinem Lebensraum verdrängt und schließlich auf tragische Weise nahezu ausgerottet wurde. So finden besonders die Trapper und Jäger seine volle Zustimmung, die als Freunde oder als edle Gegenspieler des indianischen Menschen in der Literatur auftreten und nicht die Ansicht der meisten Grenzläufer der Pionierzeit vertreten, der beste Indianer sei der tote Indianer[21].

---

[20] Als Sach- und Informationsliteratur existiert das Indianerschrifttum seit der Entdeckung Amerikas. Vgl. H. Pleticha 1978, S. 82–89; er spricht von mehreren Phasen in der Entwicklung des Indianerschrifttums.
[21] Vgl. P. Hasubek 1984, S. 6 f. – A. Hölder 1967, S. 121 ff.

Diese Gründe würden aber allein noch nicht den Siegeszug der Indianerliteratur erklären. Ein großer Schriftsteller hat durch sein Werk dem Indianerroman einen festen Platz in der Literatur gesichert. Es ist James Fenimore Cooper (1789–1851). Von seinen 32 Romanen sind seine *Lederstrumpf-Erzählungen* (1823 ff.) zur unvergänglichen Abenteuerliteratur geworden. Sie gelten bis heute als klassisches Schrifttum über die Indianer und das Grenzleben im Wilden Westen. Sie umfassen folgende fünf Bände:

Die Ansiedler an den Quellen des Susquehanna; Der letzte Mohikaner; Die Prärie; Der Pfadfinder; Der Wildtöter.

Verbindende Hauptgestalt der Romane ist Lederstrumpf, auch Wildtöter, Falkenauge oder Pfadfinder genannt. Mit ihm errichtete Cooper den vielen Pionieren und Waldläufern, die auf sich allein gestellt die Wildnis durchstreiften, ein idealisiertes Denkmal. Die indianischen Bundesgenossen und Freunde schildert er als edle und aufrecht handelnde Menschen, ohne dabei nicht auch Schwächen und Fehler aufzuzeigen. Cooper sucht im roten Mann die Ursprünglichkeit und Unverdorbenheit des natürlichen »Wilden«. Mit Wehmut schaut er auf die rote Rasse, die der überlegenen, aber nicht besseren weißen weichen muß. In der Gestalt des Unkas, des letzten Mohikaners, schildert er die Tragik ihres Verfalls und Untergangs.

Goethe hat im hohen Alter einige Bücher Coopers gelesen, er urteilt darüber: »Ich bewundere den reichen Stoff und dessen geistreiche Behandlung; nicht leicht sind Werke mit so großem Bewußtsein und solcher Konsequenz durchgeführt wie die Cooperschen Romane.«[22] Konsequenz: das ist die stilistische Einheit, die Geschlossenheit und Abgewogenheit des Aufbaus, die Folgerichtigkeit der Handlung im Einklang mit dem Wesen der Charaktere und den realen Gegebenheiten.

Cooper ist Vorbild für viele Indianerschriftsteller geworden. Besonders deutlich ist die Nachfolgeschaft bei *Karl May*. Auch er stellt die Freundschaft zwischen einem großen Häuptling und einem ebenbürtigen weißen Trapper in den Mittelpunkt der Handlung; auch er überhöht diese Gestalten. Während aber Cooper seine Helden in angemessener Berücksichtigung der äußeren und psychologischen Möglichkeiten beschreibt und handeln läßt, versteigt sich Karl May in ein unwirkliches und unwahrhaftiges Superheldentum. Er ist Meister der Übertreibung und Überspitzung. Coopers Erzählweise zeichnet sich aus durch den Wechsel von Bewegung und Ruhe der Handlung, durch eindrucksvolle Bilder, die Atmosphäre schaffen, durch die Zeichnung von Menschentypen, die den Anspruch erheben können, innerlich echt zu sein, durch Naturschilderungen von dichterischer Kraft. All das ist bei Karl May nur viel seltener zu finden. Er vermag die Wellentäler zwischen den Höhepunkten nicht mit kraftvollen Schilderungen oder überzeugenden Beschreibungen auszufüllen; typisch dafür sind seine papierenen Landschafts- und Menschenschilderungen,

---

[22] Zit. in K. Bahnmüller 1951, S. 81.

künstlich eingeschobene Zwischenstücke, die sich dem Ganzen nicht organisch einfügen (vom Leser deshalb auch für überflüssig gehalten und überblättert werden). Karl Mays Bücher sind seit ihrem Erscheinen kontrovers diskutiert worden. Heute ist es um sie ruhiger geworden; gelesen werden sie mit großer Hingabe nach wie vor. Man sollte sie trotz ihrer literarischen und inhaltlichen Mängel nicht geringer einstufen als andere von ihren Lesern heiß geliebte Trivialliteratur.

Die Tecumseh-Reihe von Fritz Steuben mit ihren acht Bänden (1930 ff.) von »*Schneller Fuß und Pfeilmädchen*« bis »*Tecumsehs Tod*« verbindet das Abenteuerliche mit historisch und völkerkundlich fundierter Darstellung. Der Shawanohäuptling Tecumseh und sein großer Gegenspieler Daniel Boon spiegeln als Vertreter der verfeindeten Parteien Rot und Weiß die Tragik des Kampfes um Nordamerika. Steuben begnügt sich nicht mit der Darstellung der kriegerischen Auseinandersetzung, betrachtet die Vorgänge auch nicht einseitig vom Standpunkt einer Partei, sondern zeichnet die menschlichen Qualitäten und Konflikte beider Seiten. Durch die enge Anlehnung an die historische Wirklichkeit nimmt sein Werk eine Mittelstellung ein zwischen dem abenteuerlichen und sachlich betonten Indianerbuch. Eine ähnliche Erzählposition vertritt auch Liselotte Welskopf-Henrich, die in ihren Indianererzählungen »*Die Söhne des Großen Bären*« die soziale und völkerkundliche Problematik besonders berücksichtigt.

Seit Anfang der siebziger Jahre macht sich eine neue Welle der Indianerliteratur bemerkbar. Sie schließt an die sachlich-historische Entwicklungslinie an, behandelt die Indianerthematik von der sozial-politischen und der ethnologischen Seite, klammert das abenteuerliche Moment weitgehend aus und wendet sich mit ihren sozialkritisch angagierten Ausführungen an den Leser.[23] Auf seiten der Literaturpädagogik wird dieser Aspekt der Indianerliteratur vor allem von ideologie- und gesellschaftskritisch interessierten Lehrern aufgegriffen und didaktisch ausgewertet.[24]

Das Thema »Indianer« nimmt in der Vorpubertät bei vielen eine so zentrale, oft jede andere Literatur verdrängende Stellung ein, daß literarpädagogische Skepsis gegenüber einer zu frühen Hinlenkung auf diesen Themenkreis verständlich ist. Es besteht die Gefahr, daß durch eine Ausweitung des vom Indianerinteresse bestimmten Leseabschnitts andere altersangemessene Leseinteressen vernachlässigt werden.

Ohne die Verengung der literarischen Interessen zu überschätzen (Heranwachsende neigen zur absoluten Bevorzugung bestimmter Literatursorten), sollte man versuchen, auch das Kennenlernen anderer Spannungsliteratur zu fördern, und dabei die altersmäßige Eignung beachten. Die herkömmliche und klassische Indianerlek-

---

[23] Zu den erfolgreichen Titeln dieser Richtung gehören Bücher wie »Begrabt mein Herz an einer Biegung des Flusses« von Dee Browns (1972).

[24] Siehe das Rowohlt-Lehrerbuch »Indianer« von M. Dahrendorf / P. Zimmermann (1935).

türe (z. B. Coopers Lederstrumpferzählungen) ist für Leser unter zehn Jahren nur bedingt rezipierbar. Es gibt aber Indianergeschichten, die schon für Acht- und Neunjährige geeignet sind. Was sie aus der fremden Welt des Roten Mannes berichten, ist auch dem umweltgebundenen Leser schon zugänglich, weil Kindererlebnisse und -probleme im Mittelpunkt stehen. Es handelt sich im Grunde um Umweltgeschichten.

Beispiele aus der Indianerliteratur

8.–10. Lj.: J. Brudac: Der Windadler (Herder) – G. Drabsch: Die Indianergeschichte (Ravensburger) – S. Ericson: Indianerjunge Kleiner Wolf (Schneider) – J. R. Gardiner: Steinadler (Ravensburger) – K. Hill: Starker-Sohn und Schwester (Beltz & Gelberg) – A. Jürgen: Blauvogel (Ravensburger) – K. Recheis: Kleiner Wa-Gusch (St. Gabriel) – K. Recheis: Die Stimme des Donnervogels (St. Gabriel) – U. Wölfel: Fliegender Stern (Thienemann u. Ravensburger)
Vom 11./12. Lj. an: F. Carter: Der Stern der Cherokee (Bertelsmann) – F. de Cesco: Der rote Seidenschal (Ravensburger, ab 14) – B. S. Cummings: Vergeßt die Namen nicht (Union) – J. F. Cooper: Lederstrumpfgeschichten (Arena, Ellermann, Ensslin, Loewe, Thienemann u. a.) – S. Ericson: Der rote Sturm (anrich) – O. La Farga: Indianische Liebesgeschichte (Beltz & Gelberg, ab 13) – J. Howe / M. Blake: Der mit dem Wolf tanzt (Schneider) – J. Hudson: Schnell wie der Wind (Arena) – K. Recheis: Red Boy (St. Gabriel) – K. Recheis: Die Fallensteller am Bibersee. Die Hunde Wakondas (Herder u. Ravensburger) – F. Steuben: Der fliegende Pfeil (Franckh) u. Forts. – H. Stig: Donnersohn (Arena) – L. Welskopf-Henrich: Die Söhne der Großen Bärin. 6 Bde. (Ravensburger, Altberliner, ab 13) – N. Witt: Die Nacht des Bären (dtv junior)
Sachbetonte Indianerliteratur:
F. Hetmann: Indianer. Eine Kulturgeschichte (Ravensburger) – R. Oth: Auf den Spuren der Indianer (Ensslin) – K. Recheis: Die Kinder der Prärie (Herder, ab 8) – K. von Welck: Bisonjäger und Mäusefreund (Ravensburger, ab 8)

6. *Abenteuerliche Erzählungen mit Tieren*

In vielen Abenteuerbüchern spielen Tiere eine entscheidende Rolle, aber auch das Tierbuch selbst kann zum Abenteuerbuch werden. Das trifft zu, wenn ihm ein Handlungsablauf von gesteigerter Dynamik zugrundeliegt und es nach Wahl der Stoffe und Darstellungsmittel dem Interesse am Außergewöhnlichen entgegenkommt.

In zahlreichen Geschichten ist die Welt des Tieres selbst der Schauplatz. Das Tier wird zum Handlungsträger, es bewältigt sein Leben und muß sich mit der Natur, mit seinesgleichen oder mit dem Menschen auseinandersetzen, wobei oft der harte Kampf um die Existenz dominiert. Die lebendige, anschauliche und spannende Erzählweise bringt es mit sich, daß eine menschenanaloge Darstellung unumgänglich ist und die

Möglichkeiten personaler Beschreibung genutzt werden. Das ist auch in realistischen Tiererzählungen, deren Autoren das spezifische Verhalten und die eigene Lebensform des Tieres sehr ernst nehmen, nicht vermeidbar. Die Tiere werden gleichsam zu Personen, ja zu »Persönlichkeiten« und »Helden« der Geschichte. So sagt *Ernest Thompson-Seton* (1860–1946), einer der bekanntesten Tiererzähler, zu seinen Tierdarstellungen:

> »Diese Erzählungen sind wahr und obwohl ich die geschichtliche Wahrheit an manchen Stellen umgangen habe: die Tiere in diesem Buch haben alle wirklich gelebt. Ihr Leben floß dahin, wie ich es geschildert habe, und sie beweisen Persönlichkeit und Heldengröße weit nachdrücklicher als meine schwache Feder wiederzugeben imstande war.«[25]

In den rund 30 Tierbüchern des Dänen *Svend Fleuron* (1874–1966) wird das Leben der Tiere realistisch und vorwiegend aus der Sicht ihrer eigenen Welt dargestellt. Gerade weil die Umstände nicht idyllisch, sondern in ihrer Härte, als Kampf ums Überleben unter Einsatz von Kraft, List und Mut gezeigt werden, sind die Schilderungen nicht selten von abenteuerlicher Spannung. Fleurons Tierbücher sind heute kaum noch bekannt und werden auch nur noch geringfügig verlegt. Die derzeit (1993) einzige deutsche Ausgabe ist »*In Wald und Feld*« bei Diederichs.

Andere Tiergeschichten betrachten die Ereignisse mehr vom Aspekt des Menschen aus, beziehen jedenfalls den Menschen mit ein und beschränken sich nicht nur auf den Lebenskreis des Tieres. In Jagdgeschichten verfolgt der Mensch das Tier und bringt es – oft unter außergewöhnlichen und gefährlichen Umständen – zur Strecke. Nicht selten wird er selbst zum Bedrohten und Gejagten. Zahlreicher sind die Erzählungen, in denen das Tier als Helfer und Begleiter des Menschen auftritt und durch sein mutiges Verhalten, seinen bedingungslosen Einsatz und durch seine Zuverlässigkeit die Bewunderung und die Anteilnahme des Lesers hervorruft. Es ist vor allem der Hund, der in unzähligen Geschichten als der Genosse und Freund des Menschen gezeigt wird.

Das Thema »Treue« – oft überstrapaziert und sentimental verzerrt, immer wieder aber auch in glaubwürdigen und packenden Bildern aufgezeigt – findet sich nicht nur in zahlreichen abenteuerlichen Tiererzählungen, sondern auch in der Novellenliteratur (z. B. M. von Ebner-Eschenbach: »*Krambambuli*«). Zu den berühmtesten Hundegeschichten gehört »*Wenn die Natur ruft*« von Jack London, einem Abenteuerautor von überragender Bedeutung (1860–1946). Im Schlittenhund Buck wird die Treue zum Menschen allmählich von der Stimme des Blutes übertönt, und der Hund kehrt in die Wildnis zurück. Das Tier zwischen Domestikation und Wildheit oder zwischen Anpassung und Absonderung, Zuneigung und Abkehr, das ist ein mehrfach wiederkehrendes Thema.

---

[25] Nachwort an den Leser. In: Bingo und andere Tierhelden (Franckh).

Eine Variante dieser Thematik stellt die Darstellung einer Situation dar, in welcher der Mensch der Wildnis ausgeliefert ist und nun seinerseits sich der Wildnis und dem Tier anpassen muß. So sieht das Eskimomädchen Julie seine einzige Überlebenschance darin, sich einem Rudel Wölfen anzuschließen (J. C. George: »*Julie von den Wölfen*«), ein Vorgang, der auf andere Weise auch für die Erzählung von Mogli, dem Urwaldmenschen, zutrifft, ein Teilstück der »*Dschungelbücher*« von Rudyard Kipling (1865–1936). Wenn diese Erzählung auch nicht im eigentlichen Sinne als realistisch bezeichnet werden kann, so erfüllt sie doch durch ihren fesselnden Handlungsablauf und die fremdartigen Gegebenheiten die Voraussetzungen abenteuerlicher Literatur. Die künstlerisch hochstehende Erzählung mit ihrem originalen Gehalt ist heute weitgehend durch primitive Tarzangeschichten in den Hintergrund gedrängt worden. Die Geschichte vom tapferen Mungo Rikki Tikki Tavi gehört ebenfalls zu den Tierdarstellungen der »*Dschungelbücher*«.

Beispiele spannender Erzählungen mit Tieren:

Vom 10./11. Lj. an: L. Baustian: Loewes Tiergeschichten (Loewe) – G. Feustel: Hora (Union) – I. Heyne: Der Ferienhund (Klopp) – R. Kipling: Das Dschungelbuch (Bertelsmann, Ueberreuter, dtv junior u. a.) – W. Lindquist: Im Land der weißen Füchse (dtv junior) – H. Löns: Ausgewählte Tiergeschichten (Reclam) – H. Löns: Mümmelmann und andere Geschichten (Kinderbuch Berlin) – J. Procházka: Lenka (Bitter u. Ravensburger) – C. Pullein-Thompson: Komm zurück, Jessie (Titania) – L. Streblow: Manka, das Mammut (Loewe) – C. Thiele: Der Hai mit der Narbe (Ravensburger) – H. Turowski: Der getupfte Spitz (Bitter)

Vom 12. Lj. an: B. Bartos-Höppner: Silvermoon (Ravensburger) – W. J. Egli: Bis ans Ende der Fährte (Ueberreuter u. dtv junior) – S. Fleuron: In Wald und Feld (Diederichs) – J. C. George: Morgens ruft die Krähe (Sauerländer u. dtv junior) – H. Höfling (Hrsg.): Krambambuli und andere klassische Tiererzählungen (Ensslin) – K. Lütgen (Hrsg.): Die schönsten Tiergeschichten aus aller Welt (Schneider) – N. Kalashnikoff: Faß zu, Toyon! (Oetinger) – C. Pullein-Thompson: Black Beautys Vorfahren (Boje) – I. Sentjurič: Lukas lange Reise (Lentz) – R. Siegel: Das Lied der Wale (Arena)

Vom 13./14. Lj. an: H. Fischer: Menschen, Tiere, Abenteuer (Ensslin) – J. C. George: Julie von den Wölfen (Sauerländer u. dtv junior) – J. London: Der Ruf der Wildnis (Ravensburger) – J. London: Wolfsblut (Arena) – H. Melville: Moby Dick (Ensslin u. a.) – K. Recheis: Amaroq, Wolf, mein Freund (Thienemann) – W. Strieber: Im Schatten des großen Wolfes (Ravensburger)

Die abenteuerliche und Spannung auslösende Tiergeschichte, wie sie hier im Rahmen der Abenteuerliteratur Erwähnung findet, ist nur eine von mehreren Formen der Tierdarstellung. Sie spielt genau besehen in jeder kinderliterarischen Gattung eine Rolle. Bleiben wir beim wirklichkeitstreuen Text, dann ist sie auf der einen Seite von der realistischen Bilderbuch- und Kindergeschichte, auf der anderen Seite vom erzählenden bzw. sachlich informierenden Sachbuch flankiert. Aber auch in der phantastischen irrealen und märchenhaften Literatur ist das Tier ein immer wiederkehrender Stoff.

Viele Tiergeschichten, wie sie von Kindern und Heranwachsenden gerne gelesen werden, stammen aus der Erwachsenenliteratur. Der Literaturunterricht tut gut daran, wenn er schon auf der Mittel- ggf. erst auf der Oberstufe auf weitere Titel zurückgreift, die nicht der speziellen Kinder- und Jugendliteratur angehören. Das sind etwa die tiefsinnigen Erzählungen eines Gottfried Keller (»*Spiegel, das Kätzchen*«), eines Wilhelm Heinrich Riehl (»*Der stumme Ratsherr*«), eines Hermann Löns (»*Mümmelmann*«, »*Isegrims Irrgang*«) oder auch Texte moderner Meistererzähler wie von Luise Rinser (»*Die rote Katze*«), Heinrich Böll (»*Unberechenbare Gäste*«), Hans Bender (»*Ein Bär wächst zum Dach*«, »*Die Wölfe kommen zurück*«) oder von Ernest Hemingway »*Der alte Mann und das Meer*«). So wird aufgezeigt, wie auch von »großer« Literatur spannende und erlebnisreiche Wirkung ausgehen kann.

Worauf ist zurückzuführen, daß die Tierthematik ein beliebter Lesestoff ist? Eine genaue Antwort müßte die jeweilige Eigenart und Funktion der einzelnen Textarten berücksichtigen; allgemein läßt sich sagen: Die Hinwendung zum Tier beruht auf der prinzipiellen Aufgeschlossenheit für alles Lebende. Damit im Zusammenhang steht ein stark erkenntnisorientiertes Interesse (man will erfahren und kennenlernen), aber auch eine mehr oder wenige sichtbar ausgeprägte emotionale Verbundenheit mit dem Tier, die sich in anteilnehmender, mitfühlender und soziales Engagement auslösender Leserhaltung zeigen kann. Die Hinwendung zum Tier und zur Tierliteratur muß aber auch so verstanden werden, daß in der erkennenden und erlebenden Begegnung mit dem Tier die eigene Existenz und das eigene Ich besser erfaßt und verstanden werden. An den einfacheren und scheinbar besser überschaubaren Erscheinungsformen und Zusammenhängen anderen Lebens wird exemplarisch und anschaulich Elementares über das eigene Leben ausgesagt. Unabhängig von inhaltlichen Erklärungen der Beliebtheit erweist sich das Tierbuch, namentlich in seiner erzählerischen Form, als ein Mittel der Unterhaltung, das heißt: Tiergeschichten werden nicht zuletzt deshalb gelesen, weil sie Abwechslung und Freude vermitteln.

Diese Beobachtung scheint manchen verdächtig. Erst recht aber führte die Feststellung, daß sich Tiergeschichten oft in Idyllisierung und übergroßer Emotionalisierung verlieren, zu kritischer Einstellung. Tatsächlich können sie der sachlichen Weltdurchdringung und der Selbstidentifikation auch im Wege stehen. Solche Vorwürfe dürfen aber nur am Einzeltext entwickelt und nicht pauschal gegen das Tierbuch erhoben werden. Das gilt auch für die ideologisch und politisch motivierte Kritik, die in der literarischen Tierdarstellung ein Instrument zu erkennen glaubt, mit dem der Leser (ähnlich wie durch das Märchen) von den Realitäten der harten Welt, von den drängenden gesellschaftlichen Problemen abgelenkt und mit angenehmen Bildern beschwichtigt wird.[26] Solche Wirkung kann – beabsichtigt oder nicht – von bestimmten Textsorten ausgehen; sie darf aber weder verallgemeinert, noch überhaupt als die allein bedeutsame Beurteilungsproblematik, wie es in der neueren Diskussion geschehen ist, angesehen werden.[27]

7. Detektivgeschichten

Wenn man gesteigerte Dynamik, außergewöhnliches Geschehen, besondere Gefährdung und Leistung der Handlungsträger als Kriterien des Abenteuerbuches gelten läßt, dann können auch die Detektivgeschichten zur Abenteuerliteratur gerechnet werden.

Sie entsprechen allerdings nicht dem geläufigen und typischen Abenteuer. So fehlt ihren Schauplätzen das Fremdartige (ferne Räume, ferne Zeiten); sie ziehen die bekannte Umwelt mit ihren alltäglichen und zivilisatorischen Verhältnissen vor. Wenn abgelegene und geheimnisvolle Stätten (Burgen, Landhäuser, Küsten, Inseln) aufgesucht werden, liegen sie im Bereich der geographischen Nähe. Auch der »Held« der Detektivgeschichte unterscheidet sich vom Helden der herkömmlichen Abenteuerliteratur. Der Detektiv ist weniger vielseitig mit Fähigkeiten ausgestattet, er ist sozusagen ein spezialisierter Held. Seine charakteristischen Merkmale sind nicht körperliche Tüchtigkeit, sondern neben Mut und Kaltblütigkeit geistige Qualitäten wie Logik, Kombinationsgabe, Schärfe der Beobachtung, Schnelligkeit der Auffassung. Das gilt in besonderer Weise für jene Aufdeckungsgeschichten, in deren Mittelpunkt ein Erwachsener als Detektiv oder Kommissar steht, aber im Prinzip auch für Bücher, in denen Kinder und Jugendliche als Akteure die führende Rolle übernehmen. Die Leistung ist dann meistens nicht auf einzelne beschränkt, sondern wird von einer Gruppe von jungen Leuten, die keineswegs nur aus Buben zu bestehen braucht, getragen.

Die Jugenddetektivgeschichte hat sich erst im 20. Jahrhundert entwickelt. Ihre Entstehung steht weitgehend im Zusammenhang mit dem »Jungenbuch«, einer Art Parallele zum Mädchenbuch, in dem vorwiegend Jungen als Hauptgestalten auftreten und als einzelne, als Freundeskreis, als Schulklasse, als Geheimbund oder Bande agieren.[28] Die Erwachsenen nehmen nur eine nebengeordnete Stellung ein. Die jungen Leute bleiben meistens unter sich und bewegen sich in einer relativ autonomen

---

[26] So u. a.: O. F. Gmelin: Böses kommt aus Kinderbüchern. München 1972. – D. Richter: Kinderbuch und Erziehung. In: Ästhetik und Kommunikation 1972/5 und 6.

[27] Vgl. den Hinweis auf die mehrfache Funktion des Tierbuches in G. Haas 1984 b, S. 196.

[28] In früheren Auflagen habe ich das »Jungenbuch« als eigene jugendliterarische Gattung vorgestellt. Angesichts der Entwicklung auf dem Jugendbuchmarkt ist es fragwürdig, diesen Buchtypus, der seinen Namen den Jungen als Hauptgestalten verdankt, aufrechtzuerhalten.

Jugendwelt. Sie setzen sich selbst ihre Ziele und versuchen, die Aufgaben aus eigener Kraft zu lösen. Das »Jungenbuch« ging zum Teil auf die deutsche Jugendbewegung zurück, deren Bestrebungen nach jugendeigenen Lebenskulturformen auch eine Literatur hervorbrachte, in der das moderne Daseinsverständnis Ausdruck finden sollte. Fahrt, Lagerleben, Jugendkameradschaft, Erlebnisse auf alten Burgen, Schlössern und im Grenzland, Mutproben, Bewährung in unerwarteten Situationen, selbständige Überwindung von Gefahren und die Aufdeckung von Geheimnissen und Verbrechen aus eigener Kraft: das waren die Themen, die immer wieder aufgegriffen wurden.

Zu den herausragenden »Jungenbüchern«, die gleichzeitig als Detektivgeschichten im engen Sinne bezeichnet werden können, zählen Wolf Durians »Kai aus der Kiste« (1927), Wilhelm Matthießens »Das rote U« (1932), Friedrich Schnacks »Klick aus dem Spielzeugladen« (1933) und vor allem das von Erich Kästner 1928 geschriebene Buch »Emil und die Detektive«. Emil und seine Freunde jagen auf eigene Faust den Dieb und übergeben ihn schließlich der Polizei. Die Erzählung entgeht meisterhaft den Gefahren, denen andere Aufdeckungsgeschichten mit jugendlichen Akteuren oft erliegen. Sicher, die Kinder machen ihre Sache unwahrscheinlich gut. Die Schwierigkeiten werden aber nicht verniedlicht und die Leistungsfähigkeit der jungen Leute nicht überschätzt. Die Erwachsenen kommen – abgesehen vom Gauner Grundeis – nicht schlecht weg. Man denke vor allem an die liebevolle Darstellung von Emils Mutter. Auch ein Mädchen, Ponny Hütchen, ist am Erfolg beteiligt. Das Buch ist nicht nur als Detektivgeschichte Muster für viele Anregungen geworden, sondern hat auch mit seiner Darstellung des Großstadtmilieus, der Kinderbande und nicht zuletzt durch den Stil voll sprühender Originalität und Frische Bewunderer und Nachahmer gefunden.[29]

Sucht man in der Geschichte der Jugendliteratur nach älteren Vorläufern der Detektivgeschichte oder jedenfalls nach Erzählungen, in denen schon das detektivische Motiv unter Beteiligung junger Leute zu finden ist, so stößt man beispielsweise auf Charles Dickens' »Oliver Twist« (1838/39). Oliver fungiert zwar nicht als Detektiv, er hat zu wenig Abstand von den ihn quälenden und jagenden Ereignissen: das Geschehen erlaubt aber, »von der Rätselstruktur des Romans ›Oliver Twist‹ zu sprechen, vergleichbar den Aspekten des Geheimnisvollen und Rätselhaften in einer Detektivgeschichte«[30]. Auch durch die Vorgänge, die der Aufhellung verschiedener verfolgungswürdiger Vergehen dienen, besteht Ähnlichkeit mit detektivischer Literatur. Als Vorläufer der Detektivgeschichte in der Jugendliteratur können außerdem die abenteuerlich-humoristischen Erzählungen von Mark Twain »Tom Sawyers

---

[29] Vgl. K. Doderer 1975 – D. Grenz 1977 – P. Hasubek 1974, S. 32–36 – A. Krüger 1973, S. 178–200 – W. Scherf 1978, S. 14–16 – P. Kirsch 1986 – M. Sahr 1992.

[30] P. Hasubek 1974, S. 27.

Abenteuer« (1876) und »*Die Abenteuer des Huckleberry Finn*« (1885) bezeichnet werden. In »Tom Sawyer« entlarven Tom und Huck den Mörder, entlasten einen unschuldig Verdächtigen und verfolgen den Täter. Andere Inhalte spielen herein, wobei die Schatzsuche (ein beliebtes Motiv auch in modernen Abenteuer- und Aufdeckungsgeschichten: vgl. Sid Fleischman: »*Der Schatz in Mexiko*«) das detektivische Moment des Buches noch verstärkt.

Das heutige Angebot an Detektiverzählungen für junge Leser reicht von Aufdeckungsgeschichten, die der realistischen Kindererzählung nahestehen wie etwa »*Kalle Blomquist*« von Astrid Lindgren (Oetinger) oder die »*Spürnasenbücher*« von Josef C. Grund (Herold) bis zu Büchern, die schon dem Erwachsenen-Krimi ähneln und in deren Mittelpunkt ein berühmter Detektiv oder Kommissar steht, z. B. Erzählungen mit Kommissar Katzbach (»*Kater*«-Geschichten bei Ravensburger) von Jo Pestum oder Conan Doyles »*Sherlock Holmes*«-Reihe (Loewe). Die Bandbreite umfaßt Geschichten, in denen gefährliche und verbrecherische Vergehen verübt werden (vom Einbruch bis zum räuberischen Raub, von der Schutzgelderpressung bis zur Entführung), ebenso wie Geschichten, in denen nur kleine Delikte im Vordergrund stehen oder als Gauner- und Schmunzelkrimis aufgezogen sind (z. B. Sid Fleischman »*Ich und der Mann auf dem mondäugigen Pferd*«, Bitter).

Was die Inhalte anbelangt, ist aus pädagogischer Überlegung Vorsicht gegenüber der Darstellung von Verbrechertum und Gewalttätigkeit verständlich. Man weiß, wie gerade durch das Erleben von Aggressionsbeispielen modellhafte Einflüsse ausgelöst werden. Dennoch besteht normalerweise kein Anlaß, Leseinteressen, die sich kriminalistischer Literatur zuwenden, skeptischer zu beurteilen als andere auf Unterhaltung und spannende Abwechslung bedachte Lektüreneigungen. Es wäre abwegig, beim Leser von Detektivgeschichten prinzipiell Sensationsgier, Lust an Gewalttätigkeit oder gar kriminelle Neigung als Motive anzunehmen. Wesentliche Gründe für die Beliebtheit sind der Spaß am Entwirren komplizierter Zusammenhänge und an der allmählichen, über allerlei Umwegen sich anbahnenden Lösung, sind kritisches Dabeisein und die eigenen kombinatorischen Lösungsversuche, ist die Genugtuung über die erfolgreiche Aufdeckung geheimnisvoller und ungeklärter Ereignisse. Es entspricht dem Genre der Detektivgeschichte, den Erfolg nicht von körperlicher Überlegenheit abhängig zu machen. Um in einer verzwickten und noch dazu gefährlichen Angelegenheit ans Ziel zu kommen, um den Übeltäter überhaupt erst einmal zu entdecken, müssen geistige Fähigkeiten eingesetzt werden. Körperkraft und kämpferische Entschlossenheit helfen da nicht weiter. Logisches Kalkulieren, kritisches Abwägen, vorurteilsloses und nüchternes Einschätzen von Fakten und Personen, planmäßiges Vorgehen sichern ihm schließlich den Erfolg.

Anlaß zur Kritik geben Detektivgeschichten, die in der Darstellung der jugendlichen Fähigkeiten gewaltig übertreiben, die Erwachsenen aber vorwiegend im ungünstigen Licht zeigen. Hasubek kommt in seiner Studie zur Jugenddetektivgeschichte zu dem Ergebnis, es sei ein ungeschriebenes Gesetz der Jugenddetektivgeschichte, »daß die jugendlichen Detektive nie Kinder oder Jugendliche als Täter entlarven. Die Täter gehören vielmehr immer den Kreisen der Erwachsenen an: das Kriminelle ist ein Kennzeichen der Erwachsenenwelt. Damit werden Gut und Böse, Recht und Unrecht bereits auf bestimmte Parteien festgelegt, und die Gefahr der Schwarz-Weiß-Malerei entsteht.«[31] Wenngleich in der Detektivgeschichte eine gewisse Überzeichnung der Handlungsträger erlaubt ist, so dürfen doch die Grenzen der Wirklichkeitstreue nicht gröblich überschritten werden.

Sicher erfüllt sie durch die Darstellung erfolgreicher Aktivität junger Leute auch eine Aufgabe im Rahmen der Ichfindung und Ichstärkung. Es ist aber gut, auch zu erkennen, daß der Mensch zwischen zehn und sechzehn – bei allen Qualitäten, die er besitzt und entwickeln kann – noch nicht fertig ist, daß der Erfahrungsstand noch ergänzungsbedürftig ist und daß es eine schwere, aber wichtige Aufgabe ist, nicht nur seinesgleichen, sondern der Mitwelt insgesamt in Verständnisbereitschaft und ohne Vorurteile gegenüberzutreten. Das ist ein Erfordernis mitmenschlicher und sozialer Erziehung.

Beispiele von Detektiv- und Kriminalgeschichten:

Vom 10./11. Lj. an: J. Aiken: Wölfe ums Schloß (Oetinger) – H. J. Alpers: Die Ökobande (Frankh) (Reihe) – E. Blyton: Fünf Freunde auf Schmugglerjagd (Bertelsmann) u. Forts. – E. Blyton: Geheimnis um einen nächtlichen Brand (Klopp u. dtv junior) u. Forts. – W. Durian: Kai aus der Kiste (Klopp u. dtv junior) – W. Ecke: Perry Clifton und das unheimliche Haus (Loewe) u. Forts. – S. Fleischman: Ich und der Mann auf dem mondäugigen Pferd (Bitter) – J. C. Grund: Das Halsband mit den Katzenaugen (Herold) Reihe »Spürnasen« – A. Hitchcock: Die drei ??? Angriff der Computer-Viren (Franckh) u. Forts. – E. Kästner: Emil und die Detektive (Dressler) – A. Lindgren: Kalle Blomquist (Oetinger) – W. Matthießen: Das rote U (Loewe u. dtv junior) – U. Nilsson: Der Fluch der Pyramiden (Oetinger) – J. Pestum: Luc Lucas. 13 Minuten nach Mitternacht (Arena) u. Forts. – M. Twain: Tom Sawyers Abenteuer und Huckleberry Finn (Arena, Ensslin, Herder, Ueberreuter, Loewe u. a.) – A. Weidenmann: Der gelbe Handschuh (Loewe)

Vom 12./13. Lj. an: K. Allfrey: Das Haus am Deich (Thienemann) – B. Ashley: Narinder und Paula (Alibaba) – B. Ashley: Ronnies Rache (Klopp) – A. Christie: Miss Marple. Das Geheimnis der Amseln (Loewe) u. Forts. – Ch. Dickens: Oliver Twist (Boje) – W. J. Egli: Die Stunde des Skorpions (dtv junior) – I. Heyne: Ein anonymer Anruf (Herder) – W. Hörnemann: Die gefesselten Gespenster (Bitter) – O. F. Lang: Hetzjagd (Ueberreuter) – J. Pestum: Der Kater kommt zurück (Ravensburger) u. Forts. – W. Wegner / E. Steinke: Die Nacht des Leoparden (Thienemann) – O. Wilde: Das Gespenst von Canterville (dtv junior)

---

[31] ebd., S. 66.

8. Utopisches Abenteuer – phantastisches Abenteuer

8.1 Die *utopische Abenteuer- und Unterhaltungsliteratur* von heute wird hier verstanden als eine Fortsetzung bzw. Abzweigung der großen Utopien der Literaturgeschichte. Utopien schildern Zustände und Ereignisse, die der *Zukunft* angehören, an keinem Ort (griech.: ou topos) Wirklichkeit sind und daher nur in gedanklicher Konstruktion entwickelt werden können.[32]
Schon im 19. Jahrhundert tritt zu den gesellschaftlichen, politischen und soziokulturellen Zukunftsbildern die naturwissenschaftlich-technische Vision. Sie nimmt bald einen dominierenden Platz ein und spricht dank ihrer unterhaltenden und spannenden Gestaltung ein breiteres, auch jugendliches Publikum an. Der Autor erfindet auf der Grundlage wissenschaftlicher Fakten aus Technik, Physik und Astronomie eine nicht existierende, aber denkbare und vielleicht einmal mögliche Welt und läßt unter den neuartigen Voraussetzungen eine spannende Handlung ablaufen.
Als Vater der neueren utopisch-technischen und unterhaltenden Literatur gilt der Franzose Jules Verne (1828–1905). Er nimmt in seinen Erzählungen zahlreiche technische Errungenschaften vorweg. Die Reise *»Von der Erde zum Mond«* (dt. 1873) gehört zu den ersten realistisch-abenteuerlichen Darstellungen der Raumfahrt. Damit findet ein Thema, das bisher nur in märchenhaft-romantischer Weise behandelt wurde, Eingang in die realistische Erzählliteratur.
In Deutschland erreichte Hans Dominik (1772–1945) als Verfasser von fesselnden und abenteuerlichen Zukunftsromanen wie *»Brand der Cheopspyramide«*, *»Atomgewicht 500«* ein hohes Maß an Popularität. Früh treten im Rahmen der technischen Utopie auch schon Horror-Romane auf mit grauenerregenden Auseinandersetzungen, wie H. G. Wells: *»Krieg der Welten«* (1897), in dem einbrechende Marsbewohner die Menschen vernichten wollen.

In den heute mit *Science Fiction (SF)* bezeichneten Unterhaltungsschriften finden sich die meisten Inhalte der utopischen Literatur in variierter Form wieder. Was sie aber besonders charakterisiert und zu einem typischen Genre der realistischen Erzählliteratur (im Unterschied zur phantastischen Literatur) macht, ist das Bemühen der Autoren, eine *mögliche* Wirklichkeit darzustellen und im Hinblick auf die Weiterentwicklung der Wissenschaft diese erdachte Wirklichkeit plausibel zu machen.

---

[32] Frühe Utopien sind Platos *»Politeia«* und Thomas Morus' *»Utopia«* (1516). Moderne Utopien sind Ernst Jüngers *»Gläserne Bienen«* und *»Heliopolis«*, Alfred Döblins *»Berge, Meere und Giganten«*, Aldous Huxleys *»Schöne neue Welt«* und die dunkle Vision von George Orwell *»1984«*.

184

»Selbst wenn die Wissenschaftlichkeit vieler Phänomene in Science-Fiction-Romanen äußerst zweifelhaft ist, bleibt dennoch unbestritten, daß Science-Ficition-Autoren zumindest versuchen, eine ›wissenschaftlich glaubwürdige Atmosphäre‹ (S. Moskowitz) zu schaffen.«[33] Wenn es auch fraglich bleibt, ob die geschilderten Möglichkeiten jemals realisiert werden, so sollte es sich doch um eine Idee handeln, die »aus dem Aspekt der Naturwissenschaft und der Technik diskutabel erscheint«[34]

Oft genug müssen freilich pseudowissenschaftliche Begründungen und eine mit konstruierten Begriffen überladene Fassade herhalten, um den Anschein des Machbaren zu wecken. Nicht selten will man »auch den irrsten und wirrsten phantastischen Erfindungen den Schein der Normalität verleihen«[35].

Das läßt sich insbesondere an der trivialen *Heftchenliteratur* zeigen. In der erfolgreichsten deutschsprachigen SF-Heft-Serie unter dem Titel »*Perry Rhodan*« ist der Held mit Hilfe eines »Zellaktivators« unsterblich geworden. Die perfekt auf ihre Leser abgestellte Reihe und auch hinsichtlich der Sprache sonst brauchbar redigierte Reihe – ein »geschlossenes Kommunikationssystem« (Gerd Ueding) – setzt beim Leser für mancherlei »wissenschaftliche« Worterfindung ein wohlwollendes Einverständnis voraus. Etwa dann, wenn es heißt:

»Ein Shift, der in fast jedem Raumschiff ... anzutreffen ist, ist der Scoutshift ›Scorpion‹. Basierend auf der Tsunami-Konfiguration wurden die Shift-Konzepte angeglichen.«[36]

Das *Jugendbuch* hat es schwer, sich gegen die Heftserien durchzusetzen. Das Angebot an Buchtiteln mit SF-Literatur ist daher auch begrenzt. Darunter sind allerdings einige meisterliche (leider zum Teil vergriffene) Werke wie das aus dem Tschechischen übertragene »*Die Erde ist nah*« von Ludek Pešek (Bitter 1970). Der Autor bemüht sich in der Schilderung einer Marsexpedition um wissenschaftliche Genauigkeit, was bedeutet, daß seine Phantasie beim gegenwärtigen Stand der Forschung ansetzt und von hier aus die vermutliche Weiterentwicklung darstellt. Besonders hervorzuheben ist, daß er neben den technischen Problemen auch die menschlich-psychischen Schwierigkeiten der Raumfahrer schildert. Das kommt der Dramatisierung der literarischen Fiktion ebenso zugute wie der realistischen Glaubwürdigkeit.

Andere Bücher stecken sich räumlich und wissenschaftlich weitere Ziele. Je mehr sich die Visionen von unserer gegenwärtigen Realität entfernen, um so schwerer sind sie für den kritischen Leser nachzuvollziehen. Die beiden Bände »*Raumschiff außer Kontrolle*« und »*Weltraumvagabunden*« von Hans J. Alpers / Ronald M. Hahn

---

[33] W. Meißner 1989, S. 66.
[34] H. W. Franke 1976, S. 121.
[35] S. Moskowitz, zit. nach W. Meißner 1989, S. 66.
[36] Zitat aus G. Ueding 1991.

(Ensslin) führen in eine, noch heute kaum vorstellbare technische Zukunft. Menschen werden auf riesige Raumschiffe ausgesiedelt. Dort leben sie mit perfekt arbeitenden Robotern in einer künstlich geschaffenen Natur. Ohne Zweifel eine beeindruckende Utopie. Um die Faszination aufrecht zu erhalten, hätte es nicht der dramatischen Wende bedurft, daß bei der drohenden Katastrophe ausgerechnet Jugendliche die rettenden Entscheidungen treffen mußten.

Je weiter sich die literarischen Raumschiffe ins All hinausbegeben, um so mehr wird die Vorstellungskraft der Autoren herausgefordert. Die Raumfahrer sind extremen klimatischen und geologischen Verhältnissen ausgesetzt, sie treffen auf seltsame Erscheinungen und fremde Existenzen. Erich Dolezal nimmt in »Von Göttern entführt« (Jugend & Volk 1972) auf dem Planeten einer fernen Sonne eine menschliche Kultur an. Die Träger dieser Kultur sind vor 50 000 Jahren von Astriten eines fremden Sternensystems, die auf der Erde gelandet sind, entführt worden.

Die Beschreibung der fremden Existenzen bezieht sich vor allem auch auf die menschliche und gesellschaftliche Entwicklung. Die pädagogische Absicht, Beispiele und Warnbilder vor Augen zu führen, ist gelegentlich unverkennbar. Hierin nähern sich die Weltraumgeschichten jenen Utopien der Literatur, die der besserungsbedürftigen und im Fortschrittsglauben blinden Menschheit einen idealen oder abschreckenden Zustand von Staat und Gesellschaft aufzeigen. Die Forscher betreten eine Welt, in der es weder Kriege noch Feindschaften gibt (Dolezal: »Von Göttern entführt«), oder in der sich ein System von Unterdrückung und Terror durchgesetzt hat (L. Pešek: »Falle für Perseus«, Beltz 1976) und in der die Ausbeutung der Umwelt in eine ausweglose Sackgasse geführt hat (C. Wells: »Warnung aus der Zukunft«, Arena).

Manchmal (in den SF-Heften oft) kommt es zur kämpferischen Auseinandersetzung mit feindlichen Planetariern. Interessanter (für den reiferen Leser und den Erwachsenen) als das kriegerische Waffengetümmel ist die Version, nach der kosmische Mächte Herrschaft über Geist und Psyche des Menschen gewinnen und dessen eigenständiges Denken und Wollen ausschalten (z. B. in »Quick-chek. Menschen sind ungeeignet« von P. Zweydorn bei Thienemann 1976).

Im Jugendbuchsektor finden sich auch Erzählungen, die im Bereich unserer Welt, auf der Erde bleiben. Ihr Hauptmotiv ist politisch-gesellschaftlicher Art. So wird in dem Jugendroman »Die Wächter« (Oetinger und Ravensburger) von Johann Christopher eine Welt von morgen geschildert, die sich – von wenigen Gebieten abgesehen – zu einer dirigistisch kontrollierten Massengesellschaft entwickelt hat; ein Roman, der an Orwells »1984« erinnert.

Es sind vorwiegend pessimistische Visionen, die in den Geschichten über die Zukunft unserer Erde wahr werden. So schildert die außergewöhnliche Erzählung von Robert C. O'Brien »Z wie Zacharias« (dtv junior 1981 u. Benziger) die Situation nach einem Atomkrieg. Ein Mädchen und ein Mann, die überlebt haben, müssen mit der extremen Umweltlage und mit sich selbst, vor allem miteinander fertig werden. Es wird gezeigt, daß letzten Endes der Mensch – auf sich allein gestellt – verloren ist und ein jeder den andern braucht.

Utopische Jugenderzählungen (Science Fiction) (z. T. derzeit vergriffen):
Vom 12./13. Lj. an:
H. J. Alpers / R. M. Hahn: Raumschiff außer Kontrolle (Ensslin) – Dies.: Weltraumvaga-
bunden (Ensslin) – E. Dolezol: Von Göttern entführt (Jugend & Volk) – J. Joubert: Das
darf nicht das Ende sein. Februar 2006 (Sauerländer) – R. C. O'Brien: Z wie Zacharias (dtv
junior u. Benziger) – M. Paetow: Ana ruft Ona (ab 11) (Arena) – L. Pesek: Falle für Perseus
(Beltz & Gelberg) – C. Wells: Warnung aus der Zukunft (Bertelsmann)
Vom 14./15. Lj. an:
B. Bova: Gefangen in New York (dtv junior u. Boje) – J. Christopher: Die Wächter (Bitter,
Oetinger u. Ravensburger) – Th. Le Blanc (Hrsg.): Die spannendsten Weltraumgeschichten
(Südwest) – H. Knapp: Bei Hamburg leichter Niederschlag (Ravensburger) – L. Pesek: Die
Erde ist nah (Bitter) – C. Wells: Die Zeitmaschine (detebe) – P. Zweydorn: Quick-chek.
Menschen sind ungeeignet (Thienemann)

8.2 Die *phantastische Abenteuergeschichte* sprengt den Rahmen dessen, was im
engeren Sinne unter Abenteuerlektüre verstanden wird, weil ihr das Kennzeichen
durchgehender Realistik fehlt. Die abenteuerliche Handlung spielt in eine irreale und
magische Welt hinüber bzw. wird von numinosen und übersinnlichen Mächten und
Personen ganz wesentlich beeinflußt, und es steht fest, daß zwei Ebenen einander
berühren oder aufeinander treffen. Man kann daher mit Recht von *phantastischer*
Literatur sprechen. Abweichend von der Science Ficition, die durch realistische
Utopie gekennzeichnet und weitgehend von Wissenschaft und Technik getragen ist,
spielen in der, heute auch mit »*Fantasy*« bezeichneten phantastischen Erzählung
Außernatürliches und Unerklärliches, Entlehnungen aus der Mythologie und der
Sagenwelt eine zentrale Rolle.

Ausgehend von Motiven einer wendischen Volkssage zeichnet Otfried Preußler
Person und Schicksal von Krabat, der sich als Lehrling auf einer alten Mühle verdingt
und dabei in eine Schwarze Schule gerät (»*Krabat*«, Thienemann). Astrid Lindgren
greift auf Sagen- und Märchenstoffe zurück, wenn sie ein Stockholmer Waisenkind in
das »Land der Ferne« eintreten läßt, wo es als Prinz Mio seinen Vater findet (»*Mio,
mein Mio*«, Oetinger). In den »*Brüdern Löwenherz*« führt Lindgren die beiden in das
»Land der Sagen und Lagerfeuer«.

In diesen und anderen Fantasy-Erzählungen dominiert das Thema Licht und Dun-
kelheit, wird der Kampf zwischen Gut und Böse ausgetragen, geht es auch um die Überwindung von Angst und innerer Schwäche angesichts dunkler und unheimlicher Erscheinungen.[37] Legt man eine Reihe bekannter phantastischer Abenteuerromane nebeneinander, so wiederholt sich in fast monotoner Weise der Gang der Handlung: Die
Hauptfiguren werden meistens unverhofft und überraschend mit einer fremden »ande-

---

[37] Vgl. G. Haas 1984c, S. 278.

ren« Welt konfrontiert und müssen dort gegen Unheimliches und Böses antreten. Das trifft für die oben genannten Romane zu, gilt aber auch für so fast harmlos beginnende Erzählungen wie Clive S. Lewis' »*Wiedersehen in Narnia*« (dtv junior):

> Vier Kinder sitzen am Bahnhof und warten auf die Züge, die sie in ihre Schulen zurückbringen sollten. »Es war ein leerer, verschlafener ländlicher Bahnhof. Außer ihnen war kaum jemand auf dem Bahnsteig. Plötzlich stieß Lucy einen scharfen, kleinen Schrei aus, so etwa als sei sie von einer Wespe gestochen worden … Im nächsten Augenblick waren das Gepäck, die Bank, der Bahnsteig und der ganze Bahnhof verschwunden.« Die Kinder waren von einer starken Kraft fortgerissen und ins Land Narnia versetzt worden. Hier sollten sie dem Prinzen Kaspian beistehen, dessen Vater ermordet worden war. Es kommt zum Kampf.

Nicht immer geht es um räumliche Veränderungen, auch Zeitversetzungen werden möglich. In dem Fantasy-Roman »*Die große Flut*« von Madeleine L'Engle (dtv junior) durchbrechen die 15jährigen Zwillinge Sandy und Dennis in Sekundenschnelle Zeit und Raum und finden sich im biblischen Altertum wieder. Biblische und mythische Elemente verbinden sich in der Erzählung miteinander. Ein wenig Technisch-Wissenschaftliches spielt mit herein, was dem Text auch einen Hauch von Science Ficition verleiht: Aus Langeweile tippen die Kinder am Computer ihres Vaters, eines Astrophysikers, und werden so in die ferne Epoche versetzt. – In »*Abigails Zeitreise*« von Ruth Park (Loewe) gerät ein Mädchen in ein vergangenes Jahrhundert, in »*Laurins Geheimnis*« von Christa König (Loewe) finden sich zwei Brüder in einer anderen, längst vergessenen Welt wieder, wo sie phantastische Dinge erleben.

Da Kinder und junge Leute in vielen Fantasy-Geschichten als Handlungsträger auftreten, ist Identifikation mit den Möglichkeiten der Selbstfindung und Ichstärkung, aber auch eskapistisches Verhalten des Lesers naheliegend. Der Fantasy rundweg den Vorwurf zu machen, sie begünstige die Flucht vor den Anforderungen des realen Lebens, ist unangebracht[38], schon deshalb, weil sie – nach den Regeln der phantastischen Erzählung – realistische und imaginäre Ebene deutlich nebeneinanderstellt und in vielen Fällen die Rückkehr des »gereinigten« und besseren Helden in die Wirklichkeit abschließend zeigt.

> Im Jugendroman »*Der Weiße Wolf*« von Käthe Recheis (Herder u. dtv junior) verläßt Thomas als ein Junge, der sich klein und verloren fühlt, seine Eltern und sein Dorf. »Als er, Schritt für Schritt, durch das Gras stapfte, meinte er, es gäbe auf der ganzen Welt keinen zweiten Jungen, der so großen Kummer hatte und so allein war wie er.« Und nun kehrt er wieder heim. »In der anderen Welt, in der er hatte sein dürfen, war nun alles gut geworden, und er dachte, wie schön es war, daß er dabei hatte mithelfen dürfen. Er sprang auf und ging weiter … Er fing an, sich auf daheim zu freuen … Er konnte es kaum noch erwarten, wieder bei den Eltern zu sein … Jenseits der Wiese, vor dem Garten, standen Vater und Mutter,

---

[38] Vgl. oben phantastische Kindergeschichte, S. 136ff.

Barbara und Christa. Sie hatten ihn vermißt. Sie hatten ihn gesucht. Sie riefen nach ihm. Thomas fing zu laufen an.«

In Michael Endes »*Unendlicher Geschichte*« (Thienemann) wird die Rückkehr des Helden aus Phantasien in die Realität zur ausdrücklichen Aufgabe gemacht.

> »Ende . . . führt den pädagogisch nicht unbedeutsamen Nachweis, daß die seinem Helden aufgetragene Existenzbewältigung nur dann möglich ist, wenn solche Phantastik mit-gelebt wird und wenn umgekehrt die Phantastik nur Hilfsfunktion für die Bewältigung der Wirklichkeit hat. Dies ist im vollen Sinn das Gegenteil von Eskapismus . . ., vielmehr verhielte sich gerade derjenige eskapistisch, der sich den Mitteilungen des Phantastischen verschlösse.«[39]

Während noch vor wenigen Jahren Märchen und phantastische Geschichten unterzugehen drohten, sind sie heute – und namentlich in Form der als Fantasy bezeichneten Erzählungen und Romane – zu einer vom Publikum besonders beachteten Literaturgruppe geworden. Die »sich zur Zeit geradezu überschlagende Hochflut phantastischer Texte«[40] ist einerseits Anlaß zur Genugtuung über die »Wiedergewinnung der Phantasie« in der Jugendliteratur, gibt andererseits aber auch zu bedenken, ob sich nicht eine Entwicklung anbahnt, die zu einem Übergewicht an phantastischen Geschichten (mit einem hohen Prozentsatz sentimentaler bzw. reißerischer Trivialliteratur) auf Kosten realistischer Texte führt.

Phantastische Jugenderzählungen (z. T. Fantasy):

Vom 10./11. Lj. an: J. Aiken: Der flüsternde Berg (Oetinger u. dtv junior) – L. Alexander: Tarans Abenteuer. 5 Bde. (Arena) – S. Lewis: Wiedersehen in Narnia (dtv junior) – A. Lindgren: Mio, mein Mio (Oetinger) – O. Preußler: Mein Rübezahlbuch (Thienemann) – J. R. R. Tolkien: Der kleine Hobbit (Bitter u. dtv junior)

Vom 12. Lj. an: A. Aldrige: Fungel. Hüter des Waldes (Bertelsmann) – J. Christopher: Die Lotushöhlen (Bitter) – M. Ende: Die unendliche Geschichte (Thienemann) – M. Ende: Momo (Thienemann) – W. u. H. Hohlbein: Der Greif (Ueberreuter) – W. u. H. Hohlbein: Märchenmond (Ueberreuter) – Ch. König: Laurins Geheimnis (Loewe) – A. Lindgren: Die Brüder Löwenherz (Oetinger) – R. Park: Abigails Zeitreise (Loewe) – T. Pierce: Die schwarze Stadt (Arena) u. Forts. – K. Recheis: Der Weiße Wolf (Herder u. dtv junior) – B. Schneider: Das geheimnisvolle Verschwinden des Moghul (Ensslin)

Vom 13./14. Lj. an: S. Cooper: Bevor die Flut kommt (Ravensburger) – I. Edelfeldt: Robin und die Unsichtbaren (Urachhaus) – M. L'Engle: Die große Flut (dtv junior u. Thienemann) – M. L'Engle: Die Zeitfalte (dtv junior u. Thienemann) – P. Little: Im Weißdornbusch (anrich) – O. Preußler: Krabat (Thienemann) – P. Wrighton: Wirrun und das singende Wasser (Ravensburger) – P. Wrighton: Wirrun zwischen Eis und Feuer (Ravensburger)

---

[39] J. Gutsch 1981, S. 113 f.
[40] A. C. Baumgärtner 1985, S. 684.

C. Bedeutung der Abenteuerliteratur

1. Befriedigung elementarer Antriebe

Hinter dem Abenteuerdrang stehen Motive, die den jungen Menschen aller Zeiten bewegen. Im späten Kindesalter und mit Beginn der Reifezeit treten sie besonders hervor und werden geradezu zum Grundmotiv der Lebensführung. Erlebnishunger, Tatendrang, Sehnsucht nach der Ferne, Interesse am Außergewöhnlichen, Bedürfnis nach Bewährung und kämpferischer Auseinandersetzung, die Lust zur selbständigen Entscheidung, der Trieb zur Nachahmung imponierender Vorbilder, Idealismus und Romantik: das alles wirkt am Zustandekommen des Abenteuerdranges mit. Seine Erfüllung ist naturgewollt, legal und wie andere menschliche Grundstrebungen für die Entfaltung und Ertüchtigung der Person bedeutsam.

In unserer zivilisatorisch geordneten Daseinsform sind die Möglichkeiten zur konkreten und unmittelbaren Existenzerprobung gering, der Alltag ist gegen äußere Gefährdungen weitgehend abgeschirmt. Der junge Mensch sieht sich in eine geordnete und überschaubare Umwelt gestellt, in der die reale Erfüllung des Abenteuerdrangs nur wenig Chancen hat. Um so mehr gewinnt die virtuelle Befriedigung des Erlebnisdrangs an Bedeutung. Der Heranwachsende sucht im Phantasiespiel, im Film und in der Lektüre Ersatz für das selbsterlebte Abenteuer. Die Gefahren und Bewährungsproben fremder Menschen, ihre großen Taten werden zum Gegenstand eigenen Nach- und Miterlebens.

2. Individuell verschiedene Auswirkungen

Die literarische Begegnung mit dem Abenteuer kann zu individuell verschiedenen Wirkungen führen. Von allgemeiner Gültigkeit, d. h. für jeden Leser zutreffend, ist der hohe Unterhaltungswert der Abenteuerlektüre. Dynamik, Abwechslungsreichtum und Besonderheit des Geschehens befriedigen sein Erlebnisbedürfnis; sie kommen auch seinem Spielbedürfnis entgegen.[41] Abgesehen von dieser vorwiegend genießend-passiven Seite, kann abenteuerliche Lektüre unterschiedlichen Einfluß auf das aktive Verhalten ausüben.

Es ist bekannt, daß sie gerade für den jungen Leser unter bestimmten Voraussetzungen zum Anlaß werden kann, im *Nachvollzug* gleiche oder ähnliche Handlungen vollbringen zu wollen. Dadurch kommt es zu Zerwürfnissen, deren harmlosere Form die Unzufriedenheit ist. Im Banne der faszinierenden Abenteuergeschichte (oder des

---

[41] Vgl. J. Hiengers Studie zum Verhältnis von »Spannungsliteratur und Spiel« (1976) und zu den sich daraus ergebenden Einschätzungen der Lektürewirkung.

Abenteuerfilms) erscheint der eigene Alltag grau und langweilig, seine Aufgaben unbedeutend und so reizlos, daß man erst gar nicht ernsthaft versucht, sie zu bewältigen. Angesichts der großen Taten, zu denen sich der junge Mensch berufen fühlt, opponiert er gegen die täglichen Anforderungen und zieht sich in unfruchtbare Tagräumereien zurück. Es wird ihm nicht bewußt, daß er, der Erregendes und Gewaltiges unternehmen will, weder im Kleinen noch im Großen etwas fertig bringt.

Im Grunde steht hinter den hier angedeuteten Lesewirkungen jene Leseerwartung oder -motivation, die Hans E. Giehrl als »Streben nach Überwindung oder zumindest Lockerung der menschlichen Gebundenheiten« bezeichnet[42] und die zum »evasorischen Lesen« führt mit seiner Tendenz, »den je und je gegebenen Verhältnissen zu entweichen, die eigenen Unzulänglichkeiten und Mißhelligkeiten zu vergessen« und dem Drängen »der inneren Leere und Langeweile zu entfliehen« oder sich zu entspannen.[43]

Die aktiven Naturen unter den Abenteuerlesern begnügen sich nicht mit der bloß phantasiemäßigen Flucht aus der alltäglichen Realität. Sie entschließen sich möglicherweise zu abwegigen Unternehmungen, um aus ihrer Umwelt, die ihnen nichts bedeutet und ihre Erwartungen nicht erfüllt, auszubrechen. Sie schwänzen die Schule, verlassen den Arbeitsplatz oder laufen von zu Hause fort, um es irgendwie in der Fremde ihren Traumhelden gleichzutun, oder sie schließen sich Gruppen an, die viel »action« versprechen. Die Verantwortung für die Folgeerscheinungen dieser Art trägt nicht die Abenteuerliteratur schlechthin. Die individuelle Anlage des Lesers, die Beschaffenheit seines Familienmilieus, die Atmosphäre in Schule und Beruf, die Berufswahl, der Einfluß der Kameraden bereiten den Boden für Fehlhaltungen und Fehlhandlungen. Das Lektüreerlebnis gibt dann noch den letzten Ausschlag. Freilich trägt unter solchen Voraussetzungen ein auf Sensation und primitive Affekte abgestelltes Schrifttum zu negativen Reaktionen besonders bei. Die rechte Auswahl der Lektüre, das Erleben des spielerischen Umganges mit Spannungsliteratur[44], noch mehr aber die allgemein pädagogische Hilfe und Führung werden von diesem Standpunkt aus zu einer wichtigen Aufgabe.

Mit Recht verweist man auch auf einen Einfluß, der das Gegenteil von unmittelbarer Nachahmung hervorbringt. Es handelt sich dabei um die Annahme, daß durch das intensive Miterleben und das vorstellungsmäßige Auskosten der Aktivitäten und Erlebnisse anderer, die eigene *Taten- und Erlebnisdrang beruhigt und abreagiert* wird. Man bezeichnet diesen Vorgang, in Anlehnung an die seit Aristoteles beste-

---

[42] H. E. Giehrl S. 29.
[43] ebd., S. 36.
[44] »Das Spiel zu üben, bevor es – unbegriffen – verwirren und irreführen kann, ist eine naheliegende literardidaktische Forderung« (J. Hienger 1976, S. 49).

hende und von der Tiefenpsychologie ausgebaute »Reinigungstheorie«, auch als *Katharsis*. Wie weit kathartische Wirkungen tatsächlich entstehen können und wodurch sie ausgelöst werden, ist umstritten bzw. weitgehend ungeklärt. Pädagogen und Psychologen haben diese Möglichkeit der Reduktion von Bedürfnisspannung, namentlich von Aggressionslust, immer gerne angenommen, vielleicht aber nicht ausreichend mit einbezogen, daß durch den Katharsis-Effekt nicht nur unerwünschte Triebe und Verhaltensweisen, sondern konsequenterweise auch positive Aktivitätsstrebungen abreagiert und unter Umständen getilgt werden. Grundsätzlich darf und muß angenommen werden, daß nicht nur im aktiven Tun, sondern auch im phantasiemäßigen Nachvollzug neben der bekannten und anerkannten Verstärkungswirkung ein Abreaktionseffekt möglich ist.[45] Vor einer Überbewertung ist zu warnen.

Eine andere Art der Wirkung liegt zwischen Imitatio und Katharis: zwischen der Anstachelung des Abenteuertriebes, die zur Nachahmung des Gelesenen führt, und der Abreaktion. Sie zeigt im Endergebnis weder ein Erlöschen der Abenteuerlust noch eine extreme, oft perverse Aufgipfelung. Gemeint sind hier die *Sublimierung* der triebhaften Abenteuerlust und der Einsatz der sie belebenden Kräfte für wertvolle Leistungen auf anderen als den Gebieten der vitalen Kraftbefriedigung. Die Intensität des literarischen Erlebens erwirkt eine Aktivierung des Individuums, fördert das Entfalten von Eigenschaften wie Widerstandskraft, Ausdauer, Mut, Unternehmungslust, die sich aber nun nicht auf abwegige Pläne konzentrieren, sondern dem Leben im Hier und Jetzt verfügbar werden. Die Bewunderung des Helden führt nicht zu dem Verlangen, seine objektiven Taten zu wiederholen, sondern zur Nachahmung seiner Vorzüge und zu dem Wunsch, so zu werden wie er, um die Aufgaben des subjektiven Lebens zu bewältigen. Der Held wird zum Vorbild, von dem Impulse zur Selbstgestaltung ausgehen. Eine zunächst noch apsychologische Einstellung will äußere und einzelne Eigenschaften verwirklichen. Später tritt die Gesamtheit der Persönlichkeit des Helden mit ihrer inneren Haltung und Gesinnung in das Blickfeld.[46] Angesichts der erfolgreichen Taten erwächst dem Leser die Zuversicht, daß auch er seine individuellen Auseinandersetzungen besteht. Er wird ermutigt, sich mit dem Ernstfall des Lebens, mit Unsicherheiten und Gefahren der Zukunft zu konfrontieren, die Grenzen der vertrauten Gewohnheiten zu überschreiten, Neues zu wagen und selbständige Entscheidungen zu treffen. Dieser Optimismus ist als Mitgift auf den Lebensweg von größter Bedeutung. Er ist

---

[45] Zur Katharsis-Problematik vom allgemeineren Aspekt der Massenmedien und Massenkommunikation aus: vgl. Hüther, J.: Sozialisation durch Massenmedien. Opladen 1975, S. 129 ff. – Hoffmann, H.-J.: Psychologie und Massenkommunikation. Berlin / New York 1976, S. 204 ff. – Kunczik, M.: Massenkommunikation. Köln / Wien 1977, S. 196 ff.

[46] Über das Lernen durch Beispiel und Vorbild und über Bedeutung und Grenze vgl. K. E. Maier: Grundriß moralischer Erziehung. Bad Heilbrunn 1985, S. 131–137.

wichtig für die Reifejahre, in denen der Mensch das naive Selbstvertrauen der Kindheit abstreift und zwischen euphorischer Hochstimmung und tiefer Niedergeschlagenheit hin- und hergerissen wird.

Eine so verstandene Lektürewirkung ist auch von Bedeutung für die Einstellung des Individuums gegenüber der Gesellschaft und deren Erfordernissen an Verbesserung und Fortentwicklung. Das literarische Abenteuer regt Einstellungen und Verhaltensweisen an, die durchaus auch die aktive Anteilnahme an den soziokulturellen Gegebenheiten unterstützen und fördern können. Der kritische Einwand, Abenteuerlektüre lenke von den konkreten gesellschaftlich-politischen Verhältnissen ab, stelle letztlich eine antiemanzipatorische Beeinflussung dar und sei Beschwichtigungs- und fortschrittsfeindliche Literatur, kann prinzipiell und aus stofflichen Gründen – weil sie das Ferne, das Nicht-Alltägliche, das Außergewöhnliche, nicht jedoch das gesellschaftlich Konkrete und Aktuelle bevorzuge – nicht aufrecht erhalten werden.

Wesentlicher als Stoffbetrachtung ist in diesem Zusammenhang die Beachtung des Rezeptionsvorganges und der dabei im Leser ausgelösten Impulse zur Aktivierung der Person. Damit aber aus Mut Zivilcourage, aus Unternehmungslust soziales Engagement usw. werde, damit überhaupt die Aktivität sich dem gesellschaftlichen Bereich zuwendet, bedarf es freilich noch anderer Lernprozesse und Erfahrungen, die nur zu einem geringen Teil durch literarische Kommunikation erworben werden können. Nicht zuletzt sollte ein Stand der Lesereife erreicht werden, der es möglich macht, über das naive und passive Betroffensein hinaus, eine reflektierende und kritische Lesehaltung einzunehmen.

3. *Literaturpädagogische Bedeutung*

Literarpädagogisch gesehen stellt das Abenteuerbuch eine Verbindung zur Unterhaltungsliteratur des erwachsenen Lesers her. Es trägt dazu bei, der Isolierung der Jugendliteratur als altersspezifische Literatur entgegenzuwirken. Das geschieht auch dadurch, daß der junge Mensch bei der Lektüre von Abenteuergeschichten sich Lesefähigkeiten aneignen kann, die eine anspruchsvolle Literaturrezeption ermöglichen. Die formale Struktur des Abenteuerbuches ist schwieriger als die der üblichen Kinderliteratur. Aufbau, Wechsel der Schauplätze, Vielzahl der Personen, Stoff- und Handlungsreichtum, komplizierte Zusammenhänge erfordern logisches Mitdenken, deutliches Erfassen der entscheidenden Momente, gedächtnismäßiges Bereitstellen und Reproduzieren des Wesentlichen, Klarheit der Übersicht usw. In dem Bemühen, diesen Anforderungen der Abenteuererzählung gerecht zu werden, liegt gleichzeitig ein Einüben von Fähigkeiten, ohne die dem Leser der Zugang zur großen Erzählliteratur versperrt bleibt.

Schulfachleute verweisen mit Recht auch darauf, wie durch Verwendung des Abenteuerbuches im Unterricht eine Brücke zwischen Freizeitlesen und Schullesen hergestellt werden kann, so daß einerseits die im Privatbereich liegenden Lektüreinteressen für den Leseunterricht der Schule nutzbar gemacht, andererseits von der Schule her Impulse zur Freizeitlektüre geschaffen werden. Um dies zu erreichen, ist auch der bewußte und gesteuerte Einsatz von Abenteuerschriften, die formal und inhaltlich den trivialen Leseerwartungen entsprechen, als gelegentliche Schullektüre gerechtfertigt und notwendig.

Eine kultivierte Leserentwicklung wird allerdings durch beständigen Konsum trivialer Literatur gestört. Der permanente Einfluß des Reißerischen läßt manche wichtige Lesereigenschaft nicht zur Entfaltung kommen. Feinere Töne werden nicht vernommen, maßvoll dramatisierte Darstellungen und subtile Gehalte stoßen auf Unverständnis und werden als langweilig abgetan. Der abgestumpfte Leser versucht, seinen Reizhunger in den Abenteuerschmökern, den Grusel-Comics, den Kriminalberichten der Boulevardpresse oder auch primitiven Gangsterfilmen zu befriedigen. Die Sucht nach massiven Reizen beschränkt sich nicht auf das Literarische allein, es kann bestimmend werden für die gesamte menschliche Haltung. Der Schwund an Erlebnisfähigkeit und -tiefe entwickelt einen starken Bedarf an Abwechslung und groben Reizmitteln, führt zur Jagd nach immer stärkeren Stimulantien verschiedenster Art und zeigt sich – weil der Mensch durch nichts mehr voll befriedigt werden kann – als Flucht vor der ständig drohenden Langeweile.

D. Literatur zu Abenteuerbuch

Aley, P.: J. F. Coopers »Lederstrumpf« in Jugendausgaben – Oder: bearbeiteter Edelmut. In: Doderer, K. (Hrsg.): Klassische Kinder- und Jugenbücher. Weinheim/Berlin/Basel 1975 (3. Aufl.), S. 99–118

Arendt, D.: Jugendliteratur als utopisches Experiment. In: Fundevogel 1989/69., S. 9–14

Bahnmüller, K.: Hermann Melville (1819–1891) und sein »Moby Dick«. In: Werke der Weltliteratur für die Jugend. Reutlingen 1951, S. 69–84

Baumgärtner, A. C.: Das Abenteuer und die Jugendliteratur. Überlegungen zu einem literarischen Motiv. In: Sub tua platano. Festgabe für Alexander Beinlich. Emsdetten 1981, S. 218–225

Baumgärtner, A. C.: Kinder- und Jugendliteratur im Wandel. In: Pädagogische Rundschau 1985, S. 679–690

Baumgärtner, A. C./Pleticha, H. (Hrsg.): Abc und Abenteuer. Bd. 2. München 1985, S. 13 ff.

Baumeister, A.: Im Zeichen der Zeit. Abenteuerserien zum Beispiel. In: Fischer, H./Stach, R. (Hrsg.): Aspekte der Vermittlung von Jugendliteratur. Essen 1980, S. 38–42

Bertlein, H.: Über die Problematik des geschichtlichen Jugendbuches. In: Das gestaltete Sachbuch und seine Probleme. Reutlingen 1955 (Jahresgabe des Ensslin-Verlages)

Best, O. F.: Abenteuer. Wonnetraum aus Flucht und Ferne. Geschichte und Deutung. Frankfurt/M. 1980

Biesterfeld, W.: Science-Fiction. In: Doderer, K. (Hrsg.): Lexikon der Kinder- und Jugendliteratur. Bd. 3. Weinheim / Basel 1984, S. 360–365

Binder, A.: Michael Endes »Unendliche Geschichte« als ›Schule der Phantasie‹? In: Diskussion Deutsch 1985/86, S. 585–598

Birkner, G.: Das Utopische in ›Robinson Crusoe‹. In: Literatur in Wissenschaft und Unterricht 1981, S. 73–90

Bodensohn, A.: Abenteuer: Wildnis – Wüste – Pharaonen. Frankfurt a. M. 1961

Bodensohn, A.: Im Zeichen des Manitu. Coopers »Lederstrumpf« als Dichtung und Jugendlektüre. Frankfurt a. M. 1963

Bodensohn, A.: Abenteuer: Meer – Insel – Schiff. Frankfurt a. M. 1965 (2. Aufl.)

Bodensohn, A.: Abenteuer: Rothaut und Bleichgesicht. Frankfurt a. M. 1967

Böhm, V.: Der bearbeitete Karl May. In: 1000 und 1 Buch 1992/3., S. 4 ff.

Bröning, I. E.: Die Reiseerzählung Karl Mays als literaturpädagogisches Problem. Ratingen 1973

Brunkhorst-Hasenclever, A.: »Eine Reise zu sich selbst«. Phantastische Literatur in der Sekundarstufe I. In: Der Deutschunterricht 1982/2., S. 42–52

Cloer, E. (Hrsg.): Das dritte Reich im Jugendbuch. Fünfzig-Jugendbuch-Analysen und ein theoretischer Bezugsrahmen. Braunschweig 1983

Conrady, P.: Abenteuerlektüre heute. Kinder und Jugendliche als Leser von Abenteuerbüchern. In: JuLit 1990/3., S. 23–32

Dankert, B.: Detektiv- und Kriminalgeschichten für junge Leser. In: Haas, G. (Hrsg.): Kinder- und Jugendliteratur. Stuttgart 1984 (3. Aufl.), S. 139–152

Dingeldey, E.: Erkenntnis über Vergnügen? Vorwiegend didaktische Überlegungen zum Kriminalroman im Unterricht. In: Ide, H. (Hrsg.): Projekt Deutschunterricht 5. Stuttgart 1973, S. 156–176

Doderer, K.: Solidarität oder Untertanengeist. Zu Erich Kästner und Wilhelm Speyer ... In: Doderer, K. (Hrsg.): Klassische Kinder- und Jugendbücher. Weinheim 1975 (3. Aufl.), S. 35–54

Drews, I.: Phantastik als Zu-Ende-Denken einer Sache. Die Arbeit mit einem »realistischen« Science-Fiction-Text. In: Praxis Deutsch 1982/54., S. 47–52

Eggebrecht, H.: Sinnlichkeit und Abenteuer. Zur Entstehung des Abenteuerromans im 19. Jahrhundert. Berlin / Marburg 1985

Erne, H.-P. / Haas, G.: Schüler wollen Phantastik. Handlungsorientierte Lektüre am Beispiel von J. Christophers »Die Wächter«. In: Praxis Deutsch 1982/54., S. 41–46

Ewers, H.-H. (Hrsg.): Kinder- und Jugendliteratur der Aufklärung. Stuttgart 1980

Fischer, H.-D.: Die Jugenddetektivgeschichte im Deutschunterricht der Orientierungsstufe. Didaktische Überlegungen und methodische Hinweise. In: Das gute Jugendbuch 1976/3., S. 112–120 u. 1976/4., S. 173–180

Franke, H. W.: Science Fiction – Grenzen und Möglichkeiten. In: Maier, K. E. (Hrsg.): Phantasie und Realität in der Jugendliteratur. (3. Jahrbuch des Arbeitskreises für Jugendliteratur.) Bad Heilbrunn 1976, S. 121–127

Freund, W.: Das zeitgenössische Kinder- und Jugendbuch. Paderborn / München / Wien / Zürich 1982

Giehrl, H. E.: Der junge Leser. Donauwörth 1977 (3. Aufl.)

Grenz, D.: Erich Kästners Kinderbücher in ihrem Verhältnis zu seiner Literatur für Erwachsene. In: Lypp, M. (Hrsg.) 1977, S. 155–169

Gutsch, J.: Science Ficition als Jugendliteratur. In: Blätter für den Deutschlehrer 1981/1., S. 65–73 u. 106–114

Haas, G.: Science Fiction als Jugendliteratur. In: Haas, G. (Hrsg.): Kinder- und Jugendliteratur. Stuttgart 1984 a (3. Aufl.), S. 324–338

Haas, G.: Das Tierbuch. In: Haas, G. (Hrsg.): Kinder- und Jugendliteratur. Stuttgart 1984 b (3. Aufl.), S. 177–205

Haas, G./Klingberg, G./Tabbert, R.: Phantastische Kinder- und Jugendliteratur. In: Haas, G. (Hrsg.): Kinder- und Jugendliteratur. Stuttgart 1984 c (3. Aufl.), S. 267–295

Hallmann, C.: Perry Rhodan. Analyse einer Science-Fiction-Romanheftserie. Frankfurt 1979

Harranth, W.: Das Übersetzen von Kinder- und Jugendliteratur. In: JuLit 1991/1., S. 23–26

Hasubek, P.: Die Detektivgeschichte für junge Leser. Bad Heilbrunn 1974

Hasubek, P. (Hrsg.): Detektivgeschichten für Kinder. Arbeitstexte für den Unterricht. Stuttgart 1980

Hasubek, P.: Indianerbuch. In: Doderer, K. (Hrsg.): Lexikon der Kinder- und Jugendliteratur. Bd. 2. Weinheim/Basel 1984, S. 6–9

Heidtmann, H.: Zeitgenössische Probleme mit der phantastischen Literatur. In: Inform. d. Arbeitskreises f. Jugendlit. 1986/3., S. 18–27

Hienger, J.: Spannungsliteratur und Spiel. In: Hienger, J. (Hrsg.): Unterhaltungsliteratur. Göttingen 1976, S. 32–54

Hölder, A.: Das Abenteuerbuch im Spiegel der männlichen Reifezeit. Ratingen 1967

Jacob, G.: Daniel Defoe (1660–1731) und sein »Robinson Crusoe«. In: Werke der Weltliteratur für die Jugend. Reutlingen 1951, S. 30–48

Jehmlich, R.: Science Fiction. Darmstadt 1980

Kirsch, P.: Erich Kästners Kinderbücher im geschichtlichen Wandel. (Diss.) München 1986

Klein, U.: Jugendbuchbearbeitungen, Robinson Crusoe. In: Jugendschriften-Warte 1963/4., S. 25–28

Kohlmann, Th.: Vaterländische Jugendschriften. In: Maier, K. E. (Hrsg.): Historische Aspekte zur Jugendliteratur. Stuttgart 1974, S. 110–120

Krüger, A.: Kinder- und Jugendbücher als Klassenlektüre. Weinheim 1973 (3. Aufl.)

Krüger, A.: Die erzählende Kinder- und Jugendliteratur im Wandel. Neue Inhalte und Formen im Kommunikations- und Sozialisationsmittel Jugendliteratur. Frankfurt/Berlin/München 1980, S. 28–77

Künnemann, H. (Hrsg.): Abenteuer! – Abenteuer? Diskussionsbeiträge zu einer umstrittenen Literaturgattung. Beiheft 11 zum Bulletin Jugend + Literatur. Hamburg/München o. J.

Kuhnert, H.: Abenteuer, Spannung und die Kinder. In: Beiträge zur Kinder- und Jugendliteratur 1972/22., S. 54–66

Lang, Th.: Kinder brauchen Abenteuer. München 1992

Langfeldt, J.: Robinsonausgaben und Robinsonbearbeitungen. In: Jugendliteratur 1959/10., S. 437–449

Lehnert, G.: Träume, Fluchten, Utopien. Wirklichkeit im Spiegel der phantastischen Kinder- und Jugendliteratur. In: Fundevogel 1991/88./89., S. 11–18

Leiner, F./Gutsch, J. (Hrsg.): Science-Fiction. Texte und Materialien zum Literaturunterricht. 2 Bde. Frankfurt a. M. 1973 (3. Aufl.)

Liebs, E.: Die Pädagogishe Insel. Studien zur Rezeption des »Robinson Crusoe« in deutschen Jugendbuchbearbeitungen. Stuttgart 1977

Lypp, M. (Hrsg.): Literatur für Kinder. Göttingen 1977

Maier, K. E. (Red.): Abenteuer 1993/94. Auswahlkatalog. Hrsg. Deutsche Akademie für Kinder- und Jugendliteratur. Volkach 1993

Maier, K. E.: Kein Mädchen an Bord? Anmerkungen zu weiblichen Hauptfiguren im Abenteuerbuch. In: O. Schober (Hrsg.) 1993, S. 160–168

Mattenklott, G.: Abenteuer der Wirklichkeit und der Phantasie. Aufbruch und Rückkehr. In: JuLit 1990/3., S. 33–47

Meißner, W.: Phantastik in der Kinder- und Jugendliteratur der Gegenwart. Würzburg 1989

Melzer, H.: Warnung an die Zukunft. Die Katastrophenthematik im Science-Fiction-Jugendbuch. In: Volkacher Bote 1990/37., S. 1 ff.

Nusser, P.: Kriminalromane zur Überwindung von Literaturbarrieren. In: Der Deutschunterricht 1975/1. S. 52–70

Oel-Willenborg, D.: Von deutschen Helden. Eine Inhaltsanalyse der Karl-May-Romane. Weinheim/Basel 1973

Pattensen, H.: Abenteuerbücher in der Schule. Eine Untersuchung. In: JuLit 1990/3., S. 57–69

Pech, K.-U. (Hrsg.): Kinder- und Jugendliteratur vom Biedermeier bis zum Realismus. Stuttgart 1985

Peltsch, S.: Tom Sawyer – Psychogramm eines Twainschen Helden. In: Beiträge zur Kinder- und Jugendliteratur 1985/75., S. 5–14

Pleticha, H.: Die Bearbeitung des »Robinson Crusoe« und die Entwicklung des klassischen Abenteuerbuches. In: Jugendliteratur 1960/6.

Pleticha, H.: Das historische Jugendbuch in einer »ahistorischen« Zeit. In: Schaller, H. (Hrsg.): Umstrittene Jugendliteratur. Fragen zu Funktion und Wirkung. Bad Heilbrunn 1976, S. 191–202

Pleticha, H. (Hrsg.): Abenteuer Lexikon. Alles über Motive, Inhalte und Autoren alter und neuer Abenteuerbücher. Würzburg 1978

Pleticha, H.: Das Abenteuerbuch. In: Haas, G. (Hrsg.): Kinder- und Jugendliteratur. Stuttgart 1984 (3. Aufl.), S. 206–228

Pleticha, H. (Red.): Geschichte. Auswahlkatalog 1993/94. Hrsg. Deutsche Akademie für Kinder- und Jugendliteratur, Volkach 1993

Plischke, H.: Von Cooper bis Karl May. Düsseldorf 1951

Prestel, J.: Robinson und Abenteuerbuch. In: Handbuch der Erziehungswissenschaft. München 1932. IV. Teil, Band 2, S. 270–276

Rank, B.: Der triviale Kriminalroman. Analyse und Wertung im Deutschunterricht der Klasse 8/10. In: Karst, Th. (Hrsg.): Kinder- und Jugendlektüre im Unterricht. Bd. 2, Sekundarstufe. Bad Heilbrunn 1979, S. 137–157

Sahr, M.: Kästner-Bücher und ihre Aktualität für Kinder von heute. In: Um der Kinder und Literatur willen! Kallmünz 1992, S. 26–37

Schaller, H.: »Krimis« für die Jugend. In: Bamberger, R. (Hrsg.): Trends in der modernen Jugendbuches. Wien 1969, S. 124–133

Scharioth, B.: Die Demontage des Helden im historischen Jugendroman. In: Doderer, K. (Hrsg.): Neue Helden in der Kinder- und Jugendliteratur. Weinheim/München 1986, S. 39–46

Schenda, R.: Schundliteratur und Kriegsliteratur. In: Maier, K. E. (Hrsg.): Historische Aspekte zur Jugendliteratur. Stuttgart 1974, S. 72–85

Scherf, W.: Die Geografie des Abenteuers. In: Jugendliteratur 1957/8.

Scherf, W.: Die zeitgeschichtliche und politische Jugendliteratur. In: Haas, G. (Hrsg.): Kinder- und Jugendliteratur. Stuttgart 1974 (1. Aufl.), S. 392–414

Scherf, W.: Strukturanalyse der Kinder- und Jugendliteratur. Bauelemente und ihre psychologische Funktion. Bad Heilbrunn 1978

Schober, O.: Abenteuer Buch. Festschrift für A. C. Baumgärtner. Bochum 1993

Sichelschmidt, G.: Liebe, Mord und Abenteuer. Eine Geschichte der deutschen Unterhaltungsliteratur. Berlin 1969

Stach, R.: Robinson der Jüngere als pädagogisch-didaktisches Modell des philanthropischen Erziehungsdenkens. Studien zu einem klassischen Kinderbuch. Ratingen 1970

Stach, R.: Robinson und Robinsonaden in der deutschsprachigen Literatur (Bibliographie). Würzburg 1991

Ueding, G.: Elite der Tagträumer. Ein intergalaktisches Erfolgsrätsel. Dreißig Jahre Perry-Rhodan-Hefte. In: Die Welt v. 5. 10. 1991

Ullrich, H.: Defoes Robinson Crusoe. Die Geschichte eines Weltbuches. Leipzig 1924

Waldmann, G.: Produktionsorientierte Textarbeit mit Trivialliteratur. Modelle einer Unterrichtseinheit über den Detektivroman. In: Haas, G. (Hrsg.): Literatur im Unterricht. Stuttgart 1982, S. 268–305

Weigand, J. (Hrsg.): Die triviale Phantasie. Beiträge zur Verwertbarkeit von Science Fiction. Bonn-Bad Godesberg 1976

Wolgast, H.: Das Elend unserer Jugendliteratur. Worms 1950 (7. Aufl.)

Das problemorientierte Jugendbuch

A. Charakterisierung

Eigentlich sollte jede gute Erzählung auf Probleme, d. h. auf Fragen, die sich aus Schwierigkeiten des Umgangs mit sich selbst oder der Um- und Mitwelt ergeben, eingehen. Wenn hier von dem Stichwort »problemorientiertes Jugendbuch« eine Gruppe von erzählender Literatur eigens herausgestellt wird, dann sind Texte gemeint, welche Probleme thematisieren, die für den jugendlichen Menschen Gewicht und besondere Bedeutung haben.

Die Jugendjahre – herkömmlicherweise als Pubertät und Adoleszenz bezeichnet – sind eine Zeit dramatischer und krisenhafter »Begegnungen«, des schwierigen, von Versuch und Mißerfolg begleiteten Weges zu Anerkennung und Selbständigkeit, der drängenden Fragen nach dem Sinn des Daseins und der Gestaltung der eigenen Zukunft. Damit hatte die junge Generation zu allen Zeiten zu tun, und die sich einstellenden spezifischen Lebenssituationen sind – seit einigen hundert Jahren zunächst sporadisch – in der Klassik und Romantik als Entwicklungs- und Bildungsromane, seit Ende des 19. Jahrhunderts vorwiegend als Schulromane literarisch niedergelegt worden.

Ich denke an die Romane »*Anton Reiser*« (1785) von Karl Philipp Moritz, »*Der Grüne Heinrich*« (1854/55 und 1879/80) von Gottfried Keller. Emil Strauß schrieb 1902 »*Freund Hein*« und Hermann Hesse 1906 »*Unterm Rad*«. Im gleichen Jahrzehnt erschienen Robert Musils »*Die Verwirrungen des Zöglings Törleß*« (1906) und Heinrich Manns Erzählung »*Abdankung*« (1906). Auch Thomas Manns »*Buddenbrooks*« (1901) mit den Romanausschnitten um den jungen Hanno ist hier zu erwähnen. »In den fünf Schulstunden, die Hanno Buddenbrook diesen einen Morgen lang erlebt, konzentriert sich all das, was um das engere Problem Schule und Jugend kreist« (Gerda Eichbaum).[1]

Die genannten Texte (es könnten weitere angeführt werden) sind Aufzeichnungen von krisenhaften Entwicklungsgängen, die allesamt auf Grund jeweiliger individueller Veranlagung und vor allem spezieller Umweltbedingungen einen eigenen Verlauf genommen haben.

Nicht anders verhält es sich in den problemorientierten Jugenderzählungen. Nur – so lautet die einhellige Feststellung der Historiker und Soziologen – sind die äußeren Rahmenbedingungen nicht nur anders, sondern insgesamt schwerwiegender und komplizierter. Franz Josef Payrhuber faßt dies so zusammen:

---

[1] Siehe mein Nachwort in dem von mir hrsg. Erzählband »Die Schule in der Literatur«, Bad Heilbrunn 1972, S. 184–194.

»Im Unterschied zu früheren Zeiten, in denen überschaubare Lebensverhältnisse vorherrschten, die zudem von einem allseits akzeptierten Wertesystem getragen wurden, wirken die heutigen Rahmenbedingungen allerdings erschwerend auf seinen (des Heranwachsenden) Entwicklungsprozeß ein. Wo die Sozial-, Wert-, Besitz-, Arbeits- und Lebensverhältnisse sich in so heftiger Bewegung befinden wie in der modernen westlichen Industriegesellschaft, haben junge Menschen es schwerer als früher, das Erwachsensein ohne übermäßiges Stolpern zu erreichen, sind auch Gefährdungen und Scheitern nicht auszuschließen.«[2]

Die Jugenderzählungen mit betontem Problembezug verweisen auf die mehrschichtigen Schwierigkeiten des Heranwachsenden. Sie wollen – ohne dies ausdrücklich hervorzuheben – dem jungen Menschen als Leser behilflich sein, sich selbst und seinen Standort zu erkennen, und darüber hinaus beitragen, daß er einen Lernprozeß durchläuft, an dessen Ende er in seiner konkreten Situation selbständiger und sicherer zu urteilen und zu handeln versteht.

B. Problemkreise

1. Das politisch-gesellschaftliche Umfeld

Abgesehen davon, daß Jugendbücher (bei der Annahme eines weiten Politikbegriffs) immer politisch bedeutsam sind, haben sich bestimmte Texte der Kinder- und Jugendliteratur – und gerade das problemorientierte Jugendbuch – ganz bewußt, wenn auch nicht in aufdringlich lehrender Form oder gar als Indoktrination, in den politischen Lernprozeß der jungen Menschen eingeschaltet. Sie verstehen ihre Aufgabe als Information über die Wert- und Lebenswelt der Demokratie und als literarische Darstellung von Aufgaben und Eigenschaften eines Mitglieds der demokratischen Gesellschaft.

Im Vordergrund stehen die auf ein menschenwürdiges gesellschaftliches und politisches Leben ausgerichteten Ziele wie Verständigungsbereitschaft und Toleranz, aber auch Selbständgkeit, Mündigkeit und Freiheit. Notwendigkeit und Bedeutung dieser menschlichen Grundhaltungen können am klarsten veranschaulicht werden, wo ihr Gegenteil vorherrscht und Unduldsamkeit, Machtmißbrauch, Unterdrückung sich durchgesetzt haben.

Nicht zu Unrecht werden daher gerade auch in Jugendbüchern neben Beispielen menschlicher Größe Situationen und Verhältnisse gezeigt, in denen Boshaftigkeit und Grausamkeit am Werke sind, in denen unschuldige Menschen verfolgt und gequält werden. Eine Reihe historischer Romane berichtet von Exzessen der Gesellschaft,

---

[2] F.-J. Payrhuber in: Stiftung Lesen 6 1991, S. 3.

von Hexenverfolgungen wie »*Hexen in der Stadt*« von Ingeborg Engelhardt, von Menschenjagd aus religiösem Fanatismus wie »*Übergebt sie den Flammen*« von Tilman Röhrig (siehe historisch orientierte Erzählungen S. 172 f.).

Ohne Zweifel können solche Texte, wenngleich sie auf alte Fakten zurückgreifen, erschüttern. Die literarische Veranschaulichung von Exzessen aus der *jüngsten Vergangenheit und der Gegenwart* bewirkt noch mehr. Sie macht betroffen und nachdenklich. Sie appelliert an die eigene Verantwortung, weil sie erkennen läßt, wozu auch der moderne Mensch und die moderne Gesellschaft in der Lage sind. Diese Erzählungen und Berichte zeigen, wie unter dem Einfluß einer menschenverachtenden politischen Herrschaft Vorurteile wuchern, der Haß die Menschen blind und bösartig macht, wie der Krieg unsägliches Leid und Unglück bringt.

Man denke an das schon 1946 in Holland veröffentlichte Buch »*Sternkinder*« von Clara Asscher-Pinkhof (Oetinger). Seither sind viele Jugendbücher erschienen, die das Verbrechen des NS-Staates an jüdischen Mitmenschen in erzählenden Texten exemplarisch darstellen. Dazu gehört der Erzählbericht Gudrun Pausewangs »*Reise im August*« (Ravensburger). Schon der Kurzhinweis aus einem Buchkatalog macht mehr als betroffen:

> »Nach zwei Jahren in einem Kellerversteck werden die 11jährige Alice und ihr Großvater entdeckt ... Auf einer langen Reise, eingepfercht mit vielen anderen jüdischen Menschen, dämmert dem Mädchen allmählich, was man ihm verschwiegen hat. Sie ist kein Kind mehr und ihr Leben ist vorbei, als sie in Ausschwitz ankommt.«

Diese Bücher wollen nicht nur informieren, sondern über die historischen Erkenntnisse hinaus zeigen, wie groß die Versuchung der unkontrollierten Macht ist, über andere willkürlich zu verfügen, sei es, daß sie durch Vertreibung Not und Elend über die Menschen bringt (Willi Fährmann »*Das Jahr der Wölfe*«, Arena) oder ein Schreckensregime errichtet, das vor keiner Gewalttat zurückschreckt. In der Erzählung »*Kleiner Bruder*« von Allen Baillie (Boje) fliehen zwei Brüder durch den Dschungel Kambodschas vor den Grausamkeiten der Roten Khmer. Der Roman »*Kuckuckskinder*« des russischen Autors Anatoli Pristawkin (Volk und Welt) handelt aus der Zeit des stalinistischen Kommunismus in Rußland:

> »Er führt jugendlichen Lesern aus der Sicht beinahe Gleichaltriger die trostlose Realität in einem sowjetischen Kinderheim im Zweiten Weltkrieg vor Augen und ist ein provokantes Modellbeispiel dafür, wie ein totalitäres System mit den schwächsten Gliedern der Gesellschaft, den Kindern, umgeht. Gleichzeitig legt der Roman Zeugnis für den bedingungslosen Zusammenhalt der Kinder ab« (Aus der Begründung der Jury zum Jugendlit.-Preis 91).

So wie in dem letztgenannten Roman lassen auch andere erzählende Texte bei aller Deutlichkeit, mit der die Eskalation des Bösen aufgezeigt wird, erkennen, wie gerade in extremen existentiellen Gefährdungen das Individuum herausgefordert ist, als Mitmensch zu handeln.

Weitere zeitgeschichtliche Jugendbücher:

Weimarer Zeit:
    I. Bayer: Der Drachenbaum (Arena, ab 14) – W. Fährmann: Zeit zu hassen, Zeit zu lieben (Arena, ab 14)

NS-Zeit:
    B. Gehrts: Nie wieder ein Wort davon? (dtv junior, ab 13) – H.-G. Noack: Die Webers. Eine deutsche Familie 1932–45 (Ravensburger, ab 14) – H. P. Richter: Wir waren dabei (Arena, ab 14) – H. Zinke: Das kurze Leben der Sophie Scholl (Ravensburg, ab 13)

Kinder im Krieg:
    J. ter Haar: Oleg oder Die belagerte Stadt (Bitter, ab 12) – S. Heuck: Maisfrieden (Thienemann u. dtv junior, ab 11) – R. Herfurtner: Mensch, Karnickel (Ueberreuter u. dtv junior, ab 13) – Th. Jonquet: Ein Kind im Krieg (anrich, ab 14) – G. Pausewang: Auf einem langen Weg (Ravensburger, ab 12) – R. Westall: Das Versteck unter den Klippen (Nagel & Kimche, ab 11)

Judenverfolgung:
    W. Fährmann: Es geschah im Nachbarhaus (Arena, ab 13) – T. Michels: Freundschaft für immer und ewig (Nagel & Kimche, ab 10) – M. Pelz: »Nicht mich will ich retten« (Beltz & Gelberg, ab 14) – J. Reiss: Und im Fenster der Himmel (dtv junior, ab 13) – C. Ross: ... aber Steine reden nicht (Bitter u. dtv junior, ab 14)

Flucht, Vertreibung, Verschleppung:
    W. Fährmann: Kristina, vergiß nicht (Arena, ab 13) – P. Härtling: Krücke (Beltz & Gelberg, ab 11) – E. Hilary: Gefangen in Sibirien (Bitter, ab 13) – E. Laird: Trag mich über die Berge (Oetinger, ab 12) – A. Zitelmann: Paule Pizolka oder Eine Flucht durch Deutschland (Beltz & Gelberg, ab 13)

Nachkriegszeit:
    J. Koch: Schattenrisse (Spectrum, ab 15) – K. Kordon: Ein Trümmersommer (Ravensburger, ab 13) – P. Maar: Kartoffelkäferzeiten (Oetinger, ab 14) – W. Meissel: Das blaue Haus (Jugend & Volk, ab 12) – Ch. Nöstlinger: Maikäfer, flieg! (Beltz & Gelberg u. dtv junior, ab 12) – J. Pestum: Die Schwarzfüße (Thienemann, ab 12) – J. Procházka: Der alte Mann und die Taube (Bitter, ab 14) – J. Holub: Der rote Nepomuk (Beltz & Gelberg, ab 13)

2. *Das soziale Lebens- und Aufgabenfeld*

Die Thematik der Jugendbücher mit sozialer Problemstellung kreist im wesentlichen um Vorgänge des Suchens und Findens neuer Beziehungen bzw. der Lockerung und des Lösens alter Bindungen. Es entspricht der Bewegtheit und dem Übergangscharakter der Jugendphase, daß auf dem Gebiet der persönlichen sozialen Verhältnisse lebhafte Veränderungen vor sich gehen. Die Jugendbücher lassen erkennen, daß der junge Mensch von heute nach außen hin nüchterner und sachlicher erscheint als sein früherer Altersgenosse, daß aber das Suchen nach dem Du und das Bedürfnis nach dem Wir, d. h. *der Drang nach Partnerschaft und nach Gemeinschaft,* in alter Stärke lebendig ist.

Dabei ist an die Versuche, erste Beziehungen zum anderen Geschlecht, die als Liebschaften oder Liebesbindungen sehr unterschiedlich ablaufen, zu denken. Bei

Jungen wie bei Mädchen (siehe Ausführungen zum Mädchenbuch) ist das intensive Liebeserlebnis in der Regel von Unsicherheit, Verwirrung und leidvollen Erfahrungen begleitet.

Neue Beziehungen gelingen, alte lösen sich auf, Freundschaften werden geschlossen und gehen wieder auseinander, etwa weil sie neben der neu gefundenen Liebe zum anderen Geschlecht nicht mehr bestehen können.

So ist die Freundschaft zwischen den 16jährigen Todd und Amos am Zerbrechen, als sich einer der beiden in das Mädchen Hilary verliebt und der andere, zunächst nur Vermittler und Kontakthersteller, sich ebenfalls für das Mädchen interessiert (N. F. und H. Mazer »Herzschlagen«, anrich).

Oder die ersten Liebesbeziehungen führen zur Auseinandersetzung mit dem Elternhaus, die vorübergehende Störungen hervorruft oder aber auch tiefergehende Konflikte bewirken kann.

In Harry Mazers »Lichter der Stadt« (anrich) enden die Meinungsverschiedenheiten wegen der Liebesbeziehung und der Berufswahl des Sohnes in einem tiefgreifenden Zerwürfnis mit dem Vater. Der enttäuschte Junge zieht von zu Hause fort.[3]

Eine Reihe von Jugendbüchern schildert in eindrucksvoller Weise, welch bedeutende Rolle die *Altersgruppe (Peer-Group)* für den Jugendlichen spielt. Wie uns die Jugendsoziologie und Jugendpädagogik wissen läßt, ist sie für viele eine Art Familienersatz, jedenfalls ein Platz, wo man »etwas« ist und sich beweisen kann.

Martin hat kein richtiges Zuhause. Mit der Mutter versteht er sich nicht. In der Schule ist er erfolglos und dem Spott und den Quälereien der Mitschüler ausgesetzt. Wie gerne möchte er in die Clique aufgenommen werden. Aber die »Einfahrt ins Paradies« – so auch der Titel des Buches von Jana Stroblová (anrich) – ist verboten. Er aber möchte dazugehören, schon um sich vor Susanne beweisen zu können.

Er möchte dazugehören, auch wenn er zunächst nur als Prügelknabe benützt wird. So wird in mancher Erzählung die Gruppe als Zwangsinstitution, als Herrschaftsinstanz vorgestellt. Man wird an Schul- und Entwicklungsromane der großen Literatur erinnert, so an Heinrich Manns »Abdankung« (1906) oder Franz Werfels »Abiturient/entag« (1928).

Jugendbücher mit sozialer Problematik beziehen sich nicht nur auf das Zusammenleben im menschlichen Kleinbereich, auch nicht nur auf Stellung und Aufgabe des Individuums innerhalb des eigenen Staates und der Nation, sondern umfassen auch (und sollten es tun) in einem weltweiten Sinne völkisch und rassisch andere Völker, die als sog. *Dritte Welt* der Aufmerksamkeit, des Verständnisses und der Hilfe bedürfen.

---

[3] H. E. Giehrl untersuchte Kinder und Jugendbücher nach dem in ihnen gezeichneten Vaterbild. Es überwiegen die Konfliktfälle. Unter fünf Kapiteln ist nur in einem vom Vater »als Freund und Helfer« die Rede. (H. E. Giehrl 1980).

Was Literatur hier zunächst bewirken kann, ist die Bewußtmachung der wirtschaftlich und sozial extremen Situation und darüber hinaus die Weckung von Anteilnahme an der Not dieser Menschen. Die Verhaltensbeeinflussung des Lesers wird freilich wesentlich davon abhängen, wie weit es gelingt, die Angelegenheit der isoliert und anders lebenden Menschen zur eigenen zu machen. Wo etwa eine Geschichte aus Afrika, Südamerika oder Indien nicht anders als ein interessantes exotisches Abenteuer aufgenommen wird, ist kaum ein sozialer Lernprozeß in Gang zu setzen. Unter den Erzählungen aus der Dritten Welt, einer letztlich fernen und fremden Welt, sind jene Bücher am ehesten sozial aktivierend, die den Abstand zwischen Leser und Fremde verringern, die die Not der »anderen« als ein Schicksal von Menschen erkennen lassen, die wie wir ein Anrecht auf Glück und Gesundheit haben und denen wir verpflichtet sind. Die Texte müssen sowohl in der Lage sein, auf Grund ihrer erzählerischen Struktur den Leser zu ergreifen und innerlich zu bewegen, als auch dazu, auf Grund ihres sachlich glaubwürdigen Inhalts sein Nachdenken und kritisches Überlegen herauszufordern.

Othmar F. Lang berichtet in dem Jugendroman »*Warum zeigst du der Welt das Licht*« (dtv junior) über Leben und Arbeit einer deutschen Entwicklungshelferin bei den Campesinos im Hochland der Anden. In Gestalt dieses Mädchens wird die Distanz überwunden, werden Identifikationsmöglichkeiten angeboten, wird die Lebensproblematik der Hochlandbewohner in ihrer ganzen Tragweite erkennbar.

Von noch größerer Eindringlichkeit ist Reinhard Burgers Erzählung »*Der Wind und die Sterne*« (Beltz & Gelberg). Ein äthiopischer Hirtenjunge verläßt während einer Dürrekatastrophe sein Dorf und wandert mit dem Großvater in die ferne Stadt, um Hilfe zu holen.

Literatur zu soziales Leben und Aufgabenfeld:

Freundschaft, Liebe, Gemeinsamkeiten:
I. Bayer/H.-G. Noack: David und Dorothee (Ravensburger, ab 14) – N. Bawden: Die versteckte Fotografie (Nagel & Kimche, ab 13) – A. Bröger: Ich mag dich (Thienemann, ab 12) – A. Bröger: Hand in Hand (Thienemann, ab 15) – H. Aho: Das ferne grüne Meer (Beltz & Gelberg, ab 14) – I. Korschunow: Er hieß Jan (dtv junior, ab 14) – R. Kraus: Rauh aber zärtlich (Arena, ab 13) – H. Mazer: Lichter der Stadt (anrich, ab 13) – N. F. und H. Mazer: Herzschlagen (anrich, ab 14) – J. Pestum: Der Mondbaum. Geschichten von Vätern und Töchtern (Thienemann, ab 14) – P. Pohl: Jan, mein Freund (Ravensburger, ab 14) – J. Uwe: Erinnerung an David (St. Gabriel, ab 14)
Gruppe, Bande, Gang:
N. Däs: Aljoscha, ein Junge aus Krivojrog (Bitter, ab 12) – W. J. Egli: Die Stunde des Skorpions (dtv junior, ab 13) – W. Gabel: Der Anfang vom Ende (Ravensburger, ab 16) – W. D. Myers: Scorpions (Benziger u. dtv junior, ab 14) – M. Levoy: Ein Schatten wie ein Leopard (Benziger u. dtv junior, ab 13) – J. Pestum: Heinrichs Geheimnis (Thienemann, ab 11) – P. Pohl: Nennen wir ihn Anna (Ravensburger, ab 14) – J. Stroblová: Einfahrt ins Paradies (anrich, ab 13) – I. Wolf: Mutsprünge (Lentz, ab 12)
Außenseiter, Behinderte:
B. Ashley: Ronnies Rache (Klopp, ab 12) – J. Coué: Pierre lebt (dtv junior, ab 14) –

D. Covington: Sie nannten ihn Eidechse (Oetinger) – R. Krenzer: Sollte der Fuchs einmal wiederkommen (Spectrum u. dtv junior, ab 14) – M. Lind: Manchmal gehört mir die ganze Welt (Arena, ab 13) – L. Ossowski: Die große Flatter (Beltz & Gelberg, ab 15) – M. Pressler: Stolperschritte (Ravensburger, ab 13) – S. Rück: Gänseblümchen für Christine (Bitter, ab 10)
Dritte Welt:
I. Brattström: Ambika im Tempel der Göttin (St. Gabriel, ab 12) – I. Brattström: Selime, ohne Schutznetz (St. Gabriel, ab 13) – R. Burger: Der Wind und die Sterne (Beltz & Gelberg, ab 12) – W. J. Egli: Martin und Lara (Benziger, ab 13) – R. Jung: Mord in der Sierra (Jungbrunnen, ab 14) – K. Kordon: Wie Spucke im Sand (Beltz & Gelberg, ab 13) – O. F. Lang: Warum zeigst du der Welt das Licht? (dtv junior, ab 13) – M. Mwangi: Kariuki und sein weißer Freund (Lamuv, ab 15) – H. Qu. Nhuong: Mein verlorenes Land (Sauerländer u. dtv junior) – S. Noort: Eine Hängematte zu zweit (dtv junior, ab 13) – G. Pausewang: Die Not der Familie Caldera (Ravensburger, ab 14) – U. Pollmann: »Tötet meine Kinder nicht!« (Elefanten Press, ab 14) – N. Scharf: Bittere Blätter (Spectrum, ab 12) – P. Wesely (Hrsg.): Niños del mundo, Kinder dieser Welt (Geschichten und Berichte aus Lateinamerika) (St. Gabriel, ab 10)

3. Spezifische Probleme der Jugendzeit

Das an Entwicklungs- und Reifeproblematik orientierte Jugendbuch spiegelte früher vieles von der Unsicherheit der Erwachsenen, die dem pädagogischen Umgang mit den Heranwachsenden zum Teil heute noch anhaftet (Pädagogik zwischen Autorität und Freiheit, zwischen Anpassung und Widerstand). Heute kann man von einem Großteil der Texte sagen, daß sie in ungeschminkter Form Jugendleben wiedergeben wollen und daß sie sich auch mit früher tabuisierten Themen (ebenso wie das Jugend-Mädchenbuch) beschäftigen.

Bei dieser Offenheit, die vielfach mit großzügiger Libertinität verbunden ist, bleibt es nicht aus, daß negative Extremlagen einen umfangreichen Platz einnehmen. Das ist freilich auch gerechtfertigt, weil es der konfliktreichen Entwicklungssituation eines Großteils der Jugendlichen entspricht. Realistisch dargestellte Wirklichkeit ist außerdem auch in ihrer harten Extremform dem jugendlichen Leser (im Unterschied zum kindlichen Rezipienten) zumutbar. Desillusionierungen sind notwendig und müssen hingenommen und verarbeitet werden, wenn es auch falsch ist anzunehmen, der junge Mensch wünsche sich nicht auch gute Bilder des Lebens und sei schon so nüchtern und »cool«, daß er auf jede idealisierte Zeichnung der Wirklichkeit verzichte. Jedenfalls – wenn schon nicht leitbildhafte Überzeichnung – hat er ein Anrecht auf die *ganze* Wirklichkeit und somit auch auf Bücher, in denen die positiven Möglichkeiten der Reifejahre und die schönen Seiten des Noch-nicht-Erwachsenseins überzeugend zum Ausdruck kommen. So sollte nicht in jeder Erzählung, die Jugendzeit vorwiegend mit ihren Belastungen, Konflikten und Depressionen gezeigt werden. Wichtig ist auch Literatur, die dem jungen Menschen zeigt und bestätigt,

»daß es trotz aller Reifeschwierigkeiten eine sehr einmalige und wunderbare Sache ist, jung zu sein«[4].

So sollte Literatur beispielsweise erkennen lassen, daß *das Generationsverhältnis*, trotz der berechtigten und notwendigen Darstellung der oft schwierigen und manchmal dramatischen Verhältnisse, nicht nur Gegensatz und Auseinandersetzung bedeuten muß, sondern auch zu Beziehungen gegenseitigen Vertrauens und der Freundschaft führen kann – wie etwa bei Juri Korinetz »*Dort, weit hinter dem Fluß*« (Beltz & Gelberg), der Geschichte von Mischa und seinem Onkel, die zusammen »durch Feuer, Wasser und kupferne Rohre« gehen, oder zahlreichen anderen Erzählungen, in denen vom guten Miteinander von jung und alt berichtet wird. Auffällig häufig handelt es sich um die Freundschaft zu Landstreichern, einsiedlerisch lebenden Typen und außerhalb der Norm existierenden Originalen. Das mag seinen Grund haben in der beabsichtigten Weckung von Verständnis und Toleranz gegenüber Außenseitern und Randgruppen, ist aber auch kennzeichnend für das sympathisierende Interesse von Jugendlichen an Menschen, die ein eigenes Leben außerhalb der gegebenen Ordnung zu leben versuchen.

Mehrfach greift der französische Erzähler Pierre Pelot dieses Thema auf, so in »*Junikäfer*« (1979 ehem. Schaffstein), in dem eine Begegnung geschildert wird, die nicht ohne Enttäuschung abgeht, oder in »*Sternstunde*« (1978), die Geschichte von Antonio, der heimlich über die Grenze will und dabei den kleinen Luido, der sich ihm anschließt, gar nicht brauchen kann. Aber dann will er den Jungen doch nicht allein lassen.

William Corlett erzählt in »*Mein Freund Tom Falconer*« (1980 ehem. Schaffstein) von dem zufälligen Zusammentreffen eines Fünfzehnjährigen mit einem alten Mann, der einsiedlerisch im Wald lebt. Die Freundschaft hilft beiden, mit sich selber besser zurechtzukommen.

In jüngster Zeit haben auch andere Schriftsteller eine Reihe von Kinder- und Jugendbüchern geschrieben, in denen jung und alt gut harmonieren und darüber hinaus zeigen, daß sie sich beide brauchen.[5] Die verschiedenen Generationen dulden und respektieren sich gegenseitig wie in Peter Härtlings »*Altem John*« (Beltz & Gelberg), sie lieben sich und helfen einander wie in »*Oma*« desselben Autors (Beltz & Gelberg), eines der ersten Kinderbücher bei uns zum Thema von Kindheit und Alter. Ein typisches Buch dieser Art ist »*Der Junge aus London*« von Michelle Magorian (Boje). Hier trifft ein vaterloser Zehnjähriger auf einen vereinsamten Witwer. Beide werden Freunde.

---

[4] So Irmela Brender zu ihrem ersten Buch »Noch einmal: Dankeschön« (Franckh 1961).
[5] Bücher dieser Art verweisen auf eine alte Lebenswahrheit, sind aber auch als Reaktion zu verstehen auf eine umsichgreifende Verständnislosigkeit gegenüber der alten Generation und auf ein verbreitetes gegenseitiges Mißtrauen.

Wie schon zu Beginn dieses Kapitels kurz ausgeführt, setzt sich der junge Mensch mit Fragen nach seinem Ich, seinem Standort als Individuum und nicht zuletzt (abhängig von seiner Mentalität und Intelligenz) mit dem Problem des Daseins und des Lebenssinns auseinander. Dieses Fragen führt nicht immer zu Ergebnissen, die den jungen Menschen zufriedenstellen. Es tritt – wie auch immer das Resultat sein mag – in der Regel mit dem Erwachsenwerden hinter anderen Fragen zurück.

Nicht selten, und heute mehr denn je, mißlingt die Suche nach dem Sinn des Lebens und nach der eigenen Person. Es kommt zu gefährlichen *Fehlentscheidungen und Fehlhaltungen,* oft auch zu verhängnisvollen *Abhängigkeiten.*

> Carlo Ross erzählt von der mehrfachen Abhängigkeit des 18jährigen Michael (»*Michael im Teufelskreis*«, Bitter). Er verliebt sich in die Klassenkameradin Ruth, die aus einem Amerikaaufenthalt völlig verändert zurückkommt. Der Weg, den sie von nun an nimmt, »führt sie zu Drogen, Satanskult und Gewalt. Ihr Leben stolpert zwischen der Sucht nach der Spritze, dem Straßenstrich und den geheimnisvollen Riten der Satansloge, bis sie schließlich mit einer Überdosis Heroin selbst ein Ende macht.« Michael, in den Strudel hineingezogen, braucht lange, bis er versucht, sich loszureißen. In der Religion und im Glauben an die Existenz Gottes will er seinem Leben eine neue Richtung geben (nach Stiftung Lesen 6 1991, S. 31).

Carlo Ross beschreibt glaubwürdig und überzeugend die beiden Lebensläufe, den des Mädchens, der frühzeitig in Selbstmord endet, den anderen, der nach einem Sturz vom Balkon noch eine Wende zu nehmen scheint. Daß Michael sich der Erfahrung öffnet, es gebe noch einen, »der hält und auffängt«, ist nicht einfach als billige Schlußwendung hingesagt, sondern sehr sorgfältig aus dem Denken und den Gesprächen des jungen Michael entwickelt.

Der Mündigkeits- und Emanzipationsprozeß nimmt im Jugendalter nicht selten als *Ausbruch oder Flucht* dramatische Formen an. Die Jugendbücher greifen diesen Vorgang auf und wollen am Beispiel Ursache und Verlauf des krisenhaften Geschehens aufzeigen.

Schon in »*Robinson Crusoe*« findet sich dieses Thema. Robinson zieht gegen den Willen seines Vaters aus Abenteuerlust von zu Hause fort. In den meisten modernen Darstellungen liegt das Motiv für Ausbruch und Flucht nicht im Erlebnisdrang, sondern in objektiven äußeren Bedingungen, die manchmal die Schule oder den Arbeitsplatz, fast immer aber auch die familiären Verhältnisse betreffen.

Manchmal sind die dargestellten Ausbrüche (tatsächliche oder verbal deklarierte) ohne jede Chance für die Akteure, sich aus dem bisherigen Lebenskreis zu befreien. Die »Flucht« oder besser der in Handlung umgesetzte Protest endet – wie in Leonie Ossowskis »*Die große Flatter*« (Beltz & Gelberg) – in Gewalttätigkeit, Totschlag und noch größerer Verhärtung des Denkens und Urteilens. Ein Fehlschlag, ein mißlungener Emanzipationsversuch, der folgerichtig darauf beruht, daß die extreme soziale und psychische Ausgangslage kaum ein besseres Ende zuläßt.

In anderen Fällen, wo ebenfalls aus Protest gegen die vorherrschenden Umstände eine Trennung erfolgt, später jedoch eine leidliche Verständigung zustandekommt, wie z. B. in dem Vater-Sohn-Konflikt der oben schon erwähnten Erzählung von H. Mazer (»*Lichter der Stadt*«), hat sich offensichtlich in der Einstellung und den Gedankengängen auf beiden Seiten einiges geändert.

Solche Ausgänge wurden dereinst von entschiedenen Emanzipationsideologen und zornigen Systemänderern als Verwässerung und sinnlose Aktivität angesehen, weil sich nichts am »System« geändert habe. Im Gegenteil: Emanzipation heiße hier nicht Erneuerung, sondern kanalisierter, fürs System fruchtbar gemachter, es legitimierender Protest. Sogar die abenteuerlichen Fluchten bei »*Tom Sawyer*« und die kindlichen Fortlauf-Geschichten bei Lindgren werden mit den Kanonen der Ideologie beschossen und als »Legitimierung« des Bestehenden und »Kanalisierung« des Protests verurteilt.[6] Somit wird also auch jedes »gute Ende«, jede Rückkehr, jedes Einschwenken, jede Versöhnung, die auf Einsicht und freier Entscheidung für die Familie und traditionelle Sozialstrukturen (die verbesserungsbedürftig, aber prinzipiell anerkennenswert sind) als Versagen und Fehlleistung diskriminiert.

Weitere Jugendbücher zu spezifischen Problemen der Jugendzeit:

Ichfindung, Sinnsuche:
E. Breen: Warte nicht auf einen Engel (dtv junior, ab 14) – I. Edelfeldt: Briefe an die Königin der Nacht (Spectrum, ab 15) – P. Johnson: Ab heute nicht mehr Boffin (Herder, ab 14) – A. F. Jones: Durch Mark und Bein (Spectrum, ab 14) – M. Levoy: Ein Schatten wie ein Leopard (dtv junior, ab 13) – J. Little: Der Ruf der Eule (dtv junior, ab 13) – P. MacLachlan: Träume und Leben der Hanna Pratt (Benziger, ab 12) – M. Magorian: Der Junge aus London (Boje, ab 11) – S. O'Dell: Das Feuer von Assisi (Benziger, ab 13) – B. Pludra: Insel der Schwäne (Arena, ab 12) – T. Röhrig: Thoms Bericht (Ravensburger, ab 14) – R. Stannhard: Hallo Sam, hier bin ich (Loewe, ab 12) – I. Wolf: Die Nacht der weißen Katze (Lentz, ab 12)
Irrwege, Gefährdungen, Scheitern:
I. Bayer: Trip ins Ungewisse (dtv junior, ab 16) – B. Blobel: Lockruf (Aare, ab 15) – W. Egli: Schnee im Sommer (Thienemann u. dtv junior, ab 14) – A. Feid: Die Spur des Fixers (Patmos, ab 16) – M. Hughes: Gefährliche Wege (dtv junior, ab 14) – I. Melbye: Munie (Oetinger, ab 16) – H.-G. Noack: Rolltreppe abwärts (Ravensburger, ab 13) – H.-G. Noack: Tripp (Ravensburger, ab 15) – C. Ross: Michael im Teufelskreis (Bitter, ab 15) – A. Skoglund: Glaube, Hoffnung und Liebe (Bitter, ab 15)
Fortgehen, Ausbruch, Flucht:
A. C. Baumgärtner: Im Dickicht (Arena, ab 12) – D. Chidolue: Fieber oder Der Abschied der Gabriele Kupinski (Beltz & Gelberg, ab 12) – G. Köpf: Bluff oder Das Kreuz des Südens (Beltz & Gelberg, ab 14) – M. Kurtz: Flucht ins Buddibu (Ensslin, ab 10) – H. Moers: Rollo Tagträumer (Bitter, ab 14) – L. Ossowski: Die große Flatter (Beltz & Gelberg, ab 15) – A. Quintana: Auf der Suche nach Padjelanta (dtv junior, ab 15)

---

[6] M. Dahrendorf 1978, S. 75.

C. Literatur zu problemorientiertes Jugendbuch

Außenseiter (Schwerpunktthema). In: Eselsohr 1992/3. S. 6 ff.

Baumgärtner, A. C.: Gesellschaftspolitische Tendenzen im modernen Jugendbuch. In: Maier, K. E. (Hrsg.): Jugendliteratur in einer veränderten Welt (1. Jahrbuch des Arbeitskreises für Jugendliteratur.) Bad Heilbrunn 1975 (2. Aufl.), S. 57–67

Becker, J. / Rauter, R. (Hrsg.): Die Dritte Welt im Kinderbuch. Wiesbaden 1978

Betz, F.: Auch »profane« Kinderbücher können religiös sein. In: Welt des Kindes 1972, S. 176–179

Bode, A. / Steffes, B. (Red.): Kulturelle Vielfalt – Kulturelle Identität in Europa. Kinderliteratur von, für und über Minderheiten. Internationale Jugendbibliothek München 1992

Born, M.: Freundschaft und Liebe in neueren Büchern für Kinder und Jugendliche. In: jugendbuchmagazin 1991/3., S. 128–135 u. 1991/4., S. 177–179

Brandt, H. (Hrsg.): Der Tod gehört zum Leben. Kinder- und Jugendbücher zum Thema Sterben. Berlin 1989

Brüggemann, Th.: Jüdische Kinder- und Jugendliteratur im nationalsozialistischen Deutschland. In: Börsenblatt 1992/10., S. A 417–A 428

Christadler, M. L. / Dolle, B.: Nationalerziehung in der Kinder- und Jugendliteratur. In: Doderer, K. (Hrsg.): Lexikon der Kinder- und Jugendliteratur. Bd. II. Weinheim / Basel 1984, S. 534–539

Cloer, E. (Hrsg.): Das dritte Reich im Jugendbuch. Fünfzig Jugendbuch-Analysen und ein theoretischer Bezugsrahmen. Braunschweig 1983

Dahrendorf, M.: Problemorientierte Jugendbücher in der Bundesrepublik Deutschland. In: Gärtner, H. (Hrsg.): Jugendliteratur im Sozialisationsprozeß. Bad Heilbrunn 1978, S. 65–79

Dahrendorf, M.: Anpassung – Widerstand – Verweigerung. Jugendprobleme und Jugendliteratur. In: Wangerin, W. (Hrsg.): Jugend, Literatur und Identität. Anregungen für den Deutschunterricht der Sekundarstufen I und II. Braunschweig 1983, S. 36–48

Dankert, B.: Männliche und weibliche Rollenbilder in der modernen Jugendliteratur. In: Binder, L. (Hrsg.): Neue Formen der Kinder- und Jugendliteratur und ihre Aufnahme durch die Jugend. Wien 1976, S. 57–76

Dinges, O.: Religiöse Funde in der modernen Kinder- und Jugendliteratur. In: Inform. d. Arbeitskreises f. Jugendlit. Beiheft 1983, S. 32–37

Doderer, K.: Jeansliteratur. In: Doderer, K. (Hrsg.): Lexikon der Kinder- und Jugendliteratur. Ergänzungs- und Registerband. Weinheim / Basel 1984, S. 319–320

Dritte Welt (Schwerpunktthema): In: Fundevogel 1990/70.

Eggert, H.: Kinder und Jugendliche im Dritten Reich. Lektüreempfehlungen von Jugendbüchern für den Unterricht in der Sekundarstufe I. In: Der Deutschunterricht 1983/5., S. 57–69

Elbrechtz, R.: Die Behindertenproblematik im Kinder- und Jugendbuch. Erarbeitung von Beurteilungskriterien und ihre Anwendung im Rahmen von Sachanalysen für den Literaturunterricht. In: Grützmacher, J. (Hrsg.): Didaktik der Jugendliteratur. Stuttgart 1979, S. 79–96

Ewers, H.-H.: zwischen Problemliteratur und Adoleszenzroman. Aktuelle Tendenzen der Belletristik für Jugendliche und junge Erwachsene. In: Inform. d. Arbeitskreises f. Jugendlit. 1989/2., S. 4–23

Fährmann, W.: Die Buschhoffaffaire im Xanten. In: Pleticha, H. (Hrsg.): Das Bild des Juden in der Volks- und Jugendliteratur vom 18. Jahrhundert bis 1945. Würzburg 1985, S. 107–126

Freund, W.: Das zeitgenössische Kinder- und Jugendbuch. Paderborn / München / Wien / Zürich 1982, S. 107–119

Giehrl, H. E.: Das Vaterbild im Kinder- und Jugendbuch. Von Vätern und anderen Ungeheuern. München 1980

Grenz, D.: Jugendlitertur und Adoleszenzroman. In: Ewers, H.-H. u. a. (Hrsg.): Kinderliteratur und Moderne. Weinheim 1990, S. 197–211

Grützmacher, J.: Liebesgeschichte. In: Doderer, K. (Hrsg.): Lexikon der Kinder- und Jugendliteratur. Ergänzungs- und Registerband. Weinheim / Basel 1984, S. 378–381

Hahn, F.: Zwischen Verkündigung und Kitsch. Religiöse Probleme in der heutigen Jugendliteratur. Weinheim 1968

Halbfas, H.: Das religiöse Kinder- und Jugendbuch. In: Haas, G. (Hrsg.): Kinder- und Jugendliteratur, Stuttgart 1984 (3. Aufl.), S. 229–246

Hladej, H.: Probleme von heute im Jugendbuch. In: Binder, L. (Hrsg.): Das sachorientierte Kinder- und Jugendbuch. Wien 1983, S. 144–158

Hohmeister, E.: Liebe, Erotik und Sexualität in der deutschsprachigen Kinder- und Jugendliteratur. In: Inform. d. Arbeitskreises f. Jugendlit. 1981/4., S. 10–16

Hurrelmann, B.: Politische Erziehung durch das Kinderbuch? In: Westermanns Pädagogische Beiträge 1976/3., S. 152–162

Imhof-Crämer, T.: Trennung der Eltern in der deutschsprachigen Kinder- und Jugendliteratur. In: Inform. d. Arbeitskreises f. Jugendlit. Beiheft 1984, S. 3–15

John, B.: Die Gastarbeiterproblematik im Kinder- und Jugendbuch. Kritische Analyse ausgewählter Titel und didaktische Überlegungen zu ihrer Behandlung im Deutschunterricht. In: Grützmacher, J. (Hrsg.): Didaktik der Jugendliteratur. Stuttgart 1979, S. 97–109

Kaminski, W.: Jugendliteratur und Revolte. Frankfurt a. M. 1982

Karst, Th.: Problemorientierte Lektüre – zum Beispiel Hans-Georg Noacks realistischer Jugendroman »Rolltreppe abwärts« und die Jugendkriminalität (ab 7. Schuljahr). In: Karst, Th. (Hrsg.): Kinder- und Jugendlektüre im Unterricht. Bd. 2. Sekundarstufe. Bad Heilbrunn 1979, S. 97–108

Karst, Th. (Hrsg.): Geschichten vom Erwachsenwerden. Mit Einleitung des Herausgebers. Arbeitstexte für den Unterricht (Reclam 9598). Stuttgart 1987

Klimmer, K. H.: Problembücher. In: Jugend und Buch 1976/3., S. 15–23

Krüger, A.: Die erzählende Kinder- und Jugendliteratur im Wandel. Neue Inhalte und Formen im Kommunikations- und Sozialisationsmittel Jugendliteratur. Frankfurt / Berlin / München 1980, S. 127–165

Leibbrand, F.: Das Bild der jungen Generation in heutigen Kinder- und Jugendbüchern. In: Rapp, G. (Hrsg.): Pädagogische Fragen heute. Baltmannsweiler 1982, S. 47–69

Macht, H.: Das problemorientierte Kinder- und Jugendbuch – eine neue Chance für die literarische Erziehung. In: Die Scholle 1978/8. S. 634–638

Maier, K. E. (Hrsg.): Die Schule in der Literatur. Ausgew. Erzählungen zu Lebensgängen junger Menschen. Bad Heilbrunn 1972

Müller-Martin, S. / Kesenhagen, A.: Krieg und Frieden in der Kinder- und Jugendliteratur der Bundesrepublik Deutschland. In: Deutschunterricht 1991/2., S. 95–102

Rabl, J. (Hrsg.): Religiöse Kinderliteratur. Religionspädagogische Beiträge 1967–1980. München 1981 a

Rabl, J.: Der Tod – eine Lebensfrage. Zur Darstellung von Sterben und Tod in der neuesten Kinderliteratur. In: Rabl, J. (Hrsg.): Religiöse Kinderliteratur. Religionspädagogische Beiträge 1967–1980. München 1981 b, S. 189–202

Rabl, J.: Religion im Kinderbuch. Analyse zeitgenössischer Kinderliteratur unter religionspädagogischem Aspekt. Hardebek 1982

Reuschler, R.: Dritte Welt in der Kinder- und Jugendliteratur. In: Doderer, K. (Hrsg.): Lexikon der Kinder- und Jugendliteratur. Ergänzungs- und Registerband. Weinheim/Basel 1984, S. 161–164

Richter, D./Vogt, J. (Hrsg.): Die heimlichen Erzieher. Kinderbücher und politisches Lernen. Reinbek 1974

Schäfer, B.: Adoleszenzroman und Jugendliteratur (Kolloquium). In: JuLit 1991/1., S. 34–40

Schaller, H.: Aktualität und literarische Qualität. Beispiel Jan Procházka. In: Baumgärtner, A. C./Maier, K. E. (Hrsg.): Mythen, Märchen und moderne Zeit. Würzburg 1987, S. 91 ff.

Schaller, H. u. a. (Red): Christliche Kinder- und Jugendbücher. Auswahlkatalog 1993/94. Hrsg. Deutsche Akademie für Kinder- und Jugendliteratur, Volkach 1993

Scheiner, P.: Rollenbilder in der problemorientierten Jugendliteratur der Gegenwart. In: Gärtner, H. (Hrsg.): Jugendliteratur im Sozialisationsprozeß. Bad Heilbrunn 1978, S 80–102

Scheiner, P.: Was kann der dicke Eddy nur tun? oder Außenseitermotive in der deutschen Jugendliteratur. In: Inform. d. Arbeitskreises f. Jugendlit. Beiheft 1982, S. 83–103

Scherf, W.: Bewältigung der Gegenwart? Emanzipatorische und gesellschaftspolitische Tendenzen in der Kinder- und Jugendliteratur. Pullach 1974 a

Scherf, W.: Emanzipatorische und gesellschaftspolitische Tendenzen in der Kinder- und Jugendliteratur. In: Maier, K. E. (Hrsg.): Jugendliteratur und gesellschaftliche Wirklichkeit. (2. Jahrbuch des Arbeitskreises für Jugendliteratur) Bad Heilbrunn 1974 b, S. 53–72

Stiftung Lesen 6: Jugendbücher zum Thema Erwachsenwerden. Ausw. u. Einf. v. F.-J. Payrhuber. Mainz 1991

Wangerin, W.: Pubertät und Sozialisation als Thema. Vorschläge für einen Kurs mit Jugendliteratur in der Sekundarstufe II. In: Praxis Deutsch 1978/29., S. 63–68

Die Comics

A. Zu Geschichte, Struktur und Erscheinungsformen

1. Zur Entstehungsgeschichte

Die Entstehung der Comics geht auf die wirtschaftliche Zwangssituation großer Zeitungsverlage (Pulitzer, Hearst) in den USA gegen Ende des 19. Jahrhunderts zurück. Einerseits sollten teure Rotationsmaschinen besser ausgenützt werden, andererseits wollte man eine breitere Konsumentenschicht ansprechen und als Abnehmer gewinnen. Die regelmäßig wiederkehrenden Bilderstreifen mit ihren schablonisierten und einfachen Bildern und dem anspruchslosen, klamaukhaften Inhalt wirkten auf die amerikanische Öffentlichkeit faszinierend und erwiesen sich als vorzügliche Werbemittel für die Zeitungen und Magazine, in denen sie abgedruckt waren. Der Erfolg zeigte, daß man offensichtlich eine neue Form literarisch-kurzweiliger Unterhaltung gefunden hatte, die den Bedürfnissen und Fähigkeiten der breiten Masse aufs beste entsprach.

Es fällt schwer, die aus rein kommerziellen Spekulationen erwachsenen Comic-Strips in einen Zusammenhang mit kunst- und literaturgeschichtlichen Vorläufern zu bringen. Denn, was sie etwa mit den Armenbibeln früherer Jahrhunderte, den Bildergeschichten Wilhelm Buschs oder mit den Bilderbögen des ausgehenden 19. Jahrhunderts verbindet, ist bestenfalls eine oberflächliche äußere Ähnlichkeit. Im Grunde handelt es sich bei den herkömmlichen und in Masse verbreiteten Comics um Neuschöpfungen, die durch Verzicht auf künstlerische Gestaltung und Aussage und durch die besondere Eigenart, mit der Graphik und Sprache angewandt und verbunden werden, sich von den vermeintlichen Vorgängern ganz wesentlich unterscheiden. »Was hinter den eigentlichen Comics steht, ist nicht der Wille, die Welt im Medium Kunst zu bewältigen oder zu ihrer Umgestaltung aufzurufen, sondern sind – vom Produzenten her gesehen – ganz robuste Geschäftsinteressen.«[1]

Die hohe Beliebtheit der Zeitungs-Strips veranlaßte ihre Hersteller, Comics auch als Hefte und Broschüren (Comic-Books) herauszugeben. Diese Erzeugnisse erreichten eine sensationelle Verbreitung und bewährten sich – nicht nur in den USA, sondern auch in Westeuropa und großen Teilen der Welt – als Verkaufsschlager ersten Ranges. Sie wurden von vielen hundert Millionen konsumiert und avancierten zur begehrten Amüsierlektüre vor allem von Kindern und Jugendlichen.

In den dreißiger Jahren drängen Abenteuer-, Spionage-, Kriminal- und Horror-Comics die ursprünglich humoristisch gehaltenen Bildergeschichten in den Hinter-

---

[1] A. C. Baumgärtner 1972, S. 17; zur Geschichte der Comics vgl. H. E. Giehrl 1954, K. Riha 1970, H. J. Kagelmann 1976.

grund, während des Zweiten Weltkrieges wird das Angebot durch Kriegs-Comics und Comics propagandistischen, teilweise auch erzieherischen Inhalts ergänzt. In der Nachkriegszeit sichert sich innerhalb der Abenteuer-Comics die Science Fiction-Thematik einen breiten Raum.

Trotz der intensiv geführten Anti-Comic-Kampagnen, die vor allem in den fünfziger Jahren ihren Höhepunkt erreichen, kann der Erfolg der Comic-Literatur nur jeweils örtlich eingeschränkt werden. Die Produzenten reagieren auf die heftigen Angriffe von Pädagogen, Jugendschutzbehörden und Prüfstellen, indem sie Serien und Inhalte, die der Kritik besonders ausgesetzt sind, aufgeben oder ändern, auf neue Reihen ausweichen, ohne aber von der formalen und inhaltlichen Struktur prinzipiell abzugehen.

Seit etwa 1964/65 bahnt sich jedoch in Europa eine Art Besinnungsaktivität an, die sich zunächst der Sichtung des gesamten und nicht nur des kinder- und jugendspezifischen Comic-Materials widmet. Man fordert eine wissenschaftlich-sachliche, betont emotionsfreie Analyse des Angebots. Internationale Kongresse, Ausstellungen, Kolloquien schaffen die Basis für ein neues Comic-Bewußtsein und die Voraussetzungen für eine multiple Auseinandersetzung mit einem Gegenstand, der bislang von Pädagogen und Literaten als Inbegriff der Schundliteratur verachtet und bekämpft worden ist. Es bildet sich eine Pro-Comic-Bewegung heraus, die neben den bedächtig-abwägenden Stimmen auch Comic-Fans zu Wort kommen läßt, deren Aussagen den Eindruck entstehen lassen, es handle sich bei den Comics um das zeitgemäße Medium schlechthin.

Eine Revision der Beurteilung wird durch Erscheinungen in der jüngeren Comic-Literatur begünstigt, die erheblich von der bisherigen Massenproduktion abweichen. Sie wird auch gefördert durch einen Wandel des literarischen und literarpädagogischen Verständnisses. Das mehr und mehr sich verbreitende Interesse an den Unterhaltungs- und Informationsmedien der Subkultur, die Bereitschaft zur Toleranz und Anerkennung gegenüber den Konsuminteressen und -gepflogenheiten der Unterschicht lassen selbst herkömmliche Comics in einem anderen Licht erscheinen.

2. Formale Kennzeichnung

Zu den formalen Kennzeichen der publikumswirksamen Comics gehört, daß mit Hilfe vieler, meist kleinformatiger Bildchen praktisch endlose Fortsetzungsgeschichten dargeboten werden. Die Zeichnungen sind in der Regel primitiv ausgeführt, beschränken sich auf wenige schematisierte Grobmerkmale der dargestellten Figuren und Gegenstände und legen keinen Wert auf die Gestaltung einer detaillierten Szenerie. Der Hintergrund wird oft lediglich als farbige, schraffierte oder mit anderen graphischen Mitteln erzeugte Fläche dargestellt.

Kennzeichnend ist außerdem das unmittelbare Ineinander von Bild und Text. Die eingezeichnete Sprechblase (englisch balloons, italienisch fumetti), die den Figuren aus Mund oder Kopf quellen, enthalten Dialoge oder (als gestrichelte Blasen) Gedanken in knappster Form. Textbalken geben kurze, zum notwendigster Verständnis des Handlungsablaufs erforderliche Erklärungen des Autors wieder.

Die graphische Umrahmung des Textes gehört zum Codierungs-System der Comics, dessen Beherrschung für das Verstehen des Inhalts entscheidend ist. Auch wiederkehrende Bildsymbole, die in allen Serien verwendet werden und gleiche Bedeutung haben, zählen zum Codierungs-System. Sie ermöglichen eine rasche und auf knappste Form gebrachte Verständigung, engen allerdings Differenzierungs- und Variationsmöglichkeiten ganz beträchtlich ein. In einer Art »Bildgrammatik« deuten »zum Beispiel Herzen, die um eine Person gezeichnet sind, Verliebtheit an. Noten stehen für Gesang oder Musik (verzerrt gezeichnete Noten bedeuten Katzenmusik), Ausrufezeichen stehen für Erstaunen oder Verblüffung, Sterne, Spiralen, Kreise um den Kopf einer Person deuten ›Benommenheit‹, ›Bewußtlosigkeit‹ an . . .«[2]

Auch die Darstellung der Figuren selbst unterliegt der Codierung. Bestimmte Körpermerkmale und Physiognomien stehen für bestimmte Charaktereigenschaften, Stimmungslagen usw., sie signalisieren dem geübten Leser sofort die Funktion der gezeichneten Person im Rahmen des Geschehens, sie ordnen sie in ein Schema von Typen ein, wobei gewisse äußere Merkmale immer auch gleich signifikant für innere Wesensmerkmale der Person sind.

Die genannten formalen Kennzeichen treffen auch heute noch für die überwiegende Zahl der Comics zu. Einige neuere, in der Regel aber nicht an das Massenpublikum und an die Kinder adressierte Produktionen, weisen differenziertere und vom Schema abweichende Konstruktionskriterien auf.

3. Inhalte

Inhaltlich gesehen ist – wie schon angedeutet – das Angebot unterschiedlich.

Die *Abenteuer-Comics* bringen Dschungelgeschichten (Tarzan), Western, Krimis, Detektivgeschichten (Tim und Struppi), Erlebnisse und Taten historischer oder pseudohistorischer Personen (Prinz Eisenherz, Sigurd, Asterix), Science Fictions (Superman, Batman, Galax, Phantom), wobei einzelne Stoffgebiete vorübergehend in den Hintergrund treten oder ganz vom Markt verschwinden können. Abenteuer-Comics bevorzugen den Superhelden. Er ist unbesiegbar und oft mit Kräften ausgestattet, die weit über die Realität hinausgehen. Seine Gegenspieler – fast immer schon von der äußeren Erscheinung her als abstoßende oder lächerliche Figuren gekennzeichnet – dienen, ehe sie unterliegen oder vorübergehend ausgeschaltet werden, als Staffage zur Verdeutlichung der überragenden Fähigkeiten des Helden.

---

[2] H. Ostertag 1972, S. 23.

Lustige Comics treten in verschiedenen Variationen auf. Das »Lustige« wird vorwiegend durch possenhafte Situationskomik, durch Slap-Stick-Humor, durch karikaturistische Zeichnung von Menschen und Tieren (Micky Maus, Donald Duck) hervorgerufen. Gegen den einfältigen Humor an sich ist nichts zu sagen, so lange nicht dümmliche und schadenfrohe Spaßmacherei überhand nimmt. Manche Reihen kommen über die stereotype, mit stets gleichen Effekten agierende Possenreißerei nicht hinaus. Andererseits gibt es aber Serien, die nicht nur abwechslungsreiche Situationskomik anbieten (Peanuts), sondern auch durch Wortwitz, hintergründige Anspielungen und ironisch-satirische Anzüglichkeiten eine subtile Art von Humor vertreten und mitunter als Parodie auf muskelprotziges Heldentum verstanden werden können (Asterix).[3]

Sogenannte *Educational Comics* wollen dem Leser neben Unterhaltung gezielte Information anbieten. Sie entstanden während des Kriegs im Rahmen der nordamerikanischen Truppenausbildung. Heute sind solche Comics für erzieherische und allgemeinbildende Aufgaben über die USA hinaus in verschiedenen Ländern zu beobachten. »Frankreich bringt Bibel- und Roman-Comics heraus; die skandinavischen Länder bevorzugen fremdsprachliche, geschichtliche und literarische Comics; Deutschland versucht sich u. a. mit naturwissenschaftlichen Themen in der Comic-Form ...«[4] Der Vorteil, den man sich von dieser Art der Information verspricht, liegt darin, daß sich ein breites Publikum Inhalten, die ihm sonst fernblieben, widmet, weil diese in Formen verpackt sind, mit denen auch leseunwillige Leute etwas anfangen können. Daß aber die Art des Angebots – bedingt durch die Strukturmerkmale der Comics – eine drastische Simplifizierung und Minimalisierung erforderlich macht und dadurch zur Verzerrung und Verfälschung des Gegenstandes führen kann (siehe z. B. die infantile Raffung von Werken der Weltliteratur), sollte nicht unbeachtet bleiben.[5]

Ausgesprochene *Erwachsenen-Comics* sind Bildergeschichten, die »von den populären Strips weit entfernt, beim Betrachter die Fähigkeit voraussetzen, Bildzitate zu erfassen, Anspielungen zu verstehen, Ironie und Satire zu erkennen. Es handelt sich um raffiniert gemachte artistische Gebilde, die ganz offensichtlich für eine Leserschicht produziert werden, die anderes und anders zu rezipieren gewohnt ist als der bislang typische Comics-Konsument«.[6] Comic-Bücher für Erwachsene haben – nach

---

[3] Allerdings sind – was auch D. Grünewald einräumt – »Geschichten, die nicht nur Schablonen benutzen in Gestaltung und Inhalt, sondern den Reiz des Unerwarteten vermitteln« erst in Ansätzen erkennbar. Gemessen an den Auflagen der Comics am Kiosk sind solche Versuche »belanglose Ausnahmen« (D. Grünewald 1982, S. 10).

[4] W. Kempkes 1971, S. 17.

[5] Vgl. H. Halbfas' skeptische Anmerkungen zu Bibel-Comics (H. Halbfas 1978, S. 186 ff.).

[6] A. C. Baumgärtner 1972, S. 116.

Günter Metken[7] – von Frankreich ihren Ausgang genommen. Das erste berühmte Beispiel dieser Gattung (Barbarella) zeigt bereits jene Züge und Elemente, die in den nachfolgenden Erwachsenen-Comics dominierend sind: Erotik, Gesellschaftskritik, Anleihen aus Mythologie und Sage, ebenso aber Einbeziehung einer technisch versierten Science Fiction-Welt. Ob es sich bei den einzelnen Serien jeweils um gesellschaftskritische Aufklärung handelt, die mit kräftigem Sex angereichert wird, oder um Sex-Comics, die primär den voyeuristischen und sadistischen Neigungen des Publikums entgegenkommen, das Zeitkritische aber nur als Zusatz beigeben, sei hier dahingestellt. Ihr politischer Gehalt richtet sich gegen Herrschaftsstrukturen und Konsumgesellschaft (Jodelle), gegen politisch kaschierte Brutalität und Borniertheit (Phoebe Zeit-Geist), gegen die spätkapitalistische Zivilisation (Pravda) und ihren Mythos von der angeblichen Emanzipation und Gleichberechtigung der Frau (Glamour-Girl, Super-Mädchen). Diese intellektuellen Comics sind weder für Kinder gedacht noch geeignet. Die kunstvolle Verwendung von Ingredienzien des naiven Massenmediums Comic verleiht ihnen ein respektables Niveau. Für die Aufwertung der Kinder-Comics, mit denen sie nichts zu tun haben, kommen sie nicht in Betracht.

Es ist für die Lebendigkeit und Anziehungskraft der Comics bezeichnend, daß auch außerhalb des eigentlichen Comic-Bereichs ihre Form- und Darstellungselemente genutzt werden. Der Einfluß ist im Film und Fernsehen, in der Werbegraphik und in der Gebrauchsindustrie, aber auch in der seriösen Buchproduktion erkennbar. Vorübergehend stärker, meist in künstlerisch gekonnter Form und mit inhaltlichem Witz tauchten Comics auch *im Kinderbuch* auf, sei es, daß ihre Darstellungstechniken gelegentlich Verwendung finden (z. B. die Blasensprache in Borchers/Stiller »Das rote Haus in einer kleinen Stadt«) oder daß Comic-Manier zum durchgehenden Gestaltungsstil des Buches wird (z. B. W. Schmögner »Das Drachenbuch«, W. Schlote »Superdaniel«, Janosch »Die Globeriks«, N. Claveloux »Hau ab, Grabot!« oder T. Janssons Mumin-Bücher).

B. *Meinungen, Urteile, Diskussion*

1. *Aus literarisch-ästhetischer Sicht*

Eine literarische Betrachtung der Comics hat sich, obwohl sie schon kurze Zeit nach ihrer Entstehung für Millionen zur begehrten und bevorzugten Lektüre wurden und bald auch in Form von Comic Books den literarischen Markt erheblich beeinflußten, keineswegs von Anfang an ergeben. Sie setzte erst ein, als Interessenten und Fachleute der Jugendliteratur und der Literaturpädagogik auf die Comic-Produktion

---

[7] G. Metken 1971, S. 143 ff.

aufmerksam wurden und sie in ihre Diskussion einbezogen. Die Sichtung der Comics vom jugendliterarischen Aspekt her erfolgte im Rahmen der traditionellen Literaturpädagogik, deren Wertungs- und Zielvorstellungen eindeutig vom ästhetisch-künstlerischen Literaturbegriff und vom Buch als Leitbild und Endpunkt aller leseerziehlichen Bemühungen bestimmt waren. Unter diesen Voraussetzungen mußte die kritische Comic-Analyse zu einer Reihe sehr negativer Feststellungen kommen.

Sie lauten zum Beispiel: Dauernde Rezeption von Comics führt bei Kindern und Jugendlichen zu oberflächlichem Lesen; sie beeinträchtigt die Lesefähigkeit überhaupt. Die charakteristische Bild-Textanordnung zwingt zu einem ständigen Springen von Bild zu Text und umgekehrt, sie verlangt fortdauerndes Querfeldeinlesen, da die Textteile willkürlich-verschieden und keineswegs in gleichbleibender linearer Zeilenordnung angebracht sind. Das Überwiegen der Bilder vermindert die Lust und das Können zum Lesen reiner Textliteratur, macht unfähig, nur über Sprache Sinninhalte zu erfassen, läßt die prognostizierende Phantasie verkümmern und wirkt sich somit störend auf die Entwicklung zum Buchleser aus. Comics fördern die Entstehung eines modernen Analphabetentums.[8]
Ein weiterer Einwand wendet sich gegen die Sprache der Comics. Sie ist im Vergleich zur Buchsprache dürftig und mangelhaft. Sie begnügt sich mit einem Minimum an inhaltlicher Aussage, beschränkt sich auf Kurzformulierungen, Satzfragmente, Ausrufe und lautmalende Interjektionen. Die Kritik stellt fest: Die Comic-Sprache hat nicht anregenden Charakter, sondern beeinträchtigt die individuelle Sprachentwicklung. Sie begünstigt einen Minimalismus an Ausdrucksfähigkeit und verhindert die Entfaltung der elaborierten Sprache. Die Comics erweisen sich daher für ein Bildungskonzept, das in der Sprachbefähigung und -kultivierung einen zentralen Schlüssel für die seelisch-geistige Entwicklung sieht, als untaugliches, ja retardierendes Mittel. Sie sind ganz und gar unbrauchbar, um das Verständnis für ästhetisch-dichterische Sprache zu wecken und zu pflegen.

Andere Comic-Interpreten stellen die literarische und literarpädagogische Abwertung der Bildergeschichten in Frage oder halten eine literarische Betrachtung der Comics überhaupt für unangebracht. Man verweist nicht nur darauf, daß eine verallgemeinernde Verurteilung der Comic-Sprache im Hinblick auf die unterschiedliche Sprachqualität einzelner Serien unberechtigt sei[9], sondern stellt auch fest, daß man der Comic-Sprache nicht gerecht werde, wenn man sie in Relation zur Buchspra-

---

[8] »Die düstere Ahnung umsummt mich, daß in weniger als 100 Jahren der letzte Neger, Tunguse und Polareskimo seine analphabetische Unschuld verliert und – Komiks liest, während in den zivilisierten Ländern von tausend nicht einer mehr wirklich lesen kann.« Stefan Andres: Die Komiks. In: Jugendschriften-Warte 1955/3, S. 17.
[9] Darauf wurde übrigens auch schon in älteren Untersuchungen aufmerksam gemacht. Vgl. M. Doetsch 1958 – M. Welke 1974.

che setze. Sie hat ihre eigenen Gesetze, die sich aus Funktion und Struktur der Comics ergeben. Die synchrone Verbindung von Bild und Text, der visuelle Charakter der Comics erfordern einen anderen Sprachgebrauch; die Dominanz des Dialogs macht einen anderen Satzstil erforderlich. Dabei steht man nicht an, dieser »anderen Sprache« eine Reihe von Vorzügen zuzubilligen:

»Die Comic-Sprache ist knapp, konkret, präzise und vermittelt dem Leser viele Informationen. Ihr Satzbau ist kunstlos und einfach. Durch die Verwendung unvollständiger Sätze und Ellipsen wird der Lesefluß (für sich allein gesehen) zwar gestört, jedoch nicht nachhaltig gehemmt. Ausdrucksstarke Verben, Adjektiva und Substantiva verleihen dem Text Dynamik und Lebendigkeit. Alle Sprachelemente sind leicht erfaßbar und anschaulich. Sie haben einen bildhaft-assoziativen Charakter.«[10]

Was bisher als gravierender Nachteil interpretiert wurde, wird nunmehr als Positivum gerühmt: Die knappe, fragmentarische Minimalsprache ist kein Mangel, sondern dient angeblich der lapidaren Präzisierung, der Anschaulichkeit und dem leichten und schnellen Erfassen des Gemeinten. Und was die Leseerziehung angeht, so hält es D. Grünewald für unberechtigt, von einer Leseverhinderung oder gar Erziehung zum Analphabetismus zu sprechen. »Eher noch sind Hinweise, daß gerade die Comic-Lektüre leseschwache Kinder motivieren könnte, auch Texte zu lesen, berechtigt, wenngleich«, so fügt er hinzu, »Comics hier nicht als lesefördernde Vorübung für Textliteratur mißverstanden werden dürfte«.[11]

»Zahlreiche Untersuchungen haben gezeigt, daß die Bildgeschichte für Kinder eine recht ideale Erzählkunst ist. Kinder sind problemlos in der Lage, Schriftzeichen und Bildzeichen, visuelle Symbole zusammenzufügen, die Handlung der Bildfolge zusammenzubinden und zu verstehen ... Die Unmittelbarkeit und Anschaulichkeit der Bildgeschichte haben für Kinder einen hohen Motivationswert, und nicht selten haben Kinder durch Comic-Lektüre ihre Kombinations- sowie ihre Lesefähigkeit geschult und verbessert.«[12]

Kunstlosigkeit und Einfachheit ergeben – so wird soziologisch-ideologisch argumentiert – ein Medium, das *allgemein* zugänglich ist. Es ist vor allem jenen Sozialschichten verfügbar, die zur vorherrschenden Wort- und Bildkultur keine Verbindung haben.

»Dieses Medium ist kein im engeren Sinn literarisches, es hat wenig zu tun mit der kulturellen Tradition des Schriftlichen, aber viel mit dem massenkulturellen Demokratisierungsprozeß, in dem wir stehen, wenig mit den vom gebildeten Bürgertum genormten Inhalten und Kulturtechniken, aber viel mit den Bedürfnissen der in bürgerlicher Umwelt nicht zu ihrem Recht Kommenden, der Frustrierten und von der esoterischen literarischen Kultur nicht Erreichten und Angesprochenen.«[13]

Aus dieser soziologischen Sicht werden die herkömmlichen Literaturkriterien für die Beurteilung der Comics vollends irrelevant. Für manche sind sie schon als

---

[10] W. Kempkes 1971, S. 10f.
[11] D. Grünewald 1984, S. 176.
[12] D. Grünewald 1988, S. 103.
[13] M. Dahrendorf 1972, S. 253.

Produkt der Massen- und Subkultur ein Wert an sich, das aus der Diskriminierung zu befreien ist und als Unterhaltungs- und Informationsmedium der Unterschicht Anerkennung verdient.

2. *Aus pädagogischer Sicht*

Bezüglich der Wirkung auf Einstellung und Verhalten des Kindes und Jugendlichen ergibt sich eine Reihe von Fragen, die wiederum verschieden beantwortet werden.

Die von den Kindern bevorzugten lustigen und zum Teil auch witzigen Comics sind, auch wenn sie von der Handlung her anspruchslos bis simpel, sprachlich gesehen kunstlos bis primitiv sein können, wegen ihres Unterhaltungswertes für Kinder nicht zu gering einzuschätzen. Sie bereiten Spaß, sie bereiten Vergnügen und Abwechslung. Es ist für die meisten Erwachsenen erstaunlich, mit wieviel Konzentration und Ausdauer sich Kinder diesem Vergnügen hingeben. Schon um dieser Auswirkungen willen ist ein tolerantes und permissives Verhalten der kindlichen Comic-Vorliebe gegenüber angebracht, ohne freilich die begrenzte Tauglichkeit der Comics für die Bildung von Vorstellungen und den Zuwachs von Erfahrungen aus dem Auge zu verlieren.

Ein prinzipieller Einwand besteht darin, daß bei dauernder und ausschließlicher Lektüre der massenhaft hergestellten Comcis, die routinehaft ein immer wiederkehrendes und gleichbleibendes Bild von den Dingen vermitteln, die Sicht auf die Fülle und Verschiedenheit der Wirklichkeit eingeengt wird und der Antrieb, andere und tiefere Zusammenhänge zu entdecken, sich verringert.

D. Grünewald formuliert diesen Einwand (ohne sich selbst damit zu identifizieren) so:

> »Das Lesen wird zu einem automatischen Vorgang, in dem nur noch oberflächlich das wiedererkannt wird, was bereits vertraut ist. Leseanstrengung wird zurückgedrängt, und Neugier verkommt zum Bestätigungsinteresse im Wiedererkennen ... Die für Neues nötige Leseanstrengung wird erst gar nicht mehr unternommen. Klischeehafte, schablonierte Darstellung kann zu einem falschen Vorstellungsbild führen ...«[14]

Andere, sehr gewichtige Einwände richten sich gegen die *Abenteuer-Comics* mit ihren kämpferisch-kriegerischen Inhalten. Dauernde und intensive Lektüre solcher Comic-Geschichten führt zu Eingriffen in das psychische Antriebssystem, in die Handlungs- und Verhaltensbereitschaft des Kindes und des Heranwachsenden.

Hilde L. Mosse berichtet aus ihrer kindertherapeutischen Erfahrung in den USA

---

[14] D. Grünewald 1988, S. 103.

von Kindern, »die unruhig und reizbar sind und eine argwöhnische und kämpferische Einstellung der Umwelt gegenüber haben«. Ihre Träume, Wachträume und Spiele, die sich ganz in der Phantasiewelt der Comics bewegen, »zeichnen sich durch gewalttätigen Inhalt aus«. Sie fühlen sich »dauernd angegriffen und schlagen zu, ohne angegriffen zu sein, weil sie befürchten, geschlagen zu werden, so daß sie sicher sein wollen, zuerst dreinzuschlagen«.[15] Durch Mosse fühlten sich viele in ihrer Annahme gestärkt, daß das Lesen von Abenteuer-Comics zur Entstehung von Aggressivität, kriminellen Handlungen und seelischen Schäden Anlaß gebe. Es wird aber eingewendet, daß Mosses Feststellungen nur für amerikanische Verhältnisse zuträfen, für Deutschland aber ein solcher Nachweis bis jetzt nicht erbracht worden sei. Tatsächlich konnte Marietheres Doetsch auf Grund ihrer umfangreichen Erhebungen bei deutschen Kindern keinen Zusammenhang zwischen Comic-Lesen und Aggressivität oder gar Kriminalität erkennen.[16] Die unterschiedlichen Ergebnisse sind darauf zurückzuführen, daß trotz erheblicher Verbreitung die Comic-Literatur in Deutschland doch nie die Bedeutung erlangt hat wie in den USA, wo außerdem ausgesprochen »harte« Horror- und Krimigeschichten, die bei uns zunächst kaum Eingang fanden, zum täglichen Brot des amerikanischen Comic-Lesers gehören. Immerhin zeigen die Beobachtungen Mosses, welche Auswirkungen vom intensiven Dauerkonsum brutaler Abenteuer-Comics ausgehen können.

Baumgärtner sieht die eigentliche Gefahr der Comics (wobei er sich auf die bei uns gängigen Abenteuer-Comics verschiedener Arten bezieht) nicht im Literarpädagogischen, auch nicht in der unmittelbaren Auswirkung auf das Antriebs- und Handlungssystem der jungen Leser, sondern in ihrem Einfluß auf die politische Vorstellungs- und Urteilsbildung. »Es wäre höchst bedenklich, wenn eine größere Zahl von Menschen das politisch zweifellos relevante Weltbild der Comics übernähmen, sich von ihm beeinflussen ließen oder gar in ihm eine Bestätigung von Vorstellungen fänden, die sie sich selbst bereits, mehr oder minder klar, von der Wirklichkeit und ihrer eigenen Stellung in ihr gebildet haben. Diese Gefahr ist kaum von der Hand zu weisen.«[17] Die politische Bedenklichkeit der Comic-Lektüre sieht er vor allem darin, daß sie die Welt als einen »Dschungel beziehungsloser Einzelsituationen« darstellt, in der immer wieder »gegen eine Unzahl von Feinden um die Erhaltung der bloßen Existenz gekämpft werden muß«.[18] Sie verstellt den Blick für die gesellschaftlichen Zusammenhänge, von denen der Mensch abhängig ist und in denen er mitgestaltend wirken muß. Die Welt wird außerdem als Chaos mit bedrohlichen Zügen gezeigt, in dem der Einzelne beständig gegen etwas oder gegen jemanden in Aktion treten muß.

---

[15] H. L. Mosse 1955, S. 89.
[16] M. Doetsch 1958.
[17] A. C. Baumgärtner 1972, S. 103.
[18] ebd., S. 103.

Das Dasein ist auf das Angriffs-Verteidigungsmodell reduziert. »Die Vielfalt des menschlichen Miteinander und Füreinander ist umgefälscht in ein schroffes, durch nichts zu überbrückendes Gegeneinander.«[19] Wer dieses Weltbild übernimmt, kann sich nur auf kompromißlosen Kampf einrichten. Wie dieser zu führen ist, dafür liefern die Abenteuer-Comics ein klares Rezept: Rücksichtsloser Einsatz aller verfügbaren Mittel (vor allem körperliche Gewalt), mitleidlose und brutale Jagd auf die Bösen mit dem Ziel der Vernichtung, da sie die Ursache allen Übels sind und in ihrem Charakter nicht geändert werden können. Sollte der Jugendliche »– was zu befürchten ist – diese Vorstellung auf die Realität übertragen, würde das jedem Bemühen um ein Verständnis gegnerischer, ja auch nur anderer Positionen ausschließen. Intoleranz, Haß auf den Andersdenkenden und Vernichtungswille gegenüber dem Gegner sind dann kaum zu vermeidende Folgen«.[20]

3. Aus didaktischer Sicht

Die didaktischen Konsequenzen sind unterschiedlich. Abgesehen von der großen Zahl der irritierten und verunsicherten Pädagogen, die sich zu keiner Reaktion mehr bereitfindet, liegt das Verhalten der übrigen zwischen Extremen »nach wie vor entschieden bekämpfen!« und »Kunst der Comics genießen lehren!«

In den ersten beiden Nachkriegsjahrzehnten (und vor allem in den fünfziger Jahren) waren – dem einheitlichen Ablehnungsstandpunkt entsprechend – abwehrende Maßnahmen das Gebot der Stunde. Sie bestanden aus gelegentlichen Umtauschaktionen großen Stils, aus Schultaschen-Razzien in den Klassen, aus Aufklärungsvorträgen für die Eltern und nicht zuletzt aus Unterrichtslektionen. Comics avancierten zum Gegenstand des literaturkundlichen Unterrichts, um dem Leser die Mängel überzeugend aufzuzeigen, um ihn aus der engen und unreflektierenden Bindung an das Medium zu lösen, um ihn kritikfähig zu machen.

Nun spielt angesichts der immer noch vorherrschenden geringwertigen Comics die unterrichtliche Aufklärung gegen die Comics nach wie vor eine Rolle. Was allerdings hinzukommt, ist die Einsicht, daß harmlose und auch positiv zu bewertende Comic-Serien existieren und daß ein verändertes Verhältnis von Literaturwissenschaft und Literaturpädagogik zur Trivialliteratur die Comics insgesamt in anderem Lichte erscheinen läßt. Das gibt einer »Didaktik der Comics« ein vielfältigeres Gesicht und keineswegs nur das Gepräge einer entschiedenen Kontra-Stellung.

---

[19] ebd., S. 104.
[20] ebd., S. 105 – Im übrigen schränkt Baumgärtner die mögliche negative Wirkung etwas ein, indem er angesichts der Entwicklung des Mediums darauf verweist, daß die für eine penetrante Wirkung maßgebliche Gleichförmigkeit der Comic-Helden heute nicht mehr zutreffe (A. C. Baumgärtner 1983, S. 183).

Bei der Einbeziehung von Comics in den Unterricht wird es im einzelnen um folgendes gehen:

Ein Lernziel ist, die Struktur der Comics einsichtig zu machen und dabei ihre Eigenart erkennen zu lassen. Der Vergleich mit dem Buch (strukturell, nicht wertmäßig) liegt nahe und ist zweckmäßig. Dabei geht hervor, daß Comics etwas anderes als Bücher sind und etwas anderes leisten, was natürlich auch bedeutet, daß sie kein Ersatz für Bücher sein können.

Ein anderes Lernziel sollte wenigstens in Ansätzen angestrebt werden: die Rezeptionsweisen des Comic-Lesers aufzuzeigen. Durch solche Rationalisierung wird nicht nur unbefangen über die Eigenart des Konsumprozesses informiert, sondern gleichzeitig Hilfe zur Überwindung der bei Comic-Lesern besonders ausgeprägten passiven Konsumeinstellung und der einseitig affektiven-unkontrollierten Bindungen angeboten.

Das von den Comic-Freunden gern hervorgehobene Positivum, wonach die Bildgeschichte zum genauen Beobachten, Unterscheiden und zum Phantasieeinsatz anhielte, ist nicht schon an sich gegeben, sondern erst durch entsprechende Rezeptionsschulung im Umgang mit dem Medium zu erreichen.

Auch bei der Behandlung von abzulehnenden Bildreihen ist der Unterricht tolerant und ohne Verächtlichmachung des Geschmacks und der Bedürfnisse der Leser zu führen. Eine wertverschweigende Didaktik ist aber nicht möglich. Es wird notwendiger- und sinnvollerweise bei Schülern und Lehrern zu Stellungnahmen kommen. Entscheidend ist, daß sie nicht absolut gesetzt, sondern argumentierend erörtert werden, daß sie nicht indoktrinierend dem anderen aufgezwungen werden.

Bei der Besprechung der Inhalte werden äußere Vorgänge und Fakten den Ausgangspunkt für längere Unterrichtspassagen darstellen. Es ist aber gerade beim Medium Comic anzustreben, daß auch das dahinterstehende Welt-, Menschen- und Gesellschaftsbild aufgedeckt und bewußt erfaßt wird. Bei reiferen Schülern bietet sich Gelegenheit zu ideologiekritischen Analysen.

Nun sollte man freilich den Comics im Unterricht nicht ein Übergewicht geben, das andere literarpädagogische Ziele in den Hintergrund drängt. Manche »progressiven« Lehrer sind nahe dabei, den Literaturunterricht unter Einbeziehung von Comics und Trivialliteratur so mißzuverstehen, als ginge es nur noch um Massenlektüre und Massenmedien, denen gegenüber Buchlektüre oder gar die Befähigung zum Umgang mit Wortkunst keine Bedeutung mehr zukomme. Es hat nichts mit Mißachtung des Geschmacks und der Einstellung der Masse zu tun, wenn man den Gegenstand ihrer Bedürfnisse und Interessen einer kritischen Wertung unterzieht und nicht bereit ist, die Erscheinungsformen einer Subkultur ohne weiteres, schon deshalb, weil sie massenhaft auftreten, qualitätsmäßig auf die Ebene der übrigen Kultur zu stellen oder gar die Subkultur zur Superkultur, von der aus künftig die Maßstäbe bestimmt werden, zu erheben. Comics sind als Massenmedien für die Prägung und Fixierung von Vorstellungen, als Informations- und Unterhaltungsmittel von Bedeutung; die

Befähigung zum sachgemäßen und kritischen Umgang mit ihnen ist eine unterrichtliche Aufgabe. Ihre Übernahme in den Lehrplan darf aber nicht auf Kosten und zum Nachteil einer auf Sprach- und Wortkultur zielenden Literaturpädagogik erfolgen.

C. Literatur zu Comics

Baumgärtner, A. C.: Die Welt der Comics. Bochum 1972 (5. Aufl.)

Baumgärtner, A. C.: Die Welt der Abenteuer-Comics und andere Beiträge zu einem Massenmedium. Bochum 1979

Baumgärtner, A. C.: Zu den Helden der Abenteuer-Comics. Interpretationsansätze und Forschungsdesiderate. In: Jugendbuchmagazin 1983/4., S. 181–184

Baur, E. K.: Der Comic. Strukturen, Vermarktung, Unterricht. Düsseldorf 1977

Bönisch, M.: Die Sprache der Comics im Unterricht. In: Wolfrum, E. (Hrsg.): Kommunikation. Aspekte zum Deutschunterricht. Baltmannsweiler 1975, S. 225–266

Burgdorf, P.: Comics im Unterricht. Weinheim/Basel 1976

Dahrendorf, M.: Vorüberlegungen zu einer Didaktik des Comic-Strips. In: Vogt, J. (Hrsg.): Literaturdidaktik. Düsseldorf 1972, S. 253

Deterding, K.: Comics und Schülerbewußtsein – eine empirische Untersuchung. In: Jugend und Buch 1977/3., S. 22–24

Doetinchem, D. v./Hartung, K.: Zum Thema Gewalt in Superhelden-Comics. Berlin 1974

Doetsch, M.: Comics und ihre jugendlichen Leser. Meisenheim 1958

Dolle-Weinkauff, B.: Comics. Geschichte einer populären Literaturform in Deutschland seit 1945. Weinheim/Basel 1990

Franzmann, B. u. a. (Hrsg.): Comics zwischen Lese- und Bildkultur. München 1991

Fuchs, W./Reitberger, R.: Comics-Handbuch. Reinbek 1978

Giehrl, H. E.: Comic Books. Eigenart und Geschichte. In: Jugendschriften-Warte 1954, S. 3f., 12f., 20f., 30f.

Grünewald, D.: Comics. Kitsch oder Kunst? Die Bildgeschichte in Analyse und Unterricht. Ein Handbuch zur Comic-Didaktik. Weinheim und Basel 1982

Grünewald, D.: Comic-Lektüre. Einige Stichpunkte zu ihrer Einschätzung. In: Der Evangelische Buchberater 1988/2., S. 97–105

Grünewald, D.: Vom Umgang mit Comics. Berlin 1991

Halbfas, H.: Die Bibel in Comics. In: Karst, Th. (Hrsg.): Kinder- und Jugendlektüre im Unterricht. Bd. 1, Primarstufe. Bad Heilbrunn 1978, S. 186–193

Hausmanninger, Th. (Hrsg.): Superman. Eine Comic-Serie und ihr Epos (st 2100), Frankfurt a. M.

Heidtmann, H.: Comics in öffentlichen Bibliotheken. In: Information Jugendliteratur und Medien 1991/4., S. 163–173

Hoffmann, M.: Was Kinder durch Micky-Maus-Comics »lernen«. In: Westermanns Pädagogische Beiträge 1970/10., S. 497–507

Kagelmann, H. J.: Comics. Aspekte zu Inhalt und Wirkung. Bad Heilbrunn 1976

Kagelmann, H. J. (Hrsg.): Comics-Handbuch für Eltern, Lehrer, Erzieher. Bonn-Bad Godesberg o. J. (1977)

Kagelmann, H. J.: Comics Anno. Jahrbuch der Forschung zu populär-visuellen Medien. München 1991

Kempkes, W.: Informationen über Comics. Educational Comics und ihre schulische Verwendung. In: Jugendschriften-Warte 1971/3., S. 10 f. und 1971/5., S. 17–19

Künnemann, H.: Comics. In: Haas, G. (Hrsg.): Kinder- und Jugendliteratur. Stuttgart 1974, S. 126–143

Künnemann, H.: Comics in der Grundschule? Plädoyer fürs Triviale. In: Die Grundschule 1975/7., S. 355–360

Künnemann, H.: Comics in der Bundesrepublik. Eine Einführung, Übersicht und Anregung zum Kennenlernen. In: Medien + Erziehung 1976/1., S. 4–15

Lange, G.: Wie sind Bibelcomics zu beurteilen? In: Rabl, J. (Hrsg.): Religiöse Kinderliteratur. Religionspädagogische Beiträge 1967–1980. München 1981, S. 138–149

Metken, G.: Comics. Frankfurt/Hamburg 1971

Mosse, H. L.: Die Bedeutung der Masenmedien für die Entstehung kindlicher Neurosen. In: Monatsschrift für Kinderheilkunde 1955/2., S. 85–91

Ostertag, H.: Micky Maus und Superman. Comics als Lesestoff für unsere Kinder? Meiringen/Schweiz 1972

Riha, K.: Zok Roarr Wumm. Zur Geschichte der Comics-Literatur. Steinbach 1970

Stoll, A.: Asterix, das Trivialepos Frankreichs. Die Bild- und Sprachartistik eines Bestseller-Comics. Köln 1975 (2. Aufl.)

Tabbert, R.: Den Comics entwachsen – Hilde Raddatz: Die große Liebe von Bockenheim. In: Thiele, J. (Hrsg.): Neue Erzählformen im Bilderbuch. Oldenburg 1991, S. 76–96

Vogel, H.: Comics im Deutschunterricht. Von der Behandlung als triviale Jugendlektüre zur semiotischen Analyse eines Massenmediums. In: Der Deutschunterricht 1975/1., S. 6–33

Watzke, O.: Gute und böse Figuren in Abenteuer-Comcis. Ein Beitrag zur Didaktik der Comics-Literatur in der Förderstufe. In: Karst, Th. (Hrsg.): Kinder- und Jugendlektüre im Unterricht. Bd. 2 Sekundarstufe. Bad Heilbrunn 1979, S. 204–221

Watzke, O. (Hrsg.): Bildergeschichten und Comics in der Sekundarstufe I. Unterrichtsvorschläge. Donauwörth 1981

Watzke, O. (Hrsg.): Bildgeschichten und Comics für die Grundschule. Donauwörth 1982 (2. Aufl.)

Welke, M.: Die Sprache des Comics. Frankfurt 1974 (4. Aufl.)

Wermke, J.: Zur Behandlung von Comics im Literatur-Unterricht. In: Zeitschrift für Literaturwissenschaft und Linguistik 1972/6., S. 65–77

Wermke, J.: Wozu Comics gut sind?! Unterschiedliche Meinungen zur Bedeutung des Mediums und seiner Verwendung im Deutschunterricht. Studienband. Frankfurt 1979 (4. Aufl.)

Zimmermann, H. D. (Hrsg.): Vom Geist der Superhelden. Comics Strips. München 1975 (2. Aufl.)

Das Sachbuch

Schon in der Aufklärung, der Entstehungszeit spezifischer Jugendliteratur, finden sich neben den unterhaltenden und moralischen Erzählungen auch Bücher, die Sachwissen an die jungen Leser zu vermitteln versuchen. Als Beispiel für die Absicht kindangepaßter Wissensübertragung (hier durch Rahmenerzählung und Dialog) kann Heinrich Campes »*Robinson der Jüngere*« (1779) gelten. Die Robinson-Erzählung wird zum Vehikel zahlreicher Belehrungen über praktische Einrichtungen und nützliche Gegebenheiten. Zu den verbreitetsten und gleichzeitig großartigen Anschauungs- und Lehrbüchern für Kinder (ohne Schulbuch zu sein) gehört das schon im Rahmen des Sachbilderbuches erwähnte »*Bilderbuch für Kinder*« (1790 ff.) von Friedrich J. Bertuch. Es enthält bereits wesentliche Kriterien des Sachbuches späterer Zeit: die Vielfalt gegenständlicher Bereiche, die »angenehme« und unterhaltende Weise der Belehrung und die Berücksichtigung der begrenzten Voraussetzungen des Laien. – Desgleichen werden über Familienwochenblätter und Kinderzeitschriften, dann auch über sogenannte Jahrbücher (z. B. »*Jahrbuch für Haus und Familie, besonders für die reifere Jugend*«, später unter dem Namen »*Neues Universum*«) wissenschaftliche Fakten in einer auf Popularisierung bedachten Weise an die Jugend und die breite Öffentlichkeit weitergegeben.

Skepsis und Widerstand gegenüber den Popularisierungsbestrebungen – mochten sie auf Mißachtung der Realien als Folge traditioneller Bildungsvorstellung, auf Erkennen der Schwierigkeiten bei der Vereinfachung wissenschaftlicher Zusammenhänge oder auf offenen oder versteckten politischen Einwänden beruhen – haben sich in der Vergangenheit auf die Versuche literarisch-unterhaltender Sachvermittlung ungünstig ausgewirkt. Die Folge war, daß Sachliteratur weder von der Literaturwissenschaft noch von der Sachwissenschaft ernsthaft beachtet wurde. Auch die Jugendschriftenbewegung hat zunächst das Sachbuch als Außenseiter der Jugendliteratur betrachtet. Ihr Wortführer Heinrich Wolgast lehnte literarische Wissensvermittlung in erzählender und unterhaltender Form mit Rücksicht auf die Belange der Wissenschaft wie auf die der dichterischen Darstellung entschieden ab.[1] Die wachsende Sachbuchproduktion ist davon auf die Dauer keineswegs beeinträchtigt worden. Unter dem Einfluß eines gewissen Interessenanstiegs bei der jungen Leserschaft, vor allem aber einer an Wissensvermittlung orientierten Pädagogik, dank auch der anregenden Stellungnahmen einzelner Literaturpädagogen[2] fand das Sachbuch mehr und mehr Anerkennung als jugendliterarische Gattung eigener Art.

---

[1] H. Wolgast: Das Elend unserer Jugendliteratur. Worms 1950 (7. Aufl.), S. 47 f.
[2] So vor allem Wilhelm Fronemann in den zwanziger Jahren; vgl. W. Fronemann 1927.

A. Kennzeichnung des Sachbuches

Was unter Sachbuch zu verstehen ist, darüber besteht keine Einhelligkeit. Eine genaue Definition wird wohl auch wegen der Überschneidungen mit anderen Buchgattungen nicht möglich sein.

1. Inhalt

Es ist naheliegend, zunächst vom Inhalt her eine Abgrenzung zur übrigen Jugendlektüre zu suchen. Der Begriff »Sach«-Buch ist nicht recht glücklich, denn wer von ihm ausgeht, könnte meinen, es handle sich um Schriften, in denen es nur um »Sachen« gehe. Diese schlichte Erklärung vom Wort her ist aber unzureichend. Nicht nur Sachen im Sinne von Gegenständen und toter Materie machen den Inhalt des Sachbuches aus. Auch die Pflanze, das Tier und nicht zuletzt der Mensch als biologisches, geschichtliches und soziales Wesen werden dargestellt. Das Entscheidende dürfte sein, daß alle diese Inhalte um ihres Wirklichkeits- und Tatsachencharakters willen aufgegriffen werden. Es geht im Sachbuch um wirkliche Realitäten, um Gegebenheiten, die nicht erst erfunden werden, sondern als tatsächlich Seiendes oder Gewesenes vorhanden sind. »Das Sachbuch unterscheidet sich von der fiktionalen Erzählung dadurch, daß der in ihm angesprochene Sachverhalt sich nicht erst im Erzähltwerden konstituiert, sondern außerhalb des Textes als Bestandteil der Umwelt des Lesers existiert.«[3]

Den fiktionalen Texten dienen die Tatsachen als Hintergrund, als kulissenhafter Rahmen; was nicht heißt, daß sie nicht auch über gegebene Tatsachen informieren könnten. In der Sachschrift aber sind sie primäres Anliegen. Stevensons »Schatzinsel« ist kein Sachbuch, so konkret und wirklichkeitsnah es auch gestaltet sein mag. Die sachlichen Gegebenheiten Meer, Schiffahrt, Insel sind nur Kulisse und Mittel, um eine erdachte Handlung aufzubauen und Schicksale, Taten und Charaktere von Menschen dichterisch und gleichnishaft darzustellen. Setzen wir Heyerdahls »Kon-Tiki« daneben, so finden wir andere Verhältnisse. Die Erlebnisse der sechs Norweger sind fesselnd und erregend, sie lassen aber nicht das Hauptanliegen des Buches vergessen. Fakten aus der Forschung ozeanischer und völkerkundlicher Gegebenheiten zu liefern. Von vornherein eindeutig ist der literarische Ort von Büchern wie – um bei einem Beispiel des gleichen Stoffbereichs zu bleiben – »Meereskunde« (Tessloff), weil hier die Mitteilung von Tatsache und Wirklichkeit allein bestimmend ist und auf die Schilderung von einzelmenschlichen Ereignissen verzichtet wird.

---

[3] M. Hussong 1974, S. 369 f.

2. Zielsetzung

Ein weiteres Kennzeichen des Sachbuches ist die Absicht des Autors. Er will belehren, unterrichten, informieren. Daß er sich dabei dem jungen Leser gegenüber besonderer Formen bedienen muß, wird gleich noch zu vermerken sein. Es geht ihm prinzipiell darum, Wissen, Kenntnisse, Fertigkeiten weiterzugeben. Er appelliert an den Wissensdrang und Lerntrieb, der auf allen Entwicklungsstufen lebendig ist und neben Erlebnisdrang und Unterhaltungsbedürfnis zu den wesentlichen Lesemotiven gehört. Mit Recht nennt man das Sachbuch daher auch »belehrende Jugenschrift« oder »zweckgerichtete Jugendschrift«.

Auch die fiktionale Erzählung »belehrt«, nicht aber mit der gleichen Direktheit und Bewußtheit. Die belehrende Funktion der Dichtung begnügt sich außerdem oft nicht mit der äußerlich wahrnehmbaren Seite der Welt, sondern will ihre Hintergründigkeit und innere Wesenheit aufspüren. Eine nur sachliche Auswertung geht deshalb am Wesen des dichterischen Werkes vorbei. In J. P. Hebels Erzählung »*Kannitverstan*« zum Beispiel ist nicht etwa die Darstellung holländischer Verhältnisse das Hauptanliegen, sondern die bildhafte Darstelung einer menschlichen Wahrheit. Der Lehrer verfehlt den Kern der Novelle, wenn er sie als Sachergänzungsstoff für Geographie auswertet, nicht aber ihren menschlichen Ideengehalt herausstellt, der an kein Land gebunden ist und auf dem Hintergrund irgendeiner anderen Landschaft, »in Emmendingen und Gundelfingen so gut wie in Amsterdam«, veranschaulicht werden könnte.

3. Formale Gestaltung

Inhalt und Zielsetzung umreißen noch nicht ausreichend die Eigenart des Sachbuches als Kinder- und Jugendlektüre. Es fehlt eine dritte, entscheidende Betrachtungsweise, die der formalen Gestaltung.[4] Erst dieser Aspekt ermöglicht eine deutliche Unterscheidung vom Lehr- und Fachbuch und von der wissenschaftlichen Schrift. Auch sie befassen sich mit den wirklichen und realen Tatsachen, auch sie wollen informieren und belehren. Das Sachbuch der freien Jugendlektüre ist aber kein Fachbuch (wenn es auch fachlich ausgerichtet ist), es ist kein Lehrbuch (obgleich es belehren will), es ist kein wissenschaftliches Buch (obgleich es ohne wissenschaftliche Fundierung nicht denkbar ist). Wir dürfen eben nicht übersehen, daß das Sachbuch dem jungen Menschen zugedacht ist, daß es als Teil der freiwilligen Privatlektüre verstanden sein will. Als solches gehört es in den Bereich der Freizeit, der Muße, der eigenständigen Selbstbeschäftigung, muß deshalb an die spielerische Lust und an das Bedürfnis nach kurzweiliger Unterhaltung anschließen, muß die Fähigkeiten berück-

---

[4] »Gestaltung« ist hier zunächst nicht wertend zu verstehen, sondern – weniger anspruchsvoll ausgedrückt – als »Machart«, »Darstellungsweise«.

sichtigen, die der junge Leser, wenn er auf sich allein gestellt ist, entfalten und gebrauchen kann. Das eigentliche Schulbuch ist in den Unterricht eingebettet. Von hier erhält es Interpretation und Ergänzung, Belebung und Anregung. Dem Sachbuch der freien Lektüre stehen diese Hilfen im allgemeinen nicht zur Verfügung. Es kann nicht mit der Unterstützung eines Lehrers und den didaktischen Weisungen eines Unterrichts rechnen; es muß Methodik, Didaktik und Gestaltung in sich selber tragen.

Grob gesehen lassen sich zwei Formen der Sachbuchgestaltung nennen:

Die erste Form ist die *erlebnishafte Gestaltung*. Sie bedient sich der Darstellungselemente der dichterischen und unterhaltenden Lektüre. Ihre äußere Gestalt unterscheidet sie nicht wesentlich vom übrigen erzählenden Schrifttum (daher auch »erzählendes Sachbuch« oder »Sacherzählung«). Daß aber ein bestimmtes Tatsachenmaterial in den Mittelpunkt gesetzt wird, mit der Absicht, das Wissen des Lesers zu bereichern, ist der Grund, warum wir trotz Formgleichheit von einem Sachbuch sprechen können.

Der junge Leser soll nicht nur mit den Mitteln rationaler Sacherfassung belehrt werden, sondern zu einer erlebnishaften Begegnung mit den Tatsachen gelangen. Das Sachbuch dieser Art will Erlebnisbuch sein. Sprachlich-stilistisch tritt an die Stelle der objektiven Beschreibung und Erklärung die subjektive Schilderung, an die Stelle des nüchternen Berichtes und der bloßen Mitteilung die lebendige Erzählung. Der Aufbau ist nicht durch wissenschaftliche Ordnungskategorien, sondern durch eine Handlung, meistens ein menschliches Geschehen, bestimmt.

Nach Wilhelm Fronemann ist das Erlebnisbuch »die wertvollste Form des belehrenden Jugendbuches«, denn es entspricht der Mentalität des jungen Lesers, der den Kontakt mit den Dingen sucht und ihn findet, wenn sie im Zusammenhang mit Begebenheiten und Handlungsweisen stehen. Nicht den Gegenstand an sich will er zuerst kennenlernen, sondern seine Bedeutung im konkreten Leben, seine Beziehung zum Menschen und möglichst zum Kind und Jugendlichen selbst.[5]

Das ist sicher im Prinzip richtig. Dennoch hat der Jugendliche und das heranwachsende Kind (heute mehr denn je) ein lebhaftes Interesse an der Sache selbst und an klaren Informationen. Es bleibt aber dabei, daß lebendige Übermittlung bevorzugt wird, erst recht dann, wenn das Wissensgebiet noch wenig vertraut ist. Auch der Erwachsene läßt sich ja gerne durch lebendige und unterhaltende Aufbereitung in einen Sachbereich einführen, der ihm Neuland ist und für den er nicht schon von vornherein ein ausgeprägtes Interesse besitzt.

Neben dem erlebnishaft gestalteten Sachbuch ist ein zweiter Formtypus feststellbar, den ich als *sachlich informierendes Sachbuch* bezeichnen möchte. Es ist darunter

---

[5] vgl. auch W. Psaar / W. Klein sowie die Anmerkungen von J. Wölbert (1982) und B. v. Wulffen (1976, S. 41 ff. Grenzen des Sachbuches).

jene Sachliteratur zu verstehen, die im großen und ganzen die Tatsachen für sich allein sprechen läßt und auf Anleihen aus der dichterischen und unterhaltenden Lektüre verzichtet. So vermissen wir das ausmalende Erzählen und die auf Einzelschicksalen aufgebaute Handlung. Der Leser steht unmittelbar dem Sachkern gegenüber. Es fehlen Rahmen und Einkleidung, die der Darstellung ein erlebnishaftes Gepräge geben. Klaus Doderer spricht in diesem Zusammenhang vom nüchtern darstellenden Referatstil des Sachbuches im Unterschied zum emotional bestimmten Erzählstil.[6]

Auch diese Sachbuchform hat sich bestimmten Darstellungsprinzipien zu unterwerfen, wenn sie als freie Jugendlektüre zur breiteren Geltung kommen will. Sie kann sich zwar auf eine Leserschaft berufen, die ein starkes Interesse für spezielle Sachgebiete mitbringt, vielleicht auch schon über Vorkenntnise verfügt, die ohne Umschweife vom Gegenstand selber und nicht Geschichten um ihn herum hören will. Sie sucht detaillierte Antworten auf bestimmte Fragen (Wie baue ich ein Aquarium? Wie sieht ein Schiff aus? Wie steht es mit der Raketenforschung?) und ist auch bereit, sich mit den Gegebenheiten auseinanderzusetzen. Trotz dieser sachbuchfreundlichen Haltung – vor allem bei älteren Kindern und Jugendlichen – darf nicht übersehen werden, daß wir es mit Laien, mit Dilettanten im guten Sinne zu tun haben, deren Vorkenntnisse zwangsweise doch noch ergänzungsbedürftig und deren fachterminologische Gewandtheit begrenzt sind.

Es tauchen im jugendliterarischen Sektor ähnliche Probleme auf, wie sie die Popularisierungsbestrebungen der allgemeinen Volksbildung kennen: Wie machen wir das Schwierige leicht und einfach, ohne es zu versimplifizieren? Wie führen wir zum Verständnis heute gültiger Ergebnisse, ohne den langen Weg der Wissenschaft nachzuvollziehen? Wie gebrauche ich eine Sprache, die dem Laien verständlich ist, ohne die mühsam erarbeitete Fachterminologie zu verwässern? Die Schwierigkeiten sind in den einzelnen Sachgebieten verschieden groß, immer aber hat der Autor den Abstand zu würdigen, der zwischen Gegenstand und Laienleser normalerweise besteht. Warum gibt es beispielsweise Werk- und Bastelbücher, die den Kindern nicht das geben, was sie von ihnen erwarten? Weil meistens ein Fachmann schreibt, der von der Sache unendlich viel, von der Auffassungsgabe und -grenze der Kinder aber zu wenig versteht. Niemand verlangt, daß der Verfasser von Bastelanweisungen Geschichtlein erzählt. Aber ohne Orientierung auf den jungen Leser geht es nicht. Er muß sich um Klarheit und einfache Übersichtlichkeit bemühen, er muß anschaulich erklären, er muß durch viele Bilder und Skizzen das Verständnis erleichtern, er darf nicht Spezialkenntnisse und Fachausdrücke voraussetzen usw.

Geralde Schmidt-Dumont stellt zum didaktischen Vorgehen des Autors von Kinder- und Jugendsachbüchern folgende grundsätzliche Fragen: »Gehen Form der Ansprache des Lesers und Schwierigkeitsgrad des Stoffangebots Hand in Hand, oder gibt es Brüche und heterogene Teile? Knüpft der Autor an Erfahrungen an, die der kindliche Leser schon gehabt haben

---

[6] K. Doderer 1961, S. 28.

kann? Wie klein oder groß wählt er seine Denkschritte, und wie logisch ist seine Argumentation? Vor allem soll sich der Autor für eine bestimmte Altersgruppe entscheiden und dementsprechend den Stoff vereinfacht oder differenziert anbieten.«[7]

B. Sachbücher für verschiedene Lesealter

1. Das Kindersachbuch

Auf Grund der Entwicklung in den letzten Jahrzehnten wird mit Recht das Kindersachbuch als eine neben dem Jugendsachbuch sich abhebende eigene Sachbuchgruppe bezeichnet. Hans Gärtner verweist auf die »Expansion des Kindersachbuchangebots« in der Gegenwart und bringt sie in Zusammenhang mit der an Euphorie grenzenden Wissenschaftsgläubigkeit, der weltweit um sich greifenden Instruktionspädagogik und mit den Forderungen nach einer schon im frühen Kindesalter einsetzenden rationalen und wissenschaftsorientierten Bildung.[8] Von dieser Einstellung profitiert das Kindersachbuch, das in verschiedenen Formen auf den Markt gebracht wird.

Hierzu können die Sach-Bilderbücher, die sich schon den ganz jungen Rezipienten zuwenden und vor allem mit Hilfe einfacher bildhafter Veranschaulichung Wissen verständlich machen wollen, gezählt werden.[9]

Manche Kindersachbücher sind dem äußeren Erscheinungsbild nach Kindergeschichten. Es handelt sich dabei um jene Darstellungsform, bei der ein wirkliches oder erdachtes, um bestimmte Personen oder Lebewesen kreisendes Geschehen einen lebendigen Rahmen abgibt, mit dessen Hilfe das Sachanliegen interessant und verständlich gemacht werden soll.

In »*Eine Biberburg im Auwald*« (Klopp) von A. Fischer-Nagel / Ch. Schmitt geht es um Biber, die aus einem Gehege ausgebrochen sind und im Auwald sich niedergelassen haben. Der junge Leser erfährt aus dieser spannend und einfühlsam erzählten Geschichte vieles über die bei uns immer seltener werdende Tierart. – In Karlhans Franks »*Majas kleiner Garten*« (Bertelsmann) wird ein für das Kind nicht ohne weiteres interessanter Sachverhalt, die Anpflanzung und Pflege eines Gartenstücks, dadurch anziehender gemacht, indem das Mädchen mit pfiffigen Versen und anschaulichen Bildern ihren Garten vorzeigt.

Weit zahlreicher als die erzählenden Kindersachbücher sind die Sachdarstellungen, die auf eine erzählerische Einkleidung verzichten, jedoch durch sachbezogene Veran-

---

[7] G. Schmidt-Dumont 1990, S.7.
[8] Vgl. H. Gärtner 1979, S.214ff.
[9] Siehe »Sachbilderbuch«, S.30ff.

schaulichung und kindangemessene Sprache mit einem Gegenstand oder Wissensbereich bekanntmachen.

Dazu zählen zahlreiche Naturbücher wie die Titel aus der »Uhren«-Reihe des Ellermann-Verlages, eine etwas rätselhafte Reihenbezeichnung, die auf den Ablauf, das Werden, Verändern und Vergehen in der Natur verweist. Mit schönen detaillierten Bildern wird z. B. das Jahr der Pilze (»*Die Pilz-Uhr*« von Eva R. Schliemann), das Jahr der Bäume (»*Die Baum-Uhr*« von Irmgard Lucht), das Jahr der Tag- und Nachtfalter (»*Die Schmetterlings-Uhr*« von Una Jacobs) gezeigt und entsprechend textlich erläutert. – Einige Verlage haben sich auf große Bildbände, Lexika, Antwortbücher, Beschäftigungs- und Spielbücher für Kinder spezialisiert (siehe unten Beispielbücher). Oft wird die Mithilfe der Eltern erwartet, damit die vielen Ratschläge zum Basteln, zum Spielen, zum Ausprobieren (z. B. »*Ravensburger Backbuch für Kinder*« von E. Daldrup / U. Schmitt) realisiert werden können.

Die Thematik des Kindersachbuches ist nicht eng begrenzt. Natur und Tierwelt spielen eine überragende Rolle. Der technisch-naturwissenschaftliche Bereich ist stärker vertreten als aus den unten aufgeführten Titeln hervorgeht[10]; dominierend sind hierbei die Verkehrsmittel (Auto bis Flugzeug) und einfachere Experimentiervorschläge. Das Lebensumfeld einheimischer und fremdländischer Kinder ist heute ein wenig mehr berücksichtigt als früher, wobei allerdings zu bedenken ist, daß gerade zwischenmenschliche und soziale Problem, die das Kind angehen und mit denen es sich befassen sollte, nicht zuerst in rational aufbereiteter Form, sondern als erlebnishaftes Geschehen darzustellen sind. Kinderprobleme haben ihren Platz in der Sacherzählung oder noch besser: in der Kindergeschichte, wo sie dem Leser als lebendiger Erzählinhalt und nicht als Gegenstand der Information und der rationalen Erörterung begegnen.

Beispiele für Kindersachbücher:

Sacherzählungen: Aust / Mallek: Hallo, Saubermänner (Ueberreuter) – Baer / Mühlbauer: Der schwarze Stein (Sommerwiese) (Bertelsmann) – B. Bartos: Ich bin Karlchen, ich will leben (Neuer Finken) – G. Beyerlein: … erzählt von den Steinzeitjägern (Oetinger) – M. Duderstadt: Das Schiff-Buch (Sauerländer) – Fagerström / Hansson: Peter, Ida und Minimum. Hurra, wir kriegen ein Baby (Ravensburger) – A. Fischer-Nagel / Ch. Schmitt: Eine Biberburg im Auwald (Klopp) – K. Frank: Majas kleiner Garten (Bertelsmann) – Ch. Franke: Lustige Kindergärtnerei mit der Maus (Coppenrath) – M. Pressler: Jessi. Eine Sekunde nicht aufgepaßt (Ravensburger) – T. Röhrig: … erzählt vom Ausbruch des Vesuv (Oetinger) – W. Steinborn: Loewes Naturführer: An Fluß und See (Loewe) u. Forts. – L. Streblow: Ruscha, der Fischotter (Loewe) – E. Wüpper: Leselöwen Umweltgeschichten (Umwelterziehung) (Loewe)

---

[10] Einen genaueren Einblick ermöglichen Kataloge wie z. B. das Verzeichnis »Sachbücher für Kinder« von H. Ossowski.

Sachdarstellung: Aust/Nynke: Kommt ein Auto gefahren (Ueberreuter) – S. Aust: Bahn mit Pfiff (Ueberreuter) – D. Bailey: Flugzeuge (Neuer Finken) – Barkhausen/Geiser: Elefanten (Kinderbuch Luzern) u. Forts. – E. Carle: Großes Tierbilderbuch (Gerstenberg) – G. Daumaine: Die Welt der Häuser (Ravensburger) – D. Dixon: Die Welt der Saurier (Südwest) – A. Ganeri: Das Leben im Regenwald (Südwest) – H. u. A. Fischer-Nagel: Das Storchenjahr (Kinderbuch Luzern) – B. Hagbrink: Die Kinder aus Tibet (Gerstenberg) – Kruse/Laimgruber: Von Sonne und Erde, Wasser und Luft (Gerstenberg) – M. Lobe: Besser der Ball als du (dtv junior) – I. Lucht: Die Wiesenuhr (Ellermann) u. Forts. – N. Mitamura: Guck mal ... Felix, das Fohlen (Franckh) – C. u. R. Reinold: Komm, wir retten die Natur (Lentz) – H. Trettin: Kleiner Naturkalender (Kinderbuch Berlin) – B. Watts: Die Honigbiene (Peters) – B. Watts: Im Vogelnest (Peters) u. Forts.

Lexika, Nachschlagewerke: A. Bröger: Meyers Großes Kinderlexikon (Meyers Lex.-Verlag) – Bussolati/Orlando: Entdecke die Welt (Pestalozzi) – H. Domenego: Werwiewas Kinderlexikon (Sauerländer) – H. D. Dossenbach: Lexikon der Tiere (Kinderbuch Luzern) – J. Kaufmann: Mein erstes Buch vom Körper (Ravensburger) – J. Elliot/C. King: Mein erstes Bilderlexikon (Schneider) – H. P. Thiel: Erklär mir die Technik (Arena) u. Forts. – U. Kopp: Da große farbige Kinderlexikon (Falken) – M. Würmli: Der Kinderbrockhaus in vier Bänden (Brockhaus) – K. Zieschang: Sport A–Z (Schneider)

Spiel-, Beschäftigungs-, Experimentierbücher: N. Ardley: Mein erstes Buch vom Magnetismus (Tessloff) u. Forts. – A. Bartl: Spaß am Feste Feiern. Spiel und Partybuch (Tessloff) – H. Bücken: Das große Spielbuch (Herder) – H. Bücken: Spiel und Spaß am Krankenbett (Falken) – F. Fühmann: Die dampfenden Hälse der Pferde im Turm von Babel (Sprachspielbuch) (Kinderbuch Berlin) – H. Gärtner: Kinderwitze (dtv junior) – D. Kreusch-Jacob: Das Liedmobil (Ellermann) – P. Lustig: Kochbuch für kleine Feinschmecker (Mann) – Schneider: Verse für das Poesiealbum (Schneider) – F. Stöckle: Spielen in der Natur (Union) – B. Walpole: Experimente, Tricks und Tips (Südwest)

2. Das Jugendsachbuch

Das Jugendsachbuch will den Heranwachsenden, etwa ab 12 Jahren, ansprechen. Von diesem Alter an läßt sich ein verstärktes Interesse für Sachliteratur feststellen, wenngleich nach wie vor eine Bevorzugung von unterhaltend-erzählenden Texten besteht. Die Erwachsenen neigen dazu, die literarischen Neigungen der Kinder und Jugendlichen nüchterner, rationaler und zweckgerichteter einzuschätzen als diese in Wirklichkeit oft sind. Das Sensations-, Spannungs- und Unterhaltungsbedürfnis wird von vielen Eltern zu gering veranschlagt, und so glauben sie – wie eine eigene Rundfrage in 587 Familien ergab[11] –, daß ihre Kinder Wissensbücher genau so gern, wenn nicht sogar lieber lesen als Abenteuerlektüre.

Eine Untersuchung von Bernhard Meier führt ebenfalls zu dem Ergebnis, daß die Annahme, Sachbücher würden von jungen Lesern bevorzugt rezipiert, der Korrektur bedarf: im Paarvergleich (jede Gattung wird zu jeder anderen alternativ in Beziehung gesetzt) besteht

---

[11] K. E. Maier: Elternhaus und Jugendbuch. In: Das gute Jugendbuch 1969, Heft 2, S. 11.

»für das Sachbuch nur ein einziges Mal bevorzugtes Interesse, und zwar dann, wenn es gilt den Lesestoff zwischen Sachbuch und Dichtung auszuwählen. Ansonsten überwiegen die unterhaltenden Lesemotive bei weitem die informativen.«[12]

Daß Sachbücher den unterhaltenden Büchern nicht vorgezogen werden, bestätigt auch eine Infratest-Befragung (1977/78). Demnach entfallen vom monatlichen Zeitbudget, das für Freizeit zur Verfügung steht, auf Sachbücher (ohne Schulbücher) bei 10- bis 12jährigen 6%, bei 13- bis 17jährigen 7%, auf unterhaltende Bücher jedoch 15% bzw. 10%.[13]

In der ARD/ZDF-Studie (veröffentlicht 1986) zeigt sich ein umgekehrtes Bild. Sachbücher und »Ratgeber« (ohne Schul- und Fachbücher) zusammen werden von 50,1% der 12- bis 15jährigen und von 64,8% der 16- bis 19jährigen vorgezogen, während sich nur 39,8% bzw. 36% für »Kinder- und Jugendbücher«, »Märchen und Sagen«, »Unterhaltende Literatur«, »Liebe und Schicksal« entscheiden.[14]

Das Jugendsachbuch führt bezüglich der formalen Möglichkeiten und der inhaltlichen Weite über das Kindersachbuch hinaus. Dadurch nähert es sich der Sachliteratur der Erwachsenen, ohne mit dieser identisch zu sein (was allerdings nicht ausschließt, daß eine Reihe alljährlich erscheinender Erwachsenen-Sachbücher bereits als Jugendsachbücher empfohlen werden kann). Kaum ein Wissensbereich, der im Jugendsachbuch nicht angesprochen würde! Und deshalb ist wohl auch die Aufteilung in inhaltliche Kategorien schwierig. Um das breite inhaltliche Angebot des Jugendsachbuches einigermaßen überschaubar zu machen, bieten sich Teilbezeichnungen des in Wissenschaft, Kultur und Schule üblichen Einteilungsschemas an. So kann man etwa nach den Gebieten Technik, Wirtschaft, Geographie, Geschichte, Biologie, Sozialkunde, Politik, Spiel und Sport usw. unterscheiden.

Wissenswert sind die tatsächlichen Sachinteressen der Jungleser. B. Meier ist in der schon erwähnten Untersuchung dieser Frage nachgegangen und kam (bei 1080 Schülern des 7., 8. und 9. Schuljahres in Haupt-, Realschule und Gymnasium) zu einer Interessen-Rangskala, in der neben der Vorliebe für allgemeine Hobbybücher (43,2% aller Befragten) ein recht überraschendes und durch das Angebot wohl kaum gedecktes sachkundliches Interesse für Sport (55,2%) und für Musik (37,4%) zum Ausdruck kommt. Diesen am meisten bekundeten Interessengebieten folgen Biologie (36,9% der Befragten) und Politik/Geschichte (36,7%). Nur ein gutes Viertel der Befragten (27,7%) zeigt sich für Technik besonders interessiert.[15]

Nun ist es nicht erforderlich, daß der prozentuelle Anteil der Sachbuchinhalte mit der Zahl der jeweiligen Interessenten identisch ist. Immerhin wird durch Interessenbefragungen ersichtlich, ob wenigstens – wenn schon nicht zahlenmäßig übereinstimmend – im ganzen gesehen die verschiedenen Vorlieben und Wünsche der eventuellen

---

[12] K. Franz/B. Meier: Was Kinder alles Lesen. München 1983 (3. Aufl.), S. 100.
[13] Steinborn/Franzmann 1980, S. 166.
[14] H.-H. Lührig 1986, S. 18.
[15] K. Franz/B. Meier: Was Kinder alles lesen. München 1983 (3. Aufl.), S. 98 ff.

Benutzer berücksichtigt sind. Wichtiger als die prozentuelle Anpassung des Angebots ist die Auswahl und Zusammenstellung der einzelnen Details eines Wissensgebietes. Dominiert ein Neben- und Durcheinander von Einzelheiten? Werden Fakten ohne Unterschied ihrer Bedeutung vorgezeigt oder ist die Absicht erkennbar, Wissenswertes und Wissensnotwendiges aus der großen Fülle anzubieten? Und entsprechenden Auswahl und Darstellung dem Prinzip des Exemplarischen; d. h. stehen sie beispielhaft für vieles andere, das nicht auch noch gezeigt werden kann?

Gewiß kann das Schmökern und Blättern in Bänden mit zusammengestelltem Quizwissen reizvoll und unterhaltend sein; deshalb ist es auch durchaus legitim. Es steht aber in keinem Zusammenhang mit dem höher angesetzten Ziel der Sachliteratur: in den modernen Wissensstand von Kultur, Technik und Gesellschaft einzuführen, genauer gesagt, an ihm durch exemplarisches Beschäftigen mit einzelnen Gebieten und Fakten Anteil zu haben.

Beispiele für Jugendsachbücher[16]:

Technik, Wirtschaft: F.-A. Ilg: Auto A-Z (Schneider) – R. Köthe: Das neue Experimentierbuch (Tessloff) – Macaulay/Ardley: Macaulay's Mammut-Buch der Technik (Tessloff) – K. Müller: Vom Tauschhandel zur Weltwirtschaft (Ensslin) – Raaf/Sowada: Physik macht Spaß (Herder) – Reeve/Andrew: Maschinen (Pop-up-buch) (Südwest)
Geographie: M. Bright: Wie ist das ... mit dem tropischen Regenwald (Weichert) – H. Höfling: Dem Kosmos auf der Spur (Ensslin) – P. Marc: Die Reisen des Kapitän Cook (bohem press) – H. Qu. Nhuong: Mein verlorenes Land. Erlebnisse eines Jungen aus Vietnam (dtv junior u. Sauerländer) – Beattie/J. Geiger: Begraben im Eis der Arktis (Tessloff)
Geschichte: P. Conolly: Das Leben zur Zeit des Jesus von Nazareth (Tessloff) – M. Mai: Der deutsche Bauernkrieg (Ravensburger) – J. Köhn: Die Etrusker (Kinderbuch Berlin) – B. Marshall: Die Welt von heute (Südwest) – R. Piechowiak: Heimkehr in die Fremde. Gründung des Staates Israel (Bitter) – K. R. Seufert: Kurs West! Kolumbus entdeckt die Neue Welt (Loewe) – H. Vinke: Das kurze Leben der Sophie Scholl (Ravensburger)
Biologie, Umwelt: D. Burnie: Vögel und wie sie leben (Tessloff) – V. B. Dröster: Tiere in ihrem Lebensraum (Ravensburger) – Der große Kosmos Naturführer (Franckh) – Stottele/Ruf: Kein Herbst ohne Blätter. Jugendaktionen (Spectrum) – Veith/Ch. Wolfrum: Das Buch vom Wasser (Ravensburger)
Kunst, Musik, Sport: Gate/Hägglund: Bühne frei! (St. Gabriel) – F. Gettings: Das neue Buch der Kunst (Tessloff) – Ch. Gohl: Das Kosmos-Buch vom Reiten (Franckh) – B. Taylor: Die Welt der Klänge (Südwest) – K. J. Seidel: Schauspielführer (dtv junior)
Biographien: Ch. Kerner: Seidenraupe, Dschungelblüte. Lebensgeschichte von M. S. Merian (Beltz & Gelberg) – F. Macdonald: Helen Keller (Arena) – G. Popp: Die Großen der Menschenrechte (Arena) – D. Steinwede: Bonifatius (Kaufmann) – N. Stiller: Albert

---

[16] Die Aufgliederung nach Wissensbereichen enthält von der Machart her gesehen ebenfalls erzählende und sachlich informierende Titel, nach denen aber hier nicht eigens unterschieden wird. Es mag genügen, wenn ich aus der großen Zahl von einschlägigen Büchern in jedem Wissensbereich nur etwa 6 Bücher nenne.

Einstein (Ravensburger) – R. Wind: Die Lebensgeschichte des Dietrich Bonhoeffer (Beltz & Gelberg)
Lexika, Nachschlagwerke: Bildatlas zur Weltgeschichte. Taten und Träume (Herder) – G. Bubolz: Religionslexikon (Cornelsen) – H. Pleticha: Geschichtslexikon. Kompaktwissen für Schüler und junge Erwachsene (Cornelsen Scriptor) – K. Sticker (Übers.): Das große Ravensburger Lexikon. 4 Bde. (Ravensburger) – Jugendlexikon A-Z (Schneider) – M. Würmli: Das Neue Universum. Jahrbuch (Südwest). – Der Jugendbrockhaus in drei Bänden (Brockhaus)

C. *Literatur zu Sachbuch*

Aust, S.: Das Sachorientierte Kinder- und Jugendbuch. In: Binder, L. (Hrsg.) 1983, S. 5–41
Aust, S.: Gedanken zur Kinderliteratur und zum Sachbuch für Kinder. In: IJB-Report 1991/4., S. 3–15
Bertlein, H.: Das geschichtliche Buch für die Jugend. Frankfurt a. M. 1974
Binder, L. (Hrsg.): Das sachorientierte Kinder- und Jugendbuch. Wien 1983
Bode, A.: Europäische Sachbücher der letzten 10 Jahre. Auswahl nach ästhetischen Gesichtspunkten. In: JuLit 1991/1., S. 4–23
Bode, A. (Hrsg.): Von Ikarus zur Raumstation. Luft- und Raumfahrt in der internationalen Jugendliteratur. Katalog. Mainz 191 a
Brüggemann, Th.: Die Sachlektüre in der Volksschule. In: Das Jugendbuch. Beilage zu: Der katholische Erzieher 1960/2., S. 1–6
Brüggemann, Th. / Ewers, H. H.: Handbuch zur Kinder- und Jugendliteratur. Von 1750–1800. Stuttgart 1982, S. 953–1215
Dierks, M.: Das Jugendbuch und die technische Welt. In: Studien zur Jugendliteratur und literarischen Bildung 1961. Ratingen 1961, S. 3–12
Dinges, O.: Kategorien und Kriterien zur Erfassung und Analyse von Sachbilderbüchern und Bildersachbüchern. In: Arbeitskreis für Jugendliteratur (Hrsg.): Der Deutsche Jugendbuchpreis in der Diskussion. München 1978 (2. Aufl.), S. 36 ff.
Doderer, K.: Das Sachbuch als literarpädagogisches Problem. Frankfurt a. M. 1961
Fronemann, W.: Das Erbe Wolgasts. Langensalza 1927, S. 115 ff.
Fronemann, W.: Schrifttum und Erziehung. Ratingen 1961, S. 89 ff.
Füldner, E.: Das länderkundlich orientierte Jugendbuch im Blick auf den Unterricht in Allgemeiner Geographie. In: Karst, Th. (Hrsg.): Kinder- und Jugendlektüre im Unterricht. Bd. 2, Sekundarstufe. Bad Heilbrunn 1979, S. 51–64
Gärtner, H.: Trends im Sachbuch für Kinder, die nicht von gestern sind. In: Die Horen 1977/4., S. 45–51
Gärtner, H.: Kommt, Kinder, ins Wunderland des Wissens! Zum Kindersachbuch der Gegenwart. In Gorschenek, M. / Rucktäschel, A. (Hrsg.): Kinder- und Jugendliteratur. München 1979, S. 204–238
Gärtner, H.: Kindersachbücher. Ein Beitrag zur Schärfung des Blicks ins Sachbuch für Kinder. In: Büchereinachrichten 1991/3./4., S. 377–401
Hussong, M.: Das Sachbuch. In: Haas, G. (Hrsg.): Kinder- und Jugendliteratur. Stuttgart 1984 (3. Aufl.), S. 63–87

Kirchhoff, U.: Das Sachbuch im Spiegel neuerer Forschungen. In: Jugendbuchmagazin 1981/4., S. 175–178

Knobloch, J.: Zur Sache kommen. Über das Vermitteln von Sachbüchern. In: JuLit 1990/1., S. 26–31

Künnemann, H. (Hrsg.): Kinder- und Jugendsachbücher. Beiheft 4 zum Bulletin Jugend + Literatur, 1977

Künnemann, H.: Jugendsachbücher. In: R. Radler (Hrsg.): Die deutschsprachige Sachliteratur. München 1978, S. 742–766

Langenbucher, W. R.: Zur Kritik des Sachbuches. Materialien und Thesen. In: Adrian, W./Hinze, F. u. a. (Hrsg.): Das Buch in der dynamischen Gesellschaft. Trier 1970, S. 83 bis 96

Lührig, H.-H.: Jugend und Medien. Eine Studie von ARD/ZDF und Bertelsmann Stiftung. In: Bertelsmann Briefe 1986/119., S. 15–21

Maier, K. E.: Das Sachbuch als Kinder- und Jugendlektüre. In: Der Deutschunterricht 1959/6., S. 74–93

Mandl, L.: Das Sachbuch und der junge Leser. In: 1000 & 1 Buch 1989/2., S. 8 ff.

Mayr, O.: Zeitgeschichte im modernen Jugendbuch und Sachbuch. In: Jugend und Buch 1976/3., S. 11–15

Oblinger, H.: Das Sachbuch im Unterricht. In: Welt der Schule 1964/12., S. 550–554

Ossowski, H.: Vom Sachbuch für Kinder. In: Der katholische Erzieher 1970/4., S. 9–13

Ossowski, H. (Red.): Sachbücher für Kinder. Auswahlkatalog 93/94. Hrsg. Deutsche Akademie für Kinder- und Jugendliteratur, Volkach 1993

Pleticha, H.: Die Sachillustration in Gegenwart und Vergangenheit. In: Baumgärtner, A. C./Schmidt, M. (Hrsg.): Text und Illustration im Kinder- und Jugendbuch. Würzburg 1991, S. 35–47

Psaar, W./Klein, M.: Sage und Sachbuch. Beziehung – Funktion – Informationswert – Didaktik. Paderborn 1980

Psaar, W.: Sachbuch. In: Grünewald, D./Kaminski, W. (Hrsg.): Kinder- und Jugendmedien. Weinheim/Basel 1984, S. 481–490

Riegel, Ch.: Lesen, was Sache ist. Das Jugendsachbuch im Unterricht der Sekundarstufe I. Weinheim 1986

Rombach, Th.: Versuch einer Definition des Sachbuches. In: Jugendliteratur 1958/10., S. 443–447

Rutz, A.: Über die Geschichte des historischen Jugendbuches. In: Jugendliteratur 1960/1., S. 12–15

Sahr, M.: Lernen aus Kindersachbüchern. In: Sahr, M./Born, M.: Kinderbücher im Unterricht der Grundschule Baltmannsweiler 1985, S. 175–105

Schaller, H.: Das Sachbuch in der Schule. In: Bamberger, R. (Hrsg.): Probleme des Sachbuches für die Jugend. Wien 1966, S. 47–56

Schmidt-Dumont, G.: Kriterien zur Beurteilung von Sachbüchern (I). In: Materialien Jugendliteratur und Medien 1989/21., S. 9–11

Schmidt-Dumont, G.: Sachbücher. Analyse und Bewertung. In: JuLit 1990/1., S. 6–17

Schütt, A./Stuflesser, B.: Das Sachbuch im Deutschunterricht. Düsseldorf 1972

Seubert, J.: Die Zeit der Entdeckungen und der europäischen Kolonisation im geschichtlichen Jugendbuch. In: Karst, Th. (Hrsg.): Kinder- und Jugendlektüre im Unterricht. Bd. 2. Sekundarstufe. Bad Heilbrunn 1979, S. 158–173

Siebert, H.-J.: Zu Sprache und Stil in der populärwissenschaftlichen Literatur für Kinder. In: Beiträge zur Kinder- und Jugendliteratur 1981/58, S. 19–29

Spillner, A.: Das erdkundliche Sachbuch. In: Dahrendorf, M./Schack, W. v. (Hrsg.): Das Buch in der Schule. Hannover/Berlin/Darmstadt/Dortmund 1975 (2. Aufl.), S. 172–182

Steinborn, P./Franzmann, B.: Kommunikationsverhalten und Buch bei Kindern und Jugendlichen. Ergebnisse einer empirischen Untersuchung (Infratest). In: K. E. Maier (Hrsg.): Kind und Jugendlicher als Leser. Bad Heilbrunn 1980, S. 159–192

Steinbuch, K.: Bemerkungen zum Sachbuch. In: Buch und Bibliothek 1972/6., S. 661–665

Stiftung Lesen 5: Jugendbücher zum Thema Umwelt (Sachbuch). Erarb. v. H. Ossowski. Mainz 1991

Thadden, W. v.: Müssen Helden und Antihelden verpackt sein? In: Jugendbuchmagazin 92/1., S. 21–24

Voigt, G.: Kritisches Verstehen. Erscheinungsweisen des Verhältnisses von Erzählen und Information im Sachbuch. In: Praxis Deutsch 1981/49., S. 58–64

Wölbert, J.: Vier Fragen an Sachbuchautoren. In: Jugendbuchmagazin 1982/1., S. 19–23

Wulffen, B. v.: Umkämpftes Kinderbuch. In: H. Schaller (Hrsg.): Umstrittene Jugendliteratur. Bad Heilbrunn 1976, S. 41 ff.

ZWEITER TEIL

Jugendliteratur in historischer Betrachtung
(Ihre Einschätzung im Wandel der Geschichte)

A. Vom Mittelalter bis zum Barock

1. Volkstümliche Erzähl- und Lehrkunst

Das Schrifttum, bislang einer gebildeten Oberschicht vorbehalten, eroberte sich nach Erfindung des Buchdruckes neue Kreise. Die Buchproduktion schloß sich bevorzugt an das volkstümliche Erzähl- und Beispielgut an, das im Mittelalter als mündliche Tradition lebendig war, und fand so Zugang zu breiteren Schichten. Wenn auch – abgesehen von Schul- und Lernbüchern – eine eigens für die Jugend gedachte Lektüre nur vereinzelt geschrieben wurde, so dürfen wir doch als sicher annehmen, daß die volkstümliche (d. h. hier: vom Volk verstandene und angenommene) Literatur auch zur Jugend fand. Volksliteratur und Jugendliteratur waren in der Frühzeit des Buchdrucks weitgehend identisch.

In der überwiegenden Zahl dieser frühen Schriften ist der lehrhaft-moralische Zug unverkennbar. Lehre und Unterweisung stehen aber in engem Zusammenhang mit dem Unterhaltend-Ergötzlichen. Das alte Prinzip des prodesse et delectare[1] wurde verhältnismäßig diskussionslos und im Vergleich zum späteren Schrifttumsverhalten in ungezwungener Natürlichkeit angewendet. Die Belehrung ging Hand in Hand mit Veranschaulichung und Unterhaltung. Der Stoffhunger und das Bedürfnis des einfachen Menschen nach moralischen Beispielen wurden ebenso befriedigt wie das Verlangen nach kurzweiliger, Phantasie und Sinne beeindruckender Unterhaltung.

Das zeigt sich deutlich an der *Legende*, einer Literaturform, die wie keine andere sich großer Verbreitung erfreute. Ihre Vorrangstellung verdankte sie einerseits dem religiösen Gehalt (der Mensch der frühen Neuzeit stand noch in unmittelbarer Beziehung zur Religion), andererseits dem kurzweiligen Erzählcharakter und der Veranschaulichung durch das Beispiel.

> In der Legende verrät sich der Glaubensgehalt »niemals durch Behauptung und Unterscheiden, sondern durch Gestalten. Alles muß ihm anschaulich werden, alles Abstrakte wird Bild und Geschichte: Was nicht durch Vorstellung gebannt werden kann, das muß eben ausfallen. So kam es denn auch, daß das sprachliche Gewand den Legenden in vollendetem

---

[1] Nach Horaz sollen Dichter »nützen« und »erfreuen«.

Guß zugewachsen ist ... Niemals ist deutsche Prosa kräftiger und wohlklingender gewesen als in diesem ihrem ersten großen Epos ... Der Kompilator des Augsburger Passionals von 1470[2] ist einer der besten deutschen Erzähler aller Zeiten. Er war so, ohne es zu wissen, ohne daß seine Zeit, die sein Werk mit solcher Begierde aufnahm und in treuer Pflege hielt, auch nur seinen Namen aufzeichnete. Was er tat, das hätten Hunderte seiner Zeitgenossen auch gekonnt. Denn in den Prosawerken jener Zeit spricht nie der einzelne, sondern das ganze Volk. Wie die Welt der Vorstellungen, so war auch die Sprache Gemeingut; sie brauchte nicht zu wählen und zu suchen, sie hatte nur auszusprechen. Sie war kein Denken, sondern nur wiedergebendes Gestalten. Sie sprach wie ein Kind, das Geschichten erzählte«[3].

Ungebrochenes Erzähltalent und die Begabung, Belehrung und Ergötzung auf natürliche Weise miteinander zu verbinden, sprechen auch aus zahlreichen Sammelwerken, die in bunter Reihe Legenden und Parabeln, biblische Geschichten des Alten Testaments und der Passion, Umwelterzählungen mit religiösem Exempelgehalt, heimische Volkssagen, orientalisches und antikes Erzählgut, Pilgerreiseabenteuer enthalten. Eines dieser Bücher, von dem wir übrigens wissen, daß es für die Jugend gedacht war, ist »Der Seele Trost« (1478).

Es ist bezeichnend, daß die *Fabel* in der frühliterarischen Zeit ebenfalls eine bedeutende Stelle einnahm. Wir finden sie in Sammelbänden und in gesonderten Ausgaben. Sie bietet sittliche Lehre in verhülltem Gewand, eingebettet in eine kurze, einprägsame Erzählung. Im Erzählteil und nicht in der Glosse, die den didaktischen Gehalt ohne Umschreibung lehrhaft zusammenfaßt, liegt das Hauptgewicht der ursprünglichen Fabel. Und als solche tritt sie um 1500 auf.

Für die Mehrheit der Schriften, die in der ersten Epoche des Buchdruckes das breitere Volk und die Jugend erreichte, kann gesagt werden: Sie ist getragen von einer noch ungetrübten, naiven Erzähl- und Lehrbegabung, sie kennt nicht die Frage nach Mentalität und Bedürfnis des Lesers und nicht das Problem der formal besten und psychologisch wirksamsten Form. Ohne sich der Reflexion darüber hinzugeben, bewältigt sie unbewußt die Schwierigkeiten und schafft schlichte und eindringliche Literatur.

2. Einsetzende Reflexion

Bald schon wurden die Beziehungen zur volkstümlichen Sprachgestaltung spärlicher und die Werke seltener, die aus der Freude am naiven Erzählen, Berichten und Lehren entstehen. Wer jetzt für Allgemeinheit und Jugend schrieb, wollte und konnte sich nicht mehr auf eine natürliche Fähigkeit verlassen; zwischen Antrieb und

---

[2] Es handelt sich hierbei um die frei übertragene Legenda aurea.
[3] S. Rüttgers 1914, S. 214 ff.

Ausführung schob sich eine Zäsur, in der über Form, Inhalt und Absicht erst nachgedacht wurde. Jugendgemäße Literatur *wurde zum Problem.*[4]

Im Banne der Glaubenskämpfe bemächtigen sich die konfessionelle Polemik und die religiös-erzieherische Absicht mit solcher Stärke der Literatur, daß andere Interessen kaum noch angesprochen wurden. Die literarische Produktion unterstellte sich einer rein praktischen, im Dienst von Sitte und Religionslehre stehenden Auffassung.

Bezeichnend ist: Die Legende kommt wegen ihres erzählerisch ausmalenden und phantasievoll schweifenden Charakters in den Ruf der »Lügende« (Luther). Die Fabel wird immer ausgeprägter zum Instrument der unverhüllten Belehrung, Mahnung und Anprangerung; die Glosse siegt über die Erzählung. In der für Volk und Jugend gedachten Literatur war man zwar gewillt, die pädagogische Absicht durch »Gesänge, Reime, Lieder, Sprüche, Spielen der Komödien, Tragödien usw.« erträglicher zu machen[5], sie blieb aber doch so beherrschend, daß neben der zweckgebundenen Wirkung jede andere nahezu unmöglich wurde. Die harmonische Einheitlichkeit von Lehre und Unterhaltung, durch die das volkstümliche Literaturschaffen der Jahrzehnte vorher sich auszeichnete, ging verloren. Das Bild einer konstruierten, unkünstlerischen Zweckliteratur wurde kennzeichnend. Nur wenige Ausnahmen stehen außerhalb dieses Rahmens, so Wickrams »*Knabenspiegel*« (1554) und »*Goldfaden*« (1557).

So erklärt sich, daß der einfache Leser, dem solches von oben her geboten wurde, die Verbindung nach unten zu einer Literatur suchte, die seine Sinne massiv befriedigte. Nach der »lutherischen Pause« in der ersten Jahrhunderthälfte kam vor allem die *Narrenliteratur* zu neuer Blüte. »Während der folgenden Dezennien erscheinen in rascher Folge, oft von beträchtlichem Umfang und mit vielen Auflagen, solche Schwanksammlungen. Man wollte sich befreien von dem kirchlichen Druck, der allenthalben lastete; aus der Bibel floh man in ihr Widerspiel, den Schwank und die Zote. Die Seele war überfüttert, nun verlangte auch der Körper sein Recht und

---

[4] Baumgärtner spricht von einer zweiten Phase, die »von dem Bemühen bestimmt (wurde), aus dem Gesamtbestand der Literatur die ... als besonders jugendgeeignet eingeschätzten Texte auszuwählen«. Erste Versuche seien schon im 13. Jahrhundert erkennbar (Baumgärtner 1985 a, S. 14).

[5] Typisch der Ausspruch eines Lutheraners (1539): »... so muß man jetzund Gottes Wort und Lehre, gute Sitten der tollen Welt und ungezogenen Jugend vortragen mit Predigen, Gesängen, Reimen, Liedern, Sprüchen, Spielen der Komödien, Tragödien usw., ob vielleicht die, die das Predigen nicht hören, noch sonst Zucht leiden wollen, durch Spielen oder Gesänge könnten erworben werden.« Zit. bei Wolfgang Stammler: Die deutsche Dichtung von der Mystik zum Barock. Stuttgart 1950 (2. Aufl.), S. 304.

reagierte auf die ständigen Postillen, Andachts- und Erbauungsbücher mit dieser derben, sinnlichen Kost«[6]. Hier wie in den Volksbüchern, die im zweiten Drittel des 16. Jahrhunderts literarisches Gemeingut wurden, kam das einfache Publikum auf seine Rechnung, und der sich mehr und mehr vergröbernde Geschmack fand in der stetig absinkenden Massenliteratur seine Entsprechung.

Das seriöse Schrifttum distanzierte sich von solchem Erzählgut und bald von volkstümlicher Prosa überhaupt. In der für die Jugend gedachten Literatur siegte vollends der Schulmeister und Pastor über den Dichter und Erzähler. Angekränkelt von der Humorlosigkeit des Humanismus, der eifernden Strenge des Reformationszeitalters und der pathetischen Gestelztheit des Barock ging sie den Weg zur spezifischen Jugendliteratur der Aufklärung.

B. Aufklärung und 19. Jahrhundert

1. Das philanthropine Jugendschrifttum

Das Kinder- und Jugendschrifttum der *Aufklärung*, genauer gesagt des deutschen Philanthropismus, kann verkürzt durch zwei Wesenszüge charakterisiert werden: rationale Belehrung und Versuch bewußter Kinderorientierung.

»Wie köstlich ist's, schreibt Rochow, »wenn man seinen Verstand anwendet, den Unwissenden zu belehren und allem bösen Wesen abzuhelfen.« Der Satz weist auf die Vorzugsstellung der Pädagogik, die zum Lieblingsgegenstand der Zeit erhoben wurde; er kennzeichnet auch den Schwerpunkt des pädagogischen Bemühens: Verstand und Belehrung. Das Schrifttum wurde weitgehend der rational bestimmten Erziehung unterstellt und ganz bewußt als Mittel der Volksbildung und Menschenerziehung begriffen. Literatur, die keinen unmittelbaren pädagogischen Wert erkennen ließ oder starke phantastische und irreale Züge zeigte, wurde nicht geschätzt und häufig strikt abgelehnt. Das auch ohne offizielle Förderung noch lebendige Volksgut (Märchen, Sagen, Legenden, Volksbücher usw.) konnte im Urteil einer vordergründigen Verstandesbetrachtung nicht bestehen. Nur die Fabel ließ man ihres lehrhaften Charakters wegen gelten.

Wie zu keiner Zeit vorher stieg die Produktion von eigens für Kinder gedachten Abhandlungen und Erzählungen an. »Wie Pilze nach einem milden Sommerregen schossen die ›Beispiele der Weisheit und der Tugend‹, die ›Moral in Beispielen‹, die ›Sittenspiegel‹, die Taschenbücher und Almanache und Reisebeschreibungen und Kinderdramen usw. hervor«[7].

Insgesamt zeigte sich, trotz der Vorbehalte gegenüber dem Phantastischen und

---

[6] ebd., S. 438.
[7] H. L. Köster 1972, S. 283.

Märchenhaften, eine literarische Vielfalt, sie »umfaßte Kindergedichte und Kinderlieder ebenso wie erzählende und dramatische Texte sowie unterschiedliche Realisierungen der unterhaltenden und belehrenden Sachliteratur«[8].

Das Lehrhafte und Erzieherische ist kein originaler Wesenszug des philanthropinen Jugendschrifttums. Es hat aber der pädagogischen Tendenz, die im 16. und 17. Jahrhundert schon deutlich sichtbar wurde, zu einer bisher nicht erreichten Vorherrschaft verholfen. Im pädagogischen Gehalt der Kinderbücher spiegelt sich die Normauffassung der Zeit, genau genommen des führenden Bürgertums. Bürgerliche Tugenden wie Ordnung, Pflichterfüllung, Fleiß, Gehorsam, dazu Gottesfurcht und Religiosität nehmen in der literarisch veranschaulichten Tugendlehre unangefochten die ersten Plätze ein.[9] Die Kinderbücher bringen auch die Eltern-Kind-Einstellung der Zeit zum Ausdruck. Die bewußtere Kindorientierung drückt sich in den Erzählungen unter anderem als vermehrtes Verantwortungsbewußtsein der Erwachsenen gegenüber den Kindern aus, das nicht selten in bewegenden und echten Bildern eingefangen ist, oft aber als sentimentale Betulichkeit und aufdringliches Bemühen erscheint.

Das ausdrückliche Streben nach kindangepaßter Gestaltung der Texte kann man als eigenständige Leistung der Aufklärung bezeichnen; es ist im vorangegangenen Schrifttum nur gelegentlich und ansatzweise erkennbar. Die Jugendschriftsteller der Aufklärung erhoben Kindgemäßheit zu einem Prinzip ihres Schaffens, sie wollten die Mentalität des jungen Lesers ergründen und berücksichtigen, ohne allerdings ihre Auffassung vom Kinderbuch als Lehr- und Erziehungsmittel preiszugeben. Das heißt: Sie bemühten sich absichtlich und planmäßig um die Synthese von Nützlichem und Angenehmem, von Ernstem und Heiterem, von Lehre und Unterhaltung. Vieles erscheint heute als Mißgriff, als einseitige Betonung der pädagogischen Zweckmäßigkeit, als Zumutung für das Kind. Tatsächlich aber werden die Heranwachsenden – durch die Sozialisation ihrer Zeit, durch Elternhaus und Umwelt geprägt – den Zugriff der Erwachsenen keineswegs so befremdend und unangebracht empfunden haben, wie das die Kinder der Gegenwart empfinden würden[10].

---

[8] A. C. Baumgärtner 1985 b, S. 679 – Vgl. hierzu die Textsammlungen zur Kinder- und Jugendliteratur der Aufklärung in H.-H. Ewers 1980 und in Baumgärtner / Pleticha 1985, S. 117–269.

[9] Vgl. hierzu P. Münch (Hrsg.): Ordnung, Fleiß und Sparsamkeit. Texte und Dokumente zur Entstehung der »bürgerlichen Tugenden«. München 1984.

[10] Als führende und verdienstvolle Kinderbuchautoren ragen hervor: Joachim Heinrich Campe (»Robinson der Jüngere«, 1779), Christian Felix Weiße (Wochenzeitschrift »Kinderfreund«, 1775 ff.), Christian Gotthilf Salzmann (»Unterhaltung für Kinder und Kinderfreunde«, 1778), Friedrich Eberhard v. Rochow (Lesebuch »Kinderfreund«, 1776).

2. Das »spezifische« Jugendschrifttum

Mit der klassisch-romantischen Erneuerung erstand dem Geist der Aufklärung eine heftige Gegnerschaft. Die Romantik war »unter den mannigfaltigen Strömungen an der Wende vom 18. zum 19. Jahrhundert eine der aufklärungskritischsten«, veränderte die literarische Landschaft tiefgreifend und brachte auch dem Sektor der Kinder- und Jugendliteratur »eine tiefgreifende Umstrukturierung«[11]. Sie bestand gattungsmäßig betrachtet namentlich in der Förderung von Volkslied, Volksmärchen, Sage, Volksbuch und hinsichtlich der »Funktion« von Kinderliteratur in der Hintanstellung von Belehrung und direkter Einflußnahme zugunsten absichts- und zweckloser Unterhaltsamkeit[12].

Diese Strömung der Kinderliteratur war nur kurze Zeit dominierend, blieb aber als Teilrichtung des Gesamtentwicklungsganges lebendig. Daneben bestand ein Schrifttum weiter, das den philanthropinen Prinzipien folgte und sich als pädagogische und belehrende Literatur besonders stark machte. Dabei wurde bei vielen Autoren die kommerzielle Kakulation zum maßgeblichen Motiv. Um die Zustimmung der Eltern zu gewinnen, gibt man sich im pietistischen Geist der Bürgerlichkeit moralisch, bringt man Beispiele musterhafter Harmonie und Zufriedenheit; um den Kindern zu gefallen, schreibt man kurzweilig, unterhaltsam, bezieht sich auf die Welt der Kinder und macht Zugeständnisse an ihre (oft vemeintliche) Denk- und Phantasieweise.

Schon 1787 schrieb der Berliner Gymnasialdirektor Gedike: »Keine einzige literarische Manufaktur ist so sehr im Gange, als die Büchermacherei für die Jugend nach allen Graduationen und Klassen ... Und siehe, jung und alt eilt hin und sammelt – wenig Perlen und Ambra, desto mehr Schlamm, höchstens buntgefärbte Schneckenhäuser ... – Studenten und Kandidaten, deutsche und lateinische Schulhalter, angehende Erzieher und Nichterzieher, kurz alles, was nur gesunde Hände zum Schreiben oder auch nur zum Abschreiben hat, verfertigt Büchlein für die liebe Jugend ...«[13]

Die vielen Produkte von literarischem, psychologischem und pädagogischem Dilettantismus drücken einem Großteil des jugendliterarischen Schaffens des 19. Jahrhunderts ihren Stempel auf und brachten die gesamte populäre und triviale Literatur der Zeit in schlechten Ruf. Eine differenzierte Betrachtung des literarisch sehr produktiven Jahrhunderts ergibt allerdings, daß eine *ausschließlich* negative

---

[11] H.-H. Ewers, 1984 a, S. 38.

[12] Ewers erklärt die romantische Kinderliteratur mit der veränderten Einstellung des Erwachsenen zum Kind und mit der gewandelten Auffassung über das, was Kindern innerlich gemäß ist (H.-H. Ewers 1984 a, S. 18 ff.)

[13] Zit. bei I. Dyhrenfurth 1967, S. 65.

Beurteilung nicht der Epoche gerecht wird[14]. Einmal brachte das 19. Jahrhundert dem Kinderschrifttum einen großen Zuwachs an Literaturformen und Inhalten, zum anderen bewirkte es ein in die Breite gehendes Kinder- und Jugendlesen wie zu keiner Zeit vorher. Die intensive und angenehme Beschäftigung mit unterhaltender und spannender Lektüre kann man zumindest für einen Teil der nicht allzu banalen Unterhaltungsliteratur und für einen Teil der Leser als »Vorschule« zum Lesen anspruchsvollerer Erwachsenenliteratur ansehen. Überdies weist die Jugendliteratur des Jahrhunderts nicht nur im ersten Drittel der Orientierung an der Volksdichtung auch überdurchschnittliche Leistungen vor[15].

Selbst Vielschreiber wie Gustav Nieritz oder Mädchenbuchautorinnen wie Emmy von Rhoden[16] brechen aus der sonst üblichen Klischee-Schriftstellerei gelegentlich aus. Andere Erzähler wie Christoph von Schmid entsprechen dem Bedürfnis des Lesers der post-aufklärerischen Zeit nach emotionaler Ergriffenheit und Rührung und nach dem Nicht-Alltäglichen auf eine Weise, die ihre Schwächen teilweise überdeckt[17]. Sie weiten den Figurenkreis, beziehen sich auch auf Randgruppen und individualisieren stärker, ohne daß deshalb freilich die erzählerischen und ideologischen Schwächen als überwunden betrachtet werden können.

Vor allem aber ist anzumerken, daß das 19. Jahrhundert neben der Volksliteratur und der von ihr angeregten Märchen- und Kinderversdichtung eine Reihe von »klassischen« Prosawerken anbietet. Dazu zählen Werke der Weltliteratur mit Autoren wie J. F. Cooper, W. Scott, Ch. Sealsfield (Postl), F. Gerstäcker, Mark Twain, Jules Verne[18].

Die massenhafte Kinderliteratur war durch literarischen Dilettantismus, durch penetrante Hervorhebung des Erwachsenenstandpunktes, durch Unwahrhaftigkeit und billige Effekterzeugung gekennzeichnet. Vereinzelt erhoben sich kritische Stimmen[19]. Ihr Einfluß blieb weitgehend gering. Entscheidende Wirkungen gingen erst gegen Ende des Jahrhunderts von der sogenannten Kunsterziehungsbewegung und der aus ihr erwachsenen Jugendschriftenbewegung aus.

---

[14] Durch Heinrich Wolgast scharfes Verdikt (1896) wurde die Pauschalverurteilung der unterhaltenden und pädagogischen Jugendliteratur seit der Aufklärung zum feststehenden Allgemeingut, ähnlich wie auch die Schule des 19. Jahrhunderts durch das Urteil der Reformpädagogik als »alte« Schule undifferenziert abgelehnt wurde.

[15] Nach Pech gilt dies jedenfalls für eine Gruppe der realistischen Kinder- und Jugendliteratur in der 2. Hälfte des 19. Jahrhunderts (K.-U. Pech 1985, S. 52).

[16] Vgl. K.-U. Pech 1985, S. 37 f. und D. Grenz 1983, S. 21 ff.

[17] Vgl. A. C. Baumgärtner 1980 b, S. 2 f.

[18] Vgl. H. Pletichas Ausführungen zur Entwicklung des Abenteuerbuches im 19. Jahrhundert (H. Pleticha 1980, S. 45 ff.).

[19] Vgl. H. L. Köster 1972, S. 385 ff.

C. Heinrich Wolgast und die Jugendschriftenbewegung

Die Kunsterziehung sieht die Kunst als Erzieherin und Lebensbegleiterin. Schon frühzeitig muß daher der junge Mensch zur Kunst geführt, im Umgang mit ihr geschult und im künstlerischen Genießen geübt werden. Die Literatur in einer der bedeutendsten Kunstzweige. Zu ihr können die meisten Menschen Zugang finden, sie spielt neben der Musik auf dem Gebiet der Volks- und Jugenderziehung die größte Rolle.

Auf Grund solcher Überlegungen trat das Jugendbuch in den Diskussionsbereich der Kunsterzieher. Hervorragendster Sprecher und Anreger war *Heinrich Wolgast* (1860–1920), Volksschullehrer zu Hamburg. Seine Kampfschrift »Das Elend unserer Jugendliteratur« (1896) gab den Anlaß zu leidenschaftlichen Auseinandersetzungen im gesamten deutschsprachigen Raum und löste die Jugendschriftenbewegung aus, die im Laufe der nächsten fünfzig Jahre entscheidende Wirkungen hervorbrachte.

1. Der zentrale Leitsatz der Wolgastschen Schrift lautet: »*Die Jugendschrift in dichterischer Form muß ein Kunstwerk sein*«[20].

Mit dieser Forderung wird ein Standpunkt bezogen, der bisher nur vereinzelt vertreten worden ist. Sie verlangt eine Blickwendung von der belehrend-moralischen und der unterhaltend-kindertümlichen Seite hin zur literarästhetischen Bedeutung der Kinder- und Jugendschrift. Soweit sie in »dichterischer Form« geschrieben sei (Lehrbuch, informatives Schrifttum, Sachbuch i.e.S. sind hier nicht gemeint), müsse sie sich den Gesetzen der Dichtung unterwerfen.

Der Wolgastsche Rigorismus ist zu verstehen einerseits aus einer tiefen Enttäuschung an der Jugendliteratur des 19. Jahrhunderts und der Überzeugung, daß nur durch das Anlegen hoher künstlerischer Maßstäbe eine entscheidende Besserung möglich sei; andererseits aus der Einschätzung der Dichtung als hohen Eigenwert. Der junge Mensch müsse zu ihr hingeführt werden, er müsse literarisch aufnahme- und genußfähig gemacht werden: nur das künstlerisch wertvolle Jugendbuch könne diese Aufgabe erfüllen.

2. Ein weiterer Leitsatz entwickelt sich folgerichtig aus dem ersten: »*Der Begriff der Jugendliteratur in dem Sinne eines Schrifttums, das eigens für die Jugend geschaffen ist und im allgemeinen auch nur für die Jugend Interesse haben kann, muß fallen*«[21].

Die von Wolgast so negative Einschätzung der Ergebnisse der spezifischen Jugendschriftstellerei sind ihm Beweis genug, daß die Isolation des Jugendbuches zwangsläufig ins Banale und Minderwertige führe, ins Fahrwasser von Pseudokindlichkeit

---

[20] H. Wolgast 1950, S. 25.
[21] H. Wolgast 1950, S. 25.

gerate und literarische Stümperhaftigkeit ermutige. Er zitiert das Stormsche Paradoxon »Wenn du für die Jugend schreiben willst, so darfst du nicht für die Jugend schreiben!« und regt mit Erfolg an, die Literatur für unsere Kinder aus dem bereits vorhandenen Bestand des deutschen Dichtgutes auszuwählen. »Nur unsere echten Dichter sollen unsere Jugendschriftsteller sein!« Was aus ihren Werken für die Jugend bereitgestellt wird, »kann durch diese Erweiterung des Hörerkreises nichts von seinem allgemein literarischen Wert verlieren«, es werden Kunstwerke bleiben, »ob sie gleich Jugendlektüre sind«[22].

3. Ein anderer Kernsatz lautet: »*Die Dichtkunst kann und darf nicht das Beförderungsmittel für Wissen und Moral sein!*«[23] Die Jugendliteratur soll Dichtkunst sein, also gilt diese Feststellung auch für sie.

Wolgast und die Hamburger lösten durch die Verurteilung des Tendenzschrifttums eine scharfe Polemik aus. Man warf ihnen vor, das Ästhetische vor das Sittliche zu stellen, bzw. der Jugendliteratur jegliche sittliche Wirkung abzusprechen. Aus Wolgasts »Elend der Jugendliteratur« und seinen späteren Veröffentlichungen geht – allerdings vorwiegend nebenbei und widersprüchlich zu seinen übrigen Feststellungen – hervor, daß er die erzieherische Bedeutung der Jugendschrift nicht verkennt. Er zitiert das bekannte Herderwort: »Ein Buch hat oft auf eine ganze Lebenszeit einen Menschen gebildet und verdorben«; und er schreibt selbst, »daß die Jugendschrift ausnahmslos unter dem Gesichtspunkt bewußter erzieherischer Einwirkung zu betrachten ist«[24]. Nur müsse eben eine gute Erzählung aus sich selber wirken, auf direkte pädagogische Belehrung verzichten und andere Wege gehen wie Unterricht und Wissenschaft.

4. Auch die Frage nach der Funktion des Kinderbuches als Unterhaltung wird vom kunstästhetischen Standpunkt aus anders als herkömmlich beantwortet. »*Unterhaltung in Form der Dichtung – in diesem Begriff liegt das ganze Elend der Jugendschriftstellerei beschlossen*«[25].

Damit wird ausgedrückt: Literatur dürfe erstens nicht zum Ersatz werden für jene natürliche Unterhaltung, die das Kind im Tätigsein und im Spiel finde. Ein Kind, das *nur* lese, darin seine volle Befriedigung finde und dem Hang zur Bewegung, zum Laufen, Springen und Spielen nicht mehr nachkomme, lebe außerhalb der naturgewollten Entwicklung. Es wäre besser, das Lesen einzuschränken, als die kindgemäßen Äußerungen des Tätigkeitstriebes zu unterdrücken. Zweitens widerspreche es dem Wesen der Dichtung, Unterhaltung zu vermitteln.

---

[22] ebd., S. 26.
[23] ebd., S. 22.
[24] ebd., S. 19.
[25] ebd., S. 14.

Die Jugend soll, nach Wolgast, nicht zur Unterhaltung und zum Vergnügen lesen, sondern »um des Genusses willen«. Sie soll sich an der Schönheit der Form und der Erhabenheit des Gehaltes erfreuen, sie soll künstlerisch genießen. Wolgast, der idealistische Verfechter dichterischer Erziehung, der kompromißlose Gegner minderwertiger Jugendlektüre, bestreitet die Existenzberechtigung unterhaltenden Schrifttums für die Jugend.

Es steht heute außer Zweifel, daß dieser Standpunkt als unrealistisch und unpsychologisch abzulehnen ist. Er überschätzt die Fähigkeiten des Kindes und verkennt die Grenzen, die eine spätere Leserpsychologie deutlich herausgestellt hat. Er bewertet das Bedürfnis nach Unterhaltung, das bei der Masse der Konsumenten das Hauptmotiv des Lesens ist, zu gering und übersieht damit die Bedeutung, die dem unterhaltenden Moment im Jugendlesen zukommt.

Eine *kritische Zusammenfassung* zu Wolgast ergibt in Stichworten Folgendes: – Wolgast wird zum großen Anreger einer jugendliterarischen Diskussion, die sehr konkrete und weitreichende Wirkungen hervorbringt. Sie fördert die jugendliterarische Theoriebildung, weckt in Fachkreisen und in der Öffentlichkeit ein kritisches Bewußtsein und die Bejahung von Qualitätsansprüchen gegenüber dem Lektürenangebot für Kinder und Jugendliche. Der entschiedene Einsatz des Wolgastschen Kreises löst die Aktivierung einer räumlich weit gestreuten praktischen Auswahl- und Empfehlungsarbeit aus, deren Kernzellen die »Jugendschriftenausschüsse« sind.
– Indem Wolgast die einseitige Verzweckung (mit pädagogischer, moralischer, politischer Zielsetzung) ablehnt und Jugendliteratur ausdrücklich als literarisches Werk herausstellt, zeigt er einen Weg, wie Sonderdasein und Isolation abgebaut und Jugendliteratur als ernsthafter Gegenstand schriftstellerischen Schaffens und des literaturwissenschaftlichen Forschens Anerkennung finden könnte.
– Daß Wolgast einseitig Qualität als literarästhetischen Wert deklariert, die Auswahl empfehlenswerter Bücher ausschließlich von dichterischen Kriterien abhängig macht und das Lesen poetischer Lektüre nur als ästhetisches Genießen gelten läßt, verweist auf ein sehr enges und subtiles Literaturverständnis.
– Ein weiter Literaturbegriff, der das Insgesamt an literarischen Formen und ihrer Funktion objektiv zu betrachten sucht, hat in Wolgasts Literarästhetik keinen Platz. Unterhaltungsliteratur und unterhaltendes Lesen weden ausgeschlossen. Trivialliteratur gilt grundsätzlich als minderwertig. Sachschrifttum bleibt (bei Wolgast, nicht bei seinen Nachfolgern) unerörtert.
– Wolgasts Verständnis des Jugendlesens ist fast nur auf das Buch fixiert. Der Leseprozeß als Ganzes mit seinen verschiedenen Bezugspunkten bleibt außer acht. So wird das Kind in seinen psychologischen Bedingungen zu wenig, in seinen soziologischen Gegebenheiten gar nicht berücksichtigt. Die menschenbildende Wirkung von Literatur wird nur in ihrer indirekten Weise und als Nebenprodukt des Lesens gesehen.

D. Soziologische Akzente in der Gegenwart

Es ist nicht die Absicht dieser historischen Betrachtung, einen kontinuierlichen Abriß der Geschichte der Kinder- und Jugendliteratur zu geben. Darum kann auch auf die Darstellung verschiedenartiger Entwicklungspartien im 20. Jahrhundert verzichtet werden. Für die Zeit nach 1945 fehlt ohnehin noch eine systematische Aufzeichnung und Analyse der Veränderungen[26]. Ich will im folgenden *einen* Gesichtspunkt hervorheben, der seit etwa Mitte der sechziger Jahre in den Vordergrund trat und eine Richtung hervorbrachte, die in Theorie und Praxis größten Einfluß ausübte.

Die Anfänge nach 1945 waren von dem Versuch gekennzeichnet, das Jugendbuch sowie das gesamte kulturelle Leben aus der Enge herauszuführen, in die es durch das autoritäre System der NS-Zeit gezwängt worden war. Es begann eine rege Tätigkeit des Sortierens, Wiederentdeckens und Neuentdeckens (vor allem ausländischer Werke). Die Theorie schloß sich weitgehend an das reformpädagogische Gedankengut des ersten Jahrhundertdrittels an, das sich im wesentlichen in zwei kräftigen, ineinander übergreifenden Linien, der oben dargestellten literarästhetischen (Wolgast, Rüttgers etc.) und der literarpädagogischen (Willmann, Thalhofer etc.), zeigte[27].
Kennzeichnend war aber auch das Bestreben, die Monotonie und die damit verbundene Stagnation der Reflexion über Jugendbuch und Jugendlesen zu überwinden und durch Einbeziehen neuer Aspekte, durch ein vieldimensionales Betrachten des Komplexes, Ansätze zu einer möglichst realen und wirklichkeitsbezogenen Theorie zu finden.

Hierzu bot sich in besonderer Weise der bislang vernachlässigte oder nur partiell berücksichtigte *soziologische Aspekt* an. Fragestellung und Methode der Soziologie fanden in der Theorie der Jugendliteratur Eingang und erhielten in zunehmendem Maße auch hier eine Bedeutung, die sie in anderen Wissenschaftsbereichen und nicht zuletzt in der Literatur- und Sprachwissenschaft bereits einnahmen. Das soziologische Interesse im Sektor Jugendliteratur fand nachhaltige Unterstützung durch die gesellschaftsreformerischen und gesellschaftspolitischen Strömungen. Durch sie wurden allerdings zusätzlich politisch-weltanschauliche und ideologische Momente ins Spiel gebracht. Extreme Auffassungen und absolut gesetzte ideologische Vorentscheidungen verwirrten die Lage erheblich und schufen eine Polarisation, die die

---

[26] Erste Ansätze bei A. C. Baumgärtner 1985 a, S. 14–24; A. C. Baumgärtner 1985 b; M. Dahrendorf 1980, S. 61–71.

[27] Bei aller Gemeinsamkeit der Jugendschriftentheorie sind Unterschiede in den Hauptakzenten erkennbar. »Primat des Sittlichen steht hier gegen den Primat des Ästhetischen. Jena gegen Hamburg, Willmann gegen Wolgast« (J. Prestel 1933, S. 119).

wissenschaftliche Diskussion durch das Vorherrschen einer aggressiven, von Emotionen beeinflußten Polemik beeinträchtigte.

Dennoch besteht kein Zweifel, daß mit der verstärkten Einbeziehung der soziologischen Dimension eine Reihe von Tatsachen und Bedingungen evident geworden ist, deren Berücksichtigung für eine gegenwartsnahe und realistische Jugendliteratur-Theorie von großer Bedeutung ist und die der wissenschaftlichen Arbeit neue Wege weist. Dazu gehören:

Lesen als kommunikativer Vorgang;

soziokulturelle (vor allem schichtspezifische) Bedingungen des Literaturverhaltens und Literaturkonsums;

wissenschaftliche Sichtung und Erforschung trivialer Texte;

Einbeziehung realistischer, zeitgeschichtlicher und politischer Themen;

Abkehr von einer ausschließlich auf gute und harmonische Welt ausgerichteten Jugendliteratur;

kritische Überprüfung von Inhalt und Aufgabe des Literaturunterrichts auf der Grundlage der neuen Erkenntnisse;

Beschäftigung mit Wirkungslehre unter Beachtung sozialisationstheoretischer Ergebnisse.

Eine sachliche wissenschaftliche Auseinandersetzung mit diesen und anderen soziologisch relevanten Themen sollte dazu beitragen, Ungereimtheiten und Widersprüche auszuräumen, die die Diskussion belasten. Es ist der Gefahr einer neuen Einseitigkeit entgegenzutreten. Der gesellschaftliche und schichtspezifische Aspekt darf nicht zum nahezu ausschließlichen und allein maßgeblichen Ausgangspunkt literarischer und leseerzieherischer Erörterungen und Konsequenzen avancieren, wobei dann andere Fakten vernachlässigt, ignoriert oder angeprangert werden.

Die notwendige multiple Betrachtung des Gegenstandes bringt unterschiedliche und zum Teil divergierenden Ergebnisse, die zueinander in Beziehung gebracht und im Gesamtzusammenhang auf das Ausmaß ihrer Gültigkeit geprüft werden müssen.

Wenn beispielsweise aus soziologischer Sicht die Berücksichtigung und Anerkennung trivialer Texte gefordert wird, weil sie das überwiegende Lesegut der Mehrheit von Kindern und Jugendlichen ausmachen, so ist gleichzeitig vom literarischen und pädagogischen Aspekt aus eine Reihe von Problemen zu beachten, die nicht übersehen oder nur oberflächlich abgetan werden können. Dieselbe Trivialliteratur, die in den Unterricht einbezogen werden soll, weist Inhalte auf, die wirklichkeitsentstellend und lebensfremd sind. Dieselben Texte, die soziolinguistisch betrachtet besondere Beachtung verdienen, weil sie den Sprach- und Denkschemata der Unterschicht entgegenkommen, erweisen sich auf Grund eben dieser vorherrschenden Sprach- und Denkschemata als ein zumindest sehr bedenkliches, wenn nicht untaugliches Instrumentarium der heute allenthalben geforderten kompensatorischen Erziehung der kulturell unterprivilegierten Sozialgruppen. Sie sind Bestätigungsliteratur, welche die soziokulturell determinierten Denk- und Verhaltensstrukturen nicht verändert, sondern begünstigt und fixiert.

E. Resümee zur historischen Betrachtung

Der kurze geschichtliche Abriß läßt – ohne die Epochen mit einer jeweils ganz bestimmten Betrachtungsweise identisch setzen zu wollen – erkennen, wie Jugendliteratur verschieden eingeschätzt werden kann.

Überwiegend ist die Einschätzung der Jugendschrift als *Lehr- und Erziehungsgut.* Der Leser soll durch Unterweisung und Beispiel zum guten Verhalten im Sinne der allgemein anerkannten Normen angehalten werden und durch die Darstellung wissenswerter Gegebenheiten seine Kenntnisse erweitern. Jugendliteratur ist in den Dienst der Pädagogik gestellt, die das Kind aus seiner Unreife herausführen und den Weg zur sittlich-geistigen Mündigkeit weisen will. Die geschichtliche Betrachtung zeigt, daß die pädagogische Intention schon in den Anfängen der Jugendliteratur ein bedeutendes Gewicht hat. Sie ist zunächst auf natürliche Weise mit anderen Belangen gekoppelt, verselbständigt sich dann aber und ordnet andere Funktionen unter.

Es ist jedoch auch zu beachten, daß die Einschätzung der Jugendschrift als Lehr- und Erziehungsgut auch in der Weise eines nicht-intentionalen Vorgangs verstanden wurde, so wenn beispielsweise in der Romantik oder in der Kunsterziehungsepoche die Vermittlung von Wissen bzw. die Bildung von Person und Charakter als eine indirekte und nicht primär beabsichtigte Funktion der Lektüre erklärt wurde.

Seit dem Rationalismus spielt die Überlegung eine wichtige Rolle, wie man sich *dem Kind als Leser anpassen* könne. Es kann gesagt werden, daß zu Beginn des Buchzeitalters die Belange des volkstümlichen und jugendlichen Lesers eine verhältnismäßig angemessene Berücksichtigung finden, während die Jugendschriftenproduktion des Philanthropismus und seiner Nachfolgeschaft, obwohl sie ganz bewußt dem Kinde gerecht werden will, nur recht unbefriedigende Leistungen hervorbringt. Bei Wolgast und in der Anfangsphase der Jugendschriftenbewegung erfährt durch die starke Betonung des Literarästhetischen die Kindorientierung eine nicht ausreichende Würdigung, wenngleich der Versuch, die Forderungen der Dichtung und des Kindes in einer Synthese zu vereinigen, unverkennbar ist.

So selbstverständlich es auch erscheinen mag, Jugendlektüre als Zweig der Literatur zu betrachten und *mit literarischen Maßstäben* zu beurteilen – in der Geschichte der Jugendliteratur findet diese Sicht erst in der jüngeren Vergangenheit eine entscheidende Beachtung. Das literarische Kriterium spielt bei der Begutachtung und Auswahl durch Jahrhunderte keine ernsthafte Rolle, eine literarische Betrachtung kommt kaum jemand in den Sinn und erscheint auch gar nicht erforderlich. Die jugendnahen

Prosawerke um 1500 sind noch Bestandteil der aus der Erzähltradition des Volkes kommenden Gesamtliteratur. Die der Jugend zugedachten Schriften der folgenden Epochen stehen beziehungslos zur dichterischen Allgemeinliteratur, und ihre Autoren fühlen sich anderen Maßstäben als den literarischen verpflichtet, wollen Lehrer, Erzieher und Unterhalter sein. Spätestens in der klassisch-romantischen Epoche allerdings wendet man sich mit der Entdeckung der folkloristischen Literatur für die Jugend auch bewußt der literarischen Form zu. Die Kunsterziehungsbewegung und in ihr die Jugendschriftenbewegung bringen dann die entschiedene und gleichzeitig einseitige Forderung nach künstlerischer und dichterischer Qualität der Jugendlektüre. In der neuesten Zeit, nachdem in den sechziger und siebziger Jahren unter dem Druck gesellschaftlicher, politischer und pädagogischer Vereinnahmung der Blick für das Literarische an sich verloren zu gehen schien, konnte sich die Forderung nach Rückkehr zum »Literatur«-Unterricht überzeugend zu Worte melden[28]. In dem 1979 formulierten Postulat nach »Wiedergewinnung des Ästhetischen« fand die literarästhetische Position von einer Seite, die bislang vorwiegend andere Schwerpunkte gesetzt hatte, überraschende Unterstützung[29].

So macht uns ein geschichtlicher Rückblick mit drei wesentlichen Betrachtungsweisen – der pädagogischen, der kindorientiert-psychologischen, der literarischen Betrachtungsweise – bekannt, zu denen in der Gegenwart *der soziologische Aspekt* hinzukommt. Und während wir die zeitbedingte Einstellung wahrnehmen und ihre jeweiligen Auswirkungen überdenken, erkennen wir gleichzeitig die Möglichkeit und Grenzen der verschiedenen Standpunkte. Akzentuierungen sind notwendig, um die Augen für eine bislang vernachlässigte Seite des Gegenstandes zu öffnen und einen Wandel der Entwicklung herbeizuführen. Extreme haben aber immer auch die Blindheit für andere wichtige Momente zur Folge. Das lehrt uns auch die Geschichte der Jugendliteratur. Ihren Irrwegen, Versuchen und Fortschritten hat die Gegenwart viel zu verdanken. Ohne sie wäre die heutige jugendliterarische Disziplin nicht imstande, der vielschichtigen Problematik der Jugendlektüre näherzukommen und zu erkennen, welche Faktoren wirksam und welche Aspekte von grundlegender Bedeutung sind. In den folgenden Kapiteln werden sie unter den Stichworten »literarischer Aspekt«, »pädagogisch-funktionaler Aspekt« und »leserkundlicher Aspekt« erörtert. Die soziologische Dimension steht mit allen drei Seiten in integrativem Zusammenhang. Das bedeutet, daß für Analyse und Beurteilung von Jugendbuch und Jugendlesen immer auch die soziologische Fragestellung einbezogen werden sollte.

---

[28] A. C. Baumgärtner in: Baumgärtner/Dahrendorf (Hrsg.): Zurück zum Literatur-Unterricht?. Braunschweig (1977) 1979, S. 8–23.
[29] K. Doderer unter Berufung auf Herbert Marcuse in: Ästhetik der Kinderliteratur. Weinheim 1981, S. 17.

F. Literatur zur Geschichte der Kinder- und Jugendliteratur

Aley, P.: Jugendliteratur im Dritten Reich. Dokumente und Kommentare. Gütersloh 1969

Bamberger, R.: Jugendlektüre. Jugendschriftenkunde, Leseunterricht, Literaturerziehung. Wien 1965 (2. Aufl.), S. 386–545

Baumgärtner, A. C. (Hrsg.): Ansätze historischer Kinder- und Jugendbuchforschung. Baltmannsweiler 1980 a

Baumgärtner, A. C.: Christoph von Schmid. Grund und Hintergrund seines Werkes. In: Baumgärtner, A. C. (Hrsg.): Ansätze historischer Kinder- und Jugendbuchforschung. Baltmannsweiler 1980 b, S. 1–9

Baumgärtner, A. C.: Zur Geschichte der Jugendliteratur. In: Baumgärtner, A. C. / Watzke, O.: Wege zum Kinder- und Jugendbuch. Donauwörth 1985 a, S. 14–24

Baumgärtner, A. C.: Kinder- und Jugendliteratur im Wandel. Historische Reminiszenzen und aktuelle Beobachtungen. In: Pädagogische Rundschau 1985 b/6, S. 679–690

Baumgärtner, A. C. / Pleticha, H.: Abc und Abenteuer. Texte und Dokumente zur Geschichte des deutschen Kinder- und Jugendbuches. 2 Bde. München 1985

Boueke, D.: Zur Geschichte der Leseerziehung. In: Baumgärtner, A. C. (Hrsg.): Lesen. Ein Handbuch. Hamburg 1973, S. 372–389

Bravo Villasante, C.: Weltgeschichte der Kinder- und Jugendliteratur. Hannover 1977

Brüggemann, Th.: Kinder- und Jugendliteratur 1498–1950. Kommentierter Katalog der Sammlung Th. Brüggemann. Osnabrück 1986

Brüggemann, Th.: Das Bild des jungen Lesers im Spiegel der Kinder- und Jugendliteratur vom 18. bis 20. Jahrhundert. In: Sub tua platano. Festgabe für Alexander Beinlich. Emsdetten 1981, S. 226–238

Brüggemann, Th.: Das Bild des Juden in der Kinder- und Jugendliteratur von 1750–1850. In: Pleticha, H. (Hrsg.): Das Bild des Juden in der Volks- und Jugendliteratur vom 18. Jahrhundert bis 1945. Würzburg 1985, S. 61–84

Brüggemann, Th. mit Ewers, H.-H.: Handbuch zur Kinder- und Jugendliteratur. Von 1750–1800. Stuttgart 1982

Brüggemann, Th. mit Brunken, O.: Handbuch zur Kinder- und Jugendliteratur. Von 1570–1750. Stuttgart 1991

Christadler, M. L. / Dolle, B.: Nationalerziehung in der Kinder- und Jugendliteratur. In: Doderer, K. (Hrsg.): Lexikon der Kinder- und Jugendliteratur. Bd. II. Weinheim / Basel 1984, S. 534–539

Dahrendorf, M.: Kinder- und Jugendliteratur im bürgerlichen Zeitalter. Beiträge zu ihrer Geschichte, Kritik und Didaktik. Königstein/Ts. 1980, S. 23–71

Doderer, K. / Müller, H. (Hrsg.): Das Bilderbuch. Geschichte und Entwicklung des Bilderbuches in Deutschland von den Anfängen bis zur Gegenwart. Weinheim / Basel 1975 (2. Aufl.)

Dyhrenfurth, I.: Geschichte des deutschen Jugendbuches. Mit einem Beitrag von Margarete Dierks: Die deutsche Jugendliteratur seit 1945. Zürich / Freiburg i. Br. 1967 (3. Aufl.)

Ewers, H.-H. (Hrsg.): Kinder- und Jugendliteratur der Aufklärung. Eine Textsammlung mit Einleitung des Herausgebers. Stuttgart 1980

Ewers, H.-H. (Hrsg.): Kinder- und Jugendliteratur der Romantik. Eine Textsammlung mit Einleitung des Herausgebers. Stuttgart 1984 a

Ewers, H.-H.: Kinderbuchklassiker zwischen Aufklärung und Romantik. In: Informationen des Arbeitskreises für Jugendliteratur 1984 b/1., S. 21–36

Fronemann, W.: Das Erbe Wolgasts, Langensalza 1927

Göbels, H.: Das »Leipziger Wochenblatt für Kinder« (1772–1774). – Eine Studie über die älteste deutschsprachige Kinderzeitschrift. Ratingen / Kastellaun / Düsseldorf 1973

Göbels, H.: Gesellschaftlich wirksame Jugendbücher der Vergangenheit. In: Maier, K. E. (Hrsg.): Jugendliteratur und gesellschaftliche Wirklichkeit. (2. Jahrbuch des Arbeitskreises für Jugendliteratur) Bad Heilbrunn 1974, S. 78–97

Göbels, H. (Hrsg.): Hundert alte Kinderbücher aus Barock und Aufklärung. Blioph. TB 196. Dortmund

Göbels, H. (Hrsg.): Hundert alte Kinderbücher 1870–1945 Blioph. Tb 265. Dortmund

Göbels, H. (Hrsg.): Hundert alte Kinderbücher aus dem 19. Jahrhundert. Blioph. TB 123. Dortmund 1990

Göhring, L.: Die Anfänge der deutschen Jugendliteratur im 18. Jahrhundert. Ein Beitrag zur Geschichte der deutschen Jugendliteratur. Mit einem Anhang: Drei Kinderdichter: Hey, Hoffmann von Fallersleben, Güll. Fotomechanischer Nachdruck der Ausgabe Nürnberg 1904. Hanau 1967

Grenz, D.: Der »Sieg der Menschheit über den Despotismus …« – Aufklärung und Revolution in der Kinder- und Jugendliteratur der Spätaufklärung. In: Die Schiefertafel 1983/1., S. 21–41

Haefs, W.: Christian Felix Weiße und die Kinderliteratur der Aufklärung. In: Börsenblatt für den Deutschen Buchhandel 1984/76., S. 2217–2223

Hazard, P.: Kinder, Bücher und große Leute. Hamburg 1971

Hürlimann, B.: Europäische Kinderbücher in drei Jahrhunderten. München / Hamburg 1968

Köberle, S.: Jugendliteratur zur Zeit der Aufklärung. Ein Beitrag zur Geschichte der Jugendschriftenkritik. Weinheim 1972

Köster, H. L.: Geschichte der deutschen Jugendliteratur in Monographien. Nachdruck der 4. Aufl. von 1927 mit einem Nachwort und einer annotierten Bibliographie von Walter Scherf. Pullach / Berlin 1972

Kollektiv f. Literaturgeschichte (Hrsg.): Sozialistische Kinder- und Jugendliteratur. Berlin (Ost) 1977

Kunze, H.: Probleme bei der Erarbeitung einer Geschichte der deutschen Kinder- und Jugendliteratur. In: Doderer, K. (Hrsg.): Jugendliteraturforschung international. Weinheim 1970, S. 95–111

Kunze, H.: Schatzbehalter alter Kinderbücher. Hanau 1981

Maier, K. E. (Hrsg.): Historische Aspekte zur Jugendliteratur, Stuttgart 1974

Mehden, H. v. d. (Hrsg.): Vor allem eins, mein Kind … Was deutsche Mädchen und Knaben zur Kaiserzeit gelesen haben. Bergisch Gladbach 1980

Merget, A.: Geschichte der deutschen Jugendliteratur. Nachdruck der 3. Auflage von 1882. Hanau 1967

Pape, W.: Das literarische Kinderbuch. Studien zur Entstehung und Typologie. Berlin / New York 1981

Pech, K.-U. (Hrsg.): Kinder- und Jugendliteratur vom Biedermeier bis zum Realismus. Eine Textsammlung mit Einleitung des Herausgebers. Stuttgart 1985

Peltsch, S.: »Was Kinderliteratur (in der ehem. DDR) tat, war nicht die Arbeit des Bibers«. Interview in: Volkacher Bote 1992/44.

Pleticha, H.: Das Abenteuerbuch im 19. Jahrhundert. In: Baumgärtner, A. C. (Hrsg.): Ansätze historischer Kinder- und Jugendbuchforschung, Baltmannsweiler 1980, S. 42–56

Prestel, J.: Geschichte des deutschen Jugendschrifttums. Freiburg i. Br. 1933

Prestel, J.: Das Lesegut der Jugend in geschichtlicher Darstellung. In: Beinlich, A. (Hrsg.): Handbuch des Deutschunterrichts. Bd. 2. Emsdetten 1970 (5. Aufl.), S. 1063–1107

Richter, D. (Hrsg.): Das politische Kinderbuch. Eine aktuelle historische Dokumentation. Neuwied 1973

Richter, K.: Vom Timur bis Umberto und wie weiter? Wertvorstellungen in 40 Jahren Kinderlit in der DDR. In: Informat. d. Arbeitskreises f. Jugendlit 1989/5., S. 32–42

Rüttgers, S.: Die Dichtung in der Volksschule, Leipzig 1914

Schenda, R.: Volk ohne Buch. Studium zur Sozialgeschichte der populären Lesestoffe von 1770–1910. Frankfurt a. M. 1970

Schenda, R.: Schundliteratur und Kriegsliteratur. Ein kritischer Forschungsbericht zur Sozialgeschichte der Jugendlesestoffe im Wilhelminischen Zeitalter. In: Maier, K. E. (Hrsg.): Historische Aspekte zur Jugendliteratur. Stuttgart 1974, S. 72–85

Scherf, W.: Von den Schwierigkeiten die Geschichte der Kinderliteratur zu schreiben. In: Drews, J. (Hrsg.): Zum Kinderbuch. Frankfurt a. M. 1975, S. 148–168

Scherf, W.: Volksbuch und Jugendliteratur. Oder: Welche Volksbücher spielen im 19. Jahrhundert und auch heutzutage noch eine Rolle als Jugendlektüre in deutscher Sprache? München 1976

Schön, E.: Der Verlust der Sinnlichkeit oder Die Verwandlungen des Lesers. Mentalitätswandel um 1800. Stuttgart 1987

Schug, A. (Hrsg.): Die Bilderwelt im Kinderbuch. KJL aus fünf Jahrhunderten. Köln 1988

Thalhofer, F. X.: Die Jugendlektüre. Paderborn 1925 (2. Aufl.)

Wegehaupt, H.: Vorstufen und Vorläufer der deutschen Kinder- und Jugendlit. bis in die Mitte des 18. Jahrhunderts, Berlin (Ost) 1977

Wegehaupt, H.: Alte deutsche Kinderbücher. Bibliographie 1507–1850. Stuttgart 1979

Wegehaupt, H.: Alte deutsche Kinderbücher. Bibliographie 1851–1900. Stuttgart 1985

Wild, R. (Hrsg.): Geschichte der deutschen Kinder- und Jugendliteratur. Stuttgart 1990

Wolgast, H.: Das Elend unserer Jugendliteratur. Worms 1950 (7. Aufl.)

Der literarische Aspekt

A. *Jugendliteratur und Gesamtschrifttum*

Kinder- und Jugendbücher sind Teil der literarischen Wirklichkeit. Von 1951–1984 wurden in der Bundesrepublik Deutschland einschießlich Berlin (West) 65 150 als Jugendschriften ausgewiesene und im Buchhandel erhältliche Titel (ohne Schulbücher, die zusätzlich 62 310 Titel ausmachen) erstmals oder neu aufgelegt. Somit entfallen auf ein Jahr durchschnittlich ca. 2000 Titel. In den achtziger Jahren ist die Produktion erheblich angestiegen. Nun beträgt die Zahl der erstmals hergestellten und neu aufgelegten Titel

allein für 1985: 3098
     für 1987: 4742
     für 1989: 4436[1]

Die jährlichen Verkaufszahlen von Büchern und Taschenbüchern, die zur Sparte Jugendliteratur gezählt werden, betragen – nach einer Pressemitteilung[2] – mindestens 40 Millionen.

Dennoch kann man die Meinung hören, es handle sich beim Jugendbuch gar nicht um eigentliche Literatur, und es lägen ihm andere Gesetze zugrunde. Durch diese Geringschätzung wird die Jugendliteratur in eine Sonderstellung gedrängt, die weder zuträglich ist (wie die Geschichte des Jugendbuches beweist), noch in dem geübten Umfang berechtigt und notwendig ist.

Nun ist eine gewisse Eigenstellung von Jugendliteratur, die sich aus der Notwendigkeit von Anpassung und Übereinstimmung mit dem Adressatenkreis ergibt[3], unvermeidlich. Das braucht und darf aber nicht dazu führen, daß Jugendliteratur unter dem Motto »Literatur für Kinder und Jugendliche« wie eine völlig andere und selbständige Textkategorie verstanden und behandelt wird, bei der literarische Anforderungen und Maßstäbe eine untergeordnete Rolle spielen und zugunsten anderer Direktiven vernachlässigt werden können. Kritik an literarischen Fehlleistungen wird dann mit dem Hinweis auf andere Werte, denen man verpflichtet ist, namentlich dem Zweck direkter erzieherischer und belehrender Beeinflussung oder dem der Bewußtseinsveränderung in politischer und gesellschaftskritischer Hinsicht, zurückgewiesen. Ohne Zweifel ist es legitim, Literatur als Medium von Meinungen, Erfahrun-

---

[1] Buch und Buchhandel in Zahlen. Hrsg. Börsenverein des Deutschen Buchhandels. Frankfurt a. M. Ausgaben 1985, 1987, 1989/90.

[2] Der Spiegel 1977, Nr. 15, S. 220.

[3] Wie Anpassung (Adaption) und Übereinstimmung zu verstehen und in welchem Umfang sie notwendig und berechtigt sind, wird im Kapitel »Leserkundlicher Aspekt« näher erörtert.

gen, Wissen und Einstellungen zu verstehen. Wenn aber Literatur (hier gemeint vor allem als poetische und erzählende Texte) in einer Weise für etwas in den Dienst genommen wird, daß dabei ihr Eigenwert und die Verpflichtung zum sachgemäßen Umgang mit ihr unbeachtet bleiben, besteht die Gefahr einer Ausweitung der oben angeführten noch begrenzten Eigenstellung zur Isolation und zur »Ghettoisierung«.[4]

Der literarische Aspekt ist als sogenannter literar-ästhetischer Aspekt ins Kreuzfeuer der Kritik geraten. Als solcher wurde er von Wolgast bekanntlich zum zentralen und eigentlichen Beurteilungsgesichtspunkt erhoben, was dann in der Jugendschriftenbewegung weitgehend akzeptiert und praktiziert worden ist. Es entspricht aber nicht den Tatsachen, wenn behauptet wird, eine auf literar-ästhetischen Wert achtende Jugendbuchbeurteilung habe sich als reine Formkritik kaum um den Leserbezug und so gut wie gar nicht um die vom Inhalt ausgehende nichtästhetische Wirkung gekümmert. Manche Ausführungen, die eine Neuformierung der Jugendbuchkritik fordern, erwecken den Anschein, als sei es geradezu eine Neuentdeckung, die man zur Beachtung anempfehlen müsse, daß nämlich sprachliche Qualität und formale Gestaltung für sich allein keinen Bildungsanspruch erheben können, »sondern daß es die Inhalte sind, die prägend wirken«.[5] So wird immer wieder, mehr oder weniger deutlich, gegen ein Beurteilungsverfahren angerannt, das angeblich ausschließlich oder vorwiegend nach vorgegebenen ästhetischen Normen bewertet und das – wenn diese Normen erfüllt sind – jede textinhaltliche Kritik, jede zweckhafte Betrachtung aus Ehrfurcht vor Werk und Dichter unterlasse. Man unterstellt einen überholten und allzu engen Literaturbegriff. Er sei gekennzeichnet durch elitären Anspruch auf dichterisch-künstlerische Qualität und eine damit verbundene Zurückweisung nichtkünstlerischer Texte, durch Geringschätzung von Unterhaltungs- und Gebrauchsliteratur und ihrer Konsumenten und durch die Tendenz, Lesen als rein ästhetisch-genießerische Angelegenheit zu betreiben.

In der Tat ist eine so gehandhabte Literaturauffassung zu korrigieren und der jugendliterarischen Theorie ein *weiter Literaturbegriff* zugrunde zu legen. Er schließt verschiedene Textarten (Gattungen) ein[6], er bemüht sich um objektive Betrachtung verschiedener »Nievauebenen«, die bei fast jeder Textart zu finden sind. Niveaumäßige Unterscheidung setzt allerdings ein Bewerten voraus und kommt an der Frage nach der Qualität nicht vorbei. Im Unterschied zur herkömmlichen, teilweise rigorosen Einstufung nach »oben« und »unten«, nach »wertvoll« und »minderwertig« tendiert der weite Literaturbegriff zu einer toleranteren Auffassung. Er begünstigt die Absicht, durch eine objektive Betrachtung von Inhalt und Form unter

---

[4] Über Gründe einer »Existenz am Rande« äußert sich A. C. Baumgärtner 1979 a, S. 10 ff. – Zu Jugendliteratur im Ghetto siehe auch K. Doderer 1981 u. K. E. Maier 1988.
[5] G. Oestreich: Erziehung zum kritischen Lesen. Freiburg 1973, S. 34
[6] Als typisch für einen weiten Literturbegriff wird von vielen auch die Einbeziehung der literaturvermittelnden Medien bezeichnet.

Einbeziehung des Lesers keineswegs nur das sprachliche Kunstwerk gelten zu lassen und ausschließlich von ihm die Maßstäbe zur literarischen Beurteilung zu nehmen, sondern auch Unterhaltungsliteratur als eigenständige Literaturgruppe mit Qualitätsmerkmalen anzuerkennen und selbst der Trivialliteratur (nach allgemeinem Sprachgebrauch als gewöhnliche, anspruchslose und negativ qualifizierte Unterhaltungsliteratur verstanden) auf Grund der Bedeutung für ihre Leser eine teilweise positive Bewertung zukommen zu lassen.

Anna Krüger hat richtig festgestellt, »daß sich das Schrifttum für Kinder und Jugendliche genauso wie das für Erwachsene, von der Qualität her betrachtet, aus mehreren Schichten zusammensetzt. Die großen schriftstellerischen Leistungen heben sich hier wie dort as kleine Gruppe von der Unmasse der stets wechselnden Unterhaltungsliteratur und des Kitschs wie des Schunds ab.«[7] Sie hat sich der Aufgabe unterzogen, Einzelmerkmale der literarischen Qualität der Belletristik für Kinder- und Jugendliche zu erarbeiten[8], und schon in früheren Ausführungen zwischen einzelnen Niveauebenen unterschieden[9], wobei sie die Unterhaltungsliteratur neben der von ihr für das Jugendlesen hochgeschätzten Dichtung gelten läßt. Auch Literatur, die sich nicht als Dichtung ausweisen kann, muß nicht zwangsläufig unschön, geschmacklos, unecht, ohne sprachlich-stilistische Treffsicherheit und Aussagekraft sein. Was solide Unterhaltungsliteratur zu leisten vermag, steht nicht im Widerspruch zum literarischen Kunstwerk, der Zugang zu ihm bleibt offen.

B. Merkmale literarischer Qualität

Es ist nicht beabsichtigt, mit den folgenden Feststellungen einen Kriterienkatalog für die sprachlich-literarische Beurteilung von Jugendlektüre zu geben. Die Ausführungen erörtern lediglich drei komplexe Merkmale, die für die literarische Struktur (hauptsächich von erzählenden Formen) von besonderer Wichtigkeit sind. Sie lauten als Forderung formuliert: Der Text soll *organische Einheit* haben, seine Aussage soll *echt* sein, die Darstellung soll *Spannung* hervorbringen.

1. Organische Einheit

Organische Einheit, das heißt: äußere und innere Geschlossenheit des Werkes.
Sie setzt die Bewältigung des Stoffes voraus. Der Autor muß ihn beherrschen, ihn nach vielen Seiten durchdrungen haben und über seine Fülle verfügen. So erst wird er sich über die Stoffmasse erheben können, um auszuwählen, zu formen und zu gestalten. Ohne Bewältigung des Stofflichen ist ein organischer Aufbau des Gedan-

---

[7] A. Krüger 1973, S. 27 f.
[8] A. Krüger 1980, S. 166 ff.
[9] A. Krüger 1959 u. A. Krüger. Das Buch, Gefährte eurer Kinder, Stuttgart 1954.

ken- und Handlungsverlaufs nicht denkbar. Er bewährt sich in der folgerichtigen Entwicklung des äußeren und inneren Geschehens. Die Handlung ist auf Hauptmotive aufgebaut, wächst aus ihnen heraus und verliert nicht die Verbindung mit ihnen. Deutlich zeigt sich die Wahrung des organischen Zusammenhangs im Verhalten der Personen. Sie wirken »unmotiviert«, bleiben unverstanden oder werden vom Leser ohne tiefere Anteilnahme wahrgenommen, wenn ihr Verhalten nicht aus dem Zusammenhang des Gesamtgeschehens und der Individuallage verständlich genug gemacht werden kann. Ihr Tun und denken, ihr Wollen und ihre Verhaltensänderungen sind nicht überzeugend, wenn sie zur sonstigen Charakterzeichnung in Widerspruch stehen, bzw. überhaupt nicht begründet sind. Sie werden am besten nicht durch Erklären und Beschreiben, sondern durch wirkliches Geschehen und lebendige Dialoge veranschaulicht.

Einheitlich und geschlossen sind Werke, von denen wir sagen können, sie seien »wie aus einem Guß«, die den Eindruck erwecken, in einem Zug geschrieben worden zu sein. Es mag zutreffen, daß – nach einem Worte Thomas Manns – der Schriftsteller ein Mensch ist, »dem das Schreiben schwerer fällt als allen anderen Leuten«. Der Leser darf aber von der Mühe des Ringens mit Stoff und Form nichts verspüren. Wo eine Erzählung viele Zeichen des beschwerlichen Entstehungsaktes aufweist, kann mit Recht auf Noch-nicht-fertig-sein, auf Flüchtigkeit oder Unvermögen geschlossen werden. Das Werk sollte in seiner Endgestalt frei sein von nachlässigen Wortentscheidungen, unanschaulichen und schiefen Bildern, wortreichen und umständlichen Erklärungsversuchen, Widersprüchen und unnötigen Wiederholungen und vor allem auch von Stilbrüchen. Der Autor muß in der Regel der gewählten Gestaltungsart das ganze Buch hindurch treu bleiben. Wo nach einem einfallsreichen und frischen Anfang bald die Kraft des sprachlichen Ausdrucks nachläßt und schließlich das Geschehen wie in einem dünnen Faden ausläuft, ist die Einheit mißlungen, ebenso da, wo Phantasie und Gedankenreichtum nicht gezügelt werden und von Seite zu Seite immer üppigere Früchte treiben.

Die Gestaltungs- und Aufbauelemente sind vielfältig, und es kann keineswegs davon die Rede sein, daß nur bestimmte und immer wiederkehrende Formen die Einheitlichkeit und Geschlossenheit garantieren. Wenn auch »Einfachheit als Kategorie der Kinderliteratur«[10] und »Naivität«[11] eine prinzipielle Bedeutung zukommt, so ist damit doch eine große Variationsbreite der Möglichkeiten, die allerdings je nach Aussageabsicht des Autors und Lesefähigkeit des Adressaten zu nutzen ist, nicht ausgeschlossen.

Walter Scherf fordert in seiner »Strukturanalyse der Kinder- und Jugendliteratur«[12] für die Beurteilung der Erzähltexte eine »handwerklich entwickelte Arbeitsweise«, zu

---

[10] M. Lypp 1984.
[11] J. Krüss: Naivität und Kunstverstand. Weinheim 1992 (3. Aufl.).
[12] W. Scherf 1978.

der auch die Einsicht in die »Bauelemente« gehört. Es wird bei der Darstellung einzelner Elemente an Hand deutscher Kinder- und Jugendbücher sehr deutlich, daß Handlungsführung, erzählerischer Aufbau, Erzählhaltung, Einstiegsmöglichkeit und Abschluß, Dialog usw. über ein reiches Repertoire an Gestaltungsmitteln verfügen, deren sach- und lesergemäße Handhabung organische Ganzheit und Geschlossenheit des Textes hervorbringen kann.

2. Echtheit

Die Verwendung des Begriffs Echtheit im literarischen Bereich verlangt eine zweifache Fragestellung:

In welchem Verhältnis steht der Autor als Träger der Äußerung zu seiner literarischen Aussage? In welchem Verhältnis steht der Inhalt der Äußerung zur Wirklichkeit? Zentralpunkt der zweifachen Betrachtungsweise ist die literarische Aussage. Von ihr aus wird im ersten Fall der Blick auf den Autor, im zweiten Falle auf die Wirklichkeit der Welt gerichtet.

Die literarische Äußerung, soweit sie nicht nur als schlichte Mitteilung objektiver Tatsachen und Geschehnisse verstanden sein will, ist wesentlich getragen von der Person ihres Urhebers. Je mehr sie mit der subjektiv gegebenen Welt- und Lebensauffassung des Autors übereinstimmt, je mehr sie mit seiner Innerlichkeit identisch ist, um so mehr kann die Aussage als echt bezeichnet werden. Der Autor kleidet das in Worte, in Bilder, in ein Handlungsgeschehen, was in ihm lebendig ist, was ihm etwas bedeutet und ihn (positiv oder negativ) anspricht. Besteht ein Mißverhältnis zwischen Aussage und Innerlichkeit, dann ist das gegeben, was wir mit unecht zu bezeichnen haben. Das inhaltlich Gesagte ist nicht »durch eine wirkliche Seelenlage gedeckt«[13]. Übrigens kann jede menschliche Äußerung, nicht nur die literarische, mit den Maßstäben echt-unecht gemessen werden. »Echtheit ist eine Kategorie der Befragung einer ... Äußerung nach ihrer existentiellen Fundierung, also danach, ob sie von ihrem Träger innerlich gewest wird.«[14]

Unechte Äußerungen sind oft nur schwer durchschaubar. Das gilt besonders für das Literarische, da ja hier die Person des Autors nicht zugegen ist. Das Unechte kann sich hinter mannigfachen Verschleierungen raffiniert verbergen. Und häufig können wir zunächst nur gefühlsmäßig sagen, daß etwas nicht stimmt, daß ein falscher Ton mitschwingt. Doch zeigen sich dem geschulten Leser auch konkrete Anhaltspunkte. Ein solcher Anhaltspunkt kann schon im Stoff liegen. Wenn sich ein Autor für Inhalte entschließt, die beim Publikumsgeschmack derzeit hoch im Kurs stehen, die »todsi-

---

[13] J. Pfeiffer 1958, S. 43.
[14] Ph. Lersch: Aufbau der Person. München 1952 (5. Aufl.), S. 490.

cher« ankommen oder von der Rezension erwartet werden, dann könnte sein, daß er selbst keine innere Bindung zum Thema hat. Er muß sich jedenfalls die Annahme gefallen lassen, hier liege eine unechte Haltung vor. Gerade in der Jugendschriftstellerei ist die Meinung nicht selten, es genüge, sich der Allerweltsmotive und -inhalte zu versichern, die sich in der Kinderliteratur bewährt haben. Auch der Gebrauch abgenutzter Gestaltungsmittel kann ein Hinweis für Unechtheit sein. Stileigenheiten und literarische Kunstgriffe müssen bei der Bearbeitung des Themas jeweils neu herauswachsen. Mit anderen Worten: die Literatur – mögen es auch »nur« Kindergeschichten sein – braucht *Ursprünglichkeit* und *Originalität*. Mangel an Ursprünglichkeit und Originalität kann durch gewandtes Virtuosentum nicht wettgemacht werden.[15]

Der unechte Charakter einer Erzählung kann dem Autor selbst gar nicht bewußt sein. Gerade Jugendliteratur reizt immer wieder Männer und Frauen zum Schreiben, die zwar lauter in Absicht und gutem Willen sind, nicht aber die Voraussetzungen zu originalen und echten schriftstellerischen Aussagen mitbringen. Sie durchsetzen die Jugendliteratur mit ihren fragwürdigen Beiträgen und drücken das Gesamtniveau[16]. Der Schundfabrikant allerdings gibt sich erst gar nicht die Mühe, die eigene Innerlichkeit mit dem, was er schreibt, in Einklang zu bringen. Er erreicht eine äußere Fassade, hinter der er seine wahre Gesinnung, sein wirkliches Denken und Werten, aber auch sein geringes Können und sein Halbwissen bewußt zu verbergen sucht. Diesen Erzeugnissen gegenüber sind Prädikate wie »unverfroren« und »verlogen« wahrhaftig am Platz. Ihre Unechtheit wird vom jungen Leser nur schwer erkannt. Er nimmt in seiner Unerfahrenheit das Falschgeld für echte Münze, wenn ihn nicht ein Erfahrener vor der Übertölpelung schützt.

Die zweite Frage nach echt und unecht führt auf eine andere Betrachtungsebene. Sie untersucht das Verhältnis zwischen literarischer Aussage und Wirklichkeit des Lebens und der Welt.

Was heißt: Eine Erzählung muß wirklichkeitsecht, muß wahr sein?

Die Forderung kann zunächst im Hinblick auf die äußeren Gegebenheiten der literarischen Darstellung erfüllt sein; dann nämlich, wenn die gezeigten Erscheinungen in der Realität der Wirklichkeit tatsächlich so sind. Das Buch setzt sich nicht in Widerspruch zu den objektiven Tatsachen, sondern verleiht ihnen – mag es sich um die Welt des Kindes, um fremde Zonen und Völker oder um den Bereich von Natur und Technik handeln – einen gerechten Ausdruck.

Entscheidender noch als die äußere Wahrheit ist die innere Wahrheit einer Erzäh-

---

[15] Gedichtsbeispiele unechter Aussagen, die durch Wortgewandtheit verdeckt sind, gibt J. Pfeiffer (1958, S. 42 ff.).
[16] »Es hat sich allmählich herumgesprochen, daß der Gegensatz von Kunst nicht Natur ist, sonder: gut gemeint« (G. Benn).

lung. Ein Buch kann sich, wenn es nicht den Anspruch erhebt, als realistische Literatur gewertet zu werden, über die äußere Wahrheit hinwegsetzen, niemals aber über die innere. Diese beweist sich vor allem in der Darstellung menschlicher Charaktere und Geschehnisse. Was die nachgebildeten Menschen denken, reden, fühlen und tun, muß einer inneren Folgerichtigkeit entwachsen. Gesinnungsänderungen, überraschende Verhaltensweisen dürfen nicht mit dem Wesen der geschilderten Person in Widerstreit stehen. Wahr bedeutet in diesem Sinne so viel wie psychologisch wahr.

Wie steht es mit dem Wahrheitsprinzip im Märchen, in der phantastischen Geschichte, in Sage und Legende? Sie entsprechen nicht den Anforderungen äußerer Wahrheit, weil das Dargestellte mit den Grenzen der objektiv wirklichen Welt nicht übereinstimmt. Dennoch haben sie innere Wahrheit, weil die Geschehnisse in die vom Erzähler gewählte Atmosphäre hineinpassen und die Personen im Rahmen dieser Atmosphäre folgerichtig und psychologisch wahr handeln. Am Märchen läßt sich dies am besten verdeutlichen. Hier überlagern sich Wirkliches und Magisches auf selbstverständliche und »natürliche« Weise; das Wunderbare ist in seinem Rahmen gültig und wahr. Die extremen menschlichen Geschehnisse und das Verhalten der Märchengestalten gehen zwar über das, was Menschen erleben und leisten können, hinaus, sind aber nicht eine grundsätzliche Verfälschung der Lebenswahrheit, sondern eine pointierte und durch kontrastreiche Bilder hervorgerufene Verdeutlichung der Wirklichkeit des Daseins.

3. *Spannung*

Wenn von der Jugendliteratur die Rede ist, wird man das Phänomen der Spannung nicht übergehen können. Sie spielt zwar in jeder Literatur, die das erhöhte Interesse des Lesers gewinnt, eine wichtige Rolle; im Jugendbuch aber wird sie zu einem entscheidenden Merkmal.

In der Abenteuerliteratur erfährt das Spannungsmoment seine höchste Entfaltung. Das entspricht ganz den Erwartungen der Leser in der Vorpubertät. Es ist aber nicht zu übersehen, daß auch die übrigen Altersstufen ein Lesegut wünschen, das sie zu fesseln vermag, wenn sie auch ihre Lieblingslektüre nicht bewußt danach beurteilen und das Wort »spannend« nicht zum Zentralbegriff ihrer Beurteilung machen. Bamberger verweist auf die Notwendigkeit einer altergemäßen Betrachtung des Spannungsbedürfnisses und stellt in einer kurzen Überschau fest: »Das ›Märchenkind‹ erwartet mit Spannung die Wiederkehr von bekannten Motiven und sogar von Redewendungen ... Das Kind der ersten Sachstufe findet im schlichten Wechsel von gegenständlichen Vorstellungen richtigen Spannungsreiz ... Die Sachwelt ist dem Kind noch neu, und das bloße Bekanntwerden mit diesem Neuen ist für das Kind lustbetont. Im Abenteueralter (wie auch beim erwachsenen, primitiven Menschen) lockt das Auffallende, das Außergewöhnliche, das Unverhältnismäßige, das Unerwartete, das Bewegte«[17].

Die allgemeine Literaturtheorie hat lange Zeit dem Moment der Spannung nur wenig Aufmerksamkeit geschenkt und auch das Spannungsbedürfnis der Leserschaft nicht ausreichend gewürdigt. Während anspruchsvolle Erzähl- und Romanliteratur die spannungsfördernden Mittel oft so sparsam verwendet, als handle es sich um etwas Unseriöses, bedient sich Trivialliteratur ihrer im Übermaß und sichert sich dadurch Publizität. Theorie und Praxis der Jugendliteratur stehen der Spannung aufgeschlossen gegenüber. Die Ergebnisse der Jungleserkunde, die Analyse erfolgreicher Literatur, die Suche nach wirksamen Wegen der Literaturpädagogik haben der Tatsache, daß Kind und Jugendlicher zuerst und vor allem nach spannenden Geschichten verlangen, zur Anerkennung verholfen. Neuere Studien zur Spannung im Jugendbuch finden sich bei Peter Hasubek im Zusammenhang mit seiner Darstellung der Detektivgeschichte[18] und bei Walter Scherf, der Spannung als literarisches Strukturelement und als Erlebnishaltung des Lesers untersucht[19], sowie bei Jörg Hienger in seiner Studie über »Spannungsliteratur und Spiel«.[20] Hienger spricht von Spannungsliteratur und versteht darunter »Geschichten in des Wortes wörtlichstem Sinne ... Geschichten, deren Elemente keine andere oder doch keine wichtigere Funktion erfüllen als die Ermöglichung von Geschehen«.[21]

Spannung erfüllt zwei Funktionen: Sie befriedigt den menschlichen Drang nach gesteigerten innerseelischen Erlebnissen, der mit dem Begriff Erlebnisdrang eine weitgefaßte Formulierung findet. Im Zustand der Spannung aktualisiert sich der Erlebnisdrang in Gefühlsregungen wie Erwartung, Ungeduld, Unruhe, Befürchtung, Zweifel, Hoffnung, Überraschung, Enttäuschung. »Sie ergibt sich aus dem Wechsel zwischen Erregung und Beschwichtigung der durch Gefahr und Wagnis verursachten vielfältigen Gemütsbewegungen.«[22] Die Begegnung mit spannungshaltigen Geschehnissen ist willkommene Gelegenheit, seiner selbst in innerseelischen Vorgängen und Zuständen inne zu werden und sich ihnen hinzugeben. Das ist die subjektive, die reflexive Seite der Spannung.

Die andere Funktion ergibt sich dadurch, daß kein Spannungserlebnis ohne Objektbezug möglich ist. Erst in der Begegnung mit Welt und Menschen kann es zu den begehrten Spannungszuständen kommen. Neben vielen anderen Antrieben und Motiven ist es das Spannungsbedürfnis, das den Menschen veranlaßt, mit der Umwelt Kontakt zu suchen, sie in den Erlebnishorizont herein zu nehmen und auf sich wirken

---

[17] R. Bamberger 1965, S. 74 ff.
[18] P. Hasubek: Die Detektivgeschichte für junge Leser. Bad Heilbrnn 1974, S. 43–50.
[19] W. Scherf 1978, S. 99–120.
[20] J. Hienger 1976.
[21] ebd., S. 32.
[22] ebd., S. 42.

zu lassen. Ein Stück tatsächlicher oder fiktiver Welt, Probleme und Konflikte zwischenmenschlicher Beziehungen werden auf diese Weise erlebnishaft, d. h. mit besonderer Intensität wahrgenommen. Das ist die objektive, die stoffliche, die transitive Seite des Spannungsvorganges.

Eine gut erzählte Geschichte wird beiden Funktionen gerecht: Sie befriedigt das Bedürfnis nach gesteigertem Innewerden des eigenen Selbst; dient aber auch der Weltbegegnung und wird zum Mittel von Wirklichkeitserhellung und Lebensbewältigung. Die literarisch schwache Erzählung entbehrt entweder der Spannungsgehalte überhaupt, wirkt langweilig und nichtssagend, oder sie zielt allein auf die Befriedigung des subjektiven Spannungsbedürfnisses, erhebt die innerseelische Erregung zum Selbstzweck, die stimulierende Wirkung zur einzigen und letzten Aufgabe. Der Autor manipuliert mit den Stoffen um der Reizwirkung willen, er spekuliert auf die Spannungsbereitschaft der Leser und die Erregbarkeit der Sinne und Nerven. Das allein ist ihm Richtschnur, und nach ihr baut er ohne Rücksicht auf Wahrheit und Lebensechtheit, auf Eigengesetzlichkeit des Stoffes und Ausgeglichenheit der Form die Handlung zusammen. Die spannungserregenden Momente sind willkürlich gesetzt und die Perioden gedrängter Geschehnisse häufen sich. Die Absicht, Spannung zum Dauerzustand zu machen, ist offensichtlich. Man will den Leser nicht loslassen, ihn nicht zur Besinnung kommen lassen und ihn fortreißen (»Reißer«!).

Solcherart erlebte Spannung hinterläßt im Grunde ein Gefühl von Unbefriedigtsein; sie stachelt den Hunger nach immer tolleren Erlebnissen an. Sie provoziert schließlich eine menschliche Gesamthaltung, der es unmöglich ist, feinere Töne wahrzunehmen, und die sich völlig den groben Reizeinwirkungen ausliefert. Lektüre dieser Art hält im Zusammenspiel mit Massenmedien »den Menschen auch in der Freizeit unter Dauerspannung, während Psychologie, Kulturkritik und allgemeine Lebenserfahrung zeige, daß eine periodische Totalentspannung, ein völliges Abschalten und eine wirklich befreite Muße für die Entwicklung der Menschlichkeit unerläßlich sind«[22a].

C. Jugendbuch und literarische Erziehung

Es besteht weitgehend Übereinstimmung, daß die Ergebnisse des Literaturunterrichts unbefriedigend sind. Wie ist es möglich, daß bei der Mehrzahl der Schulentlassungen die planmäßigen und methodischen Bemühungen so wenig Erfolg haben und das Ziel der »Lesemüdigkeit« nicht annähernd erreicht wird? Sobald der junge Mensch außerhalb der Einflußsphäre der Schule allein entscheidet, handelt er allzu oft gegen ihre Grundsätze. Schon während der Schulzeit liest er auf zwei Ebenen und entwickelt die virtuose Fähigkeit, ein literarisches Doppelleben zu führen. Als Schulleser akzeptiert er die unterrichtlichen Argumente und zeigt ein lehrerkonformes Verhalten,

---

[22a] Th. Wilhelm. Pädagogik der Gegenwart 1959, S. 369 (5. umgearb. Aufl. 1977).

»das keineswegs unwahrhaftig ist; denn die meisten Kinder haben Freude an Lese- und Literaturstunden, sie beteiligen sich aufgeschlossen am Gespräch und auch an kritischen Auseinandersetzungen«[23]. Dennoch wird bei vielen ihre Haltung als Freizeitleser davon kaum berührt. Es gelingt nicht, Schullesen und Freizeitlesen miteinander derart in eine Verbindung zu bringen, daß Lernerfahrungen und Interessenzuwachs bei beiden gleichermaßen wirksam werden.

Solche Feststellungen lassen erkennen, daß Primärbeeinflussung im außerschulischen Bereich, insbesondere in der Familie, nachhaltigere Wirkung hervorbringt als Unterricht. Manche Literaturdidaktiker setzen die Bedeutung der Primärsozialisation so hoch und die Möglichkeit der intentionalen Erziehung so niedrig an, daß sie fast nur noch zu pessimistischen Äußerungen bezüglich der schulischen Leserbeeinflussung fähig sind. Die Schule stehe »vor der Sisyphusaufgabe, ständig gegen die ›gesellschaftliche Wirklichkeit‹ unterrichten zu müssen«.[24]

Die gegenwärtige Freizeitwirklichkeit der Familien wird vor allem von den *Medien,* insbesondere vom *Fernsehen* bestimmt. Es gehört daher zu den am meisten diskutierten Fragen der über die Schule hinausgreifenden literarischen Erziehung, welche Rolle die elektronischen Medien im Freizeitverhalten der jungen Menschen spielen und wie sie Leseinteressen und Leseverhalten beeinflussen. Zahlreiche, fast nicht mehr zu übersehende Erhebungen und Untersuchungen beschäftigen sich mit dieser Frage.[25] Die Antworten sind unterschiedlich. Wenn auch die frühere Verurteilung des Fernsehens als ein Faktor, der dem besinnlichen Lesen diametral entgegenstehe und dabei sei, sein Ende vorzubereiten, heute kaum noch wissenschaftlich vertreten wird, so wird doch eine prinzipielle Rivalität zwischen Lesen und Fernsehen als Freizeitbeschäftigung nicht verschwiegen; eine Rivalität, die sich in aller Regel jedenfalls als Erschwernis für eine erfolgreiche literarische Freizeiterziehung auswirkt und die, ohnehin utopische Vorstellung von einer durch Erziehung und Schule heranzubildenden »Generation von Lesern« immer mehr in die Ferne rückt. Immerhin besteht Übereinstimmung zwischen Pädagogen und Medienbetreibern, sich gemeinsam der Förderung des Buchlesens anzunehmen.

Es kann die Stärke des Einflusses von Haus und Milieu und die daraus resultierende Erfolgsbegrenzung schulischer Pädagogik nicht bestritten werden. Es wäre aber unangebracht, deshalb auf ein leseerzieherisches Konzept zu verzichten und auch

---

[23] I. Lichtenstein-Rother / R. Kokemohr 1967, S. 5.

[24] M. Dahrendorf 1979, S. 34.

[25] Nur einige seien herausgegriffen: A. Fritz (1989) beschäftigt sich in einer mehr als dreijährigen Untersuchung mit »Lesen in der Mediengesellschaft«. – Der Bundesminister für Bildung und Wissenschaft (1991) sucht zu klären und unterbreitet Vorschläge zur »Leseförderung im Zeitalter der neuen Medien«. – F. Denk (1989) stellt 25 Thesen zur Zukunft des Lesens auf und erklärt unter Hinweis auf die Hemmnisse, die den Zugang zum Buchlesen erschweren, eine gezielte Leseförderung zur »zentralen Aufgabe« usw.

Teilbemühungen, die den Ist-Stand des Kindes als Literaturkonsumenten ergänzen, ausweiten, korrigieren oder verbessern wollen, für sinn- und zwecklos zu erklären. Eine solche an Fatalismus grenzende Grundhaltung widerspräche der von der Mehrheit in Vergangenheit und Gegenwart vertretenen pädagogischen Zuversicht ebenso wie der praktischen Erfahrung einer Erziehung, die sich nicht nur als Vollstrecker der Sozialisation versteht, sondern auch als deren partieller Korrektor und Widerpart. Diese Erziehung, die nicht ein ohnmächtiges Teilstück des Sozialisationsgeschehens, sondern eine menschenformende Kraft mit eigenen (wenn auch begrenzten) Möglichkeiten sein will, sieht im wesentlichen die Ansätze zur Verbesserung menschlicher Bildungschancen in der Veränderung der Verhältnisse, in denen der Mensch lebt *und* in der unmittelbaren Einflußnahme auf das Individuum. Literarische Erziehung kann keinen der beiden Ansätze unbeachtet lassen. Die schulische Möglichkeit liegt vorwiegend in der direkten personalen Einwirkung.

Im folgenden soll auf jugendbuchrelevante Maßnahmen und Überlegungen der literarischen Erziehung in der Schule eingegangen werden.

1. *Schullesen – Freizeitlesen*

Eine didaktische Aufgabe, der man sich noch mehr als bisher bewußt werden muß, besteht darin, Schullesen und Freizeitlesen miteinander in Verbindung zu bringen.

Diesem Bemühen begegnen neben schon erwähnten Hemmnissen prinzipielle Schwierigkeiten, die in der Verschiedenheit von Schul- und Freizeitlesen zu suchen sind. Schullesen vollzieht sich im Rahmen des Literaturunterrichts, d. h. es untersteht – dem Wesen von Schule und Unterricht entsprechend – der Systematisierung und Rationalisierung. Planung und Zielsetzung, Reflexion und Analyse sind notwendige Bestandteile auch des literarischen Lernprozesses. Dadurch unterscheidet sich Literaturbegegnung in der Schule wesentlich vom Lektürekonsum in der Freizeit, und es kann nicht ohne weiteres erwartet werden, daß der unterrichtliche Zuwachs an Erkenntnissen und Fähigkeiten unmittelbar dem Leseverhalten in der Freizeit zugute kommt. Schullesen und Freizeitlesen sind verschiedene Vorgänge (und ihre Verschiedenheit kann und soll nicht beseitigt werden), es sei denn, Freizeitlesen hört auf, ein freies, selbstgesteuertes, persönlichen Bedürfnissen und Interessen folgendes Lesen zu sein; und literarische Erziehung in der Schule hört auf, sich als »Unterricht« zu verstehen, der in didaktischer Organisation Einsichten und Befähigungen vermittelt. Was nicht heißen muß, daß Reformen des Literaturunterrichts durch Erprobung und Verwirklichung »natürlicher« Methoden nicht doch auch zu einer Annäherung an wirklichkeitsechte Voraussetzungen und Umstände des Lesens außerhalb der Schule beitragen können.

Eine wichtige Annahme zur Annäherung von Schul- und Freizeitlesen ist die Aufnahme ausgewählter außerschulischer Lektüre in den Literaturunterricht. In den meisten Richtlinien und Bildungsplänen an westdeutschen Schulen sind Formulierungen enthalten, die davon sprechen, den herkömmlichen Literaturunterricht auszuweiten. Sie verlangen die Pflege aller Formen des Lesens, sie fordern ein Schullesen, das die Vielfalt der Texte einschließlich der *Kinder- und Jungendbücher* berücksichtigt. Die Hinweise werden im allgemeinen von der Schulpraxis zu wenig beachtet und wohl auch mit zu wenig Nachdruck und Überzeugung von der Schulbehörde vertreten. So bleibt die Einbeziehung außerschulischer Lektüre in den Literaturunterricht, insbesondere die Verwendung von Kinder- und Jugendbüchern, vielerorts eine unerfüllte Forderung.

2. *Zur Schulbibliothek*

Ein starker Einfluß auf das Freizeitlesen und eine lebensnahe Literaturpädagogik könnte von einer gut ausgebauten und rege genützten Schulbibliothek ausgehen. Ihre Einrichtung ist durch einschlägige Verordnungen den Schulen zur Pflicht gemacht. Ihre Bedeutung wird in Richtlinien und Bildungsplänen hervorgehoben. Wenn man aber von verschiedenen Untersuchungen zum Stand der Schulbibliotheken in der Bundesrepublik ausgeht, dann ist es nicht zum besten um die Schulbibliotheken bestellt:

> Die 1970 veröffentlichte Untersuchung des Instituts für Jugendbuchforschung Frankfurt zur Situation der Schulbibliotheksverhältnisse in der Bundesrepublik und in West-Berlin ergab kein gutes Bild der Gesamtsituation: »Der Buchbestand ist fast durchwegs zu klein, teilweise veraltet und unaktuell und entspricht vor allem in Hinsicht auf die älteren Schülerjahrgänge ganz und gar nicht den Erwartungen und Notwendigkeiten für einen solchen Leserkreis. Die bibliothekarische Organisation ist vielfach dilettantisch und unübersichtlich. Die Position des Büchereileiters ist weder attraktiv, noch spielt sich in den Augen der Lehrerschaft eine wichtige Rolle innerhalb des Lern- und Erziehungsvorganges ... Bei der Verteilung der Mittel wird die Schulbücherei vollends stiefmütterlich behandelt. Eine Integration der Schulbibliothek in den schulpädagogischen Arbeitsverlauf ist nur in wenigen Ansätzen versucht worden«[26].

> Auch 1977 beurteilte Konrad Kallbach die Lage der Schulbibliotheken kaum besser: »Die Desorganisation der schulmediothekarischen Zentrale oder einer ihrer Hauptteile, der Schulbibliothek, ist vielleicht am besten daran zu erkennen, daß es überhaupt keine Unterlagen über Bestand und Nutzung der Schulbibliotheken gibt, aus denen sich eine allgemeine Übersicht ergeben würde ... So ist man sicher nicht weit von der Wahrheit entfernt, wenn man annimmt, daß sich in den letzten Jahrzehnten die Misere der Schulbibliotheken im wesentlichen nicht viel gebessert hat.«[27]

Obgleich also die Diskussion um die Schulbibliothek seit Jahren stark in Bewegung gekommen ist, ist ihr Ausbau immer noch unbefriedigend.

---

[26] K. Doderer 1970, S. 49.
[27] K. Kallbach 1977, S. 115.

Der beklagenswerte Zustand vieler Schulbibliotheken ist aber nicht immer nur auf fehlende Mittel und mangelhafte finanzielle Unterstützung durch den Schulträger zurückzuführen. Freilich sind Aufbau und Erhaltung einer Bücherei ohne Geld nicht denkbar. Häufig werden aber selbst die geringen Möglichkeiten ungenügend ausgeschöpft und nicht zweckmäßig genützt. Es ist daher sinnvoll, wenn für jede große Schule und für mehrere kleinere Schulen zusammen ein schulbibliothekarisch vorgebildeter Lehrer als Betreuer der Schulbibliothek und Berater der Kollegenschaft zur Verfügung steht. Die Schulverwaltung sollte durch Kurse oder Seminare dafür sorgen, daß interessierte Lehrer sich das Rüstzeug zum »Schulbibliothekar« aneignen können, und es nicht weiterhin dem Zufall überlassen, ob sich hier und dort fähige Pädagogen finden oder nicht.

Für die Buchanschaffung gibt es wertvolle Hilfen, die dem einzelnen, der die große Zahl des Angebots unmöglich überschauen kann, zur Verfügung stehen[28].

Die Mindestanzahl der Bände einer Schulbibliothek sollte – nach den Forderungen der Vereinigten Jugendschriftenausschüsse von 1951 – das eineinhalbfache der Schülerzahl betragen, bei kleineren Schulsystemen mit weniger als fünf Klassen oder hundert Schülern das doppelte der Schülerzahl. Neuere Richtzahlen für Schulbibliotheken in Bayern liegen für die Grundschulen bei drei Bänden pro Schüler und Lehrer, für die Haupt- und Realschulen bei sieben Bänden pro Schüler und Lehrer und für Gymnasium bei zehn Bänden pro Schüler und Lehrer.

In den *Empfehlungen des Deutschen Städtetages* wird darauf verwiesen, daß nicht nur unterhaltende, schöngeistige Schriften einzustellen seien, sondern auch geeignete, dem Schüler verständliche Sachbücher aus den verschiedenen Gebieten. Er hält ein Mengenverhältnis von Unterhaltungsbuch und Sachbuch von 60:40 für erstrebenswert[29].

Seit der Wiedervereinigung arbeitet eine Expertengrupe »Schulbibliotheken«, die sowohl den veränderten finanziellen Bedingungen im Kultur- und Bildungsbereich wie auch den Umstrukturierungen im Schulwesen der neuen Bundesländer gerecht werden will. In ihr wirken Fachleute aus den alten und neuen Ländern mit. Die bisher erschienen Empfehlungen skizzieren Modellvorstellungen mit Hinweisen auf Organisationsformen, Ausstattung und Personal. Den Schulen wird ein bibliothekarischer Fachpartner geraten (Stadtbibliothek, Kreisbibliothek etc.), der ihnen besondere Dienstleistungen bietet. Eine schulbibliothekarische Arbeitsstelle sollte die Zusammenarbeit fördern.[30]

---

[28] So z. B. das jährlich erscheinende Verzeichnis »Das Buch der Jugend«. Titel, die als Grundstock für die Schülerbücherei besonders geeignet sind, sind gekennzeichnet. Hinzuweisen ist auch auf die Spezialkataloge der Deutschen Akademie für KJL Volkach: »Abenteuer«, »Geschichte«, »Sachbücher«, »Christliche Kinder- und Jugendbücher«. Genannte Verzeichnisse und Kataloge zu beziehen über Buchhändler-Vereinigung, Postfach 100442, Frankfurt/M. 1.

[29] Empfehlungen des Deutschen Städtetages zur Zusammenarbeit von Schule und öffentlicher Bücherei. Köln 2. 6. 61 und 22. 11. 74.

[30] »Der Aufbau von Schulbibliothekssystemen ... Empfehlung der DBI-Expertengruppe Schulbibliotheken«. Zu beziehen vom Deutschen Bibliotheksinstitut in Berlin (DM 5,–).

Eine immer wieder umstrittene Frage (die oben genannte Empfehlung geht auch auf sie ein) ist die der strukturellen Organisation der Schülerbücherei. In der zentralen Schulhausbücherei, in der alle Bücher in einem Ausleihraum zusammengefaßt sind, der Vorzug zu geben, ode soll man bei den herkömmlichen Klassenbüchereien verbleiben? Der Vorzug der klasseneigenen Bibliothek liegt in ihrer bequemen Verfügbarkeit. Die Bücher befinden sich in Greifweite der Schüler und des Lehrers und können jederzeit ausgeliehen oder unterrichtlich verwendet werden. Vor allem kann der Lehrer seine Schüler individuell betreuen und literarerzieherisch beeinflussen. Die zentrale Schulbücherei hat besonders vom Gesichtspunkt der Rationalisierung erhebliche Vorteile. Die zusammengefaßte Bibliothek ist besser überschaubar, besser zu verwalten und unter Umständen auch billiger als die zahlreichen Schulzimmerbüchereien. Wo die räumlichen Gegebenheiten es zulassen, wird man in der Zentralbücherei einen Leseraum einrichten, der auch in der unterrichtsfreien Zeit zur Verfügung steht. Die Atmosphäre der zentralen Schulbücherei ist unpersönlicher, ein Zustand, der von älteren Schülern als Vorzug empfunden wird, »weil diese sich dann weniger ›pädagogisiert‹ vorkommen und die Büchereibenützung mehr den erwünschten Privatcharakter gewinnt, bei der man im Sinne des freien Lesens unbefangen wählen kann«[30].

Das Frankfurter Jugendbuchinstitut schlägt die zentrale Schulbibliothek vor. Dabei ist an eine Gesamtbücherei gedacht, die Schüler- und Lehrerbücherei vereinigt, allen Angehörigen der Schule – Lehrenden und Lernenden – gleichermaßen offensteht, von einem sachkundigen und vorgebildeten Schulbibliothekar mit Hilfspersonal verwaltet wird und auch über Lese- und Arbeitsräume verfügt. »Die Schule würde dann in der zentralen Schulbibliothek eine Wirkstätte bekommen, die in der Tat mindestens genau so nötig ist wie die Turnhalle, die naturwissenschaftlichen Experimentierräume oder auch das kostspielige Schwimmbecken.«[31]

Für welchen Büchereitypus die Schule sich auch jeweils entscheidet, sie muß versuchen, aus ihrer Schulbibliothek eine lebendige Einrichtung zu machen, deren Buchbestand nicht hinter verschlossenen Türen sorgsam gehütet wird, sondern von den Schülern begehrt und genutzt wird. Sie muß dafür sorgen, daß die Schulbücherei die ihr eigene Funktion im Rahmen des gesamten Jugendbüchereiwesens und des Unterrichts erfüllen kann. Wo zentrale Schulbibliotheken existieren, müssen sie daher in jedem Falle so organisiert sein, daß neben der Einzelausleihe auch Gruppenausleihen an die Klassen möglich sind, daß die ein

---

[30] E. Weber: Die Freizeitgesellschaft und das Buch. Literaturpädagogische Aufgaben der Schule. München 1967, S. 57.
[31] K. Doderer 1970, S. 13.

zelnen Lehrer ohne größere Umstände über die Bücher verfügen und sie nach eigenem erzieherischen und unterrichtlichen Ermessen einsetzen können.[33]

3. Didaktische Möglichkeiten

Im folgenden werden didaktische Möglichkeiten aufgezeigt. Sie beziehen sich vor allem auf Schule und Unterricht, können aber teilweise ihres prinzipiellen Charakters wegen in variierter Form auch in außerschulischen Kinder- und Jugendeinrichtungen Anwendung finden. Im übrigen wird auf pädagogisch-didaktische Hinweise bei den einzelnen Gattungen (z. B. Bilderbuch, Märchen, Kinderbuch) aufmerksam gemacht.

Eine einfache, aber erfolgreiche Möglichkeit ist *das Vorlesen*. Es gestattet die gemeinsame Begegnung der Gruppe / Klasse mit einem Buch. In der Regel wird bei Kindern der Erwachsene das Vorlesen übernehmen. Damit ist die Gewähr gegeben, daß nicht durch ungewandtes und fehlerhaftes Lesen die Wirkung beeinträchtigt wird. Zum Abschluß einer Arbeitsepoche, nach besonderen Anstrengungen und Leistungen, im Schullandheim, auf Klassenfahrt oder längeren Wanderungen bieten sich gute Gelegenheiten, die Kinder in die Atmosphäre des gemeinsamen Zuhörens zu versetzen. Vorlesen kann eine wichtige didaktische Funktion im Rahmen des Literaturunterrichts erfüllen, auf der Stufe der Hinführung das literarische Interesse wachrufen, auf der Stufe des Erlebens den Begegnungsprozeß unterstützen. Die Anregung zum Selbstlesen ist die wertvollste Wirkung, die vom Vorlesen auf die Zuhörer ausgeht. Der Lesefaule verspürt als Hörer den Reiz des Buches, und er fühlt sich aufgefordert, seine Leseabneigung aufzugeben. Der Leseuntüchtige wird angespornt, mit größerem Eifer als bisher seine Fertigkeit zu verbessern. Der Oberflächliche und Flüchtige erlebt die Vorzüge des sorgfältigen und behutsamen Lesens. Der einseitig Interessierte wird auf andere literarische Stoffe und Gattungen aufmerksam. Es gibt allerdings auch Einwände gegen das Vorlesen, die bei zu häufiger Anwendung und der Vernachlässigung anderer Möglichkeiten berechtigt sind, bzw. dann, wenn der Lehrer Initiativen zur Aktivierung der Schüler vermissen läßt. Dann trifft zu, daß

---

[33] Einige Vorschläge aus dieser Denkschrift: Schulklassen besuchen die am Ort vorhandenen Volksbüchereien und wissenschaftlichen Bibliotheken; die öffentliche Bücherei stellt den Schulen ein Gesamtverzeichnis, sowie Auswahlverzeichnisse zu bestimmten Buchgruppen oder Themen zur Verfügung, die Bestände der Schulbücherei werden durch leihweise Überlassung von Büchern aus der öffentlichen Bücherei ergänzt; die öffentliche Bücherei berät und unterstützt die Schulen beim technischen Aufbau ihrer Büchereien und entlastet die Lehrer von bibliothekstechnischen Arbeiten; die öffentliche Bücherei veranstaltet in der Schule Buchausstellungen; Schule und öffentliche Bücherei stimmen sich in der Buchanschaffung aufeinander ab.

»keine echte Auseinandersetzung der Schüler mit dem Text« erfolgt, »leseunlustige Kinder an das bequeme Zuhören« gewöhnt werden und so die Leseentwicklung eher gehemmt als gefördert wird.[34]

Im Zusammenhang mit Vorlesen sei auch auf *Autorenlesungen* aufmerksam gemacht. Sie werden allerdings nur erfolgreich sein, wenn sie gut vorbereitet sind und in den Rahmen eines größeren Unterrichtsprojekts gestellt werden.[35]

Eine andere Form des Umgangs mit Jugendbüchern in der Schule ist *das gemeinsame Klassenlesen*, das heißt die Verwendung von Jugendliteratur als Klassenlektüre. Der herkömmliche Leseunterricht auf der Primarstufe und der Sekundarstufe I wählt fast ausschließlich das *Lesebuch* als Mittel des gemeinsamen Klassenlesens und sieht in ihm das schulische Lesegut schlechthin. Nun ist die Vorliebe für das Lesebuch sicher nicht allein von seiner bequemen Verfügbarkeit her verständlich: es erfüllt eine wichtige literarpädagogische Funktion und ist als »literarisches Arbeitsbuch« nach wie vor unerläßlich. Man sollte aber nicht seine Grenzen übersehen, die selbst dann noch bestehen, wenn es als modern und literarisch anspruchsvoll und vielfältig gestaltetes Lesebuch von den kritisierten Mängeln befreit worden ist.[36]

Die Forderung heißt nicht: weg vom Lesebuch und hin zum Jugendbuch! sondern: Lesebuch *und* Jugendbuch als sich ergänzende Schullektüre! Eine ansehnliche Zahl von Jugendbüchern, die sich durch literarische Qualität und durch Lebensbedeutsamkeit auszeichnet, bietet sich für den Unterricht als Lesestoff an. Aber auch Texte mit Mängeln und fraglichen Aussagen sollen gelesen und kritisch betrachtet werden. Leselust und Erlebnisbereitschaft, die im täglichen Umgang mit dem Lesebuch erfahrungsgemäß stark nachlassen, werden durch den Einsatz von Jugendbüchern neu belebt und bewahren das Schullesen davor, in den Augen des Kindes (und des Lehrers) zu einem langweiligen Fach abzusinken. Das Angebot des Lesebuches kann bereichert und durch Literaturformen, die im Lesebuch nur in Ausschnitten oder gar nicht enthalten sind, ergänzt werden.

Für die Praxis stellen sich vor allem zwei Fragen: Wie kann das Erlesen des Buches im Unterricht bewältigt werden? Woher sollen die zwanzig und mehr Exemplare des Jugendbuches für das Klassenlesen genommen werden? Die Schulwirklichkeit mit ihrer exakten fächerspezifischen Stundenplanung und den umfangreichen stofflichen Anforderungen läßt keine Zeit für das Auslesen eines Buches während des Unterrichts. Die Möglichkeiten verbessern sich, wenn alle Bereiche des Deutschunterrichts für die Erarbeitung und Verwertung des Buches heangezogen werden (integrierender

---

[34] A. Krüger 1973, S. 299 f.; Fährmann / Dinges 1977, S. 9 ff.
[35] Vgl. O. Watzke in Baumgärtner / Watzke (Hrsg.) 1985, S. 35 und 62 ff.; siehe auch K.-H. Klimmer 1972 – Fährmann / Dinges 1977, S. 36 ff. – Autorenlesungen werden vermittelt über den örtlichen Buchhandel, über die Verlage oder durch Institutionen wie den Friedrich-Bödecker-Kreis (Sophienstr. 2, Hannover).
[36] Vgl. Alexander Beinlichs Ausführungen über das Lesebuch (A. Beinlein 1973).

bzw. projektorientierter Deutschunterricht)[37] oder das Buch im Mittelpunkt eines fächerübergreifenden Projektunterrichts steht[38]. Im übrigen wird aber das häusliche Lesen unabdingbar sein; das heißt; daß nur Partien des Textes in der Schule gelesen werden können. Die Literaturbeschaffungsfrage wird in der Regel durch die reichhaltig ausgebauten Taschenbuch-Programme gelöst werden können. Mit den Kinder- und Jugendtaschenbüchern[39] bietet sich ein gangbarer und finanziell tragbarer Weg für die Einbeziehung von Jugendliteratur als Klassenlektüre an.

Das Jugendbuch bietet sich auch für das *Gruppenlesen* an. Wie Gruppenarbeit in der Schule überhaupt kennt auch das Gruppenlesen verschiedene Formen. Nach Art der Zusammensetzung der Gruppe denken wir vor allem an die auf natürliche Sozialbeziehungen sich aufbauende Gruppe, in der die Gesellungstendenz des Kindes möglichst zwanglos zur Auswirkung kommen kann. Je mehr sie sich ihrer Struktur nach den selbstgewachsenen außerschulischen Kindergemeinschaften (Spielgruppen) annähert, um so besser ist es für den Gruppengeist, für die Bereitschaft zur Zusammenarbeit und somit auch für den Leistungserfolg. Sie umfaßt tüchtige und schwache Schüler, in den Klassen mit verschiedenen Altersstufen jüngere und ältere Kinder, in gemischten Klassen Buben und Mädchen. Als Lesegruppe bringt sie so die Voraussetzung mit, daß Schüler mit unterschiedlicher Lesefähigkeit und Leseerfahrung, mit individuell verschiedenen Leseneigungen und -interessen sich ergänzen und bereitwillig aufeinander Rücksicht nehmen. Vielleicht kommt es auch dazu, daß dieses gruppenweise Lesen außerhalb der Schule fortgeführt wird – ein nicht unbedeutender Vorteil für die Ökonomisierung der Unterrichtsarbeit, aber auch für den schulischen Einfluß auf das Freizeitleben.

Hinsichtlich der Leseaufgaben läßt sich ein »arbeitsgleiches« und ein »arbeitsteiliges« Gruppenlesen unterscheiden.

»*Arbeitsgleich*« ist das Verfahren, wenn alle Gruppen dasselbe lesen und dieselben allgemeinen oder speziellen Fragen beachten müssen. Diese Art des Gruppenlesens schafft bei allen Schülern die gleiche stoffliche Ausgangssituation für die nachfolgende gemeinsame Klassenarbeit. Da alle den Text kennen, erübrigt sich die zeitraubende Einführung in den Inhalt. Der Unterricht kann sich gleich mit inhaltsklärenden Fragen und weiterführenden und vertiefenden Gesprächen befassen. Es besteht außerdem für Lehrer und Schüler die Möglichkeit, die Leistungen der Gruppen, die sich ja mit derselben Literatur auseinandergesetzt haben, besser zu vergleichen. Unterschiedliche Meinungen treffen aufeinander und fördern die Lebhaftigkeit der Aussprache.

Unter »*arbeitsteiligem*« Gruppenlesen kann man ein Lesen verstehen, bei dem den

---

[37] Vgl. S. Lichtenberger 1978, S. 30.
[38] Vgl. J. Pawlick 1980; D. C. Kochan 1986 – Hinweise auf projektorientierte Vorhaben in Stiftung Lesen 1992, S. 13–68.
[39] Kinder- und Jugend-Taschenbücher erscheinen u. a. bei Arena, Beltz (Gulliver), dtv junior, Ravensburger, Rowohlt (rotfuchs).

einzelnen Gruppen verschiedenartige Teilaufgabe am gleichen oder an einem verschiedenartigen Lesegut zugewiesen werden, und die Ergebnisse in gemeinsamer Klassenarbeit zueinandergeführt und zu einem Ganzen vereinigt werden. Einer gut ausgebauten Schulbibliothek können die Bücher entnommen werden. Jede Gruppe kann sich gleichzeitig und in der gebotenen Gründlichkeit mit ihrem Buch beschäftigen. Es bleibt auch Spielraum für die schwachen Leser der Gruppe, denn die Lesezeit braucht nicht auf ein Mindestmaß beschränkt zu werden, weil andere auf das Buch warten. Ohne befürchten zu müssen, nicht rechtzeitig fertig zu werden, kann jeder einmal eine Rolle des Vorlesens übernehmen und jeder innerhalb der Grupe Fragen stellen und Meinungen äußern. In Ruhe kann schließlich der Bericht für die Klasse vorbereitet werden. Diesen Vorzügen des »arbeitsteiligen« Gruppenlesens stehen aber Schwierigkeiten auf der Stufe der »Arbeitsvereinigung« gegenüber, wenn es darauf ankommt, die verschiedenen Gruppenlesestoffe für die gesamte Klassenarbeit fruchtbar zu machen.

Wichtig ist der Hinweis, daß das Gruppenlesen - wie die Gruppenarbeit in der Schule überhaupt – Zeit verlangt und an die Beteiligten Anforderungen stellt, die von jüngeren Kindern noch weniger ohne einübende Vorbereitung erfüllt werden können als von älteren. Das stufenweise Vorwärtsschreiten von einfacheren zu schwierigeren Formen ist vom Lehrer planmäßig zu pflegen. Es ist außerdem zu beachten, daß nicht jedes Buch für gruppenweises Lesen gleich gut geeignet ist. Abgesehen vom Schwierigkeitsgrad sind sachbetonte Darstellungen und handlungsreiche Erzählungen einer Lektüre vorzuziehen, die besinnliches Eindringen oder starke gemüthafte Beteiligung erfordert.

Das Jugendbuch im Unterricht ermöglicht nicht zuletzt eine Leseform, deren Pflege heute mehr als früher gefordert wird: *das stille Einzellesen.*
Es ist die lebensnächste aller Leseformen (99% des gesamten Erwachsenenlesens ist stilles Lesen!), nicht aber die kindgemäßeste. In der Grundschule tritt sie gegenüber dem lauten Lesen noch zurück, vom fünften und sechsten Schuljahr an sollte sie aber gründlich geübt und – wie andere Leseformen – überprüft und verbessert werden.
Die Bewältigung eines Buches als Schullektüre ist gar nicht denkbar, ohne auch vom stillen Lesen Gebrauch zu machen. Normalerweise kann nur ein kleiner Teil des Buches gemeinsam oder in Gruppen gelesen werden, das übrige muß – wenn es nicht durch Vorlesen vermittelt wird – im stillen, vor allem auch häuslichen Lesen aufgenommen werden. Aber selbst wenn diese Notwendigkeit nicht bestünde, müßte der Lehrer aus leseerziehlichen Gründen dem Stillesen einen gebührenden Platz einräumen. Es erlaubt individuelles Lesen, das sich der Systematisierung und Lenkung des Unterrichts teilweise entzieht; es trainiert die wichtigste Form des Privatlesens und ermöglicht als schulisches Stillesen dem Lehrer die kontinuierliche Beobachtung der Fähigkeit des Schülers in dieser Rezeptionstechnik.[40]

---

[40] Vgl. A. Krüger 1973, S. 41 f.

In welcher Form das Jugendbuch in Schule und Unterricht auch verwendet wird, immer werden sich zahlreiche Möglichkeiten zum *Gespräch über die Lektüre* anbieten.

Es nimmt in der Regel von den Personen, den äußeren Geschehnissen und Situationen der Erzählung seinen Ausgang. Unschwer kann es aber auch über das Stoffliche hinaus zu Fragen der Sinnbedeutung geleitet werden, die sich etwa mit dem Verhalten und den Charaktereigenschaften der Personen und Helden befassen, ihre Stellung zur Um- und Mitwelt klären, ihr Denken und Handeln beurteilen. Durch die kritische Wertung wird unmerklich die Beziehung zur Lebenssituation und -anschauung des Lesers hergestellt und die Diskussion unausgesprochen von der Frage »Wie hätte ich mich verhalten?« gelenkt; Themen der Lebenskunde und der Ethik fließen ein. Der Vergleich verschiedener Werke regt auch zur Betrachtung der literarischen Gestaltung an. Je nach Alter und Kenntnisstand der Schüler läßt sich über Aufbau, Gliederung oder stilistisch-sprachliche Eigentümlichkeiten sprechen – nicht allgemein, sondern in Bezug zum vorliegenden Text.

> Der Lehrer könnte (etwa im 5./6. Schuljahr) vorschlagen: Jede Gruppe liest aus ihrem Buch die ihrer Meinung nach schönste, lustigste, spannendste, wichtigste Stelle, den Anfang der Geschichte oder den Höhepunkt vor! Vergleicht, unterscheidet, stellt Ählichkeiten fest! Betrachtet die wörtlichen Reden! Sprechen die Erwachsenen, die Kinder wirklich so? Sucht unbekannte und weniger gebräuchliche Ausdrücke! Lest solche Stellen vor, in denen dem Verfasser eurer Meinung nach eine besonders treffende und einleuchtende Darstellung gelungen ist! usw.

So kann das Lektüregespräch helfen, den jungen Leser für geistige Selbständigkeit, denkendes Auseinandersetzen, kritisches Stellungnehmen, für *kritisches Lesen* zu gewinnen; das heißt, allmählich zu lernen, sich aus der naiven Verflochtenheit mit dem Gelesenen zu lösen und imstande zu sein, dem Akt des unmittelbaren Erlebens einen des Denkens und Reflektierens folgen zu lassen, durch den der Erlebnisgehalt geklärt, vertieft und kritisch gewertet wird. Zunächst sollte aber ein von Aufgaben und Aufträgen nicht belastetes Lesererlebnis möglich sein. Dann erst soll in gedanklicher Rückblendung und gegebenenfalls bei erneutem Lesen die verstandesmäßige Arbeit einsetzen. Es ist also zwischen dem Akt des Leseerlebens und dem der Lektürebetrachtung sorgfältig zu unterscheiden. Nicht selten wird es jedoch im Leseprozeß zu einem Ineinander und Nebeneinander kommen, obgleich es schwer ist, eine theoretische Erklärung für die Möglichkeit einer Gleichzeitigkeit von erlebnishaftem (emotivem) Aufnehmen eines Textes und verstandesmäßig-rationalem (kognitivem) Auseinandersetzen zu geben.

> *Gerhard Haas*, der eine »mehrperspektivische Literaturdidaktik«[41] fordert und diese u. a. in der »Balance von kognitiven und emotiven Anteilen« erfüllt sieht, schlägt ein Vorgehen in

---

[41] G. Haas 1982.

drei Phasen vor. Phase 1: Text genießen (frei und zwanglos über den Text verfügen); Phase 2: Mit dem Text handelnd umgehen (Inhalt bildlich, sprachlich, mimisch-gestisch, musikalisch umsetzen); Phase 3: Text analysieren (über ausdrücklich thematisierte Erkenntnisziele sprechen). – Phase 2 steht als Übergang und Vermittlung zwischen erlebnishaft-emotiver und reflektierend-kognitiver Textbegegnung.[42]

Im übrigen geht das didaktische Schrifttum sehr großzügig über die Frage hinweg, wie so gegensätzliche, aber unerläßliche Lesefähigkeiten wie Erleben und Reflektieren angemessen berücksichtigt werden können.[43]

Das Lektüregespräch ist nicht nur auf die in der Schule gelesenen Texte begrenzt. Auch die freigewählte Privatlektüre sollte zum Thema der Aussprache gemacht werden. Die Schüler berichten vor der Klasse über Bücher und Schriften ihrer häuslichen Lektüre, geben ihre Eindrücke wieder, tragen Urteil und Probleme vor und diskutieren darüber. Für den Lehrer ergibt sich nicht nur ein deutliches Bild der Leseneigungen und der Freizeitliteratur seiner Schüler, er kann auch unaufdringlich zahlreiche Anregungen geben. Fragen klären, verschiedene Betrachtungsaspekte aufzeigen, Vorlieben für bestimmte Textarten wecken, aber auch die Kritik herausfordern.

Die Eindeutigkeit und Sicherheit, mit denen noch vor wenigen Jahrzehnten »minderwertige« und »wertvolle« Lektüre voneinander geschieden wurde, ist weitgehend verflogen. Die Diskussion geht aber weiter und beschäftigt sich mit den Fragen, wie die (nicht leugbaren) ästhetisch-literarischen Unterschiede zu kennzeichnen und zu bewerten sind und welche Rolle den Texten im literarischen Unterricht zukommt.

Eine entschieden gesellschaftskritisch und soziologisch argumentierende Richtung fordert eine positive Einstellung zur Trivialliteratur insgesamt. Sie müsse rehabilitiert werden, weil sie Konsumgut der Masse, weil sie »Massenkultur« darstelle. Ihre Geringschätzung offenbare »eine mangelnde Reflexion des eigenen sozialen Standorts«, drücke »soziale Vorurteile, soziale Verachtung aus zur Rechtfertigung der eigenen sozialen Position«. Trivialliteratur entspreche in sprachlich-formaler und inhaltlicher Hinsicht der spezifischen Bedürfnisse und Erwartungen des Unterschichtenpublikums. Ablehnung komme einer Diskriminierung dieses Publikums gleich, sei nicht nur »Geschmacksterror«, sondern auch autoritärer Eingriff in die Art des Freizeitverhaltens. Es wird außerdem betont, daß schon deshalb eine Zurückdrängung der Trivialliteratur, gleich welcher Art, nicht angehe, weil dadurch die als Dichtung anerkannte Literatur monopolisiert werde. Eine auf Dichtung abzielende literarische Bildung erreiche nur wenige und bringe daher einen »Kulturfeudalismus« hervor, der in einer demokratischen Gesellschaft unerträglich sei.[44]

Die Absicht, triviale Literatur nicht auszuschließen, ist richtig und findet heute

[42] ebd., S. 13 f.
[43] Vgl. meine Ausführungen »Kritisches Lesen« (Maier 1986).
[44] M. Dahrendorf 1971, S. 304.

weitgehend Zustimmung. Die Argumentation der vorwiegend soziologisch betrachtenden und urteilenden Position trifft aber zu kurz. Ihre Schwäche ist, daß sie unter dem Eindruck gesellschaftlicher Fakten und Ziele eine Blindheit für andere Kriterien entwickelt, daß sie im Zuge der pauschalen Anerkennung von Trivialliteratur zu wenig oder gar nicht zwischen den einzelnen Erscheinungsformen und Qualitätsebenen wertend unterscheidet, häufig nur deskriptiv verfährt und daß sie literarisch qualifizierten Texten mit dichterischem Anspruch keinen bevorzugten Platz im literarpädagogischen Prozeß zubilligt. Die Widersprüche und Probleme, die sich bei Präferenz von trivialer Massenliteratur im Unterricht ergeben, werden oft gar nicht erkannt oder bewußt übergangen.

So stellt Klaus Gerth fest: »Man will diese Literatur nicht diskriminieren, aber zugleich zum kritischen Lesen erziehen. Alle Arbeiten über Trivialliteratur sprechen nun aber vom Weltbild der Verspätung, von autoritären oder faschistoiden Zügen, von Klisches, Wirklichkeitsferne u. ä.; niemand zweifelt an der Bedenklichkeit eines unkritischen Konsums dieser Ware.« »Also wird«, so folgert Klaus Gerth weiter, »ein verantwortungsvoller Literaturunterricht ihre Schwächen aufdecken müssen. Er kommt nicht ohne ›Diskriminierung‹ aus – allerdings nur dieser Literatur, nicht ihrer Leser.«[45]

Tatsächlich bleibt Erziehung zur Mündigkeit und Kritikfähigkeit eine Leerformel, wenn sie mit der Fähigkeit, zu beobachten und sachlich zu unterscheiden, nicht auch Sensibilität für die Eigenschaften entwickelt, die den Wert, die Mittelmäßigkeit oder die Mängelhaftigkeit einer Sache ausmachen. Ohne Maßstabsbewußtsein ist es dann Individuum unmöglich, eine angemessene Entscheidung selbständig und rational zu treffen. Es bleibt abhängig und ist autoritären, dirigistischen und suggetiven Einflüssen ausgeliefert. Allerdings ist von Wichtigkeit, daß wertende Literaturpädagogik sich nicht selbst autoritärer Mittel bedient und Maßstäbe aufzwingt, daß sie außerdem sich und anderen gegenüber keinen Zweifel an der Schwierigkeit, Maßstäbe zu gewinnen, läßt.

Wo Trivialliteratur zum bevorzugten Gegenstand des Unterrichts gemacht wird, fügt man – wie Hermann Helmers richtig bemerkt –, den Kindern der unteren sozialen Schichten eine weitere Benachteiligung zu.[46] Zu den schon bestehenden Sprachbarrieren treten Literaturbarrieren, unterstützt durch die Schule, die der Regression der Literaturrezeption in der gegenwärtigen Situation nicht entgegenwirkt, sondern sie fördert. Es ist tatsächlich nicht erkennbar, wie ein Unterricht, der sich jeglicher Wertungen hinsichtlich der Triviallektüre absichtlich enthält, um das schichtspezifische Kulturverhalten nicht zu diskriminieren, dennoch einen kompensatorischen Fortschritt erwirken kann. Im Gegenteil: Literarpädagogisch gesehen werden die Schüler aus der Unterschicht durch ein didaktisches Konzept, das die schichtspezifischen Lektüresorten bevorzugt, in ihrem regressiven Literaturverhalten bestärkt. »Die Schüler aus der Unterschicht werden ... von wesentlichen Erkenntnissen und

---

[45] K. Gerth 1979, S. 65 f.
[46] Vgl. H. Helmers 1971, S. 291 f.

Deutungspotenzen am Beispiel der ›schönen Literatur‹ ausgeschlossen. Das kann aber nicht Ziel einer prospektiven literarischen Erziehung sein«[47].

Bezüglich der Einbeziehung von Gebrauchs- und Trivialliteratur sind zusammenfassend u. a. folgende didaktischen Überlegungen zu berücksichtigen:
– Niveaumerkmale sind zu erarbeiten, damit sie als Grundlage einer unterscheidenden Bewertung verwendet werden können.
– Die Bewertung gilt den Texten und nicht dem Leser. Ihm gegenüber ist als Freizeitleser eine tolerante Haltung angebracht, die nicht im mangelnden guten Willen des Schülers, sondern in der soziokulturellen Individualsituation die überwiegende Ursache des Leseverhaltens sieht. Keineswegs darf mit der Kritik an der Lektüre der Leser selbst diskriminiert und bloßgestellt werden.
– Die schulischen Bemühungen um die Kultivierung des freien Lesers haben die gegebenen Bedürfnisse und Fähigkeiten des Schülers auch insofern zu berücksichtigen, als sie ein Angebot bereitstellen, das vom Standpunkt des Schülers mit den bevorzugten Freizeittexten konkurrieren kann.
– Am Anfang der unterrichtlichen Diskussion über Freizeitlektüre sollten nicht bereits Wertungsfragen stehen. Nahziel ist die zwanglose Darstellung der Beziehung des Schülers zu »seiner« Literatur und nachfolgend eine möglichst objektive Betrachtung von Struktur und Gehalt des zur Diskussion stehenden Beispiels.
– Es sollte selbstverständlich sein, die Ansichten der Schüler ausreichend zu Wort kommen zu lassen und sie ernst zu nehmen. Gespräch und freie Meinungsäußerung sind nicht lediglich eine didaktische Finte. Der Lehrer stellt sich aufgeschlossen und offen dem Gespräch zur Verfügung, würdigt die Meinung der Schüler, so wie er erwartet, daß seine Beiträge von der Klasse ernstgenommen werden.
– Die Kompetenz des Lehrers in Sachen, die von den Schülern als *ihre* Angelegenheit, als *ihre* Literatur betrachtet werden, wird nicht durch Appelle, Behauptungen, affektive Reaktionen unter Beweis gestellt, sondern durch Sachlichkeit, Sachverstand, Aufgeschlossenheit und undogmatische Haltung.

4. *Methodisch variierte Unterrichtseinheit*

Die oben angeführten Lese- und Arbeitsformen können innerhalb einer unterrichtlichen Einheit auf vielfache Weise angewendet werden. Wenn davon ausgegangen wird, daß der Ablauf einer Leseeinheit, die sich des Jugendbuches als Lektüre bedient, nach einem Aufbauschema erfolgt (wobei nicht an ein starres System und ein stufenmäßiges Nacheinander gedacht ist, sondern an *ein formales Gerüst, das vielfach*

---

[47] H. Fischer 1972, S. 228.

variabel ist!), dann lassen sich zusammenfassend für den jeweiligen Unterrichtsakt folgende Aufgaben und Möglichkeiten aufzeigen.[48]

Hinführung

Aufgabe: Leselust und Lesebereitschaft wecken, die Kinder gespannt machen, ihre Sinnerwartung wachrufen. Eigenwelt der Schüler mit der Eigenwelt des Jugendbuches in Berührung bringen. (Motivationsphase)

Möglichkeiten: Kurzes Gespräch über den mutmaßlichen Inhalt des Buches auf Grund des Titels oder der Illustrationen. – Vorlesen eines bestimmten Buchausschnittes oder der ersten Sätze. – Stilles Anlesen der ganzen Klasse. – Stilles Vorauslesen durch Schüler (evtl. auch gruppenweise möglich) und erster informierender Bericht vor der Klasse. – Kleines Unterrichtsgespräch zu einem Thema aus der kindlichen Erlebniswelt, das dem Buchinhalt nahesteht.

Erlesen

Aufgabe: Bekanntwerden mit dem Text. Inhalt soll aufgenommen, Wesentliches erfaßt werden und einigermaßen verfügbar sein. (Begegnungs- und Erlebnisphase)

Möglichkeiten: Der ganze Text bzw. seine wichtigen Teile werden zu Hause oder / und in der Schule ohne spezielle Aufgabenstellung rezipiert. Geeignete Leseformen sind Stillesen, Vorlesen, u. U. auch Klassen- und Gruppenlesen.

Umgang mit dem bekannten Text

Aufgabe: Rational-kritische Analyse. Klärung und Vertiefung des Gehalts, behutsame lebenskundlich-ethische Auswertung. Bereicherung des formalen und literaturkundlichen Verständnisses. Übung der Lesefertigkeit.

Möglichkeiten: Lektüregespräch in mehr oder weniger gebundener Form, ja nach Alter und Fähigkeit der Schüler und Unterrichtsabsicht des Lehrers. – Erneutes Lesen wichtiger oder problematischer Stellen. – Gruppenweises Lesen bestimmter Kapitel, wobei spezielle Aufgaben zu erfüllen sind. – Übungslesen in lauter und stiller Form. (Reflexionsphase)

Gestaltungsversuche

Aufgabe: Einsatz von Aktivität, Selbsttätigkeit und Kreativität der Schüler. Einbeziehen anderer Unterrichtsbereiche. Festigung und Anwendung der neuen Erfahrungen. (Handlungsphase)

Möglichkeiten: Bildnerisches Gestalten zu bestimmten, vom Schüler selbst gewählten Themen. – Fortspinnen der Handlung in freier mündlicher oder schriftlicher

---

[48] Vgl. A. Krüger 1973 – Über die methodischen Variationsmöglichkeiten informieren die zahlreichen unterrichtlichen Handreichungen: siehe Literaturliste D 2 Leserziehung und Didaktik (Anhang zu diesem Kap. S. 239 ff.).

Erzählung. – Szenische Gestaltung. – Aufsätze über eigene Erlebnisse, die mit dem Gelesenen verwandt sind, oder schriftliche Erörterung zu einem Problem der Lektüre. – Gestaltung einer Vorlesestunde durch eine Schülergruppe. – Anregungen zum weiterführenden Lesen. – Gespräch über thematisch verwandte Jugendbücher (auch triviale Texte).

Weitere Möglichkeiten könnten aufgezählt werden. Welche jeweils ausgewählt werden, hängt von der Struktur des Jugendbuches, dem Ziel des Unterrichts, der Altersstufe, der Lesereife und geistigen Leistungsfähigkeit der Klassen und Schüler ab.

Noch einmal wird darauf verwiesen, daß es sich um ein flexibles Grundmodell handelt, das Veränderungen, Ergänzungen und Verschiebungen zuläßt, ja gerde dazu auffordert. Keineswegs sollte die unterrichtliche Verwendung von Kinder- und Jugendliteratur zu einer »Verdidaktisierung« führen. Das würde dem Versuch, auf das Freizeitlesen einzuwirken, nur schaden, genau so wie die Hoffnung, durch Einbeziehung der Freizeitlektüre den literarischen Unterricht zu »entschulen«, vergeblich bleiben müßte.

D. Literatur zum literarischen Aspekt

1. Allgemeines, Grundsätzliches

Bamberger, R.: Neue Wege der Literaturtheorie und der Lese- und Literaturerziehung. In: Jugend und Buch 1976/2., S. 1–4
Baumgärtner, A. C. (Hrsg.): Lesen. Ein Handbuch. Hamburg 1973
Baumgärtner, A. C.: Jugendbuch und Literatur. In: Gorschenek, M./Rucktäschel, A. (Hrsg.): Kinder- und Jugendliteratur, München 1979 a, S. 9–19
Baumgärtner, A. C.: Offene Fragen der Literaturdidaktik. In: Baumgärtner, A. C./Dahrendorf, M. (Hrsg.): Zurück zum Literatur-Unterricht? Literaturdidaktische Kontroversen. Braunschweig 1979 b (2. Aufl.), S. 8–23
Baumgärtner, A. C./Dahrendorf, M. (Hrsg.): Wozu Literatur in der Schule? Beiträge zum literarischen Unterricht. Braunschweig 1973 (4. Aufl.)
Baumgärtner, A. C./Maier, K. E. (Hrsg.): Mythen, Märchen und moderne Zeit. Beiträge zur KJL. Würzburg 1987
Brnstorff, E. G. v. (Hrsg.): Aspekte der erzählenden Jugendliteratur. Baltmannsweiler 1977
Binder, L. (Hrsg.): Leseerziehung und Jugendliteratur. Wien 1974
Boueke, D./Kleinschmidt, G./Müller, H.: Erziehung zum Buch. Freiburg i. Br. 1974
Brüggemann, Th.: Literaturtheoretische Grundlagen des Kinder- und Jugendschrifttums. In: Bernstorff, E. G. v. (Hrsg.): Aspekte der erzählenden Jugendliteratur. Baltmannsweiler 1977, S. 14–34
Bundesminister für Bildung und Wissenschaft (Hrsg.): In Sachen Lesekultur. Bonn 1991
Dahrendorf, M.: Trivialliteratur als Herausforderung für eine literaturdidaktische Konzeption. In: Diskussion Deutsch 1971/6., S. 302–313

Dahrendorf, M.: Literaturdidaktik im Umbruch. Aufsätze zur Literaturdidaktik, Trivialliteratur, Jugendliteratur. Düsseldorf 1975

Dahrendorf, M.: »Hinauflesen« versus »Bedürfnisbefriedigung«. In: Baumgärtner, A.C./ Dahrendorf, M. (Hrsg.): Zurück zum Literatur-Unterricht? Braunschweig 1979 (2. Aufl.), S. 24–38

Dahrendorf, M.: Kinder- und Jugendliteratur im bürgerlichen Zeitalter. Königstein 1980

Denk, F.: 25 Thesen zur Zukunft des Lesens. Leseförderung eine zentrale Aufgabe. In: Die höhere Schule 1989/7., S. 200–204

Dinges, O.: Vorschulische literarische Erziehung. In: Lexikon der Kinder- und Jugendliteratur. Bd. 3. Frankfurt a. M. 1979, S. 730–751

Doderer, K.: Kinder- und Jugendliteratur im Ghetto? In: Doderer, K. (Hrsg.): Ästhetik der Kinderliteratur. Weinheim 1981, S. 9–17

Doderer, K.: Literatur und Schule. Essays über ein schwieriges Verhältnis. Weinheim/Basel 1983 a

Doderer, K.: Kinder- und Jugendbücher im didaktischen Prozeß früher und heute. In: Doderer, K.: Literatur und Schule. Weinheim/Basel 1983 b, S. 107–116

Ewers, H.-H./Lypp, M./Nassen, U.: Ästhetische Herausforderungen für die Kinderliteratur im 20. Jhdt. Weinheim/München 1990

Ewers, H.-H. (Hrsg.): Kindliches Erzählen – Erzählen für Kinder, Weinheim 1991

Fährmann, W./Dinges, O.: Kinder lernen Bücher lieben. Würzburg 1977

Fischer, H.: Das außerschulische Leseverhalten von Hauptschülern. In: Vogt, J. (Hrsg.): Literaturdidaktik. Düsseldorf 1972, S. 207–231

Fischer, H./Stach, R. (Hrsg.): Aspekte der Vermittlung von Jugendliteratur. Essen 1980

Fritz, A.: Lesen in der Mediengesellschaft. Wien 1989

Fritz, A.: Lesen im Medienumfeld, Studie im Auftrag der Bertelsmann Stiftung. Gütersloh 1991

Gärtner, H.: Kinderzeitschriften der Achtzigerjahre. Spezifika, Kriterien, Typologie. In: Baumgärtner, A.C./Maier, K. E. (Hrsg.) 1987, S. 1055–121

Geißler, R.: Kernprobleme der Literaturdidaktik heute. In: Baumgärtner, A.C.2/Dahrendorf, M. (Hrsg.): Zurück zum Literatur-Unterricht? Braunschweig 1979 (2. Aufl.), S. 43–63

Gerth, K.: Zwischenbilanz. Zur Situation der Literaturdidaktik. In: Baumgärtner, A.C./ Dahrendorf, M. (Hrsg.): Zurück zum Literatur-Unterricht? Braunschweig 1979 (2. Aufl.), S. 64–74

Giehrl, H.: Das Problem der Effektivität im Literaturunterricht. In: Gärtner, H. (Hrsg.): Jugendliteratur im Sozialisationsprozeß. Bad Heilbrunn 1978, S. 156-166

Grenz, D. (Hrsg.): Kinderliteratur – Literatur auch für Erwachsene

Haas, G.: Lesen als mehrperspektivisch-situationsbezogener Prozeß. In: Haas, G. (Hrsg.): Literatur im Unterricht, Stuttgart 1982, S. 9–17

Haas, G.: Handlungs- und produktionsorientierter Literaturunterricht in der Sekundarstufe I. Hannover 1984

Harras, G.: Zu einer sprachbezogenen Jugendbuchrezension. In: Lingelbach, K.-Ch./Oberfeld, Ch. (Hrsg.): Das Jugendbuch als Medium literarischer Kommunikation. Marburg 1974, S. 15–55

Helmers, H.: Zehn Thesen zur literarischen Bildung. In: Westermanns Pädagogische Beiträge 1969/5., S. 250–256

Helmers, H.: Schwärmerei oder Aufklärung? Zur gesellschaftlichen Funktion des Literaturunterrichts. In: Diskussion Deutsch 1971/6., S. 289–301

Helmers, H.: Fortschritt des Literaturunterrichts. Stuttgart 1974

Hienger, J.: Spannungsliteratur und Spiel. Bemerkungen zu einer Gruppe populärer Erzählformen. In: Hienger, J. (Hrsg.): Unterhaltungsliteratur. Göttingen 1976, S. 32–54

Hussong, M.: Theorie und Praxis des kritischen Lesens. Düsseldorf 1973

Kast, B.: Jugendliteratur im kommunikativen Deutschunterricht. Berlin/München 1985

Kirsch, D.: Rezeptionsforschung und Literaturunterricht: Neue Töne zu alten Klagen. In: Baumgärtner, A. C. (Hrsg.): Literaturrezeption bei Kindern und Jugendlichen. Baltmannsweiler 1982, S. 169–177

Klimmer, K.-H.: Erzählen für Kinder. In Jugendbuchmagazin 1990/2., S. 58 ff.

Krüger, A.: Die Gestalt des künstlerisch durchgeformten Jugendbuches. In: Jugendliteratur 1959/11., S. 487–497

Krüger, A.: Die erzählende Kinder- und Jugendliteratur im Wandel. Frankfurt a. M./Aarau 1980, S. 166–240

Lichtenstein-Rother, I./Kokemohr, R.: Welchen Anspruch stellt die Buch- und Leseerziehung an die Volksschule? In: Bertelsmann Briefe 1967/51., S. 3-13

Lypp, M.: Einfachheit als Kategorie der Kinderliteratur. Frankfurt a. M. 1984

Maier, K. E.: Kritisches Lesen. In: Informationen des Arbeitskreises f. Jugendlit. 1986/4., S. 26–28

Maier, K. E.: Antinomische Fragestellungen in der Diskussion zur Kinder- und Jugendliteratur. In: Baumgärtner, A. C./Maier, K. E. (Hrsg.) 1987, S. 79–89

Maier, K. E.: Kinderliteratur in der Isolation. In: Volkacher Bote 1988/28

Pfeffer, F.: Zur Beurteilung des Lesegutes der Jugend. In: Beinlich, A. (Hrsg.): Handbuch des Deutschunterrichts. 2. Band. Emsdetten 1969 (5. Aufl.), S. 1035 ff.

Pfeiffer, J.: Umgang mit Dichtung. Hamburg 1958 (9. Aufl.)

Pleticha, H.: Anstiftung zum Lesen. Ravensburg 1982

Reding, J.: Äußere und innere Spannung im Jugendbuch. In: Jugendliteratur 1957/8, S. 360–363

Rückert, G.: Wege zur Kinderliteratur. Freiburg i. Br. 1980

Schaller, H.: Der Deutsche Jugendbuchpreis. Zur Auswahl und Kritik. In: Zeitschrift für Jugendliteratur 1968/1., Beiheft, S. 65–77

Schaller, H. (Hrsg.): Umstrittene Jugendliteratur. Bad Heilbrunn 1976

Schaller, H.: Zur lesepädagogischen Funktion der Jugendliteratur. In: Wolfrum, E. (Hrsg.): Taschenbuch des Deutschunterrichts. Esslingen 1980 (3. Aufl.), S. 473–488

Schaller, H.: Aktualität und literarische Qualität. In: Baumgärtner, A. C./Maier, K. E. (Hrsg.) 1987, S. 91–103

Schaufelberger, H.: Kinder- und Jugendliteratur heute. Themen, Trends und Perspektiven. Freiburg 1990

Scherf, W.: Strukturanalyse der Kinder- und Jugendliteratur. Bad Heilbrunn 1978

Spinner, K. H.: Das vergällte Lesevergnügen. Zur Didaktik der Unterhaltungsliteratur. In: Hienger, J. (Hrsg.): Unterhaltungslektüre. Göttingen 1976, S. 98–116

Stein, P.: Wieviel Literatur braucht der Schüler? Stuttgart 1980

Stocker, K.: Massenliteratur und ihr Stellenwert im Deutschunterricht. In: Blätter für Lehrerfortbildung. Zeitschrift für das Seminar 1977/12., S. 482–492

Ueding, G.: »Was sich nie und nirgends hat begeben«. Überlegungen zu einer Poetik der Kinder- und Jugendliteratur. In: Doderer, K. (Hrsg.): Ästhetik der Kinderliteratur. Weinheim 1981, S. 18–35

Vogt, J. (Hrsg.): Literaturdidaktik. – Aussichten und Aufgaben. Düsseldorf 1973 (2. Aufl.)

Wintgens, H.-H.: Struktur und Sprache eines spannenden Jugendbuches. In: Praxis Deutsch 1978/29., S. 53–56

Wissenschaftliche Kommission Lesen (Deutsche Lesegesellschaft): Leseförderung und Buchpolitik. Eine Expertise. In: Bertelsmann Briefe 1977/89., S. 3–34

2. Leseerziehung und Didaktik im schulischen und außerschulischen Bereich

Aley, P.: Kinderliteratur in der Eingangsstufe. In: Die Grundschule 1975/7

Andrae, F.: Der Beitrag der Bibliotheken zur Leseerziehung. In: Baumgärtner, A. C. (Hrsg.): Lesen. Ein Handbuch. Hamburg 1973, S. 554–573

Baumgärtner, A. C. (Hrsg): Jugendliteratur im Unterricht. 14 Unterrichtsvorbereitungen. Weinheim 1972

Baumgärtner, A. C. / Watzke, O.: Wege zum Kinder- und Jugendbuch. Theoretische Überlegungen und praktische Beispiele. Donauwörth 1985

Baumgärtner, A. C.: Von der Freizeitlektüre zum Unterrichtsgegenstand. In: Volkacher Bote 1990/38.

Beinlich, A. (Hrsg.): Handbuch des Deutschunterrichts. Bd. 2. Emsdetten 1969 (5. Aufl.)

Beinlich, A.: Textgrundlagen der Leseerziehung (Das Lesebuch). In: Baumgärtner, A. C. (Hrsg.): Lesen. Ein Handbuch. Hamburg 1973, S. 472–495

Betten, L.: Kinder- und Jugendbibliothek. In: Doderer, K. (Hrsg.): Lexikon der Kinder- und Jugendliteratur. 2. Band. Weinheim / Basel 1977, S. 158–160

Bödecker, H. / Rademacher, G. (Hrsg.): Das Taschenbuch im Unterricht. Neue Analyse an Beispielen der Ravensburger Taschenbücher. Ravensburg 1977

Brenner, G. / Kolvenbach, H. J.: Praxishandbuch Kinder- und Jugendliteratur. Frankfurt a. M. 1984

Dahrendorf, M.: Didaktische Funktionen der Kinder- und Jugendliteratur. In: Inform. d. Arbeitskreises für KJL 1988/4., S. 29–31

Deutsches Bibliotheksinstitut (BDI): Der Aufbau von Schulbibliothekssystemen. Berlin 1992

Doderer, K. (Hrsg.): Die moderne Schulbibliothek. Bestandsaufnahme und Modell. Hamburg 1970

Doderer, K.: Kinder- und Jugendbücher im didaktischen Verwertungsprozeß. In: Gärtner, H. (Hrsg.): Jugendliteratur im Sozialisationsprozeß. Bad Heilbrunn 1978, S. 130–138

Ecker, H.: Jugendbuch im Unterricht. Ein didaktisch-methodisches Exposé. In: Jugend und Buch 1973/3., S. 8–11 und 1973/4., S. 16–21

Fährmann, W. / Dinges, O.: Kinder lernen Bücher lieben. Würzburg 1977

Fischer, H.: Deutschlehre und Jugendliteratur. In: Das gute Jugendbuch 1977/3., S. 126–131

Franz, K. / Meier, B.: Was Kinder alles lesen. KJL im Unterricht. München 1983 (3. Aufl.)

Geißler, R. / Hasubek, P.: Der Roman im Unterricht 5.–10. Schj.). Frankfurt / Berlin / Bonn 1972 (2. Aufl.)

Giehrl, H. E.: Das Gedicht in der Hauptschule. München 1971

Grees, A.: Erlebnisraum Kinderbibliothek. Medienpäd. orientierte Arbeit mit kleiner Kindern. In: Buch und Bibliothek 1991/6. und 7., S. 550–558

Grömminger, A. / Ritz-Fröhlich, G.: Umgang mit Texten in Freizeit, Kindergarten und Schule. Freiburg i. Br. 1974

Gruber, E.: Erziehung zum Buch im Deutschunterricht – Kritik und Vorschläge –. In: Lehren und Lernen 1983/9., S. 35–56

Grützmacher, J. (Hrsg.): Didaktik der Jugendliteratur. Stuttgart 1979

Haas, G. (Hrsg.): Literatur im Unterricht. Modelle zu erzählerischen un dramatischen Texten. Stuttgart 1982

Haas, G.: Hörspiel und Hörspielelemente im Unterricht der Primarstufe. In: Praxis Deutsch 1991/109., S. 22–25

Hohlfeld, K. (Hrsg.): Die Schulbibliothek. Texte zu ihrer Geschichte und Theorie. Bad Honnef 1982

Kallbach, K.: Misere der Schulbibliotheken. In: Die Horen 1977/4., S. 115–120

Kallbach, K.: Was liest meine Klasse? Jugendtaschenbücher für Schule und Freizeit. Bad Homburg 1990

Karst, Th. (Hrsg.): Kinder- und Jugendlektüre im Unterricht. Bd. 1: Primarstufe. Bad Heilbrunn 1978

Karst, Th. (Hrsg.): Kinder- und Jugendlektüre im Unterricht. Bd. 2: Sekundarstufe. Bad Heilbrunn 1979

Kleye, W. A.: Zur Jugendbucharbeit der öffentlichen Bibliotheken. In: Maier, K. E. (Hrsg.): Kind und Jugendlicher als Leser. Bad Heilbrunn 1980, S. 213–226

Klimmer, K.-H.: Begegnung mit Autoren in der Schule. Das gute Jugendbuch 1972/2., S. 1–5

Klimmer, K.-H.: Schüler lernen Arbeitstechniken beim Umgang mit Jugendbüchern. In: Das gute Jugendbuch 1977/2., S. 59–67

Kochan, D. C.: Projektorientierter Deutschunterricht: Was war? – Was blieb? – Was tun? in: Diskussion Deutsch 1986/87., S. 3–30

Krüger, A.: Kinder- und Jugendbücher als Klassenlektüre. Weinheim/Basel 1973 (3. Aufl.)

Landherr, K.: Das Kinder- und Jugendbuch in der Schule. Donauwörth 1984

Lichtenberger, S.: Das Jugendbuch in Grund- und Hauptschule. Ein Handbuch zur Schulpraxis, München/Wien 1978

Maicher, P.: Poesie in der Schule? – Beispiel »Krabat«. In: Schaller, H. (Hrsg.): Umstrittene Jugendliteratur. Bad Heilbrunn 1976, S. 95–117

Meyer, R.: Miteinander statt nebeneinander: Schulbibliotheken – öffentliche Büchereien. In: Schulreport 1977/1., S. 1–3

Müller, H.: Die pädagogische Konzeption von Schulbibliotheken. In: Westermanns Pädagogische Beiträge 1973/4., S. 204–208

Nusser, P. (Hrsg.): Didaktik der Trivialliteratur (Zur Praxis des Deutschunterrichts Bd. 7). Stuttgart 1976

Pawlick, J.: Kinderbücher als Unterrichtsprojekt. Weinheim/Basel 1980

Pötter, K.: Schulmediotheken. Einsatz und Organisation. Braunschweig 1978

Rademacher, G.: Zum »freieren« Umgang mit Jugendliteratur im Unterricht. Didaktische Überlegungen am Beispiel Peter Härtlings »Oma«. In: Jugendbuchmagazin 1983/2., S. 58–64

Reger, H.: Literatur- und Aufsatzunterricht in der Grundschule. Lernzielorientierte Konzeption und Erprobung. Baltmannsweiler 1984

Reich, A.: »Treffpunkt Bücherei«. Über Öffentlichkeitsarbeit und Benutzerschulung für Kinder und Jugendliche. In: Maier, K. E. (Hrsg.): Kind und Jugendlicher als Leser. Bad Heilbrunn 1980, S. 227–238

Sahr, M.: Um der Kinder und Literatur willen! Texte zur Kinder- und Jugendliteratur. Kallmünz 1992

Sahr, M./Born, M.: Kinderbücher im Unterricht. Baltmannsweiler 1985

Sahr, M./Fraundorfer, M.: Leseerlebnisse als Schreibanlässe. In: Diskussion Deutsch 1986/87., S. 47–57

Scherf, W.: Die Jugendbibliothek. In: Brem, K. (Hrsg.): Pädagogische Psychologie der Bildungsinstitutionen. 2. Band. München/Basel 1968, S. 524–561

Schmitz, J.: Rezeption moderner Kinder- und Jugendbuchautoren (Eine Einführung über Buchdiskussion). In: IJB Report 1985/3., S. 3–13

Schrimpf, J.: Die Lust der Schüler am Lesen – und was man tun kann, sie zu erhalten – Unterrichtserfahrungen (und -vorschläge) aus einer 8. Klasse. In: Der Deutschunterricht 1982/2., S. 63–71

Steffens, W.: Prosaformen der Kinderliteratur. Unterrichtsmodelle für den Deutschunterricht in der Grundschule. Frankfurt a. M. 1986

Steffens, W.: Grundsätzliches zu Erfordernis und Möglichkeit der Leseförderung aus pädagogisch-didaktischer Sicht. In: Jugendbuchmagazin 1991/3., S. 114–121 und 1991/4., S. 170–176

Stiftung Lesen (Hrsg.): Buch und Lesen in Kindheit und Jugend. Kommentiertes Auswahlverzeichnis von Lit.-Modellen zur Leseförderung. Weinheim 1992

Thiede, H.-O. u. a.: Literatur im Kindergarten. Berlin (Volk und Wissen) 1985

Vohland, U.: Jugendbuch und soziales Lernen. Unterrichtsmodelle für die Sekundarstufe I. Düsseldorf 1979

Watzke, O.: Umgang mit Texten in der Primarstufe. München 1979 (3. Aufl.)

Watzke, O./Friedrichs, R.: Umgang mit Texten in der Sekundarstufe I. München 1983 (2. Aufl.)

Wintgens, H.-H./Kretzer, K.-H. (Hrsg.): Zum Thema: Kinder- und Jugendliteratur im 5./6. Schuljahr. Hildesheim 1982

Der pädagogisch-funktionale Aspekt

Der pädagogisch-funktionale Aspekt bezieht sich auf jenen Themen- und Problemkreis, der sich mit Einfluß und Wirkung des Textes auf den Leser befaßt. Seitdem es eine spezielle Kinder- und Jugendliteratur gibt und seitdem man über sie theoretisiert, ist die Frage nach der Bedeutung der Lektüre für den jungen Leser bekannt. Sie war bis zum Ende des 19. Jahrhunderts vorherrschend und das charakteristische Merkmal jugendliterarischer Erörterungen. Dadurch wurde eine Literatur bevorzugt und gefördert, deren Ansehen bei den Erwachsenen um so höher stand, je mehr sie als Mittel der Erziehungs- und Bildungshilfe geeignet schien. Diese spezifische Jugendliteratur war inhaltlich durch die vom Zeitgeist bestimmte moralische, religiöse und patriotische Tendenz und methodisch durch die Überzeugung von dem direkt wirkenden Einfluß literarischer Aussagen gekennzeichnet. Man sollte allerdings nicht vergessen, daß auch andere Lektüre angeboten und von Kindern gelesen worden ist, die nicht absichtlich belehrend und erziehend sein, sondern – auf welchem literarischen Niveau auch immer – der Unterhaltung und »Ergötzung« dienen wollte. Schon damals wurden überdies Ansichten vertreten, die mit der offiziellen Wertungspraxis nicht übereinstimmten, so etwa durch Herbart, der in seiner »Allgemeinen Pädagogik« (1806) schreibt: »Schon die Absicht zu bilden, verdirbt die Kinderschriften.«[1] Oder durch Jean Paul in seiner »Levana« (1807/1814): »Daher sargt nicht jedes Wesen, das ihr auftreten laßt, in eine Kanzel ein, aus welcher dasselbe die Kinder anpredigt ... Jede gute Erzählung sowie jede gute Dichtung umgibt sich von selber mit Lehren.«[2]
Durch die ästhetisch-literarische Jugendschriftenbewegung um die Jahrhundertwende wurde das indirekte, unaufdringliche, nichttendenziöse Wirken von Literatur hervorgehoben. Man war vom sittlich-charakterlichen Einfluß überzeugt, stellte aber fest, daß literarische Wirkung nicht von einer unmittelbaren pädagogischen Absicht oder Tendenz, sondern von Gehalt und Struktur des künstlerisch geformten Jugendbuches ausgehe. In ihm, »das ohne Rücksicht auf Sittlichkeit und Erziehung entstanden ist, (liegt) ein stärkerer Anreiz zum sittlichen Handeln als in jenen eigens auf Moral zugeschnittenen Pseudodichtungen ...«[3]
Nach 1945 wurde der pädagogische Aspekt der Jugendliteratur – vor allem als Folge der angestrebten Umerziehung und »moralischen Wiederaufrüstung« – von allen Seiten akzeptiert und ernst genommen. Neben einer mehr zurückhaltenden Vorstellung, die in der literarischen Wirkung einen komplizierten und von mehreren Bedingungen abhängigen Prozeß erkannte, setzte sich ein grob-naives Ursache-

---

[1] J. F. Herbart: Allgemeine Pädagogik. Göttingen 1806. (Einleitung).
[2] J. Paul: Levana oder Erziehlehre. Stuttgart/Tübingen 1814 (2. Aufl.), S. 125.
[3] H. Wolgast: Das Elend unserer Jugendliteratur. Worms 1950 (7. Aufl.), S. 61.

Wirkungs-Denken durch. Die Auffassung, wonach mit Sicherheit gute Inhalte gute Wirkungen, schlechte Inhalte schlechte Wirkungen beim Leser hervorbringen, manifestierte sich in der Schund- und Schmutzbekämpfung der damaligen Jahre besonders deutlich. Die rigorose Art, wie Jugendbuchkritik primär als Bestandsaufnahme »wertvoller« und »minderwertiger« Gehalte betrieben wurde, rief den berechtigten Widerspruch gegen das Zensurwesen hervor, verwies die Verpädagogisierung der Jugendliteratur in ihre Schranken, weckte aber gleichzeitig antipädagogische Tendenzen.

Die Frage nach der »Bedeutung« für den Leser, nach dem »Einfluß«, nach der »Funktion«, nach dem »Beitrag« der Literatur für etwas schien mehr und mehr in den Hintergrund zu geraten und für manche zu einer ungebührlichen literartheoretischen Fragestellung zu werden. Dazu trugen neben der Reaktion auf pädagogische Verzweckung der Kinderliteratur auch die Bemühungen bei, dem Kinderbuch und der Kinderbuchtheorie in der allgemeinen Literaturwissenschaft Anerkennung zu verschaffen. Manche glaubten, sich der Unwissenschaftlichkeit zu verdächtigen, wenn sie sich nicht an den Schwerpunktkatalog der traditionellen Literaturwissenschaft hielten, in dem der Wirkungsaspekt kaum eine Rolle spielt.

> In Wilperts »Sachwörterbuch der Literatur« (1955) hat Literaturwissenschaft eine doppelte Blickrichtung auf Schöpfer und Werk; von einer dritten Komponente, dem Leser, ist bezeichnenderweise überhaupt nicht die Rede. Sie versteht sich als genetische Literaturwissenschaft, die das Werden des Werkes und den Werdeprozeß des Dichters umfaßt, als historische Literaturwissenschaft, die die entwicklungsgeschichtlichen Zusammenhänge im Bezug auf das Werk und im Bezug auf den Verfasser erforscht und als systematische Literaturwissenschaft, die sich vor allem in Werkinterpretationen erschöpft. Neben dem »Was« und »Woher« ist das »Wozu« der Literatur ein ausgeklammertes Problem.[4]

Das war die Situation, als Ende der sechziger Jahre ein Umschwung einsetzte. Er ist vorwiegend zurückzuführen auf den Wandel der traditionellen Literaturwissenschaft und ihre Interessenverschiebung hin zur literatursoziologischen Betrachtung. Sie untersucht die vielfältigen Beziehungen zwischen Literatur und Gesellschaft, zwischen Literatur und Publikum und beschäftigt sich somit mit einem Themenkreis, in den auch die Probleme der Wirkung und des Einflusses einbezogen sind. Durch die Etablierung der Literatursoziologie rückt das Interesse an der Wirkung des Kinderbuches in ein neues Licht, erfuhr Bestätigung und Anregung und brauchte nicht mehr als unliterarische Fragestellung gemieden zu werden. Auch von der gesellschaftskritischen Seite her kam der Aspekt literarischer Wirkung zu neuer Geltung. Auf der Suche nach effektiven Möglichkeiten, durch Bewußtseinsänderungen eine Umgestaltung der Verhältnisse herbeizuführen, stieß man auch auf das Kinderbuch. In der antiautoritären und bei den meisten Vertretern der sogenannten emanzipatorischen Kinderliteratur zeigte sich ein entschiedenes Interesse an der Wirkungsproblematik,

---

[4] Vgl. G. v. Wilpert: Sachwörterbuch der Literatur. Stuttgart 1955, S. 448f.

das einerseits in scharfer Kritik an den Inhalten herkömmlicher Literatur, andererseits in teilweise handfesten und direkten Beeinflussungsversuchen mit Hilfe neuer Texte seinen Ausdruck fand. Der Betrachter fühlte sich in die Anfangszeit der zu Nutz und Lehr geschriebenen Kinderbücher zurückversetzt. Was sich freilich verändert hatte, waren Weltansicht und Gesinnung, die im Vehikel Literatur an die Leser weitertransportiert werden sollten, das war auch die Einengung auf gesellschaftlich-politische Absichten. Was wiederkehrte, war die feste Auffassung vom Kindertext als einem Instrumentarium der Gesinnungsbildung und Verhaltenssteuerung; eine Auffassung, die bei einigen Textemachern und Produktionskollektiven zu ungeschminkter Agitation und Indoktrination ausartete.

Insgesamt dominiert in der Jugendbuchtheorie von heute zur Frage der literarischen Wirkungsmöglichkeiten ein gedämpft optimistischer Standpunkt. Man zweifelt zwar nicht, daß Kinder- und Jugendliteratur am Zustandekommen von Lernprozessen Anteil hat, daß sie prinzipiell als eine Art Sozialisationsinstanz und als Mittel von Erziehung und Bildung im engeren Sinne zu bezeichnen ist; man weiß aber auch, wie fraglich feste Aussagen und Vorhersagen sind, weil umfassende Kenntnisse über Bedingung, Auslösung und sonstige Einwirkung fehlen und wohl auch kaum ausreichend zu gewinnen sind.

A. Fragen und Ergebnisse der Wirkungslehre

Von der Wirkungslehre erwartet man die Aufdeckung des Wirkprozesses mit seinen Faktoren, Inhalten und Prozessen. Die vorliegenden Ergebnisse sind noch lückenhaft, so daß man – jedenfalls für die *literarische* Wirkungslehre – erst ansatzweise von »Lehre« im Sinne einer systematischen Aufbereitung und Ordnung sprechen kann. Die beiden wichtigsten Quellen, aus denen sich die jugendliterarische Wirkungslehre Erkenntnisse und Anregungen holt, sind die soziologisch orientierte Kommunikationslehre und die kinder- und sozialpsychologisch fundierten Lerntheorien.[5]

Die *Lerntheorien* liefern Material, das Schlüsse über Einschränkungen, Bedingungen und Möglichkeiten des Lernens über Literatur zuläßt. Sie lassen erkennen, daß auch Texte *verstärkendes Lernen* auslösen können, das heißt, daß gewisse Vorstellungen (Meinungen), Verhaltensweisen und Einstellungen bekräftigt werden und sie der Leser erstrebenswert findet. Welche Voraussetzungen auf seiten der Darstellung und auf seiten des Lesers erfüllt sein müssen, versucht die literarische Wirkungslehre zu ergründen. Es ergibt sich dabei, daß die *Verstärkungstheorie* die im wesentlichen nur

---

[5] Vgl. M. Sahr 1981. Dort wird Lesewirkung als Kommunikations- und als Lernprozeß dargestellt und erläutert.

den Einfluß auf bereits vorhandene Meinungen, Verhaltensweisen, Interessen dar-stellt[6], zur Erklärung eines Wirkungsprozesses nicht genügt und andere Deutungen herangezogen werden müssen. Wichtige Einblicke liefert die *Modelltheorie*. Sie bezieht sich auf Lernen durch Beobachtung. Im Falle des Lesers heißt dies – vereinfacht ausgedrückt –, daß der Leser über den Text ein Verhalten wahrnimmt, das ihn, unter gewissen, vor allem emotionalen Voraussetzungen und im Zusammenspiel mit anderen Faktoren, zur Nachahmung und Übernahme reizt. Die lesend erlebten Gestalten werden zum Beispiel oder u. U. zum Vorbild, sie werden imitiert oder u. U. zum Objekt der Identifikation.

»Ob von Modell, von Beispiel oder Vorbild gesprochen wird, es geht in allen Fällen um das Angesprochenwerden von einer anderen Person und um den Versuch, sich selbst zu finden und zu gestalten. Es kann sich dabei um Imitation im engeren Sinne handeln, wobei einzelne Verhaltensweisen und Eigenschaften nachgeahmt und übernommen werden, oder um den weitergreifenden Vorgang der Identifikation, bei dem versucht wird, der anderen Person *insgesamt*, mit ihrer Lebenseinstellung und Zielsetzung, gleichzuwerden.«[7]

Die *kognitive Lerntheorie* bezieht sich auf ein Lernen, durch das neue Informatio-nen verstandesmäßig aufgenommen und verarbeitet werden. Ihre wichtigsten Ziele sind Bewußtwerdung, Denken, Einsicht. Durch sie erst kann eine Reihe wichtiger Lesewirkungsvorgänge erklärt bzw. bei entsprechender didaktischer Berücksichti-gung lernkognitiver Elemente hohe Lerneffektivität auf dem Wege des Lesens erreicht werden.

Während die Übernahme lerntheoretische Ergebnisse und Methoden – trotz vieler ungeklärter Probleme – ein insgesamt positives Bild von den literarischen Wirkungs-möglichkeiten gibt, wirkt die *Kommunikationslehre*[8] durch die Aufdeckung der komplizierten und praktisch kaum überschaubaren Beziehungsprozesse eher dämp-fend auf die Vorstellung vielfältiger literarischer Einflüsse. Frühere Annahmen von einem monokausalen und ziemlich sicher wirkenden Lektüreinfluß werden keines-wegs bestätigt. Vielmehr erweist sich Literatur als eine nicht exakt berechenbare Wirkinstanz. Sie ist ein Teil der einflußnehmenden Umwelt, sie ist aber doch nur *ein* Faktor in einem umfangreichen Faktorenkomplex. Von dem Gesamtgefüge, das sich aus Stärke, Umfang und Häufigkeit seiner einzelnen Elemente ergibt, aber auch von der Individualstruktur, dem Entwicklungsstand und der augenblicklichen Verfas-sung des Menschen, der im Wirkfeld der Faktoren steht, hängt es ab, ob und in welcher Weise die jeweilige Literatur Einfluß nimmt.

Ein Wirkungsfeld-Schema, das einerseits die vielen Beziehungen mit ihrer Dyna-

---

[6] Vgl. K. E. Maier 1986 a, S. 127–130.
[7] ebd., S. 131.
[8] Vgl. z. B. F. Bledjian / K. Stosberg 1972 – W. Schramm 1973.

mik aufzeigt, andererseits die Kompliziertheit der Zusammenhänge andeutet, will folgendes Schema darstellen[9]:

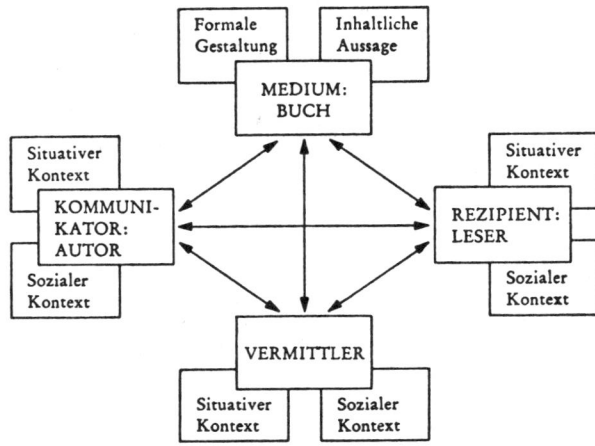

Es sind demnach mindestens vier Einzelfaktoren zu unterscheiden, die über die Lesewirkungen bestimmen, die sich gegenseitig unterstützen, aber auch ganz erheblich stören können. Auf keinen Fall kann allein vom Medium Literatur her die Wirkungsdiskussion geführt werden. Es sollte aber nicht dazu kommen, daß durch eine Schwerpunktverschiebung der Betrachtung der Text, der nach wie vor die erste Quelle der Wirkung ist, an den Rand gedrängt und sein Anteil an der Wirkung nur minimal eingeschätzt wird. Extreme kommunikationstheoretische Formulierungen, z. B., »daß in der Regel nicht die Aussage eines Massenmediums, sondern die Persönlichkeitsstruktur des Rezipienten in ihrer Wechselbeziehung zum sozialen Feld die Wirkung der Massenkommunikation erheblich beeinflußt«[10], führt im jugendliterarischen Sektor zum Teil zu verschwommenen und unpraktikablen Vorschlägen für die Literaturbewertung, die den Eindruck erweckt, als müsse man sich zuerst und vorwiegend auf Leser und Leser-Umwelt konzentrieren und erst sekundär und nur nebenbei auch mit dem Textinhalt befassen.

Der gegenwärtige Wissensstand der Wirkungslehre sagt – in wenigen Punkten und groben Zügen zusammengefaßt – für das Lesen etwa folgendes aus: 1. daß über literarische Begegnung (Lesen) Wirkungen hervorgerufen werden; 2. daß diese Wirkungen auf Lernprozessen beruhen, die vorwiegend als Verstärkungs-, Modell- und

---

[9] Aus M. Sahr 1976, S. 72.
[10] F. Bledjian / K. Stosberg 1972, S. 15.

kognitives Lernen zu verstehen und als solche zu untersuchen sind; 3. daß aber Zurückhaltung in Voraussage literarischer Wirkungen geboten ist, da deren Art und Umfang, Intensität und Häufigkeit vom Zusammenspiel verschiedener Faktoren, die den Kommunikationsprozeß beeinflussen, abhängig sind; 4. daß die inhaltliche Wirkung sich nicht nur auf Informationsbereicherung, sondern auch auf Verhalten und Einstellung und auf Entwicklung formaler Fähigkeiten und Kräfte bezieht.

In den folgenden Abschnitten liegt der Schwerpunkt beim *inhaltlichen* (materialen) Aspekt der Wirkung. Sie befassen sich mit den Fragen nach der Bedeutung des Lesens für das Verständnis der Welt (B) und für die Entwicklung des eigenen Ich (C) oder anders ausgedrückt: wie weit Lektüre zu einer Bildung des Menschen beitragen kann, die – nach einem Wort von Theodor Litt – ihn »in den Stand setzt, sowohl sich selbst als auch seine Beziehungen zur Welt ›in Ordnung zu bringen‹«.[11]

B. Lesen als Zugang zur Welt

1. Vermittlung von Wissen und Erfahrung

Lesen ermöglicht Zugang zu den Gegebenheiten, Fakten und Vorgängen der Welt: *es vermittelt Wissen.* Lesen gibt Einblicke in Ereignisse menschlichen Denkens und Strebens, zeigt Erfolge und Mißerfolge: *es vermittelt Erfahrungen.*

Es braucht nicht ausgeführt zu werden, wie breit das Spektrum der Inhalte aus Leben und Welt ist, das Literatur anbieten kann. Die Grenzen der ausschreitbaren Umwelt fallen. Der Leser kann über Raum und Zeit seiner eigenen Wirklichkeit hinausstoßen, und es stehen ihm Wege offen, die in nahezu alle Bereiche führen. Äußere Hindernisse und Schwierigkeiten, die sich im Realfall der Begegnung einstellen, brauchen nicht überwunden, persönliche Risiken nicht eingegangen zu werden. Der Leser kann sich gleichsam spielend und erprobend mit den gewagtesten Situationen, den fernsten Dingen, den kühnsten Vorstellungen einlassen.

Vom Standpunkt der Wirklichkeit, die Anspruch darauf hat, vollständig und richtig dargestellt zu werden, erhebt sich immer wieder die Frage: Geben Kinder- und Jugendbücher insgesamt ein zutreffendes Bild der Wirklichkeit? Vom Standpunkt des Heranwachsenden, der Anspruch auf Berücksichtigung seiner Fähigkeiten und Grenzen und seiner bestmöglichen Ich-Entwicklung hat, stellt sich andererseits die Frage: Welche Wirklichkeit soll und kann vorgezeigt werden?

Von Zeit zu Zeit schaffen sich rigorose Wirklichkeitsfanatiker Gehör. In der Gegenwart verbindet sich ihre Forderung, man dürfe nur von Dingen schreiben, »die es gibt«, mit der Vorstellung, die Wirklichkeit sei vor allem in ihrer negativen Seite zu zeigen und kritisch zu betrachten. Der Mensch sei vor allem als Konfliktwesen und

---

[11] Th. Litt: Naturwissenschaft und Menschenbildung. Heidelberg 1968 (5. Aufl.), S. 11.

die menschliche Gesellschaft als konfliktdynamisches Gebilde darzustellen. Vorübergehend ergriff die Kinder- und Jugendliteratur eine Konflikteuphorie, die sie zur Streitliteratur umzufunktionieren drohte, in der – angeblich ein Abbild der tatsächlichen Wirklichkeit – die Gegensätze aufeinanderprallen. Diese Entwicklung ist zum Teil verständlich als Reaktion auf jene traditionelle Kinder- und Jugendliteratur, in der die rundweg »heile Welt« gezeigt wurde. Der Wirklichkeit entspricht aber weder eine auf bloßer Harmonie, noch eine ausschließlich auf Konflikten beruhende Welt.[12]

Eine Zeitlang schien es auch so, als sei Kinder- und Jugendliteratur nur noch dann akzeptabel, wenn sie die Forderung nach Aktualität und Praxisbezug (vor allem gesellschaftlicher Praxis) erfülle. Die von der »bürgerlichen Ästhetik« geprägte Kinderbuchproduktion müsse sich endlich von ihrer Ablenkungs- und Kompensationsfunktion freimachen und im Sinne der »nachbürgerlichen Ästhetik« wirklichkeitsverändernde Impulse setzen.[13] Der ausgeprägte pragmatische Zug und die auf unmittelbaren Praxisbezug eingeengte Realität fanden nicht nur aus dem Bereich der Jugendliteratur ihre Kritiker.[14]

Martin Walser kritisiert eine Literatur, der es nur darum geht, »möglichst schnell Praxis zu ermöglichen oder in Praxis überzugehen«; denn sie degradiere sich »zum Verpackungsmaterial für eine Ware, die es auch ohne Verpackung schon gibt und die man durch die Verpackung besser an den Mann zu bringen hofft«[15]. Man könne Literatur nicht in den Dienst nehmen.

Auch Dieter Wellershoff stellt sich gegen Instrumentalisierung und Verzweckung der Literatur und wehrt sich gegen den Vorwurf, ein Autor sei esoterisch, sozial unnütz, elitär, wenn sich seine Literatur nicht auf eine feste soziale Position verrechnen und dafür funktionabel machen lasse.[16] Nicht in der Distanzlosigkeit und realistischen Eindeutigkeit liege die spezifische Möglichkeit wirklichkeitsgestaltender und wirklichkeitserhellender Literatur, sondern in der Distanz und im Mangel an Eindeutigkeit.

2. Buch und Sprache als Medien

Damit ist auch die Frage, wie Fakten der Wirklichkeit über Literatur vermittelt werden, angeschnitten.

Durch die eigentliche »poetische« Gestaltung der Wirklichkeit werden die Dinge

---

[12] Vgl. meine Ausführungen zu antinomischen Fragestellungen in der Kinderliteratur (K. E. Maier 1987).

[13] Vgl. H. Schaller 1987.

[14] Selbst Dahrendorf verweist auf »die Gefahr einer neuen Ästhetik der Distanzlosigkeit ... sie ist möglicherweise wenig kindgemäß« (M. Dahrendorf 1975, S. 207).

[15] M. Walser: Wie und wovon handelt Literatur? In: J. Billen / H. H. Koch (Hrsg.): Was will Literatur? Band 2. Paderborn 1975, S. 11.

[16] D. Wellershoff: Literatur und Lustprinzip. Köln 1973, S. 39.

aus ihren gewöhnlichen Bezügen herausgerückt, in ungewohnte Zusammenhänge oder Momente gestellt, das Kontinuum unseres bisherigen Bescheidwissens durchbrochen und so neue und ungewohnte Perspektiven geschaffen, mit deren Hilfe die Vorstellungskraft des Lesers herausgefordert, ein Zustand gesteigerter Phantasietätigkeit erzeugt und die Wirklichkeit intensiver erkannt wird. Was hier mit »poetisch« gemeint ist, braucht freilich nicht zu eng aufgefaßt und ausschließlich im Sinne des »Künstlerisch-Ranghohen« verstanden zu werden. »Poesie« in diesem Zusammenhang soll vor allem heißen: literarische Gestaltung von Wirklichkeit, Verwandlung des Stoffes zu einer Sprachgestalt, erzählend-schildernde Neuformulierung von Realität. Legitimes Gegenstück einer so verstandenen poetischen Gestaltung sind Sachbericht, Vorgangsbeschreibung, Reportage, wissenschaftliche und lehrhafte Darstellungen. Auch solche Texte haben in der Jugendliteratur ihren Platz.

Wenn von Wissens- und Erfahrungsvermittlung durch Literatur die Rede ist, dann muß vor allem die Besonderheit beachtet werden, daß es *die Sprache* ist, die zum Mittler zwischen Mensch und Welt wird. Lesen heißt, über die Sprache mit Realitäten und Sinngehalten in Verbindung zu treten. Sprache wird »Schlüssel zur Welt«.[17]

Es sei kurz angedeutet, wie es um die Beziehung *Sprache und Welt* steht, und welche grundsätzliche Bedeutung sich daraus für das In-der-Welt-sein des Menschen als sprachbegabtes Individuum ergibt.

Die Sprachkraft ist eine menschliche Fähigkeit, mit deren Hilfe es möglich wird, »die Welt in das Eigentum des Geistes umzuschaffen« (W. v. Humboldt). Sie ist nicht nur ein Mittel, um Geschautes mit Worten nachträglich auszudrücken, sondern wesentliche Hilfe beim Erfassen, Deuten und Bewältigen der Erscheinungen. Der sprachfähige Mensch nimmt gegenüber der stummen Kreatur eine bevorzugte Sonderstellung ein. Er begibt sich dank der Sprache auf eine höhere Ebene des Lebens. Während das Tier dem Augenblick verhaftet bleibt und vom dauernden Wandel der Geschehnisse und Eindrücke mitfortgerissen wird, erhebt sich der Mensch durch die fixierende und distanzierende Kraft des Wortes über die Flüchtigkeit der Gegenwart; er gewinnt Überblick, Einblick und Ordnung.[18]

Die Sprache spielt aber ihre entscheidende Rolle für die Welterfahrung und Weltbemächtigung nicht nur dadurch, daß der Mensch als Individuum die Dinge an- und ausspricht, selbst sprachliche Ausdruckskraft besitzt, sondern auch durch die Befähigung, als Glied einer Sprachgemeinschaft die von anderen »gewortete« Wirklichkeit an- und aufzunehmen. Damit ist ihm die Möglichkeit gegeben, teilzuhaben am Denken, Vorstellen und Fühlen der Sprachgemeinschaft, sich auseinanderzusetzen und hineinzuwachsen in das spezifische Weltbild, das sie in sich trägt[19]. Darüber hinaus kann er Kontakt aufnehmen zur individuell

[17] H. Gipper (Hrsg.): Sprache – Schlüssel zur Welt. Düsseldorf 1959.

[18] »Das Ansprechen der Welt ist ein Vorgang der Organisation, ein feststellendes Ordnen und Einordnen des Erlebten in den Lebensraum, in dem der Mensch sein Dasein zu besorgen hat« (Philipp Lersch).
Die Sprache »illuminiert die weite einfärbige Weltkarte«, sie ist »der feinste Linienteiler der Unendlichkeit, das Scheidewasser des Chaos« (Jean Paul).

[19] Vgl. L. Weisgerber: Muttersprache und Geistesbildung. Göttingen 1929.

geprägten Sichtweise, Auffassung und Deutung der Welt, zur Weltschau und Welterfahrung anderer.

Sprachliche und literarische Rezeption ist also *mittelbares Begegnen* von Ich und Welt. Sie stehen sich nicht direkt gegenüber, die sprachlich gegebene Wirklichkeit ist nicht sinnfällig gegeben, sondern muß erst aus der Sprache entschlüsselt werden. Für den Leser ist damit eine doppelte Aufgabe verbunden: ein mehr technischer Vorgang, der in der Umsetzung der Schriftzeichen in Sprache besteht; ein geistiger Vorgang, der auf die Erfassung des Sinngehalts, wie er in der Sprache eingeschlossen ist, hinzielt. Das technische Lesen macht den meisten Menschen unseres Buchzeitalters keine Schwierigkeiten. Das Sinnlesen wird aber oft nur mangelhaft gemeistert. Die Folge ist, daß die in der Literatur gemeinte Wirklichkeit mißverstanden oder überhaupt nicht erkannt wird, daß der Leser den Seite für Seite aufgebauten Inhalt als Ganzes erfaßt, am Detail hängenbleibt oder die Akzente unrichtig setzt und insgesamt zu einem Ergebnis kommt, das sich nicht mit dem Inhalt deckt. Weil die Wirklichkeit nur literarisch vorhanden ist, ich sie nicht selbst befragen und mein vorstellungsmäßig aufgebautes Bild überprüfen kann, ist die Gefahr, mir ein »falsches Bild« von ihr zu machen, immer gegeben. Gerade das Kind ist solchen Gefährdungen ausgesetzt, da es an eigenen Erfahrungen, die zum Vergleich herangezogen werden könnten, noch arm ist.

Weil das Buch den Weg zur wahren Erkenntnis der Wirklichkeit auch verstellen und irreleiten kann, darum ist eine gewisse Skepsis gegenüber dem Lesen verständlich. Bei Rousseau steigert sie sich bis zur brüsken Ablehnung. Er, dem die Erfahrung an der tatsächlichen Wirklichkeit über alles geht, ruft aus: »Ich hasse die Bücher, sie lehren nur von demjenigen reden, was man nicht weiß.« Darum: »Erteilt eurem Zögling keine Lehren durch Worte, er muß sie durch Erfahrung lernen.«[20] Wie klein bliebe aber diese Welt, wollten wir nur das sinnlich Erfahrbare gelten lassen! Wie eng wäre der Horizont, müßten wir uns allein auf das Direkt-Begegnende beschränken! Prinzipielle Einwände gegen die literarische Welterfahrung sind dann berechtigt, wenn der Zugang zur Wirklichkeit ausschließlich über das Buch gesucht und die Möglichkeit tatsächlicher Berührung nicht genutzt wird; wenn die Buchwelt als Welt schlechthin gesehen und ein »Buchwissen« aufgebaut wird, gegen dessen Autorität jede konkrete Erfahrung machtlos bleibt.

Aber auch die Feststellung ist wichtig, daß die vermittelte Welt selbst dann, wenn beabsichtigt ist, die objektiv existierende Wirklichkeit darzustellen – immer in veränderter Form wiedergegeben wird, denn der Kommunikator (Autor) stellt über das Medium (Sprache, Buch) die Wirklichkeit immer in subjektiv verarbeiteter Weise dar. Das Dilemma liegt darin, daß der Mensch, der sich der medialen Möglichkeiten

---

[20] J. J. Rousseau: Emil oder über die Erziehung (1762). Paderborn 1963 (3. Aufl.), S. 196 und 79.

bedient, einerseits durch mediale Weltvermittlung in hohem Maße Freiheit und Weite gewinnen kann, daß er aber andererseits der Gefahr der Unfreiheit ausgesetzt ist, er gerät in Abhängigkeit zu fremden, u. U. falschen oder einseitigen Meinungen und Deutungen, die um so wirksamer werden, je weniger er die Chance hat und sie nützt, sich von der Wirklichkeit selbst ein Bild zu machen oder verschiedene Aussagen miteinander zu vergleichen. Es gehört zu den Aufgaben der Leseerziehung, nicht nur die positive Bedeutung des Mediums Literatur für das Erfassen und Erkennen der Welt einsichtig zu machen, sondern auch die Grenzen und Risiken, die ihm innewohnen, aufzudecken und beizutragen, daß der Leser nicht nur affirmativ (bejahend, zustimmend), sondern auch kritisch (zweifelnd, nachfragend) zu lesen versteht.

3. *Lesen als rationales Erkennen*

Wissens- und Erkenntniserweiterung setzt vor allem rationale Lesehaltung voraus. Das heißt:

Beim Leser herrscht die Absicht vor, das Dargestellte denkerisch zu durchdringen, es nüchtern zu begreifen und verstandesmäßig zu erfassen. Gefühle und Stimmungen werden weitgehend zurückgedrängt, um unbefangen und gewissenhaft auf die Meinung des Verfassers eingehen zu können. Die Einstellung des Lesenden ist rationalitätsbetont. Er bleibt »in einem gemessenen Abstand zu den Dingen, sucht klärend, zergliedernd, ordnend in sie einzudringen und sie sich so mit aller nur erreichbaren Objektivität zu eigen zu machen«[21].

Dabei kann eine kritisch-nachfragende oder eine affirmativ-zustimmende Lesehaltung überwiegen. Das *affirmativ-zustimmende Lesen* steht dem Text im wesentlichen aufgeschlossen und mit der Absicht gegenüber, ihn anzunehmen, gleichwohl aber denkerisch zu verarbeiten. Dabei geht es um Erkennen und Verstehen, nicht aber um ein In-Frage-Stellen. Die affirmative Lesehaltung ist die eigentliche und notwendige Einstellung der Kinder. Ohne die Richtigkeit eines frühzeitigen Hinführens zum nachfragend-prüfenden Lektüregebrauchs in Frage stellen zu wollen, kann die Tatsache nicht übersehen werden, daß hierzu beim Kind wesentliche Voraussetzungen wie größere Erfahrungen und umfangreicheres Wissen noch nicht gegeben sind. Weil affirmatives Verhalten ein gewisses Maß an Anpassungsbereitschaft und Anerkennung des anderen verlangt, kam es in einer Zeit, da alles unter dem Gesichtspunkt von »Herrschaft« und »Zwang« betrachtet wurde, in Mißkredit.

Kritisch-reflektierendes Lesen und die dazugehörige Leseerziehung können sich auf Form wie auf Inhalt des Textes beziehen. Bezüglich der Form wird über Darstellungsmittel, Aufbau, sprachliche Richtigkeit, stilistische Angemessenheit, Leserwirkung (leicht / schwer, lebendig / trocken, anschaulich / abstrakt, langweilig /

---

[21] M. J. Hillebrand: Psychologie des Lernens und Lehrens. Bern / Stuttgart 1967 (3. Aufl.), S. 40.

spannend usw.) reflektiert. Bezüglich des Inhalts geht es um den Textsinn, um das Hinterfragen der Darstellungsabsicht, um die Analyse der gezeigten Wirklichkeit, um das Aufdecken der vertretenen Werte und Normen.[22] Über das Feststellen hinaus wird geprüft, bewertet, Stellung bezogen. Das setzt nicht bloß die Courage voraus, sich seiner Freiheit zu bedienen und gegen wirkliche oer vermeintliche Autoritäten (auch gegen die »Autorität« des Geschriebenen) anzugehen, sondern auch Wissen, Einsichten, die notwendigerweise als Prüfsteine, als »Kriterien«, herangezogen werden. Andernfalls ist die Kritik leer und inhaltslos oder gerät in die Gefahr, von anderen abhängig zu werden und deren Maßstäbe »unkritisch« zu übernehmen oder sich aufzwingen zu lassen. Zum kritischen Leser erziehen heißt also: zur Selbständigkeit, zur Kreativität, zum Mut anhalten; heißt aber auch, zum wissenden und kundigen Menschen heranbilden, der sich verantwortlich gegenüber dem als wahr und richtig Erkannten verhält.

Ob im Vollzug des Lesens das rationale Erfassen primäre Bedeutung erlangt, hängt nicht vom Leser allein, sondern auch von der Art der Literatur ab. Nicht jeder Text bringt die gleichen Voraussetzungen und Anregungen zum rationalen Vorgehen mit. Im Umgang mit belehrenden Texten, mit Informations- und Sachschriften ist das rationale Aufnehmen dominierend. Die Besonderheit dieser Literatur liegt ja am Interesse für Wissensvermittlung, ihre Sprache ist vorwiegend »Erkenntnissprache« (Seidemann). Sie ist »Ausdruck von Beziehungen und trägt die Merkmale der Ausscheidung (Abstraktion), Verallgemeinerung und Zusammenfassung an sich ... Sie umspielt nicht frei den Gegenstand, sondern will ihn genau begrenzen«[23].

4. Lesen als erlebnishaftes Erfassen

Auch emotionalitätsbetontes Lesen vermittelt einen Zugang zur Welt und trägt zur Erweiterung und Vertiefung von Kenntnissen, Einsichten und Erfahrungen bei. Zwar trägt das Lese-erlebnis im Unterschied zum rationalen Lesevorgang starke subjektbezogene Merkmale und ist gefühlsakzentuiert (»emotives« Lesen). Der zugrundeliegende Erlebnisdrang ist – auf sein eigentliches Ziel hin betrachtet – »keine expansivzentrifugale Bewegung, sondern ein intensiv-zentripetaler Vorgang«. Es geht ihm »um das Erleben endothymer Innenzustände um ihres sensiblen, erregenden Gehaltes willen«[24]. Dennoch ist ds Leseerlebnis ohne ein gegenständliches Moment nicht denkbar. Es wird erst durch die Berührung mit der Wirklichkeit ausgelöst. Ein Stück literarisch gestalteter Welt wird zum Erlebnisinhalt, wird »erlebt«. Das bedeutet: der Mensch »gibt sich an das Geschehen hin, sucht ihm innerlich so nahe wie möglich zu

---

[22] Vgl. M. Hussong 1973; vgl. auch Dahrendorf 1980, S. 284 ff.

[23] W. Seidemann: Der Deutschunterricht als innere Sprachbildung. Heidelberg 1969 (8. Aufl.), S. 162 f.

[24] Ph. Lersch: Aufbau der Person. München 1952 (5. Aufl.), S. 101.

kommen, sich gleichsam ihm persönlich verbunden zu wissen«[25]. Nicht die Haltung des kühlen Zugreifens und willentlichen Erarbeitens, sondern die des Ergriffenwerdens und des Sichaufschließens steht im Vordergrund. Der Inhalt wird besonders intensiv und voll erfaßt. Die lebhafte Gefühlsbeteiligung hebt das Objekt aus der Fülle alltäglicher Erscheinungen heraus und umgibt es mit besonderer Bedeutsamkeit. Das verleiht der Wahrnehmung Dauerhaftigkeit. Das Erlebnis geht vorüber, die emotionale Erregtheit klingt ab, Eindruck und Erfahrung aber bleiben als dauernder Besitz zurück und beeinflussen künftiges Urteilen und Verhalten.

Gerade wegen der Eindringlichkeit des erlebnishaft Erfaßten, aber auch wegen der Gefahr einer einseitig anpassungsbereiten Lesehaltung ist es notwendig, den Leser zu befähigen, den aufgenommenen Inhalt auch reflektierend zu betrachten und einer Analyse zu unterziehen. Er sollte lernen, sich aus der naiven Verflochtenheit mit dem Gelesenen zu lösen, und instand gesetzt werden, dem Akt des Erlebens auch einen des kritischen Denkens und Reflektierens folgen zu lassen. Im didaktischen Bereich, wo die prinzipiell verschiedenen, ja gegensätzlichen Haltungen (erlebnishaftes und rationales Lesen) planvoll und absichtlich gefördert werden sollen, zeigt sich allerdings die (schon oben erwähnte) Schwierigkeit dieser Doppelaufgabe. Sie ist schwierig, weil die Gefahr besteht, daß bei intensiver Pflege der kognitiven Kompetenz des Lesers die Fähigkeit des Leseerlebnisses (emotive Kompetenz) sich nicht ausreichend entwickeln kann bzw. verkümmert und umgekehrt.[26]

Eine Unterscheidung der Leseerlebnisse ergibt sich durch die Stellung des Lesers zum Lesegehalt. Wenn Ich und dargestellte Welt in ein versöhnliches, übereinstimmendes Verhältnis zueinander treten, sprechen wir vom *Syntheseerlebnis*. Die Wirklichkeit ist so gezeichnet, daß die in ihr widerstreitenden Kräfte zum Ausgleich kommen, daß Fragen und Probleme nicht nur aufgezeigt, sondern auch beantwortet und gelöst werden. Im Leser ruft solche Lektüre eine positive Gefühlslage hervor, die vom Zustand des angenehmen Unterhaltenwerdens bis zum beglückenden Berauschtsein reichen kann.

Lesen kann aber auch zum *Kontrasterlebnis* führen, wenn die Wirklichkeit von einer Seite gezeigt wird, die zu den Vorstellungen, Erwartungen und Maßstäben des Lesers in schroffem Widerspruch steht. Im Unterschied zum »schönen« Lektüreerlebnis handelt es sich hier um eine ernstere und härtere Form des Zusammentreffens von Subjekt und Objekt.

Kontrasterlebnis nähert sich dem, was mit dem Begriff »Begegnung« gekennzeichnet wird und pädagogisch von Bollnow und Guardini näher beschrieben worden ist[27]. In der Begeg-

---

[25] M. J. Hillebrand: Psychologie des Lernens und Lehrens. Bern / Stuttgart 1967 (3. Aufl.), S. 40.
[26] Vgl. K. E. Maier 1986 b.
[27] R. Guardini / O. F. Bollow: Begegnung und Bildung. Würzburg 1956.

nung liegt der Schwerpunkt bei einer vom Menschen »ganz unabhängigen Wirklichkeit, auf die er stößt, auch wenn ihm dieses Zusammentreffen unangenehm und schmerzhaft ist«. Die Fremdartigkeit des Gegenstandes bleibt »in voller Schärfe erhalten« und verleiht so dem Begegnungsvorgang eine »eigentümliche Härte, eine Unerbitterlichkeit und Unausweichlichkeit«[28]. Begegnung »zentriert im Anderen«, sein Wesen zeigt sich und verlangt »gewürdigt zu werden«[29].

Es gibt Texte, in denen alle Spannung des Widerspruchs aufgehoben wird. Andererseits gibt es Texte, »die nahezu ausschließlich vom Widerspruch bestimmt sind. Kein festes, endgültiges Bild will deutlich werden. Alles ist Unruhe, Kampf, Protest. Nichts bleibt endgültig, alles ist Bewegung«[30]. In der Kinderliteratur überwiegen Inhalte, die ein übereinstimmendes Leseerlebnis hervorrufen. Das hat ihr den Vorwurf der »Heile-Welt-Literatur« eingebracht. Tatsächlich sollten Härten, Ungereimtheiten und Widersprüche der Wirklichkeit nicht unausgesprochen bleiben. Die negativen Kräfte und Erscheinungen des Daseins dürfen für Kinderbücher nicht als Tabus gelten.[31] So sehr die alte Wahrheit richtig ist, daß Wachstum und Entfaltung eiine ausgeglichene Lebensatmosphäre und ein freundliches Verhältnis zur Umwelt brauchen, ebenso berechtigt ist aber auch die Forderung nach der Begegnung und Auseinandersetzung mit dem Negativen und Schwierigen. Entscheidend ist aber, daß die Kontrastelemente nicht die beherrschende Rolle spielen. Das Böse in der Welt, menschliche Schwächen und Fehler, Not und Unglück, Gefährdung und Schwierigkeit sollen nicht das letzte Wort haben. Der Leser begegnet ihnen, wird beunruhigt, in Unsicherheit gesetzt und manchmal auch aufgewühlt und erschüttert; der Text soll aber, bei Kindergeschichten in der Regel, dabei nicht stehen bleiben, sondern letztlich Hoffnung, Ausgleich, Lösung aufzeigen, zumindest Auswege andeuten.

Daß eine realistisch-negative Darstellung mit offener Lösung Nachdenklichkeit und Kreativität der Leser anregen kann, steht außer Zweifel. Nur ist es ein Irrtum anzunehmen, der junge Leser werde um so mehr zum Nachdenken veranlaßt und zu aktiverer Anteilnahme aufgerufen, je extremer und härter die dargestellte Realität ist. Solche Wirklichkeit kann, einerseits bei besonders sensiblen Kindern zu traumatischen Erschütterungen führen; andererseits mag sie wohl als interessant empfunden werden, vielleicht auch Nerven- und Gefühlskitzel hervorrufen, aber letztlich wie eine, von der eigenen wohlbehüteten Existenz zu weit entfernte, unverbindliche und (auf Grund der drastischen und ausweglosen Darstellung) endgültige Realität erscheinen.

---

[28] O. F. Bollow: Begegnung und Bildung. In: R. Guarini / O. F. Bollnow: Begegnung und Bildung. Würzburg 1956, S. 32–34.

[29] R. Guardini: Die Begegnung. In: R. Guardini / O. F. Bollnow: Begegnung und Bildung. Würzburg 1956, S. 23 und 15.

[30] Vgl. W. Pielows Ausführungen zur »dialektischen« Literatur des Widerspruchs und zur »paradigmatischen« Literatur des Ausgleichs (W. Pielow 1972, S. 47 ff.).

[31] Vgl. meine Ausführungen zum problemorientierten Kinder- und Jugendbuch, S. 134 f. u. 199 ff.

Das Kinder- und Jugendbuch jeder Gattung sollte die Aufgabe der Weltbegegnung grundsätzlich auch als eine Weltbemächtigung verstehen. Der Jugendbuchautor ist der Lebenswahrheit, ebenso aber seinem Leser verpflichtet. Dieser doppelten Verantwortung müssen sich auch die Erzieher, Bibliothekare, Verleger, Rezensenten bewußt sein, die für die Jugend Lektüre auswählen und empfehlen.

C. Lesen als Weg zum eigenen Ich

1. Welt- und Ichfindung zugleich

Die pädagogisch-funktionale Betrachtung des Lesevorgangs erschöpft sich nicht in der Feststellung, wonach der lesende Mensch Zugang zu der Wirklichkeit außerhalb seines Ich finde. Das wäre eine Verkennung des zweiseitigen Leseprozesses. Das Innewerden der Welt, die Wissens- und Erkenntniserweiterung ist die eine Seite des Prozesses; die Zuwendung zum eigenen Ich und das Kennenlernen seiner selbst ist die andere Seite.

Lesen ist Welt- und Ichfindung zugleich. In der Absicht des Lesers, wissend und erlebend an der Vielfalt der Wirklichkeit teilzuhaben, ist immer auch das unbewußte Streben enthalten, sich selbst näherzukommen. Daß in der Außenwelt Wahrgenommene wird zur Eigenwelt in Beziehung gesetzt. Die Einsicht in fremde Verhältnisse gibt Möglichkeiten des Vergleichs, weitet und verändert die Maßstäbe und trägt zur Klärung und Konturierung des eigenen Standorts bei. Im Nach- und Miterleben menschlicher Geschehnisse, vollzieht sich eine enge Berührung von Fremdmenschlichem und Eigenmenschlichem. Während der Leser sich in die Welt hinausbegibt, um sich dort umzusehen, kehrt er gleichzeitig bei sich selber ein. Auf dem Wege über das Du erschließt sich ein Zugang zum eigenen Ich und zur individuellen Innenwelt[32].

Mit Ichfindung und Selbstreflexion eng verbunden sind Impulse der *Selbstgestaltung.* Wunschbilder und Vorbilder entstehen, denen der junge Mensch nacheifert, aber auch negative Bilder, die er nicht verwirklicht sehen möchte. So reichen die Lektürestoffe hinein in die Bereiche der Strebungen und Antriebe, des Wollens und Wünschens, von denen aus Lebenserwartung, Lebensplanung, Lebensbewältigung, künftige Verhaltensweisen und Entscheidungen beeinflußt werden.

---

[32] Es ist das Verdienst von Elisabeth Schliebe-Lippert, auf diesen zweiseitigen Aspekt des Leseprozesses überzeugend aufmerksam gemacht zu haben. E. Schliebe-Lippert 1950.

2. Einfluß auf Verhalten und Einstellung

Wie weit kann sich Lesen auf Verhaltenssteuerung oder gar Gesinnungsbildung auswirken? Analog zu den Ergebnissen der Erforschung von Massenmedien erfährt auch das Medium Buch in seiner Bedeutung als Faktor, der Verhalten und Einstellung beeinflußt, überwiegend *eine gemäßigte Einschätzung.* Das heißt: Die Wirkung von Texten[33] wird weder geleugnet noch wird sie überbetont; der inhaltliche Umfang des Einflusses wird eingeschränkt und überdies auf bestimmte Wirkungsrichtungen reduziert.

Diese Reduktion besteht zum Beispiel darin, daß man im Anschluß an die Ergebnisse der allgemeinen Medienforschung auch für die Lektürewirkung annimmt,

daß eine *Bekräftigung* schon vorhandener Verhaltensweisen und Haltungen am wahrscheinlichsten ist;

daß eine *Abschwächung* vorhandener Verhaltensweisen und Haltungen die nächstwahrscheinliche Wirkung ist;

daß eine *Umkehrung,* d. h. eine Veränderung von Verhaltensweisen und Haltungen in Richtung ihres Gegenteils, am wenigsten wahrscheinlich ist.[34]

Diese Feststellungen – auf das Lesen übertragen – bedeuten, daß der Lektüre eine *ergänzende (komplementäre) Funktion* zukommt, weil sie hauptsächlich auf schon vorhandene Neigungen, Vorlieben, Maßstäbe etc. einwirkt, diese begünstigt und differenzierend verstärkt. Sie nimmt in diesem Falle die Position eines Sekundärfaktors ein; primär wirken andere Gegebenheiten: die Familie, die erzieherische Gesamtatmosphäre in Haus und Schule, die Altersgruppe. Vor allem die jüngeren Kinder sind in ihrem Verhalten und Urteilen zuerst von der unmittelbaren Umgebung abhängig. Weitgehend unkritisch übernehmen sie die Werte und Normen der Eltern und sind bereit, auch deren verbale Lenkung zu befolgen.[35] Die Verhaltensmodelle der Familie, die wiederum von der Moral der soziologisch bedingten Kultur, der sie angehört, abhängig sind, liefern die entscheidenden Leitlinien des Wunschverhaltens der Kinder. Von ihnen geht die primäre Wirkung aus. Wenn nun Bilderbücher, Erzählgedichte, Märchen, Kindergeschichten die Wertvorstellungen vertreten, die auch die Eltern bewußt oder unbewußt vermitteln, wirken sie bekräftigend, sie sind Bestätigungsliteratur. Es kommt gegenüber den literarischen Figuren zu einer von Sympathie getragenen Beziehung, die den Hörer oder Leser veranlaßt, ihr Verhalten als Beispiel für eigenes Verhalten zu übernehmen. Verkörpern die Kinderbücher

---

[33] Logischerweise sind in diesem Zusammenhang nur Texte gemeint, die (direkt oder im übertragenen Sinne) von menschlichen Verhaltensweisen, Absichten, Entscheidungen und zugrundeliegenden Eigenschaften und Einstellungen berichten.
[34] Vgl. F. Bledjian / K. Stosberg 1972, S. 27.
[35] Vgl. W. Hartmann-Winkler 1970, S. 91; siehe auch H. Winkler 1978.

Urteils- und Verhaltensnormen, die dem Wertmodell der nächsten Umwelt nicht entsprechen, dann bleiben sie bei vielen ohne Einfluß oder werden abgelehnt. Vielleicht kommt es zu einer Abschwächung der bisherigen Einstellung; kaum aber wird die Literatur im Sinne einer Werteinstellungsveränderung wirksam werden; jedenfalls nicht bei Kindern, die in einer klaren und konsequenten Wertumgebung aufwachsen.

Nun darf freilich die These vom bloß bekräftigenden, bestenfalls abschwächenden Einfluß von Literatur nicht so weit verallgemeinert werden, als ob nur in Ausnahmefällen Verhaltensänderungen und Haltungswandel eintreten würden. In der Tat sind auch *Umkehrungen* möglich. Sie sind, wenn man nicht ausschließlich vom klassischen Verstärkungsmodell, das nicht das Hervorbringen *neuer* Eigenschaften erklären kann, ausgeht, durch andere Lernprozesse wie Modellernen (Nachahmungslernen) oder kognitives Lernen (Lernen durch Verstehen) belegbar. So können im individuellen Einzelfall unter günstigen Bedingungen Buchgestalten zur Nachahmung reizen, auch wenn ihr Verhalten den kindlichen Leitvorstellungen zunächst widerspricht. Das ist im Hinblick auf positive wie negative Eigenschaften zu sehen.[36]
Im übrigen ist auch zu bedenken, daß das Wertorientierungssystem der Kinder, bei aller Gebundenheit und Informiertheit an Eltern und Erzieher, noch offene Stellen aufweist bzw. nicht immer schon ausreichend abgesichert ist, so daß an diesen Stellen Außeneinflüsse, einschließlich der literarischen (wenn das Kind überhaupt eine intensive Beziehung zu einer Lektüre aufnimmt), naturgemäß größere Chancen hat. Sicher ist auch, daß die Literatur in der späteren Kindheit und im Jugendalter eine zunehmende Bedeutung auch als Primärfaktor im moralischen Lernprozeß gewinnt. Der Heranwachsende sucht sich aus der Abhängigkeit seiner unmittelbaren Umgebung zu befreien (»Entsatellitisierungsprozeß«) und ist bestrebt, aus eigener Entscheidung und auf Grund von Denkprozessen Verhaltensnormen und Wertmaßstäbe zu gewinnen, wobei zur Orientierung die weitere Umwelt wichtig wird und nun auch räumlich und zeitlich entfernte Menschen, die mit der vorgelebten und geforderten Wertwelt der Eltern nicht übereinstimmen, als Vorbilder gewählt werden können. Die Entwicklung von der heteronomen Moral des Kindes zur autonomen Moral des Erwachsenen setzt ein. In welchem Umfang sich der Heranwachsende von den in der früheren Kindheit übernommenen Wert- und Verhaltensmodellen tatsächlich noch freimachen kann, ist umstritten. Die Möglichkeit, sich für neue Leitmuster zu entscheiden und die alten zu revidieren oder abzulegen, ist jedenfalls prinzipiell gegeben. Literatur kann dabei im Rahmen der wirkenden Sozialisations- und Personalisationsfaktoren eine wichtige Rolle spielen. Sie stellt nicht nur ein an Inhalten reiches Orientierungsfeld zur Verfügung, das erheblich über die Grenzen der unmit-

---

[36] Siehe hierzu diesbezügliche Schriften von A. Bandura wie: Lernen am Modell. Stuttgart 1976 – Ders.: Sozial-kognitive Lerntheorie. Stuttgart 1978.

telbaren Erfahrungen hinausgeht, ihr Angebot nimmt nun auch eine weit eigenständigere Funktion ein als auf den vorangegangenen Altersstufen. Die literarisch aufgezeigten Leitbilder und Verhaltensnormen werden nicht mehr je nach ihrer Übereinstimmung mit dem elterlichen Wertmodell angenommen oder verworfen, sondern (jedenfalls dem Ansatz und der Absicht nach) unabhängig von ihm gewürdigt. So gesehen kann Literatur zu einem wichtigen Instrument beim Aufbau einer eigenen Wertwelt werden.

3. Pädagogisches Resumee

Schon die Wahrscheinlichkeit einer verhaltensbestimmenden und gesinnungsbildenden Einwirkung von Lektüre berechtigt und verpflichtet zu pädagogischen Überlegungen.

Mit welchen Schwierigkeiten und Problemen eine pädagogische Beurteilung des literarischen Inhalts verbunden ist und zu welchen Irrtümern und Übertreibungen das führen kann, wissen wir aus Vergangenheit und Gegenwart der Jugendliteratur nur zu genau. Es ist einerseits unbillig, eine Einstellung zu verurteilen, die konsequent einen Text auf seine Übereinstimmung mit der erzieherischen Zielsetzung untersucht und ihn zurückweist, wenn eine Gegenwirkung oder Durchkreuzung der pädagogischen Intentionen zu befürchten ist; es kann aber andererseits nicht akzeptiert werden, wenn Kinderbuchbeurteilungen zu moralischen Prüfungsaktionen werden, der Vorgang moralischer Qualifizierung zu pedantischer Gesinnungskontrolle ausartet, wobei dann völlig außer acht bleibt, daß moralische Wertung in mancher Hinsicht Spielräume zuläßt und daß eine enge Auslegung sich als Mangel an Toleranz und Großzügigkeit erweist. Im übrigen braucht der Heranwachsende zur Erprobung und Ausübung von Selbstentscheidung die Erfahrung von Verhaltensalternativen, und der Dialog zur Lektüre kann beitragen, zwischen Sollnormen und Mußnormen unterscheiden zu lernen.[37]

Das besondere Problem solcher Wert- und Normermittlungen ist allerdings, daß vielfach gar keine einheitliche Meinung über das besteht, was wünschenswert ist oder verpflichtend, was recht oder unrecht, gut oder schlecht ist. Unsere Zeit beurteilt sich selbst als kulturgeschichtlichen Abschnitt, in dem das Wert- und Normensystem durchbrochen ist, neue und uneinheitliche Prinzipien existieren. Dennoch ist es aber nicht so, daß – wie oft zur Entschuldigung eigener Urteilsschwäche behauptet wird – jeglicher Konsens verlorengegangen sei und jedes Urteil nur noch subjektiv Gültigkeit habe. Auch unsere Gesellschaft verfügt über eine Grundbasis anerkannter

---

[37] Hierbei ist sinngemäß anwendbar, was über die Bedeutung des Gesprächs für die moralische Erziehung (siehe auch »Dilemmamethode«) bekannt ist (vgl. K. E. Maier 1986 a, S. 116–121).

Moral- und Verhaltensauffassung, auf die man zurückgreifen kann, wenn man menschliches Trachten und Handeln qualifizieren will.

Bei der Beurteilung von Kinder- und Jugendbuchinhalten lassen sich gerade an Hand der zeitgültigen Auffassungen von menschenwürdigem Verhalten, von Freiheiten und Verpflichtungen, viele konkrete Feststellungen treffen. Die Behauptung ist sicher richtig, daß die traditionelle Jugendliteratur beispielsweise Eigenschaften und Verhaltensweisen vernachlässigte, die für ein Leben in der jetzigen Zeit besonders dringlich sind. Eigenschaften wie Anpassung und Wohlverhalten, Unterordnung und Gehorsam verdienen nicht als Kardinaltugenden schlechthin herausgestellt zu werden, während andere wie Solidarität, soziale Gerechtigkeit, Zivilcourage, Eigenständigkeit, Kreativität ein Randdasein führen. Nur soll man das, was notwendigerweise hinzugefügt werden muß, nicht zum allein Notwendigen machen, es in einer exzentrischen Weise kultivieren und das Herkömmliche zum traditionellen Unsinn stempeln.

Es gehört zu den gesicherten Ergebnissen der Erziehungswissenschaft, daß die Entwicklung zur reifen und mündigen Person unterschiedlicher Ansätze und scheinbar gegensätzlicher Intentionen bedarf, daß beispielsweise persönliche Autonomie keineswegs durch repressive Führung und strenge unausweichliche Normierung, aber auch nicht durch totale Freisetzung von Anfang an und durch frühzeitige Aktivierung opponierender Kräfte am besten besorgt wird – Ziele, denen ein Teil der progressiven Kinderliteratur sich besonders widmete –, sondern durch ein dialektisches Ineinander von Binden und Freisetzen, Führen und Wachsenlassen, Anpassung und Widerstand, Kinder- und Jugendliteratur kann sich – als Sozialisations- und Personalisationsinstanz betrachtet – um diesen schwierigen und komplizierten Sachverhalt nicht herumdrücken.[38]

D. Literatur zum pädagogisch-funktionalen Aspekt

Baacke, D.: Der Sinn des Lesens für Jugendliche oder Weltkonstruktion als Identitätskonstruktion. In: Informationen des Arbeitskreises für Jugendliteratur. Beiheft 1983, S. 5–19
Bamberger, R.: Zur Wirkung der Lektüre auf den Bildungsertrag (mit besonderer Berücksichtigung des geschichtlichen Jugendbuches). In: Gärtner, H. (Hrsg.): Jugendliteratur im Sozialisationsprozeß. (4. Jahrbuch des Arbeitskreises für Jugendliteratur). Bad Heilbrunn 1978, S. 27–39

---

[38] M. Christadler geht der Frage nach, wie es mit den »Grundwerten« in der Kinder- und Jugendliteratur bestellt ist. Dabei wird deutlich, daß in den meisten einschlägigen Titeln das »demokratische Ethos« zu einseitig im Hinblick auf emanzipatorischen Anspruch des Individuums und auf Abbau normativer Vorschriften interpretiert wird und »die meisten Jugendbuchautoren eine Scheu davor haben, sich mit einer normativ empfundenen ›freiheitlich demokratischen Grundordnung‹ einschränkungslos zu identifizieren« (M. Christadler 1980, S. 43).

Beigel, H.: Buch und Film – Film und Buch. In: Schaller, H. (Hrsg.): Buch u. Bildschirm. Würzburg 1986, S. 37–46

Binder, L.: Wirkung des Kinder- und Jugendbuches auf die Steigerung des Bildungsertrages. In: Bamberger, R. (Hrsg.): Moderne Leseerziehung im schulischen Bildungsprozeß. Wien 1973, S. 46–57

Bledjian, F./Stosberg, K.: Analyse der Massenkommunikation: Wirkungen. Düsseldorf 1972

Christadler, M.: Grundwerte in der Kinder- und Jugendliteratur. In: Informationen des Arbeitskreises für Jugendliteratur 1980/1., S. 41–52

Christadler, M.: Opfer oder Retter der Gesellschaft. Die Rolle des Kindes in der Jugendliteratur. In: Informationen des Arbeitskreises für Jugendliteratur 1982/4., S. 35–47

Dahrendorf, M.: Literarische Wirkung und Literaturdidaktik. In: Baumgärtner, A. C. (Hrsg.): Lesen. Ein Handbuch. Hamburg 1973, S. 313–352

Dahrendorf, M.: Literaturdidaktik im Umbruch. Düsseldorf 1975

Dahrendorf, M.: Kinder- und Jugendliteratur im bürgerlichen Zeitalter. Königstein/Ts. 1980, S. 216–244

Daubert, H.: Literarisches Rollenbild und Leserrolle. In: Informationen des Arbeitskreises für Jugendliteratur 1984/4., S. 46–50

Dinges, O.: Nutzen und Vergnügen. Das pädagogische Interesse am Kinderbuch. In: Schaller, H. (Hrsg.): Umstrittene Jugendliteratur. Bad Heilbrunn 1976, S. 11–27

Doderer, K.: Gesteuerte Jugendlektüre. Einblicke in literarische Beeinflussungsvorgänge. In: Vogt, J. (Hrsg.): Literaturdidaktik. Düsseldorf 1972, S. 232–239

Franzmann, B.: Plädoyer für Buch und Lesen. Zur gesellschaftspolitischen Begründung der Leseförderung. In: Informationen des Arbeitskreises für Jugendliteratur 1977/II, S. 37–48

Giehrl, H. E.: Das Vaterbild im Kinder- und Jugendbuch. München 1980

Greven, J.: Wirkungsweisen der Literatur. In: Bertelsmann Briefe (1969/61., S. 18–26

Hansen, L./Menzke, G.: Hexen und Monster im Kinderzimmer. Umgang mit Hörspielkassette. Remscheid 1992

Hartmann, W.: Psychologische Wirkungsprozesse der Kinderliteratur. In: Gärtner, H. (Hrsg.): Jugendliteratur im Sozialisationsprozeß (4. Jahrbuch des Arbeitskreises für Jugendliteratur). Bad Heilbrunn 1978, S. 17–26

Hartmann-Winkler, W.: Lebensbewältigung im Kinderbuch. Wien/München 1970

Heidtmann, H.: Hoffnung, wie sie im Buche steht. In: Der ev. Buchberater 1989/1., S. 2 ff.

Heidtmann, H.: Kindermedien. Stuttgart 1992

Helm, F.: Wozu Bücher lesen? Zusammenhänge zwischen Leseverhalten und Sprachkompetenz im HS-Alter. In: Jugend und Buch 1977/3., S. 9–14

Hurrelmann, B.: Über das Lesen-Lernen in einer sich verändernden Medienwelt. In: Inform. d. Arbeitskreises f. Jugendlit. 1988/4., S. 43–53

Höltershinken, D. u. a.: Medien im Alltag von Kindergartenkindern. Düsseldorf (Min. f. Arbeit, Gesundheit und Soziales) 1988

Höltershinken, D.: Praxis der Medienerziehung (im schulischen und außerschulischen Bereich). Bad Heilbrunn 1991

Hussong, M.: Theorie und Praxis des kritischen Lesens. Düsseldorf 1973

Kallbach, K. (Hrsg.): Hören – Lesen – Hören. Kassetten f. Kinder. Verzeichnis mit Annotationen u. Kommentaren. Bad Homburg 1990

Klingberg, G.: Kinder- und Jugendliteraturforschung. Eine Einführung, Wien/Köln/Graz 1973

Kreibisch, H.: Lesemotivation und Leseförderung in Familie und Kindergarten. In: Lehren und Lernen 1992/1., S. 17–29

Kleinschmidt, G.: Hinführung zum interpretierenden Lesen. In: Baumgärtner, A. C. (Hrsg.): Lesen. Ein Handbuch. Hamburg 1973, S. 429 ff.

Lassahn, R.: Die Erlebniswelt von Kindern. Anmerkungen zu einer Faktorenanalyse anhand von Kinderbüchern. In: Pädagogische Rundschau 1981/1., S. 3–21

Liebhart, E.: Ergebnisse, Probleme und Methoden der Wirkungsforschung. In: Baumgärtner, A. C. (Hrsg.): Lesen. Ein Handbuch. Hamburg 1973, S. 231–312

Maier, K. E.: Fragen zur Wirkungslehre der Kinderliteratur. In: Maier, K. E. (Hrsg.): Jugendliteratur in einer veränderten Welt. (1. Jahrhundert des Arbeitskreises für Jugendliteratur) Bad Heilbrunn 1975 (2. Aufl.), S. 44–56

Maier, K. E.: Grundriß moralischer Erziehung. Bad Heilbrunn 1986 a

Maier, K. E.: Kritisches Lesen. Zur Theorie der Leseerziehung. In: Informationen des Arbeitskreises für Jugendliteratur 1986 b/4., S. 26–28

Maier, K. E.: Antinomische Fragestellungen in der Diskussion zur Kinderliteratur. In: Baumgärtner, A. C. / Maier, K. E. (Hrsg.): Mythen, Märchen und moderne Zeit. Würzburg 1987, S. 79 ff.

Meyer, R.: Das Buch als Bildungsfaktor für den Jugendlichen. Kritische Bemerkungen von Methoden und Ergebnissen. In: Adrian. W. / Hinze, F. / Meyer-Dohm, P. / Uhlig, Ch. (Hrsg.): Das Buch in der dynamischen Gesellschaft. Trier 1970, S. 57–71

Meyer, R.: Lesen als Mittel der Welterfahrung? In: Göpfert, H. G. / Meyer, R. / Muth, L. / Rüegg, W. (Hrsg.): Lesen und Leben. Frankfurt a. M. 1975, S. 193–205

Nauck, B.: Jugendbuch und Sozialisation. Wien / Köln 1977

Oestreich, F.: Erziehung zum kritischen Lesen. Kinder- und Jugendliteratur zwischen Leitbild und Klischee. Freiburg i. Br. 1977 (6. Aufl.)

Pielow, W.: Dichtung und Didaktik. Bochum 1972 (5. Aufl.)

Pott, G. (Hrsg.): Voraussetzungen und Grundlagen der Buchwirkung. Ergebnisse der 7. Tagung des Internationalen Instituts für Jugendliteratur und Leseforschung. Wien 1972

Richter, D. / Vogt, J. (Hrsg.): Die heimlichen Erzieher. Kinderbücher und politisches Lernen. Reinbek 1974

Sahr, M.: Lesewirkungen aus kommunikationstheoretischer Sicht. In: Schaller, H. (Hrsg.): Umstrittene Jugendliteratur. Bad Heilbrunn 1976, S. 166–190

Sahr, M.: Wirkung von Kinderliteratur. Baltmannsweiler 1981

Sander, K. / Scheiner, P.: Erziehung zu prosozialen Einstellungen und Verhaltensweisen. Ein Übungsprogramm mit Kindergeschichten und Rollenspielen bei lernbehinderten Kindern. Fachhochschule Düsseldorf (Hrsg.) 1983

Sauer, P. L.: Die neue Welt der klugen Kinder. In: Maier, K. E. (Hrsg.): Phantasie und Realität in der Jugendliteratur. (3. Jahrbuch des Arbeitskreises für Jugendliteratur). Bad Heilbrunn 1976, S. 139–160

Schaller, H.: Aktualität und literarische Qualität. In: Baumgärtner, A. C. / Maier, K. E. (Hrsg.): Mythen, Märchen und moderne Zeit. Würzburg 1987, S. 91 ff.

Scheiner, P.: Rollenbilder in der problemorientierten Jugendliteratur der Gegenwart. In: Gärtner, H. (Hrsg.): Jugendliteratur im Sozialisationsprozeß (4. Jahrbuch des Arbeitskreises für Jugendliteratur). Bad Heilbrunn 1978, S. 80–102

Scheiner, P.: Die Kindergeschichte als therapeutisches Medium. In: Informationen des Arbeitskreises für Jugendliteratur 1981/3., S. 22–33

Schliebe-Lippert, E.: Der Mensch als Leser. In: Begegnung mit dem Buch. Ratingen 1950, S. 47–59

Schön, E.: Erinnerungen von Lesern an ihre Kindheit und Jugend. In: Media Perspektiven 1990/5., S. 337–347

Schönfeldt, S. Gräfin: Über die Wirkung von Bildern und Texten. In: Schaller, H. (Hrsg.): Umstrittene Jugendliteratur. Bad Heilbrunn 1976, S. 156–165

Schramm, W. (Hrsg.): Grundfragen der Kommunikationsforschung. München 1973 (5. Aufl.)

Spinner, K. H.: Eigene Erfahrungswelt als Deutungsfolie. In: Westermanns Pädagogische Beiträge 1978/12., S. 471–474

Steinthal, H.: Die Rede von der heilen Welt. In: Neue Sammlung 1978/2., S. 96–107

Stephan, J.: Lesen zur Unterhaltung – und die Schwierigkeiten der Pädagogen damit. In: Sprechen – Lesen – Verstehen. Beiträge zum Deutschunterricht 1985, S. 114–127

Tabbert, R.: Kinderbuchanalysen II. Wirkung – kultureller Kontext – Unterricht. Frankfurt a. M. 1991

Wangerin, W. (Hrsg.): Jugend, Literatur und Identität. Anregungen für den Deutschunterricht der Sekundarstufen I und II. Braunschweig 1983

Weber, E.: Die Freizeitgesellschaft und das Buch. München 1967

Wiemer, R. O.: Anmerkungen zur Aktualität des Kinderbuches. In: Maier, K. E. (Hrsg.): Phantasie und Realität in der Jugendliteratur (3. Jahrbuch des Arbeitskreises für Jugendliteratur). Bad Heilbrunn 1976, S. 128–138

Wild, R.: Sieben Thesen zum Realismus in der Kinderliteratur. In: Doderer, K. (Hrsg.): Ästhetik der Kinderliteratur. Weinheim/Basel 1981, S. 84–97

Wilkending, G.: Der Widerspruch in der klassischen Kinder- und Jugendliteratur: Grenzüberschreitung und Erziehungsfunktion. In: Informationen des Arbeitskreises für Jugendliteratur 1984/1., S. 52–66

Wolf, K.: Skizze zu einer Wirkungslehre der Literatur. In: Müller-Michaels, H. (Hrsg.): Literarische Bildung und Erziehung. Darmstadt 1976, S. 35–52

Wulffen, B. v.: Umkämpftes Kinderbuch. In: Schaller, H. (Hrsg.): Umstrittene Jugendliteratur. Bad Heilbrunn 1976, S. 28–46

Der leserkundliche Aspekt

A. *Prinzip der Kindgemäßheit oder: Forderung nach Adaption*

1. *Begriffliches*

Um die Jahrhundertwende wurde der Begriff »*kindtümlich*« zu einem festen Bestandteil pädagogischen Denkens. Er war Ausdruck einer Einstellung, die sich durch die Reformpädagogik allgemein durchzusetzen begann: die Bereitschaft, das Kind und seine Welt als etwas Eigenes zu sehen, und die Erkenntnis, von der Eigenwelt des Kindes aus ihm den Zugang zur Kulturwirklichkeit erschließen zu können. Kerschensteiners Bildungsaxiom, wonach das Individuum nur durch jene Kulturgüter gebildet werde, »deren geistige Struktur ganz oder teilweise der Struktur der jeweiligen Entwicklungsstufe der individuellen Lebensform adäquat ist«[1], drückt den Sachverhalt der Kindgemäßheit in prägananter definitorischer Form aus. Schon in seiner allererste Anwendung wurde der Begriff »kindtümlich« im Zusammenhang mit der Jugendliteratur gebracht. Ernst Linde, der ihn als Terminus der Pädagogik einführte, umriß mit ihm den Grundsatz, wonach die Auswahl der Literatur für den jungen Leser erfolgen solle: »Nun wir glauben, auf keinen Widerspruch zu stoßen, wenn wir alles das zu bevorzugen gedenken, was – um uns einer Analogiebildung zu volkstümlich zu bedienen – *kindtümlich* zu nennen ist.«[2]

Unterdessen ist der Begriff »kindtümlich« längst nicht mehr zu gebrauchen; nicht nur wegen seiner Wortähnlichkeit mit »volkstümlich«, sondern auch und vor allem, weil man ihn zum Inbegriff einer »kindlichen«, »herabbeugenden« Pädagogik gemacht hat, die letztlich für eine dem Kinde aufgezwungene entstellte Kindheit die Verantwortung trage. Man suchte nach neuen Begriffen, die einen Sachverhalt, der nun einmal besteht und den Kernpunkt der Kind-Ewachsenen-Beziehung ausmacht, angemessen zu bezeichnen vermögen. Nach einigem, z. T. heftigen verbalen Hin und Her haben sich die Bezeichnungen »*Kindgemäßheit*« und »*kindgemäß*« durchzusetzen vermocht.

Kindgemäß ist, was zur kindlichen Eigenwelt in Beziehung gesetzt werden kann. Zwischen dem, was im Kinde an subjektiven Vorstellungen, Kenntnissen, Erfahrungen und Wünschen lebendig ist, und dem, was außerhalb des Kindes als objektive Welt existiert, müssen Verbindungen aufgegriffen bzw. geschaffen werden. Der junge Mensch nimmt zwar aus einem natürlichen Wissensdrang und einer gesunden

---

[1] G. Kerschensteiner: Das Grundaxiom des Bildungsprozesses. München/Stuttgart 1964 (10. Aufl.), S. 71.

[2] E. Linde: Kunst und Erziehung. Leipzig 1901, S. 244.

Neugier heraus bereitwillig Anteil an allem, was in seinen geistigen und sinnlichen Gesichtskreis tritt. Das ursprüngliche Interesse hört aber auf, wenn das Neue nicht an bereits vorhandene Vorstellungen und Erfahrungen angeschlossen werden kann oder wenn es Fähigkeiten abverlangt, die in dem für die Aneignung erforderlichen Umfang noch nicht vorhanden sind. Eine allgemein anerkannte didaktische Erfahrung ist, daß ein neuer geistiger Gehalt von den Vorstellungen aus, die dem Kinde schon zur Verfügung stehen, entwickelt werden muß und dabei die verfügbaren kindlichen Kräfte zu wecken und zu unterstützen sind. Nicht anders verhält es sich bei der literarischen Rezeption.

Im Grunde geht es bei der Bewertung eines Textes auf seine Angemessenheit (Eignung) für den jungen Leser um die Betrachtung der drei Komplexe: Buch, Leser und Leseprozeß. Der Komplex Buch umschließt sowohl Inhalt als auch Form (sprachliche Darstellung); der Komplex Leser bezieht sich auf die individuelle Verfassung, auf Lebensalter und Reifestand ebenso wie auf die soziokulturelle Umwelt mit ihren beschränkenden und fördernden Bedingungen; der Leseprozeß schließlich betrifft den dynamischen Vorgang der Begegnung und der Vermittlung, der mitentscheidet, ob es zwischen Text und Person zu einer Annäherung kommt. Eine solch mehrfach orientierte Kindgemäßheit kann nicht der Vorwurf der Einseitigkeit treffen, die z. B. darin bestünde, daß eine Bewertung auf Eignung von der Analyse des Buches allein ausginge. Kindgemäßheit enthält von vorneherein die Fragestellung »gut für wen« und bezieht außerdem die Kommunikation ein, deren Ablauf mitentscheidet, wie weit ein Text ankommt.[3]

Alle drei Komplexe sind auch zu berücksichtigen, wenn in Erfüllung der Forderung nach Kindgemäßheit eine nicht bestehende Übereinstimmung zwischen Kind und Buch herzustellen ist, ein Vorgang, der in der neueren allgemeinen Didaktik gelegentlich mit »Passung«, im literarischen Bereich auch mit *Adaption* bezeichnet wird.[4]

Maria Lypp beschreibt den literarischen Rezeptionsvorgang als asymmetrische Kommunikation, die durch »Ungleichheit der Kommunikanten, des erwachsenen Autors einerseits und des kindlichen Lesers andererseits« gekennzeichnet ist. Die so vorgegebene Distanz muß abgebaut werden und »alle Mittel, die der Autor einsetzt, um mit dem kindlichen Leser in Kommunikation zu treten, kann man unter den Begriff *Adaption* zusammenfassen«.[5]

---

[3] So kann ich keinen Widerspruch zwischen einer Beurteilung nach dem Prinzip der Kindgemäßheit und dem »horizontalen« Beurteilungsmodell M. Dahrendorfs sehen, wonach der Text im Zusammenhang der Kommunikation und im Hinblick auf den Leser als »Realisator des Textes« zu betrachten ist (M. Dahrendorf: Zur Situation der Jugendbuchkritik. Westermanns Pädagogische Beiträge 1972, H. 7).

[4] G. Klingberg 1973, M. Lypp 1980.

[5] M. Lypp 1980, S. 320 (Hervorhebung durch mich).

2. Möglichkeiten der Adaption

Wie kann Distanz abgebaut und Ungleichheit zwischen Autor und Kind, zwischen Buch und Leser verringert werden? Entsprechend der genannten drei Komplexe ergeben sich drei Möglichkeiten:

Eine Möglichkeit kann als »Assimilation« verstanden werden, als ein Vorgang, der *bei der Literatur ansetzt* und die Anpassung des Objekts an das Subjekt versucht. Im engeren unterrichtlichen Sinne ist darunter die Zubereitung eines Inhalts als Lernstoff zu verstehen. Auf das kinderliterarische Feld übertragen heißt dies, einen Text so zu gestalten oder aus einer Reihe von Texten auszuwählen, daß er den psychischen Dispositionen und Fähigkeiten des Leserkreises, dem er zugedacht ist, entspricht. Dabei geht es sowohl um die Angleichung von Stoff und Gehalt an das Wissen und die Vorstellungen des Kindes als auch um Beachtung der formalen Struktur des Textes, die den formalen Sprach- und Denkfähigkeiten des Kindes angenähert sein muß. Zur Forderung nach kindlicher Sprache sei hier kurz angemerkt, daß sie nicht schon dadurch erfüllt wird, wenn man versucht, auf das Niveau der Kindersprache hinunterzusteigen und sich in totaler Anpassung an die Ausdrucksweise der Kinder zu üben. Das Wissen um die Altersmundart und neuerdings um die schichtspezifische Sprache der Kinder gibt uns vorwiegend nur Einblick in die Art, wie Kinder sprechen, nicht aber in das, was Kinder verstehen. Es ist also eine irrige Folgerung, wenn man glaubt, man müsse, um verstanden zu werden, zum Kind in der von ihm gesprochenen Sprache reden.

»Jeder Mensch versteht eine Sprache, die reicher ist und höher steht als diejenige, die er selber spricht. Den Begriffen der gesprochenen und der verstandenen Sprache entspricht das bekanntere Begriffspaar des aktiven und des passiven Wortschatzes. Auf dem Teilgebiet des Wortschatzes wurde nämlich schon lange beobachtet, was wir hier vom Gesamtbereich der Sprache aussagen, daß nämlich die aktiv verwendeten Sprachmittel nur ein Teil der (>passiv<) verstandenen Sprachmittel ausmachen. Gewisse schwierige Wörter, Satzkonstruktionen, Stilmittel usw. verstehen die Kinder sehr wohl, verwenden sie aber noch nicht. Darum wäre es ein Irrtum, wollte man aus der Tatsache des Fehlens dieser Elemente in der gesprochenen Sprache des Kindes den Schluß ziehen, man dürfe sie nicht verwenden, wenn man zu ihm spricht.«[6]

Das Kind erwartet vom Buch, daß es eine Sprache gebraucht, die seine Verstehenssprache und nicht die geringer entwickelte Ausdruckssprache berücksichtigt. Es will nicht unter seiner Leistungsfähigkeit beansprucht werden.[7]

---

[6] H. Aebli: Grundformen des Lehrens. Stuttgart 1961, S. 41 f. (10. Aufl. 1977).
[7] Näheres über »sprachliche Passung« in K. E. Maier 1976, S. 128 ff.

Eine zweite Möglichkeit, Anpassung zwischen Kind und Literatur herzustellen, besteht darin, mit der Veränderung und *Angleichung beim Subjekt* zu beginnen. Das Kind ist ja keine starre unveränderliche Größe, sondern zur »Akkommodation«[8] fähig. Es verringert bestehende Diskrepanzen, indem es durch Aktivierung und Verfeinerung seiner psychischen Organe, durch Um- und Neustrukturierung seiner Fähigkeiten Fremdes in Vertrautes, Unzugängliches in Zugängliches, Unverständliches in Verständliches wandelt. So kann auch Literatur durch kurz- oder langfristige Anpassungsvorgänge, die beim Kind ansetzen und bei denen leseerziehliche Lernhilfen eine besondere Rolle spielen, faßbarer, verständlicher, »geeigneter« werden. Das Kind wird vom bloßen Adressaten zum Rezipienten einer literarischen Aussage. Eine Gefahr liegt in dem krampfhaften Versuch unbedingter »Passendmachung«, der an der »kognitiven Struktur des Lernenden«, am »sachstrukturellen Entwicklungsstand«, an den »aktuellen Lernvoraussetzungen« vorbeigeht[9], ein Problem, das bei jeder Lernhilfe am Heranwachsenden auftritt und im lernpsychologisch-didaktischen Zusammenhang oft beschrieben worden ist. Eine andere Gefahr liegt in einer Beeinflussung, durch welche die junge Generation einseitig im Sinne der Erwachsenen geformt und angepaßt werden soll. Kindgemäßheit, so sagen die Kritiker, sei nur eine bürgerliche Erfindung zum Zwecke effektiverer Einwirkung auf die Kinder.

Nach Auffassung marxistischer Kinderbuchkritik erfolgte die Proklamierung der Kindgemäßheit nicht »um des Kindes willen«. In Wahrheit ging es um handfestes Herrschaftsstreben und um Einpassung ins bestehende System. »Nicht die Forderung, das Kind in einer seinem Verständnis und seinem Bedürfnis entsprechenden Form in seine gesellschaftliche Umwelt einzuführen, stand hinter der Behauptung einer eigenständigen Kinderwelt, sondern die Absicht, das Kind von der frühzeitigen Erfahrung der gesellschaftlichen Widersprüche auszuschalten.«[10]

Eine dritte Möglichkeit, die mit den schon erwähnten in enger Beziehung steht, liegt im Lese-, genauer im Kommunikationsprozeß, d. h. in der Art und Weise des Aufeinanderzukommens und der Begegnung von Text und Leser. Es ist offenkundig, daß die Umstände des Lesens, die Bedingungen und die Art der Textrezeption, äußere Gegebenheiten, die das Lesen erschweren oder erleichtern (von äußeren Voraussetzungen bis zur Atmosphäre), innere Momente der Aufmerksamkeit, des Interesses, der Konzentration die Annäherung begünstigen bzw. verhindern können. Auch das persönliche Arrangement von Vermittlern spielt in diesem Zusammenhang eine

---

[8] Zu »Assimilation« und »Akkommodation« (nach Piaget) im Rahmen der Herstellung von literarischer Anpassung vgl. K. E. Maier 1976, S. 118 f.
[9] Hinweise bei K. H. Flechsig, H. Heckhausen, H. Skowronek in ihren lernpsychologischen Ausführungen.
[10] M. Freiberger 1974, S. 54 – Natürlich wendet sich die marxistische Kritik nur gegen die »bürgerliche« Gesellschaft der westlichen Welt. Von »Herrschaftsstreben« und »Einpassung« ins System des marxistischen Sozialismus ist nicht die Rede.

wichtige Rolle. Anders ausgedrückt: Durch die Sicherstellung eines optimalen Kommunikationsprozesses werden die Chancen der Übereinstimmung begünstigt.

Die verschiedenen Wege, um Kindgemäßheit im Bereich der Literaturbegegnung und des Lesens zu verwirklichen, stellen keine Alternativen dar, sie ergänzen sich, sind faktisch in einer nicht künstlich eingeengten Leserwirklichkeit beständig miteinander verbunden und auf allen Altersstufen wirksam. Bei jüngeren Kindern ist allerdings die von der Literatur ausgehende Anpassung dominierend. Das bedeutet praktisch, daß eine eigens für Kinder produzierte oder umgestaltete Literatur in den Frühphasen des Lesens besondere Beachtung verdient. Auch die Bereitstellung günstiger Kommunikationsbedingungen ist für den jüngeren Leser von größerer Bedeutung als für den älteren. Mit zunehmendem Alter nimmt die akkomodative Fähigkeit, der Anpassung an Struktur und Forderung des Objekts, zu. Daraus folgt, daß nun im größeren Umfang Texte zugänglich gemacht und aufgenommen werden können, die keine altersspezifische Literatur sind.

3. *Statisches und dynamisches Moment des Kindseins*

Das Prinzip Kindgemäßheit und die Forderung nach Adaption gehen von der Anerkennung der Kindheit und vom Verständnis ihrer Eigenart aus. Ohne hier die vielen Einzelmerkmale des Kindseins erörtern zu wollen, seien zwei Grundkategorien, *das statische und das dynamische Moment* hervorgehoben. Sie können für das Verständnis des Prinzips Kindgemäßheit und für seine Anwendung im jugendliterarischen Bereich einen wichtigen Beitrag leisten. Sie sagen aus, daß Kindheit ein in ihrer Gegenwart ruhendes Lebensalter darstellt, daß sie aber gleichzeitig eine menschliche Anfangsgestalt repräsentiert, die auf Veränderung und Entwicklung in die Zukunft angelegt ist. Angewandt auf Produktion, Auswahl und Beurteilung von Kinderliteratur ergibt sich die scheinbar paradoxe Folgerung: Das Kinderbuch soll die alters- und umweltspezifischen Belange *sowie* den auf Zukunft und Fremdwelt zielenden Antrieb des jungen Lesers befriedigen. Wenn auch in den einzelnen Texten und Büchern die beiden Funktionen nicht gleichmäßig zur Geltung kommen können, so sind sie doch aufs Ganze gesehen unentbehrlich und von gleichem Wert. Recht verstandene Kindgemäßheit kann sich nicht mit einem ›halbierten‹ Verständnis begnügen, sondern muß beide Funktionen einbeziehen. Versteht sie sich als totale Anpassung an das, was im Kind bereits ist und was das Kind bereits kann, so hindert sie die natürlichen und anthropologisch notwendigen Entwicklungs- und Lernprozesse. Verlegt sie sich einseitig auf Veränderung, Zuwachs und Neuerung, so wird das ebenfalls natürliche und notwendige Bedürfnis des Kindes, voll in seiner Gegenwart und Eigenwelt zu leben, beschnitten.

Bei Beachtung der doppelten Orientierung des Kindes (auf Gegenwart und auf Zukunft, auf das, was es schon ist und das, was es werden soll!) tritt klar auch das *weiterführende pädagogische Moment* der Kindgemäßheit hervor. Seine Anerkennung hat die Einsicht zur Folge, daß die Faktizität auf seiten des jungen Lesers nicht als der allein gültige Maßstab zu akzeptieren ist. Um die positive Fortentwicklung zu begünstigen, ist es pädagogisch sinnvoll, über die Grenze der augenblicklichen kindlichen Kräfte (antizipierend) hinauszugehen. Das Angebot bisher nicht geläufiger Inhalte und Formen fordert heraus und begünstigt einen Prozeß, in dessen Verlauf neue zusätzliche Fähigkeiten entwickelt werden, die kindliche Eigenwelt bereichert und ausgeweitet und das Weiterschreiten zur nächsthöheren Stufe unterstützt wird. Nur die *totale* Anpassung an das Wissen und Können des Kindes, nicht aber eine pädagogisch verstandene Kindgemäßheit mündet in jene »Verkindlichung der Kindheit«, die das spontane Wachstumsstreben unterdrückt und auf dem Gebiet der literarischen Erziehung zu einem ständigen Reduzieren der Anforderungen und zu einem deutlichen Mangel an Leistungsanspruch führt.

B. Arbeitsgebiete und Ergebnisse der Jungleserkunde

Die Jungleserkunde macht den jungen Leser selbst zum Forschungsgegenstand, um einen Einblick in die Umwelt und Innenwelt des lesenden Kindes und Jugendlichen zu ermöglichen. Ihre Anfänge liegen, wenn man die wenig bedeutsamen ersten Versuche im Philanthropismus (Campe) außer acht läßt, in der Entstehungszeit der Jugendschriftenbewegung gegen 1900. Die Ergebnisse der verhältnismäßig jungen Disziplin tragen oft den Charakter des Vorläufigen und wollen Anregungen zu weiteren Forschungsbeiträgen sein. So schrieb Wölfel in einer überblickenden Arbeit 1961: »Offenbar gibt es heute, nach mehr als 60 Jahren Forschungsarbeit auf diesem Gebiet kaum gesicherte oder allgemein anerkannte Ergebnisse der Jungleserkunde.«[11] Und Kadelbach meint (noch 1985) zur Medienforschung, daß mit großem Zeitaufwand immer wieder gleiche Fragestellungen behandelt werden, wobei sich »banale, aber auch überraschende Feststellungen« ergeben.[12] Immerhin hat sich in den letzten Jahrzehnten eine Aktivität entwickelt, die sich einerseits kritisch gegen bisher vorliegende Leistungen wandte und eine Reihe alter Darstellungen und Modelle (namentlich der psychologischen Jungleserkunde) korrigierte, andererseits durch neue Erhebungen, Untersuchungen und Aspekte das Teilwissen erweiterte oder zumindest das Problembewußtsein vertiefte.

---

[11] U. Wölfel 1961, S. 21.
[12] G. Kadelbach 1985, S. 229.

1. Statistische Jungleserkunde

Die statistische Jungleserkunde beschäftigt sich im einzelnen mit Fragen wie Lesefertigkeit und Lesegewohnheit, Beliebtheit des Lesens und sein Stellenwert in der Freizeit, Lieblingslektüre und Verbreitung einzelner Schrifttumsarten. Sie erkundet, aus welchen Quellen der Lesestoff bezogen wird, welchen Einfluß Buchhandel, Büchereien, Elternhaus nehmen, wie es mit dem privaten Buchbesitz bestellt ist und anderes mehr. Obwohl die Jungleserkunde in ihrer ersten Phase psychologisch orientiert war, hat sie doch auch schon Fakten des »Außenaspekts« miteinbezogen, unmittelbar erkennbare, zählbare, meßbare und vergleichbare Daten festgehalten und so die zunächst vorherrschende (der damals tonangebenden Psychologie entsprechende) Methode der »ganzheitlichen« und »verstehenden« Interpretation empirisch ergänzt.

Schon Charlotte Bühler baute auf quantitativen Ergebnissen auf (Was lesen Kinder bestimmten Alters?)[13], Walter Quast wertete 3600 Schüleraufsätze zum Thema »Lieblingsbuch« aus[14] und Hans Heinrich Busse untersuchte das literarische Verständnis von werktätiger Jugend auf Grund von Gesprächsprotokollen.[15] Aber erst für die Zeit nach 1950 ist eine ausgesprochene *statistische Jungleserforschung* zu verzeichnen. Die Erhebungen werden im großen und kleinen Rahmen durchgeführt. Es können weit angelegte Befragungen sein wie die 1952 vom Österreichischen Buchklub der Jugend veranstaltete Erhebung (238 000 Kinder und Jugendliche)[16] oder die 1955 von Bödecker im deutschen Bundesgebiet durchgeführte Rundfrage (28 335 Kinder)[17] oder die Untersuchung des DIVO-Instituts Frankfurt am Main aus dem Jahre 1964 (Repräsentativbefragung von rund 2000 Jugendlichen und Erwachsenen)[18] oder die von der Bertelsmann Stiftung beauftragte intermediale Untersuchung der Infratest Medienforschung der Jahre 1977 und 1978, die über 800 Sechs- bis Siebzehnjährige einbezieht[19].

Eine groß angelegte Erhebung ist die Studie der ARD / ZDF Medienkommission und der Bertelsmannstiftung »Jugend und Medien« (1986), bei der ca. 4000 Jugendliche und junge Erwachsene im Alter von 12 bis 29 Jahren nach ihrem Medienverhalten

---

13 Ch. Bühler 1971 (zuerst 1918).
14 W. Quast 1923.
15 H. H. Busse 1923.
16 Was liest die österreichische Jugend? In: R. Bamberger: Jugendlektüre. Bonn / Wien 1955 (1. Aufl.), S. 37 ff.
17 H. Bödecker: Dein Lieblingsbuch – Dein Lieblingsautor. In: Jugendschriften-Warte 1959/ 3 ff. und 1960/3 f.
18 M.-R. Girardi / K. K. Neffe / H. Steiner 1965.
19 G. Unholzer 1978, P. Steinborn / B. Franzmann 1980.

befragt wurden.[20] Ebenfalls neueren Datums ist die im »Jugendwerk der Deutschen Shell« 1985 veröffentlichte Arbeit »Lesekultur und Medienkonsum im Jugendalter 1954–1984«[21] und die auf eine Altersstufe begrenzte ca. 2400 Befragte umfassende österreichische Erhebung »Vierzehnjährige als Buchleser« (1984)[22].

Eine weitere groß angelegte Studie (1991) basiert auf Daten der 1988/89 im Auftrag der Bertelsmann Stiftung durchgeführten Erhebung »Kommunikationsverhalten und Medien«. Die repräsentative Umfrage – 3205 Befragte und 468 Kabelbenutzer in der Bundesrepublik – bezieht sich auf Jugendliche und Erwachsene. Sie sollte Voraussetzungen schaffen, um Buchnutzung und Leseverhalten im Rahmen eines erweiterten Medienangebots analysieren zu können.[23]

Es kann unmöglich auch nur der Versuch gemacht werden, einen umfassenden Überblick über die Ergebnisse zu erstellen. Ich will mich lediglich der übergeordneten Frage nach der *Zukunft des freien Lesens und des Buches* zuwenden. Können sie sich bei Kindern und Jugendlichen, namentlich gegenüber dem Massenmedium Fernsehen, noch behaupten?

Verglichen mit den dunklen Prophezeiungen über das Ende der Buchkultur überhaupt und den Warnungen vor der Übermacht des Fernsehens und deren Folgen ergeben die Daten und Analysen der letzten Großuntersuchungen durchaus kein desolates, sondern eher ein positives Bild.

Jutta Grützmacher äußert sich zu *Infratest Medienforschung*[24] der Jahre 1977/78: »Zu den überraschendsten Ergebnissen der Infratest-Studie gehört wohl die Widerlegung der Hypothese, daß Fernsehen Substitutionsprozesse erheblichen Umfangs ausgelöst habe.«[25] Damit ist gemeint, die Daten ließen darauf schließen, daß die neuen Medien die bestehenden Medien – den Kinofilm ausgenommen – nicht oder jedenfalls nicht nennenswert zurückgedrängt oder gar ersetzt hätten. »Bemerkenswerterweise bleibt« so Steinborn/Franzmann zum Jugendlesen »der relative Zeitanteil für Bücher, die nicht zu Schulzwecken genutzt werden, über die Jahre hinweg weitgehend konstant.«[26]

Am ehesten noch könnte die *ARD/ZDF-Studie*[27], zumindest was die Datenlage anbelangt, zur Untermauerung der These vom Zerfall der Lesekultur herangezogen werden. Während ca. 69% der Befragten täglich fernsehen, liest nur jeder fünfte Befragte täglich in einem Buch. Von der täglichen Zeit, die sie den Massenmedien

---

[20] H. Bonfadelli u. a. 1986; H. H. Lührig 1986.
[21] J. Zinnecker 1985.
[22] L. Binder u. a. 1984.
[23] A. Fritz 1991.
[24] Siehe G. Unholzer 1978 u. Steinborn/Franzmann 1980.
[25] J. Grützmacher 1979, S. 8.
[26] Steinborn/Franzmann 1980, S. 166.
[27] H. Bonfadelli 1986.

widmen, kommt der Lektüre von Büchern nur ein bescheidener Anteil von etwa 6% zugute.[28] 19% der Befragten bezeichnen sich als Nichtleser. Die Autoren glauben aber, auf Grund der gewonnenen Einblicke auch an die Chance des Buches, sich trotz scharfer Konkurrenz behaupten zu können. Überdies sei »die bedeutsame Rolle von Elternhaus, Bildungspolitik und Schule für das Überleben des Kulturträgers Buch offenkundig«.[29]

Zu einem völlig anderen Ergebnis kommt die *österreichische Untersuchung*.[30] Das Bücherlesen der Vierzehnjährigen wird nach dieser Studie von 12,8% als bevorzugte Freizeitbeschäftigung genannt und rangiert damit sogar vor dem Fernsehen (7,1%).

Ein optimistisches Bild, das vor allem durch eine Längsschnittbetrachtung überzeugend unterstrichen wird, bringt die *Shellstudie 1985.* »Ein Ende der Lesekultur läßt sich, was die Bundesrepublik Deutschland angeht, gegenwärtig bei Jüngeren nicht konstatieren. Eine solche Feststellung ginge schon an der Entwicklung des Marktes im Bereich der Print-Medien vorbei, die dahingeht, daß in den 70er Jahren das Bücher- und Zeitschriftenangebot für Kinder und Jugendliche (weiter) expandierte ... Trotz einer erheblichen Ausdifferenzierung des Medienangebotes und der Konkurrenz durch Bild und Tonmedien (Fernsehen, Video, Tonkassetten) ist der Anteil der Jugendlichen, die viel und / oder gern lesen, annähernd gleich geblieben. Das historische Massenmedium Buch / Zeitschrift wurde durch die neu entwickelten Medien nicht verdrängt, wie Kulturkritiker gelegentlich unterstellen.«[31]

Auch die 1991er *Studie der Bertelsmann Stiftung* läßt keine pessimistischen Prognosen zu. Sie stellt ein Nebeneinander der Medien fest, wobei das reichhaltige Angebot der Massenmedien nicht unbedingt als eine Konkurrenz zum Buchlesen einzustufen ist. Ein schon früher festgestellter Trend verstärkt sich, daß Jugendliche und junge Erwachsene das Buch viel selbstverständlicher in den Medienverbund miteinbeziehen als Ältere.[32]

2. *Junglesersoziologie*

Die Junglesersoziologie will jenen Teilaspekt abdecken, der sich auf die soziologischen Gegebenheiten und deren Einfluß auf Lese- und Literaturverhalten bezieht. Von einigen wird beklagt, daß der soziologische Aspekt in der bisherigen Jungleserforschung stark vernachlässigt würde und als Folge davon »das Fehlen einer ausgebauten soziologischen Junglesertheorie«[33] zu konstatieren sei. Andere warnen davor,

---

[28] H. H. Lührig 1986.
[29] ebd., S. 21.
[30] L. Binder 1984.
[31] J. Zinnecker 1985, S. 189f.
[32] A. Fritz 1991, S. 17.
[33] M. Dahrendorf 1977, S. 117.

soziologische Interpretationen und Erklärungsversuche zu sehr in den Vordergrund zu rücken und die Lesersoziologie gleichsam als allein maßgebliche und effektive Theorie zu favorisieren und Forschungsansätze wie die leserpsychologische für überflüssig zu erachten[34].

Schon in früheren Arbeiten finden sich *schichtspezifisch orientierte* Aussagen. So kommt Hans Heinrich Busse auf Grund seiner Untersuchungen aus dem Jahre 1927, in die auch die soziale Bevölkerungsstruktur einbezogen ist, zu dem Ergebnis: »Die ganze freie Lektüre wird also meistens auf derselben niederen Stufe stehen wie das soziale Milieu.«[35] Heute wird man den Satz genauer präzisieren, denn erstens ist unbestritten, daß nicht der *soziale* Familienstatus allein, sondern noch eine Reihe anderer Faktoren auf das Freizeitlesen Einfluß nimmt. Zweitens ist zu beachten, daß nicht das »soziale Milieu« an sich (wirtschaftliche Situation, Beruf des Vaters), sondern die kulturelle Atmosphäre des Hauses, die nicht allein von der Schichtzugehörigkeit abhängig ist und innerhalb ein und derselben Gesellschaftsschicht unterschiedlich sein kann, auf das Verhältnis zwischen Kind und Literatur einwirkt. Otwald Kropatsch stellte an Hand von empirischen Untersuchungen in der Steiermark fest, daß weder der Buchbesitz der Kinder noch die Lesefreudigkeit in einer ursächlichen Beziehung zum Beruf und zum Wohlstand des Vaters stehen (von einigen Extremfällen abgesehen)[36]. Nicht der Sozialstatus, sondern der kulturelle Status des Elternhauses und – wie man hinzufügen muß - die Bereitschaft des Elternhauses, auf kulturelle Anregungen von außen einzugehen, beeinflussen wesentlich Lesebedürfnisse und Lesequalität der Kinder. Offensichtlich ist aber doch Schichtniveau und literarisches Kulturniveau noch weitgehend identisch. Wie anders könnten sich Ergebnisse erklären, die immer wieder einen Zusammenhang feststellen zwischen niederer Sozialschicht, geringerer Literaturnutzung und geringerer Literaturqualität einerseits und zwischen höherer Sozialschicht, umfangreicherer Literaturnutzung und qualitätsvollerer Lektüre andererseits[37].

Auch aus der Bertelsmann-Studie 1991 läßt sich folgern, daß nach wie vor dem kulturell anregenden Elternhaus »am ehesten habituelle Leser erwachsen«. Sie nennt aber als weitergreifenden Faktor »das soziale Umfeld, das durch einen aktiven Umgang mit Büchern geprägt ist«; dazu gehört auch die »Mediensozialisation, die das Buch mit einschließt«.[38] Es gibt im Laufe der persönlichen Entwicklung im jugendlichen und mittleren Alter eine Reihe von Anlässen und Möglichkeiten, die Lektürenutzung veranlassen. Die Analysen zeigen, »daß eigentlich nur ein Weg *nicht* zum

---

[34] Vgl. A. Beinlich 1980, S. 28.
[35] H. H. Busse 1927, S. 433.
[36] O. Kropatsch 1967, S. 154 ff.
[37] Siehe z. B. Infratest Medienforschung: G. Unholzer 1978 bzw. Steinborn / Franzmann 1980.
[38] A. Fritz 1991, S. 12.

Lesen führt: ein Klima in Kindheit und Jugend, dem jegliche Anregungen fehlen«.[39]

Zu den leserkundlichen Untersuchungen der siebziger Jahre mit ausgesprochen sozialwissenschaftlicher Orientierung zählen die Arbeiten von Dirk Gerlach und Dieter Kirsch[40]. Beide stellen die soziokulturellen Gegebenheiten (schichtspezifisch betrachtet) in Korrelation zu Literaturverhalten und Literaturerziehung und entwickeln didaktische Konsequenzen, die zunächst in tolerantem und anerkennendem Verhalten gegenüber der Trivialliteratur bestehen, darüber hinaus aber die Bekämpfung der schichtspezifischen Literaturbarrieren zum Ziel haben. Ähnlich wie Dahrendorf, der seit Jahren die soziologische Komponente in der Literaturdidaktik entschieden propagiert und vertritt[41], kommen Gerlach und Mitarbeiter, was die schulischen Möglichkeiten betrifft, zu einschränkenden bis resignativen Ergebnissen. Auf Grund ihrer Überzeugung von der übermächtigen gesellschaftlichen Abhängigkeit sei die Schule überfordert. Sie könne den nachteiligen Sozialisationskreislauf nicht aufbrechen. Die Konsequenzen müßten auf Veränderung der Schule abzielen oder noch richtiger – wie Groeben/Scheele argumentieren – darauf, »daß eine Veränderung der Lesesozialisation eine Veränderung der Sozialisation überhaupt voraussetzt und somit eine sozio-ökonomische Strukturveränderung umgreifen muß«.[42] Von der Schule selbst eine Verbesserung der Lesererziehung und Lesekultur zu erwarten, sei vergeblicher »Bildungsidealismus«. Immerhin mahnt M. Dahrendorf, nicht ganz auf Idealismus zu verzichten: »Der Literaturunterricht hat Aufgaben im Hier und Heute zu erfüllen und sollte sich dieser Aufgaben auch dann stellen, wenn größere Erfolge erst nach gesellschaftlichen ›Strukturveränderungen‹ zu erwarten sind.«[43]

Eindeutiger feststellbar als das kulturelle Milieu der Familie, das man nicht einfach von der jeweiligen Sozialschicht ableiten sollte, ist der *Bildungsstand der Kinder und Jugendlichen*. Es dürfte gerechtfertigt und im allgemeinen zutreffend sein, auf ihn vom Schulbesuch her zu schließen. Bildungsstand/Schulbesuch mit Literatur und Lesen in Zusammenhang gebracht ergibt: Geförderte, geistig trainierte und leistungsfähige Menschen entwickeln eher differenziertere und anspruchsvollere Leseneigungen als geistig träge und leistungsschwache. Eine vom EMNID-Institut durchgeführte Untersuchung zur Freizeitsituation der deutschen Jugend im Bundesgebiet zeigt unter anderem. »Das Interesse am Bücher-Lesen erweist sich demnach genau

---

[39] ebd., S.19.
[40] D. Gerlach 1976 – D. Kirsch 1978.
[41] Vgl. M. Dahrendorf 1977, 1980 u. a.
[42] Groeben/Scheele 1975, S.104.
[43] M. Dahrendorf 1980, S.155.

wie dasjenige an Musik als vollständig abhängig vom Stand der erreichten Bildung.«[44] Volksschulentlassene Jugendliche zeigen weniger Interesse am Bücherlesen als Jugendliche mit Mittlerer Reife, diese wieder weniger als Jugendliche mit Abitur.

Die ARD/ZDF-Studie (1986) bestätigt, daß Jugendliche und junge Erwachsene in ihrem Rezeptionsverhalten vom jeweiligen Bildungsstand geprägt sind: »Bloß 39% der Befragten mit Volksschulbildung greifen mindestens einmal pro Woche zum Buch, während Personen mit Weiterbildung zu 59%, mit Abitur zu 74% und mit Hochschulbildung zu 89% dies tun.«[45]

3. Psychologische Jungleserkunde

Daß die psychologische Jungleserkunde zur soziologischen Jungleserkunde im Gegensatz stünde, ist nur zum Teil richtig. Die Feststellung trifft zu, wenn man eine einseitige und ausschließlich endogen erklärende Leserpsychologie einer einseitig und ausschließlich soziologisch argumentierenden Leserforschung gegenüberstellt. In Wahrheit sind – wie schon erwähnt – beide aufeinander angewiesen, weil sowohl individuelle psychische Prozesse und Gegebenheiten als auch der soziologische Kontext die Lesehaltung hervorbringen.

3.1 Leseneigungen, Leseinteressen

Charlotte Bühler folgerte 1926 aus den Angaben von 8000 Wiener Kindern zu ihrem Lieblingsbuch noch ausschließlich entwicklungspsychologisch. Auf Grund ihrer Einsichten in die Seelenstruktur der Altersstufen nannte sie drei Interessenlinien: 1. von der Wirklichkeitsferne zur Wirklichkeitsnähe (vom Märchen bis zum Abenteuerbuch); 2. vom Interesse an der kindlichen Umwelt (Struwwelpeteralter) zum Jungen- und Mädchenbuch und schießlich zum Entwicklungsroman; 3. eine sachgerichtete Interessenlinie.[46]

Schon frühzeitig wurde auch nach geschlechtsspezifischen Einflüssen geforscht, so z.B. in der schon erwähnten Untersuchung von A. Rumpf (1927). Ihnen wird auch in neuen Arbeiten nachgegangen, wobei sich im wesentlichen bestätigt, daß Mädchen und Frauen mehr und anders lesen als Jungen und junge Männer; ein Faktum, für das aber nicht mehr psychologische Gegebenheiten, sondern »unter-

---

[44] V. Graf Blücher (u. a.) 1966, S. 47.
[45] H. H. Lührig 1976, S. 17.
[46] Ch. Bühler 1926.

schiedliche Sozialisationserfahrungen sowie sozialstrukturelle Faktoren verantwortlich gemacht werden.[47]

Nach der Shell-Studie 1985, die der Entwicklung seit 1950 nachgeht, ist die besondere Vorliebe für Lesen nach wie vor bei Mädchen und jungen Frauen größer als bei männlichen Jugendlichen. So ist bei der weiblichen Befragungsgruppe für 42% (1954) und 41% (1984) das Lesen »liebste« Freizeitbeschäftigung im Unterschied zu 27% (1954) und 19% (1984) bei der männlichen Gruppe.[48]

3.2 Leseantriebe, Lesemotive

In engem Zusammenhang mit der Erkundung von Leseneigung und Leseinteresse steht die Aufdeckung der Leseantriebe oder Lesemotive. Sie sind einerseits psychologisch erklärbar, indem ihre Wurzeln in einem menschlichen Antriebssystem gesehen werden, das allerdings nach Richtung und Ausmaß individuell verschieden und der Entwicklung unterworfen ist. Sieht man Entwicklung als eine Summe von Prozessen, die nicht allein von innen, sondern von Reizen und Anregungen der Umwelt gesteuert und aktiviert werden, dann ergibt sich zwingend die Notwendigkeit, eine rein endogen argumentierende durch eine endogen-exogen erklärende Leseantriebslehre zu ersetzen. Jedenfalls gilt auch für die Behandlung dieses Fragenkomplexes, weder die psychologische noch die soziologische Betrachtungsweise einseitig für sich gelten zu lassen.

Setzt man zur Erforschung der Beweggründe des Lesens psychologisch an, dann wäre ein Vorgehen erfolgversprechend, das sich zunächst bei den allgemeinen Grundlagen menschlicher Aktivität umsieht, um an diese dann die spezielle Frage nach ihrer Bedeutung und Auswirkung für das Lesen zu stellen. Der methodische Weg würde seinen Ausgang von der Psychologie der Antriebe und Strebungen oder der Motivationspsychologie nehmen. Die Leseantriebsforschung zieht es vor, in unmittelbarer Anlehnung an den Leseprozeß und an das Leseverhalten der Frage nach den Beweggründen nachzugehen.

Elisabeth Schliebe-Lippert stellte in ihrer vielbeachteten Abhandlung zwei Grundantriebe fest, die für das Verhalten des Menschen als Leser entscheidend sind, den Grundantrieb der sachlichen Weltbemächtigung und den Grundantrieb der Erschließung des Eigenmenschlichen über das Fremdmenschliche. Beide Antriebe wirken sich durch die gesamte literarische Entwicklung hindurch aus und bestimmen je nach Stärke und Tönung Leseantrieb, Leseinteresse und literarische Gesamthaltung[49]. Ein

[47] H. H. Lührig 1986, S. 17 (ARD/ZDF-Studie).
[48] J. Zinnecker 1985, S. 191 (Tab. 7).
[49] E. Schliebe-Lippert 1950.

wertvoller Ansatz zur Systematisierung und Psychologisierung der Lesemotivationen! Die Zweiteilung ist aber nicht umfassend genug. Man vermißt andere Beweggründe, die ebenfalls eine Rolle spielen, in dieser Gliederung aber keinen Platz finden, so der Drang nach zweckloser Unterhaltung, nach ästhetischem Genießen, der Erlebnisdrang um seiner selbst willen, das Streben nach Selbstgestaltung und Selbsterziehung (nicht nur nch Ichfindung).

Nach Hans E. Giehrl können mindestens drei herausragende Motivationen unterschieden werden. Sie ergeben sich für ihn durch die typischen Verhaltensweisen des menschlichen In-der-Welt-Seins: Die erste Grundmotivation des Lesens ist »im Verlangen nach Erfassung und Durchdringen des Innerweltlich-Begegnenden, im Streben nach Weltorientierung und Welt- und Daseinserhellung begründet«. Die zweite Grundmotivation »entspringt dem Streben nach Überwindung oder zumindest Lockerung der menschlichen Gebundenheiten«. In der dritten Grundmotivation geht es um »Suchen nach Ordnung und Gestalt, nach Sinndeutung der Welt und des menschlichen Lebens«.[50]

Wo versucht wird, die verschiedenartigen Leseantriebe in ein schlüssiges, auf wenige Grundzüge beschränktes System zu bringen, besteht die Gefahr der Vereinfachung und Reduzierung. Theodor Rutt hat deshalb nicht unrecht, wenn er an Stelle eines anfechtbaren und lückenhaften Ordnungsschemas die schlichte Aufzählung der ihm bekannten möglichen Antriebe wählte. Er zählt 27 »wichtige, nachweisbare« Beweggründe auf, die zum Lesen guter Lektüre führen (»aber es gibt ihrer noch mehr«) und ergänzt sie durch ebensoviele Motive, die das Lesen unwertiger und belangloser Bücher fördern[51]. Damit wendet er sich von statischen Modellen der Leseantriebslehren ab und nähert sich leserkundlichen Aspekten, die auch die soziologische Wirklichkeit als Motivationsauslöser einbeziehen. »Das Forschungsinteresse verlagert sich von der überzeitlichen Begründung menschlichen Verhaltens an sich zur Erklärung wiederkehrender Verhaltenstendenzen in möglichst vielen Situationen, von der kausal-genetischen Herleitung menschlichen Verhaltens aus der Naturgeschichte des Menschen zur Erklärung typischer wiederkehrender Verhaltenstendenzen aus der Orientierung an Erwartungen, die sich mit den jeweiligen Situationen verbinden.«[52]

Erich Weber unternimmt einen Gliederungsversuch der Lesemotive, der vorwiegend vom Freizeitaspekt ausgeht und situative Anregungsbedingungen berücksich-

---

[50] H. E. Giehrl 1977, S. 29 u. S. 30.
[51] Th. Rutt 1960, S. 76 ff. und S. 79 ff.
[52] P. Scheiner 1980, S. 112.

tigt[53]. Neben der sekundären Motivation der Lektüre, »bei der es nicht vorrangig um die Aneignung des im Schrifttum objektivierten Inhalts und Gehalts geht, sondern bei der das Lesen vor allem das erstrebte Prestige zu vermitteln und demonstrativ den erwünschten sozialen Status zu dokumentieren hat«, nennt er folgende primäre Beweggründe: Lesen als Entspannung und Erholung. Lesen zur Unterhaltung und Ablenkung. Lesen, um die Vereinsamung zu überwinden. Lesen, um berufliche Kenntnisse und Fertigkeiten zu erlangen. Lesen zur Erweiterung des Wissens überhaupt. Lesen als Gelegenheit zur ideellen Sinnorientierung, zur kontemplativen Erbauung.

Ebenfalls vom Freizeitaspekt ausgehend sucht Otto Walter Haseloff in der Erhebung bei Berliner Kindern (ab 10. Lj.) und Jugendlichen nach fundamentalen Motivationen, welche die Freizeitaktivitäten insgesamt beeinflussen und jeweils ein bestimmtes Verhalten oder Nichtverhalten hervorrufen. Er analysiert »vier fundamentale Motivationen«. Jede dieser Motivationen führt zur Bevorzugung eines bestimmten Leseverhaltens.

Das Bedürfnis zur rezeptiven Daseinsaneignung. Jugendliche, die durch dieses Bedürfnis bevorzugt motiviert sind, neigen zur möglichst leistungsfreien, passiven und vor allem risikofreien Weltbemächtigung. Sie sind fleißige Kinogänger, ausdauernde Radiohörer und Fernsehzuschauer und sie lesen auch gern.

Das Bedürfnis nach introversiver Erlebnisentfaltung. Das Vorherrschen dieser Basalmotivation führt zur Kontaktarmut und zur Pflege einer privaten, erlebniserfüllten Innenwelt. Auch diese Jugendlichen lesen gern. Das Lesen aber ist von einer innerlich anderen, qualifizierten Art als im Fall der rezeptiven Daseinsaneignung.

Das Bedürfnis nach kommunikativer Erlebnisentfaltung. Wo dieses Streben dominiert, werden all die Freizeitaktivitäten bevorzugt, »die gefühlsmäßige Befriedigung durch den Umgang mit anderen Menschen, vorzugsweise durch den Kontakt mit dem anderen Geschlecht ermöglichen«. Die Leseneigungen sind bei diesen Jugendlichen gering.

Das Bedürfnis nach expansiver Daseinsaneignung. Jugendliche, die von dieser Antriebsrichtung wesentlich gesteuert werden, bevorzugen die aktive, selbständige und risikoreiche Auseinandersetzung mit der Welt. Das Lesen um seiner selbst willen übt auf sie wenig Anreiz aus. Lektüre, die ihnen eine realistische Lebensorientierung ermöglicht und der Fortbildung dienlich scheint, wird bevorzugt.[54]

3.3 Leserentwicklung, Lesealter

Im Vordergrund der Jungleserkunde stand lange Zeit die entwicklungspsychologische Perspektive, die Frage der Leserentwicklung.

---

[53] E. Weber 1967, S. 32 ff.
[54] O. W. Haseloff 1967, S. 44 ff.

Charlotte Bühler hat als erste eine einprägsame und plausible Lesealterseinteilung vorgeschlagen. In ihrer 1918 erstmals veröffentlichten Studie über »Das Märchen und die Phantasie des Kindes«[55] geht sie primär den Zusammenhängen zwischen Märchen und kindlicher Phantasie nach, so daß die Bemerkungen über die Lesealter eigentlich nur Randbemerkungen sind. Sie wurden aber außerordentlich aufmerksam zur Kenntnis genommen und haben beachtliche Verbreitung gefunden. Jahrzehnte hindurch galten sie als die literarische Stufeneinteilung schlechthin. Hier die entscheidenden Sätze, die auf das Struwwelpeteralter (bis 4. Jahr), das Märchenalter (4. – 8. Jahr), das Robinsonalter und das später hinzugefügte Heldenalter aufmerksam machen:

»Das Märchenalter wird vorbereitet und eingeleitet durch eine andere Periode. Es ist jene erste Zeit, in der dem Kinde Lieder vorgesungen werden und von der Mutter selbst erfundene oder aus dem Märchen zurechtgestutzte Geschichten erzählt werden, die sich vom Märchen vor allem durch ihre persönliche Beziehung zum Leben des Kindes unterscheiden ... Eine kleine Moral wird bisweilen angehängt, wie sie gewöhnlich den Kern der ausgedachten Geschichten bildet. Diese haben einen typischen und anmutigen Ausdruck im Struwwelpeter gefunden ... Um ein bezeichnendes kurzes Schlagwort zu gebrauchen, wollen wir diese literarische Vorperiode die Struwwelpeterzeit nennen.«[56]

»Um einen Überblick über die Bevorzugung bestimmter Märchen durch Kinder verschiedenen Alters zu erhalten, wurde von uns eine Umfrage bei Eltern und Schulkindern veranstaltet ... Als Hauptergebnis dieser Umfrage ist festzustellen, daß die gepflegten Kinder sich etwa vom vierten bis achten Lebensjahr intensiv mit dem Märchen beschäftigen. Bei geistig weniger regsamen und weniger sorgfältig erzogenen Kindern setzt das Märchenalter gewöhnlich erst mit der Schulzeit ein und erstreckt sich mindestens bis in das zwölfte, dreizehnte Lebensjahr«[57]

»Am Ende dieses Märchenalters ... wird es bereits ergänzt und abgelöst von anderem Lesestoff ... Einen einheitlichen Namen für diese Periode zu finden, ist schwierig. Verschiedene Züge treten mit gleicher Deutlichkeit hervor. Eine leidenschaftliche Begeisterung für den heldenhaften Charakter ist unverkennbar ... Dadurch gewinnt ds Ganze einen realistischeren Anstrich ... Auch der Hang zum Abenteuerlichen, der im Märchen nur als eine vage Sehnsucht in die Welt hinaus zum Ausdruck kommt, nimmt jetzt viel konkretere Formen an ... Als eine der bezeichnendsten Geschichten dieser Periode können wir die von Robinson Crusoe ansehen, wir wollen daher dieses Stadium mit einem kurzen Schlagwort die Robinsonzeit nennen.«[58]

»Ich glaube, daß dem Robinson- als erster das Heldenalter folgt. Aus dem praktisch Tüchtigen wird dieser ein idealer Held, ein Draufgänger, furchtlos und mutig wie Siegfried, weniger klug als edel.«[59]

---

[55] Ch. Bühler 1971.
[56] ebd., S. 26 f.
[57] ebd., S. 25.
[58] ebd., S. 25 f.
[59] Ch. Bühler: Das Seelenleben des Jugendlichen. Stuttgart 1967 (6. Aufl.), S. 205.

Walter Quast lehnt sich in der schon erwähnten Arbeit (1923) an Bühler an, versucht aber noch mehr als sie, die Leserentwicklung nach formalen Merkmalen des Kindes und Jugendlichen zu beschreiben. »In großen Zügen sieht er die literarische Entwicklung als eine Abfolge von 1. rein rezeptiver, passiver Hinnahme des Lesegutes (im ›Märchenalter‹, Ende 9./10. Jahr); 2. einer rein rezeptiven Zeit der Helden- und Abenteuer- bzw. Märchenerzählungen (›Robinsonalter‹, Ende bei Knaben 14., bei Mädchen 12. Jahr); 3. einer Zeit der einsetzenden Reflexion mit vielseitigen Leseinteressen (Ende bei Knaben und Mädchen 15./16. Jahr); und 4. einer Zeit der Hinwendung zum Realen, worunter ganz allgemein das Streben nach Erkenntnis und Klarheit, nach Ausbildung der individuellen Fähigkeiten verstanden wird. Mit dem 18. Jahr sieht Quast die literarische Entwicklung im wesentlichen abgeschlossen.«[60]

Einen verdienstvollen Beitrag zur Erforschung der Leserentwicklung verdanken wir Elisabeth Schliebe-Lippert. Sie hat nicht nur das Gespräch um die Lesealter neu belebt, sondern auch dem bisherigen Wissen neue Erkenntnisse hinzugefügt und der nachfolgenden Forschung neue Akzente gesetzt. Vieles, was nach ihr über die Leseentwicklung geschrieben worden ist, wäre ohne die Vorleistung Schliebe-Lipperts nicht denkbar.[61]

Schliebe-Lippert legt eine Lesealterseinteilung vor, die sich auf die Einsichten der allgemeinen Entwicklungspsychologie stützt und die menschlichen Grundantriebe systematisch einbezieht. In ihrer Sicht sind dies der Antrieb zur sachlichen Weltbemächtigung und der Antrieb zur Erschließung des Eigenmenschlichen über das Fremdmenschliche (siehe S. 317 f.). Beide ziehen sich als Leitlinien durch die gesamte Entwicklung, wobei der Schwerpunkt einmal mehr bei diesem, einmal mehr bei jenem Grundantrieb liegt. Die Stufen werden in zwei große Bereiche eingeordnet. Das Gesamtschema sieht gekürzt so aus:

Der außerästhetische Bereich:
1. Stufe (2.–5. Lj.): Lebenseinige, gegenstandsgebundene Anfangsphase
2. Stufe (6.–8. Lj.): Märchenhafte Lesephase
3. Stufe (9.–10. Lj.): Sachbetonte Lesephase
4. Stufe (11.–13. Lj.): Apsychologisch-sensationsgesteuerte Lesephase
Der literarästhetische Bereich:
1. Stufe: Die psychologisch-ästhetische Erregungsphase im Jugendalter
   a) Frühstufe (14.–16. Lj.) b) Reifestufe (17.–20. Lj.)
2. Stufe: Psychologisch-ästhetische Beruhigungsphase der Erwachsenheit:
   a) Normalform b) Hochform

---

[60] U. Wölfel 1961, S. 17.
[61] E. Schliebe-Lippert 1950.

Alexander Beinlich, der 1965 erstmals den Entwurf zu einer umfassend anthropologisch fundierten Jungleserforschung skizziert hatte[62], entwickelte sein Konzept ständig weiter. Ihm liegt die Absicht zugrunde, »die verzerrenden Einseitigkeiten der engen, jeweils häufig monoman forcierten literarpädagogischen, entwicklungspsychologischen, soziologisch-sozialpolitischen Versuche zu vermeiden, jedoch die von dieser Seite beigebrachten wichtigen positiven Elemente und Perspektiven integrativ zu verarbeiten.«[63] Hinsichtlich eines »verflochtenen multifaktoriellen Entwicklungsgeschehens« ergibt sich ein diffiziles, aber letztlich in seiner komplexen Vielfältigkeit realistisches Bild. Die Termini »Lesealter«, »Lesephase« usw. werden vermieden. Statt dessen wird von offenen »Zonen« der Entwicklung gesprochen, die einander weit überlappen, nach Lebensjahren bloß unverbindlich festzuhalten sind und deren charakteristische Merkmale mehr oder weniger zuverlässig auftreten. Als Prämisse setzt Beinlich seiner Planskizze voraus:

a) Die (sprachlich-)literarische Entwicklung ist nicht kontinuierlich aufsteigend bis ins Alter fortgesetzt zu denken.

b) Anthropologische Entwicklungsverläufe in einer weiträumig gefaßten relativ konformen Kultur/Zivilisation sind in bestimmten Grenzen insgesamt relativ vergleichbar.

c) Eine generelle ästhetische Ansprechbarkeit ist als anthropologische Grundqualität anzusetzen.

d) Der sprachlich-literarischen Kreativität kommt in allen Lebensaltern Bedeutung zu.[64]

Die »offenen« Entwicklungszonen werden nach neutralen Benennungen gekennzeichnet und werden jeweils nach soziokulturellen Varianten, aktueller anthropologischer Entwicklungslage, literarischer Entwicklung und Literaturgut, ästhetischen Erlebnissen und sprachlich-literarischer Kreativität abgehandelt.[65]

Sie umfassen:

Frühe Kindheit:	bis etwa 4/5 (selten 6) Jahren
Mittlere Kindheit:	zwischen etwa 5/6 und 8/9 (seltener 10) Jahren
Reife Kindheit:	zwischen etwa 9 und 11/12 (Md.), 12/13 (Jg.) Jahren
Vorpubertät und Pubertät:	zwischen etwa (11) 12/13 und 15/16 (Md.), 13/14 und 17/18 (Jg.) Jahren

Die Lehre von der Leserentwicklung ist für eine kind- und jugendgemäße Lese- und Literaturerziehung unerläßlich. Sie geht auf die Tatsache zurück, daß sich in der Entwicklung der menschlichen Individuen zwar zahlreiche Verschiedenheiten zeigen, eine große Übereinstimmung aber doch nicht zu übersehen ist. Wodurch

---

[62] A. Beinlich: Über die literarische Entwicklung der Heranwachsenden. In: Wirkendes Wort 1965, S. 110–121 und S. 187–200. – Spätere Ausarbeitungen: A. Beinlich 1973 a, 1980 und zuletzt 1982.

[63] A. Beinlich 1980, S. 28.

[64] ebd., S. 35 f.

[65] Ausführliche Darstellung in: A. Beinlich 1980, S. 43 ff.

Verschiedenheit und Übereinstimmung hervorgerufen werden, wie weit endogene und exogene Faktoren maßgeblich sind, welche Lebensjahre man zu einer lockeren Altersgruppe zusammenfassen kann, dies sind einige der Grundprobleme, mit denen sich die Entwicklungstheorie zu befassen hat. Sie wird stets eine Theorie bleiben, die notwendigerweise verallgemeinert und schematisiert. Ihre Aussagen beziehen sich auf den Durchschnitt und können der individuellen Eigenart des einzelnen nicht voll gerecht werden. Der Literaturpädagoge darf sie daher nicht mechanisch übernehmen und anwenden, sondern muß sich offenhalten für die individuellen Erscheinungsformen und das oft eigenwillige und normabweichende Verhalten der Kinder. Das Wachstum verläuft nicht nur gleichmäßig; es treten zeitweise auch schubartige Veränderungen auf, die wir akzeptieren müssen, auch wenn darunter die schöne Vorstellung der harmonischen Entwicklung, des langsamen Hineinwachsens in höhere Formen der Litertur auf vorgezeichneten Lesebahnen leidet. Hinweise auf altersgemäßes Leseverhalten oder auf phasengerechtes Schrifttum müssen mit der nötigen Vorsicht aufgenommen werden.

Die Korrektur des klassischen Entwicklungsbegriffes wendet sich gegen die einseitige Betonung der endogen programmierten organische Entfaltung und des gesetzmäßig nach Rhythmusintervallen verlaufenden Entwicklungsganges. Sie verweist auf die Abhängigkeit von exogenen Einflüssen und von Lernprozessen, sie betont die individuellen Unterschiede der Entwicklung. Das hat weitgehend dazu geführt, auch schon den Versuch einer inhaltlichen und zeitlichen Festlegung von Entwicklungsstufen abzulehnen. Es ist aber nach wie vor berechtigt und sinnvoll, die Entwicklung einzelner menschlicher Bereiche (so auch die Leserentwicklung) in stufen-, phasen- oder zonenweiser Anordnung aufzuzeigen und bestimmte Tendenzen festzuhalten.

> »Auch die Schwerpunktverlagerung von den entwicklungsbestimmenden Prozessen auf die Lernprozesse durch die sozialpsychologische, soziologische und kulturanthropologische Forschung usw. haben die grundsätzliche Annahme und Entdeckung von Phasen oder Stufen der Entwicklung nicht einfach widerlegt, sondern nur nachgewiesen, daß der Zeitpunkt ihres Auftretens und der Grad ihrer Ausprägung stärker von sozio-kulturellen Bedingungsfaktoren und -feldern abhängig sind, als man zuvor annahm.«[66]

Nachfolgend soll eine *zusammenfassende Skizzierung der Lesealter*, das heißt also der literarischen Entwicklung versucht werden. Sie schließt sich dem Einteilungsvorschlag von A. Beinlich an. Die Darstellung mag in ihren Einzelheiten mehr oder weniger auf den Einzelleser zutreffen, sie kann aber als Ansatz zur Orientierung in der konkreten und individuellen Wirklichkeit dienen:

Etwa 2. bis 4./5. Lebensjahr: Frühe Kindheit.
    Es ist die Zeit des Zuhörens (Vorlesen und Erzählen), des Betrachtens (Bilderbü-

---

[66] H. Roth: Pädagogische Anthropologie. Band 2. Hannover 1971, S. 98 f.

cher), des Nachsprechens (Reime und Verse), des Nacherzählens und Nach-
»Lesens«. Die eigentliche und gemäße Lebensbetätigung dieser Phase ist das
Spiel, und die Literatur wird gern in das Spiel einbezogen. Bilderbücher werden
wie Spielzeuge behandelt, Geschichten werden gespielt, Verse und Reime gesun-
gen.

Für das Kind ist die Literatur noch ausschließlich ein Mittel zweckloser Freude
und Unterhaltung. Unbewußt wird aber das nähere Vertrautwerden mit Menschen, Tieren, Pflanzen und Dingen gesucht, werden neue Vorstellungen gewonnen, wird die Sprech- und Denkfunktion geübt. Zuhören und Betrachten sind
außerdem Übungen der Konzentration und Aufmerksamkeit.

Literaturpädagogisch werden schon in dieser frühen Phase die ersten Beziehungen zum Buch und zur geformten Sprache angebahnt und einfache ästhetische
Grunderlebnisse vermittelt.

Kindgemäße Literatur sind Bilderbücher, leicht überschaubare kurze Kleinkin-
dergeschichten, einfache Märchen, Kinderreime und -verse, Kindergedichte und
-lieder, lustige Szenenspiele, Kasperltheater.

Etwa 5./6. bis 8./9. Lebensjahr: Mittlere Kindheit.
Die Bewältigung von Erscheinungen und Zusammenhängen der Umwelt ist eine
Hauptfunktion dieses Alters. Sie ist verstandesmäßig allein noch nicht möglich.
Daraus erklärt sich das Bestreben, die Dinge nicht nur realistisch, sondern auch
magisch zu deuten. Beides läuft parallel zueinander, Phantasie und Wirklichkeit
gehen ineinander über (magisch-realistische Phase). Die magische und phantastische Haltung wirkt sich vor allem dann aus, wenn das Kind in seinen Gedanken
die sinnlich greifbare Umwelt verläßt und »in die weite Welt hinaus« geht. Das
Märchen spielt dabei eine besondere Rolle. Die Vorliebe dafür ist heute allerdings
nicht mehr bei allen Kindern ausgeprägt vorhanden. Sicher ist, daß bei vielen
Kindern das Märchen, zusammen mit phantastischen Geschichten und wirklichkeitsnahen Erzählungen (mit irrealen Elementen), zu einem ersten Höhepunkt
der literarischen Entwicklung führt, zu einer Intensität des Erlebens, die erst
wieder im Lesen von Abenteuerliteratur ihresgleichen hat.

Der Leseanfänger macht bei entsprechender Anregung durch Erwachsene Versuche, auch längere Texte allein aufzunehmen; das stille Lesen bereitet ihm aber
noch Schwierigkeiten, und er zieht das Zuhören vor. Wo das Buch als Mittel des
Lesenlernens überbetont wird, stellen sich bei den weniger leistungsstarken
Kindern frühzeitig Aversionen gegen die Literatur ein. Das gleiche gilt, wenn auf
den individuellen geistigen Wachstumsrhythmus zu wenig Rücksicht genommen
wird. Etwa ab 2./3. Schuljahr ist meistens ein deutliches Anwachsen von Lektüre-
interesse und Lesefähigkeit festzustellen.

Altersgemäße Literatur sind Volksmärchen (Wunder- und Heldenmärchen) und
Kunstmärchen im einfachen Erzählton, sind realistische und phantastische Kin-
dergeschichten in Vers und Prosa. Meistens zu wenig beachtet wird, daß dieses
Alter auch dem Bilderbuch (Bilderbuchgeschichten) noch sehr zugetan ist.

Lustige Comics sind gefragt. Kindersendungen des Fernsehens, Kassette und Schallplatte mit Texten und Liedern für Kinder spielen in der Freizeit eine bedeutende Rolle. Das Interesse an Medien bedarf aber der Steuerung.

Etwa 9. bis 11./12. (Md.), 12./13. (Jg.) Lebensjahr: Reife Kindheit.

Auf Grund der wachsenden körperlichen und geistigen Kräfte einerseits, der erfüllbaren Anforderungen und Bedürfnisse andererseits bildet sich eine optimistisch-zuversichtliche Lebenshaltung (»frohe Phase«) heraus. Ein weiteres Kennzeichen ist das verstärkte Streben nach realistischer Welterfassung (naiver Realismus). Das Kind versucht immer mehr, mit Hilfe des wachsenden Verstandes Zusammenhang und Wesen der Dinge sachgerecht zu erkennen. Mit der Zeit aber wird der Realismus durch einen starken Zug zum Dynamisch-Sensationellen, zum Außergewöhnlichen und Fremdartigen charakterisiert (Abenteueralter). Das Interesse wendet sich bevorzugt dem Menschen und seinem Verhalten in extremen Situationen zu. Hierbei findet das Leben anderer Kinder und die Umstände, unter denen sie leben, besondere Aufmerksamkeit. Das Interesse an sachlichen Gegebenheiten zeigt sich bei vielen als Hinwendung zu bestimmten Sondergebieten, die allerdings innerhalb kurzer Zeit wechseln können.

Zu Beginn dieser Stufe stehen im Mittelpunkt noch realistische Kindergeschichten aus Heimat und Welt. Die lustige Geschichte ist sehr begehrt. Der Sinn für das Komische und das Außergewöhnliche weckt auch Interesse für phantastische Erzählungen. Gegen Ende der Phase dominiert das Abenteuerbuch. Mädchen lesen ebenfalls gerne »spannende« Lektüre. Vorwiegend zieht es sie aber zu Erzählungen, die von ihresgleichen handeln. Sie entdecken das Mädchenbuch als »ihre« Literatur. Von der Interessenlage der Kinder her könnte jetzt auch – bei entsprechendem didaktischen Vorgehen – ein Versuch mit Schwänken, Fabeln, Legenden, Heldensagen und Balladen erfolgreich sein. Das Sachbuch wird zunehmend zur begehrten Lektüre. Dem Unterhaltungs- und Informationsbedürfnis gleichermaßen entspricht die Kinderzeitschrift.

Das starke Erlebnisbedürfnis bewirkt, daß die Lesefreude des jungen Menschen – soweit er überhaupt Leser ist – jetzt einen Höhepunkt erreicht. Vom Lesetechnischen her bestehen normalerweise keine Schwierigkeiten mehr. Die Fähigkeit des Denkens, Kombinierens und Überschauens hat sich so weit entwickelt, daß umfangreichere und kompliziertere Lektüre bewältigt werden kann. Das Stillesen wird zur Hauptform des Lesens. Mit der Lesefreude verbunden ist allerdings die Gefahr der Vielleserei und des Schmökerns. Knaben sind anfällig für reißerische Literatur (Western, Krimis, Kriegs- und Horrorgeschichten, vor allem in Comic-Form), Mädchen für trivialen Kitsch. Eine bewußte Leseerziehung ist notwendig, die den altersgemäßen Interessen und den schichtspezifischen Bedürfnissen entgegenkommt und versucht, durch Unterweisung und Gewöhnung das Lesebedürfnis zu lenken und die Urteilsfähigkeit zu verbessern. Der Erfolg literar-pädagogischen Einwirkens in dieser

Phase ist für die weitere Leserentwicklung und für Leseinteressen im späteren Leben entscheidend. Er ist aber durch die soziokulturellen Gegebenheiten determiniert.

Etwa 12./13. bis 15./16. (Md.), 13./14. bis 17./18. (Jg.) Lebensjahr: Vorpubertät und Pubertät.

Über das Fremdmenschliche sucht der Jugendliche das eigene Ich zu ergründen, es in den Griff zu bekommen und zu gestalten. Die Literatur wird zu einem Faktor der Identitäts- und Rollenfindung, der persönlichen Lebensplanung und Weltdeutung. Das größere Verständnis für seelische Vorgänge, die größere Fähigkeit zu logisch-abstraktem Denken (allerdings in individuell sehr unterschiedlichem Maß) ermöglichen die Auseinandersetzung mit Fragen des Lebens, mit Problemen verschiedener Art und mit schwierigeren Fakten der Sachwelt. Lesen wird aber auch als eine Möglichkeit der Entlastung, der Abwechslung, der Flucht vor dem Alltag und vor seinen Schwierigkeiten geschätzt. Aber nicht bloß der stoffliche Gehalt, auch die Form wird nun bewußter beachtet. Die jeweilige Qualität der geistig-seelischen Konstitution, die kulturelle Atmosphäre der nächsten Umwelt und die Höhe des Bildungsstandes wirken sich auf das ästhetische Anspruchsniveau sehr unterschiedlich aus. Jedenfalls gibt das mit der Reifezeit verbundene Entwicklungsgeschehen grundsätzlich die Möglichkeit, für die ästhetischen Werte empfänglich zu sein und sie bewußter aufzufassen.

Bezüglich Leseinteressen und Leserhaltung gibt es erhebliche Abweichungen nach oben und unten. Sie zeigen sich schichtspezifisch und schulartenmäßig. Die Einwirkung der soziokulturellen Umwelt zeigt jetzt die deutlichsten Spuren. Für jeden Heranwachsenden ist aber die Spannweite des Leseguts größer als zuvor. Je mehr die Reifezeit sich als Kulturpubertät erweist, um so qualifizierter ist die pragmatische und ästhetische Literatur und um so eher finden sich Voraussetzungen dafür, neben den epischen Formen auch Drama oder Lyrik zu entdecken. Immer noch wird spezielle Jugendliteratur gelesen: Abenteuerbücher in romanhafter Form, geschichtliche Romane und Erzählungen, Biographien, Problembücher der Jugend, Jugendsachbücher verschiedener Art, Jugendzeitschriften. Gegen Ende der Phase erhält das Erwachsenenschrifttum oder auch die sog. Adoleszenzliteratur Übergewicht, sei es in Form der anspruchslosen Trivialliteratur und der weitverbreiteten Massenlektüre oder (bei weit weniger jungen Leuten) in Form anspruchsvoller und qualifizierter Literatur.

3.4 Lesertypen

Das Anliegen der Jungleserkunde, die Vielzahl vorgefundener Daten zu ordnen und zu systematisieren, Gleiches und Verschiedenes zu trennen, Einzelmerkmale nach Ähnlichkeit und innerer Affinität zu gruppieren, führt zur Erarbeitung von

Lesertypen. Die Leserforschung hat allerdings – wenn man vom Alters-, Geschlechts- und neuerdings Sozialtypus absieht – diesbezüglich nur wenige Ergebnisse vorzuweisen. Gerade von der Typenbestimmung aber könnte eine klärende und ordnungsstiftende Wirkung ausgehen. Sie würde als deskriptive Systematik einen Beitrag zum Erkennen der Verhaltens- und Erlebensweisen des Lesers und eine Hilfe für lesepädagogische Entscheidungen darstellen.

Die typologische Leserforschung betrachtet – wenn sie nicht von bereits vorliegenden allgemeinen Typenlehren ausgeht – den Menschen von vornherein als Leser und versucht, von seinem Leseverhalten und seinem Literaturverhältnis her eine spezielle Lesertypologie zu erstellen. Je nach dem vorwaltenden Gesichtspunkt sind verschiedene Unterscheidungen möglich: Befragt man etwa die Leserschaft nach Richtung und Inhalt ihrer literarischen Interessen, so ergeben sich Interessentypen (z. B. der romantische, der phantastische, der pragmatische, der realistische, der moralische Typus). Von der Betrachtung der Erlebensweise her stoßen wir auf Erlebenstypen (z. B. der kühl-nüchterne, der einfühlende Typus). Wieder andere Gruppierungen werden durch Untersuchungen möglich, die sich auf das äußere Leseverhalten beziehen (z. B. der Bücherwurm, der Gelegenheitsleser, der Schnelleser, der verweilende Leser). Helmut Fischer kam in seiner Übersicht zur »Typologie des jungen Lesers«[67] zu dem Ergebnis, daß bei den bisherigen Versuchen folgende Ansätze erkennbar sind: Der psychologische Ansatz zur Erstellung von Lesertypologien greift einerseits mehr auf psychophysische Vorgänge zurück (z. B. der optische, der sensorische Leser usw.), andererseits mehr auf Verstehensreaktionen (z. B. der Leser mit mehr gefühlsmäßiger oder mehr kognitiver Ansprechbarkeit). Der soziologische Ansatz ordnet empirisch erfaßbare Fakten und gliedert sie in Typusgruppen, die häufig zwischen Leser und Nichtleser angesiedelt sind. Der literaturwissenschaftliche Ansatz kennt Typusdarstellungen, die sich mit einfachen Wertungsgegensätzen (wie feinfühlig, künstlerische Kultur besitzender Leser und weniger kultivierter, künstlerischer Dilettant) begnügen oder die von der Leserrealität ausgehen und den Typ des Normallesers beschreiben. Schließlich verweist Fischer noch auf die literaturdidaktischen Ansätze, die dem Interesse, wie der junge Leser Literatur aufgreift und welche Texte für welchen Leser geeignet sind, erwachsen sind. Seit Christian Felix Weiße (1775) und Heinrich Wolgast haben Literaturpädagogen und Didaktiker versucht, durch Typisierung des Leserverhaltens ihre pädagogischen Bemühungen um den jungen Menschen als Leser effektiver zu machen. So legt auch R. Bamberger einen Vorschlag vor; er nennt vier Typen von Lesern: den romantischen, den realistischen, den intellektuellen und den ästhetischen Typ[68]. H. E. Giehrl spricht im Anschluß an die Grundantriebe und Hauptarten des Lesens

---

[67] H. Fischer 1980, S. 89 ff.
[68] R. Bamberger 1965, S. 40.

vom funktional-pragmatischen, emotional-phantastischen, rational-intellektuellen und literarischen Leser.[69]

Je mehrschichtiger eine Lesertypologie ist, je mehr sie eine Aufteilung der Haupttypen in Untertypen anstrebt, um so näher kommt sie der individuellen Vielfalt der Wirklichkeit. Es ist allerdings wichtig, nicht verschiedene Betrachtungsebenen durcheinander zu werfen und Merkmale gegenüberzustellen, die inhaltlich nicht zusammengehören. Eine reich differenzierte Lesertypologie wird dem Literaturpädagogen zu einer wertvollen Hilfe, um Zugang zu den Einzellesern zu finden. Den letzten Schritt in die Besonderheit des Einzelfalles kann jedoch keine noch so verzweigte (Typenbestimmung abnehmen. »Der Typus steht also am Übergang vom Allgemeinen zum Besonderen«[70], er sagt mehr als nur allgemeingültige, für jeden zutreffende Gesetzmäßigkeiten, er trifft aber nicht die Merkmale, welche dem individuellen Menschen (Leser) nur allein zukommen.

So bleibt eigentlich nur noch zu sagen, daß die Jungleserkunde immer wieder auch Wege beschreiten und Möglichkeiten ergreifen soll, die sich dem Leser als Individuum zuwenden. Der Wert einer Tatsachenforschung mißt sich nicht an der Zahl der untersuchten Fälle. Reihenuntersuchungen, Massenbefragungen, statistisch-tabellarische Auswertungen müssen durch die kasuistische Methode ergänzt werden. Vielseitiges Beobachten, Beschreiben und Auswerten des Einzelfalles ermöglichen ein intensiveres Eindringen in letzte Zusammenhänge als die Beschäftigung mit der großen Zahl. Das Studium individueller Leseentwicklungen, die Betrachtung von Lesehaltungen, literarischen Interessen und Urteilen einzelner Kinder und Jugendlicher stellen und zwingend die Lückenhaftigkeit des in der Gruppe gewonnenen Allgemeinergebnisses vor Augen und warnen uns vor ihrer dogmatischen Anwendung. Sie weiten den Blick für die Vielfalt menschlichen Lebens und mahnen uns, auch im lesenden Kind die individuell geprägte Person zu sehen, zu würdigen und zu achten.

C. Literatur zum leserkundlichen Aspekt

Baacke, D./Sander, U./Vollbrecht, R.: Medienwelten Jugendlicher. Ergebnisse eines Forschungsprojekts. In: Media Perspektiven 1990, S. 323–336
Bamberger, R.: Jugendlektüre. Wien 1965 (2. Aufl.), S. 25ff.
Bamberger, R.: Moderne Leseerziehung und Leseforschung in internationaler Sicht. In: Ders. (Hrsg.): Moderne Leseerziehung … Wien 1973, S. 14–38
Baumgärtner, A. C. (Hrsg.): Lesen. Ein Handbuch. Hamburg 1973

---

[69] H. E. Giehrl 1977, S. 56ff.
[70] H. Remplein: Psychologie der Persönlichkeit. München/Basel 1967 (6. Aufl.), S. 420 (7. Aufl. 1975).

Baumgärtner, A. C. (Hrsg.): Literaturrezeption bei Kindern und Jugendlichen. Baltmannsweiler 1982

Beinlich, A.: Zu einer Typologie des Lesers. In: Baumgärtner, A. C. 1973, S. 211–227

Binder, L./Urban, W./Vanecek, E.: Vierzehnjährige als Buchleser. Eine Untersuchung des Leseverhaltens, der Leseleistung und der Leseinteressen am Ende der Pflichtschulzeit. Wien/München 1984

Blücher, Graf u. a.: Jugend. Bildung und Freizeit. Dritte Untersuchung zur Situation der Deutschen Jugend im Bundesgebiet. EMNID-Institut. Bielefeld 1966

Bödecker, H.: Die Leseentwicklung in ihrer Abhängigkeit von Umwelt und Erziehungsbedingungen. In: Dahrendorf, M./Schack, W. v. (Hrsg.): Das Buch in der Schule. Hannover/Berlin/Darmstadt/Dortmund 1975 (2. Aufl.), S. 39–57

Bonfadelli, H./Darkow, M./Ekardt, J. u. a.: Jugend und Medien. Eine Studie der ARD/ZDF-Medienkommission und der Bertelsmann Stiftung. Frankfurt a. M. 1986

Brüggemann, Th.: Das Bild des jungen Lesers im Spiegel der Kinder- und Jugendliteratur vom 18. bis 20. Jahrhundert. In: Sub tua platano. Festgabe für Alexander Beinlich. Emsdetten 1981, S. 226–238

Bühler, Ch.: Kunst und Jugend. In: Zeitschrift für Ästhetik und allgemeine Kunstwissenschaft. 1926/3. und 4., S. 288–306

Bühler, Ch.: Das Märchen und die Phantasie des Kindes (1918). München 1971 (3. Aufl.) und Berlin 1977 (4. Aufl.)

Bundesminister für Bildung und Wissenschaft (Hrsg.): In Sachen Lesekultur. Bonn 1991

Busse, H. H.: Das literarische Verständnis der werktätigen Jugend zwischen 14 und 18. In: Zeitschrift für angewandte Psychologie 1923, Beiheft 32

Busse, H. H.: Die häusliche Lektüre der Volksschulkinder. In: Vierteljahresschrift für wissenschaftliche Pädagogik 1927, S. 407–433

Dahrendorf, M.: Junglesersoziologie. In: Doderer, K. (Hrsg.): Lexikon der Kinder- und Jugendliteratur. Bd. 2 Weinheim/Basel 197, S. 117–123

Dahrendorf, M.: Lesersoziologische Voraussetzungen. In: Maier, K. E. (Hrsg.): Kind und Jugendlicher als Leser. Bad Heilbrunn 1980, S. 129–158

Fischer, H.: Typologie des Junglesers. Grundlagen, Entwürfe, Perspektiven. In: Maier, K. E. 1980, S. 86–109

Fischer, H.: Ansätze einer lesertypologischen Rezeptionsforschung. In: Baumgärtner, A. C. 1982, S. 149–168

Franz, K./Meier, B.: Was Kinder alles lesen. München 1983

Franzmann, B.: Leseverhalten im Spiegel neuerer Untersuchungen. In: Media Perspektiven 1989/2., S. 86–98

Freiberger, M.: Gesellschaftliche Wirklichkeit und kindliche Phantasie. In: Kürbiskern 1974/1., S. 51–67

Fritz, A.: Lesen in der Mediengesellschaft. Wien 1989

Fritz, A.: Lesen im Medienumfeld. Eine Studie im Auftrag der Bertelsmann Stiftung. Gütersloh 1991

Gerlach, D. u. a.: Lesen und soziale Herkunft. Eine empirische Untersuchung zum Leseverhalten von Jugendlichen. Weinheim/Basel 1976

Giehrl, H. E.: Der junge Leser zwischen gestern und morgen. In: Maier, K. E. (Hrsg.): Jugendliteratur in einer veränderten Welt. (1. Jahrbuch des Arbeitskreises für Jugendliteratur) Bad Heilbrunn 1975 (2. Aufl.), S. 25–43

Giehrl, H. E.: Der junge Leser. Einführung in Grundfragen der Jungleserkunde und der literarischen Erziehung. Donauwörth 1977 (3. Aufl.)

Girardi, M.-R. / Neffe, L. K. / Steiner, H.: Buch und Leser in Deutschland. Eine Untersuchung des DIVO-Instituts Frankfurt a. M., Gütersloh 1965

Greven, J.: Grundzüge einer Soziologie des heutigen Lesers. In: Baumgärtner, A. C. 1973, S. 149–171

Groeben, N.: Leserpsychologie: Textverständnis – Textverständlichkeit. Aschendorff / Münster / Westfalen 1982

Groeben, N. / Scheele, B.: Zur Psychologie des Nicht-Lesens. In: Göpfert, H. G. (Hrsg.): Lesen und Leben. Frankfurt a. M. 1975, S. 82–114

Grützmacher, J.: Neuere Daten zum Leseverhalten Jugendlicher. Kritischer Bericht über eine Auswahl veröffentlichter und unveröffentlichter Studien zur Lesermotivationsforschung. In: Grützmacher, J.: Didaktik der Jugendliteratur. Stuttgart 1979, S. 3–21

Grützmacher, J.: Privates Lesen und schulisches Lesen. In: Mitteilungen des Deutschen Germanistenverbandes 1986/2., S. 19–27

Haseloff, O. W.: Das Buch im Erleben unserer Jugendlichen (1961). In: Lichtenstein-Rother, I. (Hrsg.): Jugend und Buch in Europa. Gütersloh 1967, S. 33–70

Helmers, H.: Zur Sprache des Kindes. Darmstadt 1969

Helmers, H.: Sprache und Humor des Kindes. Stuttgart 1971 (2. Aufl.)

Heuermann, H. / Kühn, P. / Röttger, B. (Hrsg.): Literarische Rezeption. Beiträge zur Theorie des Text-Leser-Verhältnisses und seiner empirischen Erforschung. Paderborn 1975

Jacobi, R.: Buch und Lesen im Zeitalter der elektronischen Angebote. In: Schaller, H.: 1986, S. 16–36

Kadelbach, G.: Die neuen Medien. In: Freundeskreis des Instituts für Jugendbuchforschung Frankfurt (Hrsg.): Kinderwelten. Weinheim 1985, S. 228–242

Katholische Akademie Hamburg (Hrsg.): Almanach zur österreichischen Kinderkultur. Hamburg 1991

Kirsch, D.: Literaturbarrieren bei jugendlichen Lesern. Frankfurt a. M. 1978

Klingberg, G.: Kinder- und Jugendliteraturforschung. Eine Einführung. Wien / Köln / Graz 1973

Kropatsch, O.: Leseerziehung der Zehn- bis Vierzehnjährigen. In: Lichtenstein-Rother, I. (Hrsg.): Jugend und Buch in Europa. Gütersloh 1967, S. 153–165

Lührig, H. H.: Jugend und Medien. Eine Studie von ARD / ZDF und Bertelsmann Stiftung. In: Bertelsmann Briefe 1986/119., S. 15–27

Lypp, M.: Asymmetrische Kommunikation als Problem moderner Kinderliteratur. In: Hurrelmann, B. (Hrsg.): Kinderliteratur und Rezeption. Baltmannsweiler 1980, S. 319–327

Lypp, M.: Einfachheit als Kategorie der Kinderliteratur. Frankfurt a. M. 1984

Maier, K. E.: Elternhaus und Jugendbuch. In: Das gute Jugendbuch 1969/2., S. 1–13

Maier, K. E.: Das Prinzip des Kindgemäßen und das Kinderbuch. In: Schaller, H. (Hrsg.): Umstrittene Jugendliteratur. Bad Heilbrunn 1976, S. 118–142

Maier, K. E. (Hrsg.): Kind und Jugendlicher als Leser. Beiträge zur Jungleserforschung. Bad Heilbrunn 1980

Mayer, G.: Buch und Lesen 1973. Ergebnisse einer Umfrage des IFAK-Instituts. In: Bertelsmann Briefe 1974/81., S. 3–36

Meier, B.: Leseverhalten unter soziokulturellem Aspekt. Empirische Erhebung zum Freizeitlesen von Großstadtjugendlichen. (Diss.) Erlangen 1980

Meier, B.: Jugendzeitschriften und ihre Leser. In: Informat. des Arbeitskreises f. JL 1985/3., S. 29–39

Meier, B.: Leseverhalten im Zeitalter einer Revolution der Medien. Eine Herausforderung für den Literaturunterricht. In: Deutschunterricht 1991/6., S. 402–409

Peukert, K. W.: Zur Anthropologie des Kinderbuches. In: Haas, G. (Hrsg.): Kinder- und Jugendliteratur. Stuttgart 1974, S. 79–97

Quast, W.: Die literarischen Neigungen im Kindes- und Jugendalter. In: Zeitschrift für angewandte Psychologie. 1923, S. 105 ff.

Rosenmayr, L. / Köckeis, E. / Kreutz, H.: Kulturelle Interessen von Jugendlichen. Eine soziologische Untersuchung an jungen Arbeitern und höheren Schulen. Wien / München 1966

Rumpf, A.: Kind und Buch. Das Lieblingsbuch der Jugend zwischen 9 und 16 Jahren. Bonn / Berlin 1927

Rutt, Th.: Buch und Jugend. Konstanz 1960 (2. Aufl.)

Salber, W.: Lesen und Lesen-lassen. Zur Psychologie des Umgangs mit Büchern. Frankfurt a. M. 1971

Saxer, U. / Langenbucher, W. / Fritz, A.: Kommunikationsverhalten und Medien. Studie der Bertelsmann Stiftung Gütersloh 1989

Schaller, H. (Hrsg.): Buch und Bildschirm. Eine Herausforderung. Würzburg 1986

Schiefele, H. / Stocker, K.: Literatur-Interesse. Ansatzpunkte einer Literaturdidaktik. Weinheim 1990

Schliebe-Lippert, E.: Der Mensch als Leser. Entwicklungsverlauf der literarästhetischen Erlebnisfähigkeit. In: Begegnung mit dem Buch. Ratingen 1950, S. 47–59

Schmidtchen, G.: Lesekultur in Deutschland 1974. In: Börsenblatt für den Deutschen Buchhandel 1974/39., S. 707–806

Schön, E.: Entwicklung literarischer Rezeptionskompetenz. Ergebnisse einer Untersuchung zum Lesen bei Kindern und Jugendlichen. In: Spiel 1990/2., S. 229–276

Steinborn, P. / Franzmann, B.: Kommunikationsverhalten und Buch bei Kindern und Jugendlichen. Ergebnisse einer empirischen Untersuchung. In: Maier, K. E. 1980, S. 159–192

Stiftung Lesen (Hrsg.): Lesen im internationalen Vergleich. Teil I. Red.: Brinkmann / Botte / Franzmann / Kreibich / Zitzelsberger. Mainz 1991 (2. Aufl.)

Unholzer, G.: Kommunikationsverhalten und Buch. Eine intermediale Untersuchung der Bertelsmann Stiftung. In: Bertelsmann Briefe 1978/96., S. 3–32

Vierlinger, R.: Buchpädagogik in der reifen Kindheit. München 1964

Völke, W.: Die Bedeutung des Lesens. Äußerungen Jugendlicher zum Stellenwert des Leseverhaltens. München / Basel 1971

Walser, F. / Schmidt-Müller, U.: Zur Entwicklung literarischer Interessen. In: Zeitschrift für Pädagogik 1986/3., S. 361–374

Walz, U.: Leser, Nichtleser, Analphabeten heute. In: Baumgärtner, A. C. 1973, S. 134–148

Weber, E.: Die Freizeitgesellschaft und das Buch. München 1967

Weiß, H.-J.: Medium Buch. Ein Forschungsbericht über Kommunikationsbedürfnisse und Einstellungen gegenüber Medien. In: Bertelsmann Briefe 1976/86., S. 3–12

Wölfel, U.: Der junge Leser im Blickfeld der Forschung. Entwicklung und Ergebnisse der Jungleserkunde. In: Doderer, K. (Hrsg.): Studien zur Jugendliteratur und literarischen Bildung 1961. Ratingen 1961, S. 13–25

Zinnecker, J.: Literarische und ästhetische Praxen in Jugendkultur und Jugendbiografie. In: Jugendwerk der Deutschen Shell (Hrsg.): Jugendliche + Erwachsene '85. Bd. 2, Opladen 1985, S. 143–348

Autoren-, Illustratoren- und Herausgeberverzeichnis

(nur Primärliteratur)